Emotionen im Coaching

Bettina Schreyögg

Emotionen im Coaching

Kommunikative Muster der Beratungsinteraktion

Springer

Bettina Schreyögg
Hamburg, Deutschland

Dissertation Humboldt-Universität zu Berlin, 2014

ISBN 978-3-658-07993-2 ISBN 978-3-658-07994-9 (eBook)
DOI 10.1007/978-3-658-07994-9

Die Deutsche Nationalbibliothek verzeichnet diese Publikation in der Deutschen Nationalbibliografie; detaillierte bibliografische Daten sind im Internet über http://dnb.d-nb.de abrufbar.

Gedruckt auf säurefreiem und chlorfrei gebleichtem Papier

Springer Fachmedien Wiesbaden ist Teil der Fachverlagsgruppe Springer Science+Business Media
(www.springer.com)

Vorwort

Kommunikation, Beratung und Emotionen – drei Themen, die jedes für sich genommen alltagsweltlich wie forschungstheoretisch reizvoll und komplex sind. In ihrer Kombination bilden sie die Kernthematik der vorliegenden Arbeit: die Betrachtung emotionsfokussierender Gesprächstechniken in der Beratung. In Beratungsgesprächen finden professionell gerahmte Interaktionen statt. Dabei helfen die Narrationen den Ratsuchenden, Erfahrungen zu verarbeiten und sich nach innen und außen zu positionieren. Dass Bewertungsprozesse von Individuen an deren Emotionen gebunden sind und umgekehrt, lässt die Annahme einer zentralen Funktion von Emotionen in der Beratungskommunikation zu. Doch was ist das Spezifische an der „Sprache" von Beraterinnen und Beratern, bezogen auf die Emotionsarbeit? Um diese Frage zu verhandeln, wird das zentrale „Handwerkszeug" von Beraterinnen und Beratern, die Kommunikation, zum Gegenstand dieser Forschungsarbeit. Neben kommunikations- und interaktionstheoretischen Ansätzen sind für die Auseinandersetzung mit dem Gegenstand der dialogorientierten Personenberatung insbesondere pädagogische und psychologische Konzepte zur Beratungstheorie und –praxis von Relevanz wie auch emotionstheoretische Erkenntnisse der neurowissenschaftlichen Forschung.

Kommunikation, Beratung und Emotionen – desgleichen drei Weggefährten, die meinen akademischen und beruflichen Werdegang geprägt haben. Vom Psychologie- sowie Zusatzstudium der Erwachsenenpädagogik über die Coachingausbildung und Beratungspraxis bis hin zur erziehungswissenschaftlichen Promotion und Beratungsforschung. Die Summe des Ganzen hat mich zu der Forschungsfrage geführt. Die Lerngelegenheiten sind manchmal unzertrennlich mit den Menschen verbunden, die Wege begleitet oder Themen nahbar gemacht haben. Meine Dankempfindung gilt denjenigen, die jeweils auf ihre Weise zum Entstehen dieser Arbeit beigetragen haben. An erster Stelle danke ich Frau Prof. Dr. Wiltrud Gieseke, die mir ermöglicht hat, diese Dissertation neben meinen beruflichen Entwicklungen und Standortwechseln zu verfassen. Insbesondere bin ich Frau Gieseke für ihre fachlichen und individuellen Inspirationen dankbar, die ich früh aus ihrer Lehre ziehen konnte. Erst die erziehungswissenschaftlichen Perspektiven auf Beratungstheorie und -praxis haben meine Absicht zu dieser interdisziplinären Arbeit erweckt. Ausdrückliche Dankbarkeit möchte ich Frau Gieseke dafür aussprechen, mich als Frau und auch als Mutter zweier kleiner Kinder für die Fertigstellung der Arbeit beständig motiviert zu haben. Herrn Prof. Dr. Dieter Nittel danke ich für die Übernahme der Gutachterfunktion und die damit verbundene intensive Auseinandersetzung mit der Arbeit, die von seinen fachlichen Anmerkungen sehr profitiert hat.

Herrn Prof. Dr. Dieter Frey möchte ich meinen Dank für seine Unterstützung aussprechen sowie für die Möglichkeit, Teile der Studie in Kooperation mit dem LMU Center for Leadership and People Management an der Ludwig-Maximilians-Universität durchzuführen. In diesem Zusammenhang danke ich ganz besonders den LMU-assoziierten Coachs für ihre engagierte Mithilfe.

Zu großem Dank bin ich denjenigen verpflichtet, die sich bereit erklärt haben, an Pre-Tests wie an der Hauptuntersuchung dieser Arbeit teilzunehmen, und die damit den zentralen Forschungszugang ermöglicht haben. Prof. John D. Krumboltz danke ich für das wertvolle Gespräch zur US-amerikanischen Counseling-Praxis und für die Ermöglichung einer Probeaufnahme an der Stanford University.

Gerlinde Sonnenberg an der Humboldt-Universität zu Berlin möchte ich Dank für ihre organisatorische Unterstützung über den gesamten Zeitraum aussprechen. Astrid Schreyögg, die mir als Expertin mehrfach mit Rat und Tat zur Seite stand, möchte ich für ihre anregenden und nützlichen Literaturquellen danken. Für die Entlastungen kurz vor Drucklegung der Arbeit danke ich allen professionellen und helfenden Händen und ganz besonders meinem Vater.

Mit größter Anerkennung seien an dieser Stelle meine Freundinnen genannt, die das Muttersein mit einem hohen beruflichen Engagement verbinden – besonders meine Freundin und Kollegin Tanja, der ich hier für vielfältige Hilfestellungen Danke sagen möchte. Ein Dank von Herzen geht an Dorén, die Meilensteine mit mir geteilt hat, sowie an meine empathische Freundin Monisha, die es nicht leid wurde, meine klagenden Erzählungen in der Endphase auszuhalten.

Meiner Familie danke ich für ihre Zeit, die sie mit meinen Kindern verbrachte und damit dem Werden dieser Arbeit Platz eingeräumt hat. Ein besonderer Dank geht an meine Eltern und Schwiegereltern sowie an Barbara Schreyögg und Friedel Schreyögg. Meinen Eltern fühle ich mich einmal mehr verbunden, da sie mich zu Selbstreflexion und Beharrlichkeit erzogen haben. In tiefer Dankbarkeit achte ich die beständige private Entlastung und von Zweifeln freie Ermutigung durch meinen Ehemann, der mir sicher zur Seite stand. Max und Johanna, das Buch ist jetzt endlich fertig!

Hamburg, im September 2014 Bettina Schreyögg

Inhaltsverzeichnis

Abbildungsverzeichnis

Tabellenverzeichnis

1 Einleitung

> „Denn man liest nur das, worüber man glaubt, einigermaßen etwas zu verstehen, in der Erwartung etwas zu finden, was man vorher nicht wusste." (Capurro 2006, S. 527).

Aus der Überzeugung heraus, dass das Vorwissen immer in einer Beziehung mit dem Unbekannten steht, soll zu Beginn das Vorverständnis dargelegt werden. Ganz im Sinne einer pädagogischen Hermeneutik wird das Vorwissen als konstitutiv für das Verstehen gefasst (Gadamer 1990). Die Idee zu der hier veröffentlichten Forschungsarbeit hat sich entlang der nachstehenden Gedankengänge entwickelt:

Deutungs- und Handlungsmuster der Klient(inn)en[1] zu erweitern, ist ein viel zitiertes Ziel der Beratungspraxis. Unabhängig von der inneren und äußeren Orientierung einzelner Beratungsformate ist das übergeordnete Ziel von Personenberatung, Möglichkeitsräume für alternative Denk- und Handlungsweisen zu schaffen. Gerade im Coaching geht es darum, innerhalb vergleichsweise kurzer Zeit für die Coachees[2] neue Ein- und Aussichten und idealerweise auch Verhaltensänderungen zu erreichen. Dass beispielsweise die sogenannte Neubewertung von Situationen und Sachverhalten (*reappraisal*, Lazarus 1991) oder die kognitive Umstrukturierung von Gedanken (Wilken 2003) geeignete Instrumente hierfür darstellen, zeigen erprobte Konzepte der kognitiven Psychotherapie. Die sogenannten kognitiven Modelle (Ellis 1977, Beck 1999) gehen davon aus, dass kognitiv gelenkte Interpretationen über Empfindungen entscheiden. Gedanken bewirken Gefühle. Arbeitet man an den Kognitionen, ändern sich die Bewertungen und damit auch die Emotionen. Gefühle entscheiden aber ebenso über Gedanken (Gross 1998, Roth 2004): Die Erkenntnisse gegenwärtiger Emotions- und Hirnforschung belegen komplexere Zusammenhänge zwischen kognitiven und emotionalen Prozessen und eröffnen damit neue Erklärungsansätze für die Veränderung von Denk-, Deutungs- und Handlungsmustern.

---

1 Die Bezeichnung Klient/in entstammt der Psychotherapie und benennt die zu beratende Person.

2 Die zu beratenden Personen werden im Coaching als Coachees oder Klient/innen bezeichnet.

Nachdem sich die Emotionsforschung seit den 1980er Jahren in der Psychologie emanzipieren konnte, gelten die Koexistenz und Interaktion von Emotionen und Kognitionen in der Wissenschaft als bestätigt. Die Forschungsergebnisse (z. B. Damásio 2004, LeDoux 2004) lassen keinen Zweifel mehr daran, dass den Emotionen eine weitaus größere Beachtung geschenkt werden muss, als dies bisher im Rahmen von Störungs- und Dezifitmodellen[3] geschehen ist. Emotionen sind alltagsgegenwärtig, sie sind das Bindemittel unserer Erinnerungen und haben einen maßgeblichen Einfluss auf das Lernen. Emotionen sind als Folge von Bewertungen mit Ereignissen verbunden, die persönlich bedeutsam sind (Saarni 2002). Somit stehen sie in enger Beziehung zu Handlungsimpulsen von Individuen: „Wichtige Entscheidungen sind nur auf Grundlage von Emotionen möglich, denn nur Emotionen haben – als Zustände des limbischen Systems[4] – einen direkten Einfluss auf unser Verhalten." (Roth 2004, S. 23).

Die dominierende Arbeitsweise der dialogorientierten Personenberatung ist das Gespräch, der professionelle Dialog zwischen Berater/in und Klient/in. Kommunikation dient hier, neben dem Symbolgebrauch von Sprache, der zentralen beratenden Intervention als Werkzeug, unabhängig von den theoretischen und methodischen Ausrichtungen der Berater/innen. Weithin offen sind die Fragen, ob und wie kommunikativ gesteuerte Interventionen im Beratungsgespräch stattfinden und wie und warum sie in der dialogorientierten Personenberatung wirken. Warum berichten gut Beratene nach einem Gespräch, dass sie sich besser fühlen? Was bewirkt, dass sich für die Individuen im Gesprächsprozess etwas „bewegt"?

Die professionelle Beratungskommunikation basiert auf einigen anerkannten und weitläufig gebräuchlichen Modellen und Konzepten der Kommunikationspsychologie und Gesprächspsychotherapie. Im Fokus dieser Arbeit steht die Frage, wie mithilfe professioneller Gesprächsführung mit den Emotionen der Klient(inn)en[5] „gearbeitet" wird. Konkret geht es um die Explikation der Gesprächstechniken, die Berater/innen einsetzen, um etwas über die Gefühlslage ihrer Klient(inn)en oder deren emotionale Motive zu erfahren. Wenn im Folgenden von Emotionen die Rede sein wird, sind jene Gefühlsprozesse gemeint, die als wesentlicher Bestandteil des Erlebens Einfluss auf die Kognitionen und Handlungen von Individuen haben.

---

3 Zum Beispiel Affektstörungen in psychologischen Störungsmodellen der Psychotherapie.

4 Das limbische System ist als Funktionseinheit des Gehirns eine „Ansammlung von untereinander verbundenen Kernen und Strängen, die kreisförmig um den Thalamus (Zwischenhirn) angelegt ist und bei der Entstehung von Gefühlen eine Rolle spielt." (Pinel 1997, S. 488).

5 Es wird einheitlich der Begriff Klient/in verwendet, der als Synonym für „zu Beratende/r" bzw. „Ratsuchende/r" verstanden wird.

Die Forschungsarbeit ist über pädagogische, psychologische sowie gesprächswissenschaftliche Einflüsse interdisziplinär angelegt. Über ihre theoretischen Ausgangspunkte verbindet die Arbeit bildungswissenschaftliche, emotionstheoretische und kommunikationspsychologische Konzepte und arbeitet mit einem breiten Beratungsbegriff vor dem Hintergrund pädagogischer Leitgedanken.

Für die explorative Studie wird der Zugang zum Feld über die Beratungsform Coaching gewählt, im Mittelpunkt der Untersuchung stehen authentische Coachingdialoge. Mit dem Coaching existiert eine hoch akzeptierte niedrigschwellige Beratungspraxis, deren wissenschaftliche Fundierung und zuweilen auch praktische Legitimation noch ausstehen.

Das wissenschaftliche Interesse ist von dem Gesuch geleitet, die emotionstheoretischen Erkenntnisse der Beratungsforschung in eine konzeptionelle Verbindung zur Handlungsform in der beruflichen Praxis zu bringen. Das Erkenntnisinteresse besteht somit in der Ausdifferenzierung von beratungsspezifischem Wissen.

Aufbau des Buches

Der Aufbau des Buches wird mit dem Schaubild (Abbildung 1) illustriert und nachstehend erläutert.

Mit dem ersten Kapitel wird das Thema der mit diesem Buch veröffentlichten Dissertationsarbeit vor einem breiteren Hintergrund der Beratungs- und Emotionsforschung eingeordnet. In der Einleitung wird überdies die Gliederung des Buches vorgestellt. (Kapitel 1).

Der theoretische Zugang der Arbeit über die Beratungsforschung wird mit dem zweiten Kapitel erschlossen: Im Anschluss an Begriffsbestimmungen und einen kurzen Überblick über aktuelle Konzeptionen einer Beratungswissenschaft wird der erziehungswissenschaftliche Beratungsdiskurs für die Erwachsenenbildung nachvollzogen (Unterkapitel 2.1). Anschließend werden speziell die Professionalisierungsbemühungen für das Coaching dargestellt, um dieses Beratungskonzept formal zu verorten (Unterkapitel 2.2). Des Weiteren wird die Idee entwickelt, Coaching als Lernprozess zu verstehen (Unterkapitel 2.3).

Kapitel drei eröffnet den zweiten theoretischen Zugang zur Emotionsforschung und die Verbindung von Emotionen und Lernen. Im Anschluss an Begriffsbestimmungen (Unterkapitel 3.1) werden die Meilensteine aktueller Emotionsforschung berichtet (Unterkapitel 3.2). Darunter werden die Befunde zur

Emotionsregulation separat zusammengefasst. Das Kapitel schließt mit den zentralen Überlegungen zum Lernen durch Neubewertung ab (Unterkapitel 3.3).

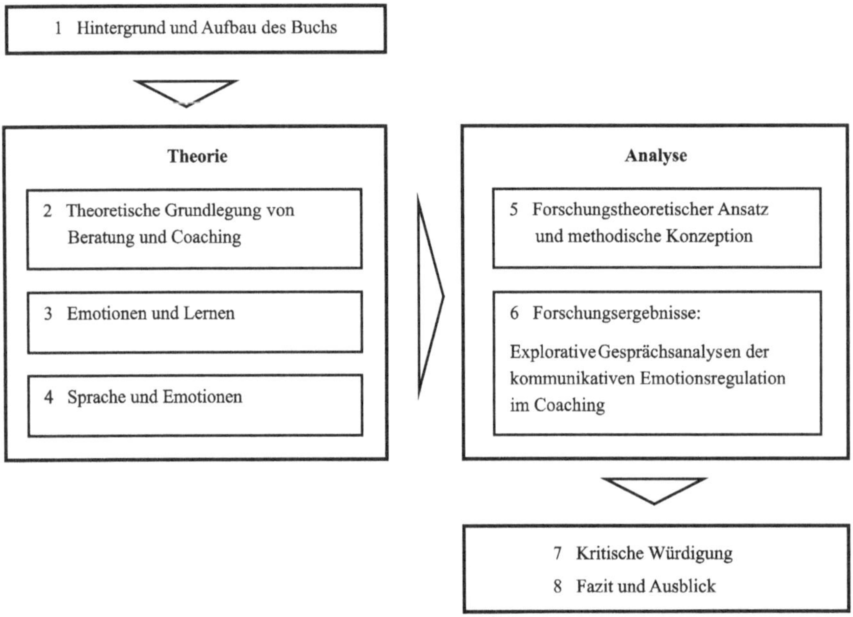

Abbildung 1: Grobgliederung des Buches

Das vierte Kapitel erörtert Beziehungen zwischen Emotion und Sprache. Hier wird die Kommunikation als Handlungsform in der persönlichen Einzelberatung herausgearbeitet (Unterkapitel 4.1), über Erörterungen zur Gesprächsstruktur und Gesprächskompetenz (Abschnitt 4.1.1) sowie zum Dialog als Haltung. Mit letzterem Aspekt werden gleichzeitig die Fundamente personenzentrierter Gesprächsführung skizziert (Abschnitt 4.1.2). Dann werden Funktionen emotionaler Kommunikation interpretiert (Unterkapitel 4.2), um anschließend konkrete emotionsfokussierende Gesprächstechniken vorzustellen und einzuordnen (Unterkapitel 4.3): Das Fragen (Abschnitt 4.3.1) sowie das Verbalisieren in Funktion emotionsfokussierender Kommunikation (Abschnitt 4.3.2).

Das fünfte Kapitel beinhaltet den forschungstheoretischen Ansatz und die methodische Konzeption. Hier werden eingangs der Forschungsgegenstand und das Ziel der Studie beschrieben (Unterkapitel 5.1) wie auch die wissenschaftlichen Fragestellungen und das sensibilisierende Konzept (Unterkapitel 5.2). Es werden die wissenschaftstheoretischen Hintergrundtheorien erläutert (Unterkapitel 5.3) und schließlich die Forschungsmethodik und das Vorgehen abgeleitet (Unterkapitel 5.4). Darunter wird auch die Auswahl und der Zugang zum empirischen Feld beschrieben (Abschnitt 5.4.1). Informationen zur Durchführung der Interviews (Unterkapitel 5.5), der qualitativen Untersuchung (Unterkapitel 5.6) sowie der quantitativen Befragungen folgen hierauf (Unterkapitel 5.7). Für die Durchführung der quantitativen Befragungen werden im Einzelnen das Fragebogeninstrument (Abschnitt 5.7.1), die Aufbereitung der Daten (Abschnitt 5.7.2) sowie das Reflexionsprotokoll beschrieben (Abschnitt 5.7.3). Als nächstes werden die gesprächswissenschaftlichen Grundlagen der Analyse skizziert (Unterkapitel 5.8): Zuerst wird Beratung als Diskurs eingeordnet (Abschnitt 5.8.1), um folgend die Verfahren der Musteranalyse (Abschnitt 5.8.2) und der Konversationsanalyse (Abschnitt 5.8.3) vorzustellen sowie einen Vergleich beider Methoden anhand des sequenzanalytischen Vorgehens (Abschnitt 5.8.4). Kapitel fünf schließt mit der Kurzskizze des integrativen Auswertungsverfahrens zur Analyse der Coachinggespräche (Unterkapitel 5.9).

Unter dem Titel „Explorative Gesprächsanalysen der kommunikativen Emotionsregulation im Coaching“ beinhaltet Kapitel sechs die Forschungsergebnisse. Vorangestellt werden hier Bemerkungen zur Falldarstellung und zu Kennzeichnungen im Text (Unterkapitel 6.1). Die fallübergreifenden Aspekte der Musteranalysen (Unterkapitel 6.2) haben Ausführungen zu kommunikativen Aufgaben im Coaching zum Inhalt (Abschnitt 6.2.1) sowie zu allgemeinen Rahmenbedingungen der Musterrekonstruktion (Abschnitt 6.2.2). Es folgen die ausführlichen Fallanalysen eins bis sechs (Unterkapitel 6.3 bis 6.8) und deren Zusammenfassung als Interaktionsmuster kommunikativer Emotionsregulation (Unterkapitel 6.9). Des Weiteren werden die Befragungsergebnisse präsentiert (Unterkapitel 6.10) und abschließend die Forschungsfragen rekapituliert (Unterkapitel 6.11).

Das Kapitel sieben enthält eine kritische Würdigung der Arbeit, die alsdann mit dem Ausblick in Kapitel acht schließt.

2 Theoretische Grundlegung von Beratung und Coaching

> „Beratung ist in ihrem Kern jene Form einer interventiven und präventiven helfenden Beziehung, in der ein Berater mittels sprachlicher Kommunikation und auf der Grundlage anregender und stützender Methoden innerhalb eines vergleichsweise kurzen Zeitraums versucht, bei einem desorientierten, inadäquat belasteten oder entlasteten Klienten einen auf kognitiv-emotionaler Einsicht fundierten Lernprozess in Gang zu bringen, in dessen Verlauf seine Selbsthilfebereitschaft, seine Steuerungsfähigkeit und seine Handlungskompetenz verbessert werden können.“ (Dietrich 1991, S. 2)

Die Beratungsforschung erstreckt sich über ein weites Feld theoretischer Ansätze und Modelle humanwissenschaftlicher Disziplinen sowie erfahrungsbasierter Praxiskonzepte. Eine ebensolche Ausdehnung lässt sich für den Beratungsbegriff feststellen (Feltham 2000, S. 3). Allgemeine Beratungsdefinitionen (z. B. Dietrich 1991) wurden und werden durch eine Vielzahl spezifischer Begriffsbestimmungen ergänzt, die den Gegenstandsbereich von Beratung anwendungsbezogen zu differenzieren versuchen (z. B. Weiterbildungsberatung, Eheberatung). Empirische Nachweise für die Beratungskonzepte sind daneben nur selten zu finden (McLeod 2003, S. 150). Eine umfassende Feststellung über das Wesen von Beratung inklusive ihrer Wirkprinzipien existiert demnach bislang nicht.

Während in mancher Beratungspraxis Anleihen aus dem psychotherapeutischen Methodenkasten[6] längst üblich sind – mal in konzeptionell fundierter Weise, mal unbeabsichtigt unreflektiert – lassen sich Ergebnisse der Psychotherapieforschung keineswegs auf das nicht-therapeutische Setting übertragen. Als Unterscheidungskriterien zwischen Beratung und Therapie werden von Feltham (2000, S. 6 f.) die Dauer der Intervention, der Anschluss an die medizinische Profession (Psychopathologie, Neurologie) sowie die tiefenpsychologische Arbeit an unbewussten, überdauernden persönlichen Problemen und Verhaltensmustern angeführt. Daneben wird stets der Zeitraum des Beratungs- beziehungsweise Therapieprozesses als Kennzeichen genannt. In der Beratung werden aktuelle Anliegen situativ und kontextbezogen bearbeitet, in der Regel über ei-

6 Zum Beispiel gestalttherapeutische Interventionen.

nen kurzen Zeitraum hinweg. Auch wenn individuelle Entwicklungsprozesse zugrunde liegen, arbeitet Beratung im Rahmen von Entscheidungs- und Orientierungshilfe vor dem Hintergrund eines Krisenkonzepts des Gesunden. Therapie hingegen arbeitet auf Grundlage von Krankheitskonzepten und zielt auf die Heilung des Individuums. So setzt Therapie bei vorhandenen Pathologien am Persönlichkeitskonstrukt des Einzelnen an. Je nach indizierter Therapieform (z. B. Verhaltenstherapie, Tiefenpsychologische Therapie, Psychoanalyse) werden Veränderungen auf Verhaltens- oder Persönlichkeitsebene über einen längeren Zeitraum erarbeitet, meist mehrere Jahre. Neben den so nachvollziehbaren und in der Literatur üblichen Abgrenzungstendenzen scheinen überlegte Verbindungstendenzen zwischen Beratung und Therapie für eine theoretische Auseinandersetzung der jeweiligen Professionalisierung gleichermaßen sinnvoll. Die Überlegungen in dieser Arbeit agieren mit beidem, der Differenz und der Verbindung, um von den Erkenntnissen der Disziplinen jeweils profitieren zu können, ohne dabei jedoch direkte Übertragungen zu wagen.

Die Praxis der Personenberatung durchzieht unterdessen sämtliche Berufsfelder als Querschnittsmethode (Engel, Nestmann & Sickendiek 2004, S. 34, Belardi 2004, S. 37). Nach Belardi (ebd.) ist Beratung professionell, wenn sie in das Handeln von Professionellen integriert ist. Der gegenwärtige Versuch, die Beratungspraxis systematisch zu durchdringen und in Theoriewissen zu überführen, erfordert Eingrenzungen und Abgrenzungen des Beratungsbegriffs (vgl. Möller 2009, S. 7). In der Beratungsforschung zeigt sich dies in den für Differenzierungs- und Integrationsphasen charakteristischen Professionalisierungsbemühungen. Unter Beteiligung unterschiedlicher wissenschaftlicher Teildisziplinen (z. B. Erwachsenenpädagogik, Organisationspsychologie, Sozialpädagogik) wird über die Frage verhandelt, was Beratung im Wesentlichen und Spezifischen ist. Gieseke (2000, S. 11) weist auf die Notwendigkeit der Offenheit für neue Akzentsetzungen in diesem Institutionalisierungsprozess hin und sieht für den erziehungswissenschaftlichen Diskurs vor allem in der Erkundung von Prozess- und Interaktionsverläufen von Beratung einen Forschungsbedarf. Mit Bezug zur Erfassung und Sicherung der Qualität von Beratung hat das Verbundprojekt *Koordinierungsprozess Qualitätsentwicklung in der Beratung für Bildung, Beruf und Beschäftigung* jüngst einen Konsens über sogenannte Kompetenzprofile für Berater/innen hervorgebracht (vgl. Schiersmann 2013).

In der Coachingbranche zeigen sich ähnliche Entwicklungen und Bemühungen, wie in Unterkapitel 2.2 ausgeführt wird. Hier haben sich zum Ziele der Professionalisierung beispielsweise die Praktiker/innen der ersten Stunde in

Verbänden zusammengeschlossen. Coaching wird aber auch vermehrt zum Gegenstand der Forschung und erfährt dabei empirische Einordnungen.

Für den Gebrauch der Begriffe *Beratung* und *Coaching* wird angestrebt, das Wort *Beratung* im engeren Sinne allgemeiner Personenberatung und pädagogischer Beratung zu gebrauchen. An einigen Stellen wird der Beratungsbegriff aber auch im Kontext von Coaching benutzt, nämlich wenn übergreifende Aussagen zur Personenberatung getroffen werden oder Coaching als Beratungstyp beziehungsweise Beratungsformat gemeint ist. Der Begriff *Coaching* findet ausschließlich im engeren Sinne Gebrauch und wird in Unterkapitel 2.2 klar eingegrenzt.

Im folgenden Abschnitt wird nun Beratung zunächst aus pädagogischer Perspektive umrissen, was den Gegenstand besonders anschlussfähig macht für spätere bildungstheoretische Überlegungen (siehe Unterkapitel 2.1 und 2.3).

2.1 Der Beratungsdiskurs in der Erwachsenenbildung

Eine „konsistente Beratungstheorie" (Schiersmann & Thiel 2012, S.7) zu entwickeln, steht im Interesse der Erziehungswissenschaften. Hier stellt das Beraten neben dem Unterrichten und Lehren, Informieren, Motivieren, Helfen und Planen eine originäre pädagogische Handlungsform dar (Sauer-Schiffer 2004, S. 40). Was genau das pädagogische Beraten ausmacht, wie und wodurch es wirkt, steht zum Diskurs. Die Annäherung an einen pädagogischen Beratungsbegriff ist dabei vielschichtig. Beraten als pädagogisches Handeln leitet sich vom pädagogischen Grundmotiv des Denkens und Handelns ab: Die Aufforderung zur Selbsttätigkeit als Gegenstand pädagogischer Handlungstheorien (Benner 2005, S. 305) entspringt den klassischen Bildungstheorien, wo „Bildung den Prozess und das Ziel der Kräftebildung, der Selbsterfahrung und der Selbstverwirklichung jedes Menschen in Auseinandersetzung mit der Welt [bezeichnet]" (Schlutz 2001, S. 48). Schlutz Bildungsbegriff ist so identisch mit der Funktion von Beratung, was sich auch in frühen Definitionsansätzen pädagogischer Beratung widerspiegelt:

> „Pädagogische Hilfestellung durch Beratung zielt durch besseres Verstehen des Einzelnen auf die Aktivierung der Selbstbehauptungskräfte des Einzelnen, auf Aktivierung seiner Fähigkeit zur Selbsteinsicht und der Fähigkeit zur Neuorientierung seiner Einstellungen und Verhaltensweisen und zur Erkundung möglichst eigenständiger Lösungsmöglichkeiten von Problemen." (Aurin 1984, S. 18, zitiert nach Sauer-Schiffer 2004, S. 15)

In neueren Konzeptionen wird Bildungsberatung als entscheidungsorientiert, begleitend und fördernd charakterisiert (Gieseke 2011, S. 3). Dabei setzt unter anderem Gröning (2006, S. 24) die Schwerpunkte der pädagogischen Beratung in der modernen Gesellschaft auf die Ressourcenförderung und die Kompetenzerschließung der Individuen. Historisch rekurriert sie auf die Ethik der Freiheit, im Foucault'schen Sinne, als gelebte Selbstsorge, als Fähigkeit, sich um sich selbst zu kümmern (ebd., S. 29 ff.). Sie betont dabei, dass diese „[…] sich aber erst in der Beziehung mit anderen entfalten kann, weshalb Menschen den Dialog, die Zuwendung und das Gespräch brauchen“ (ebd.). Dem folgend bilden die Prämissen pädagogischer Beratung, Freiheit und Mündigkeit als Voraussetzung der Selbstsorge die ideale Grundlage für einen partnerschaftlichen und dialogorientierten Ansatz der Personenberatung (vgl. Abschnitt 4.1.2).

Nach Sauer-Schiffer (ebd., S. 17 ff.) lässt sich die Entwicklung der Beratungsforschung in der Pädagogik retrospektiv in sechs Phasen darstellen. So ist Beratung als eigenständige pädagogische Handlungsform ein Produkt der Bildungsreform der 1960er Jahre, das zehn Jahre später als Strukturelement des Bildungswesens seine Verankerung fand und im Zuge weiterer Institutionalisierungs- und Professionalisierungsprozesse der Pädagogik zu reichhaltigen theoretischen Auseinandersetzungen führte. Nachdem Beratung zum Ende des 20. Jahrhunderts als integraler Bestandteil der Entscheidungshilfe schwerpunktmäßig in der Erwachsenen- beziehungsweise Weiterbildung verortet wurde, hat seitdem eine Ausdifferenzierung des Beratungsbegriffs stattgefunden. Neben professionsbezogenen Einordnungen (z. B. Sauer-Schiffer 2004, Gröning 2006) wird gegenwärtig der Vielfalt von Beratung durch die Erforschung von Beratungsfeldern Beachtung geschenkt. Beratung als pädagogische Arbeitsform ist heute vor allen Dingen in Verbindung zu setzen mit Entscheidungsprozessen im Kontext einer lebenslauforientierten Bildungs- und Berufsberatung:

> „Beratung für den Bereich Bildung, Beruf und Beschäftigung stellt ein Angebot dar, das Individuen bzw. Gruppen in allen Bildungs-, Berufs- und Beschäftigungssituationen ihres Lebens darin unterstützt, ihre Interessen, Fähigkeiten und Kompetenzen zu erkennen und weiterzuentwickeln, Handlungsproblematiken zu bearbeiten und Entscheidungen zu treffen, um eigenverantwortlich ihre Bildungs- und Berufsbiografien zu gestalten.“ (Schiersmann 2011, S. 83)

Schiersmann (ebd., S. 82) beschreibt damit ein theorieübergreifendes Beratungsverständnis, das für die Herausforderungen der Wissensgesellschaft anschlussfähig ist und sich an den subjektiven Bedarfen der Ratsuchenden orientiert, deren individuelle bildungs- und berufsbiographische Gestaltungskompetenz eine der wichtigsten Zielgrößen darstellt. Beratung wird dabei neben der Begleitung und Unterstützung der Rat suchenden Personen (Hilfe zur Selbsthilfe für die Individuen) auch eine übergeordnete organisationsbezogene und gesellschaftliche Funktion zugeschrieben. Schiersmann, Bachmann, Dauner & Weber (2008, S. 12 ff.) platzieren daher innerhalb eines systemischen Kontextmodells von Beratung neben dem Beratungssystem auch den organisationalen Kontext und gesellschaftliche Subsysteme (z. B. Bildungssystem, Arbeitsmarkt).

Für das heterogene Feld der personenbezogenen Beratung formuliert Schiersmann (2011, S. 84 ff.) die Beratungsbedarfe über alle Lebensalter, Bildungsphasen und Kontexte, beginnend mit Beratung im Kontext frühkindlicher Förderung und Schule bis hin zu Beratungsanlässen am Übergang zwischen Erwerbsarbeit und Ruhestand. Die im Erwachsenenalter entstehenden berufs- und weiterbildungsbezogenen Orientierungs- und Unterstützungsbedarfe fasst die Autorin dabei als Aufgabenfeld der Kompetenzentwicklungsberatung zusammen (ebd., S. 86). Als zentrale Aspekte einer entscheidungsorientierten Beratung müssen die Förderung der individuellen kognitiven und emotionalen Verarbeitungsprozesse und Anpassungsleistungen sowie die Erschließung der persönlichen Ressourcen und Kompetenzen akzentuiert werden. Im Vordergrund eines solchen sorgfältig reflektierten „skill managements" (ebd., S. 85) stehen Potentialerschließungen und Kompetenzprofile - Instrumente, die bisher eng mit Talent Management in Organisationen, Aufstiegsorientierung und Managementkarrieren assoziiert werden. Dabei hat berufliche Entwicklungsberatung und Kompetenzbilanzierung vor dem Hintergrund komplexer und brüchiger Berufsverläufe längst einen Paradigmenwechsel erfahren (vgl. ebd., S. 81 f.). Entsprechend schlagen Schiersmann et al. (2008, S. 11) vor, Personenberatung im Sinne des angloamerikanischen Verständnisses von *career guidance* und *career development* zu fassen. Im Anbetracht dessen wird auch Coaching als Format der Personenberatung aus erziehungswissenschaftlicher Perspektive nicht mehr exkludiert. Indes wird Coaching im Hinblick auf lebenslauforientierte Beratung in einer globalisierten Wissensgesellschaft als Begleitung der beruflichen Entwicklung verortet (ebd., S. 87, vgl. auch Unterkapitel 2.3). Mit dieser Öffnung werden bisher divergierende Beratungsverständnisse miteinander in Beziehung gesetzt, indem die gelebte Praxis in Form gesellschaftlicher Entwicklungen als Ausgangspunkt für die Systematisierung von Beratung herangezogen wird.

2.2 Coaching als Profession

Der Deutsche Bundesverband Coaching (DBVC) e. V. definiert Coaching in den Leitlinien und Empfehlungen für die Entwicklung von Coaching als Profession wie folgt:

> „Coaching ist die professionelle Beratung, Begleitung und Unterstützung von Personen mit Führungs- und Steuerungsfunktionen und von Experten in Organisationen.“ (DBVC 2012, S. 20)

Mit dieser Begriffsbestimmung orientieren sich die Coachingexpert/innen des DBVC e. V. noch eng an dem Ursprung des Coachingbegriffs. In den 1980er Jahren wurde unter Coaching die Einzelbetreuung von Top-Manager/innen durch externe Berater/innen verstanden (Böning 2005, S. 29). Auch heute meint die Formulierung *Coaching im engeren Sinne* Formen der Managementberatung, wenngleich am Beratungsmarkt eine Vielzahl an Coachingvarianten offeriert werden. Im Coaching-Lexikon (2013) von Christopher Rauen wird vorgeschlagen, die Fülle an Coachingformen zur Überschaubarkeit nach Zielgruppen (z. B. Führungskräfte- oder Gründer-Coaching), Thematiken und Anwendungsfeldern (z. B. Konflikt- oder Gesundheits-Coaching) sowie Settings (z. B. Virtuelles Coaching, Geißler 2008) zu kategorisieren. Die ausufernde Ausdehnung und in Teilen auch ein Missbrauch des Coachingbegriffs werden der stetig wachsenden Branche vorgeworfen. So hat sich das Coaching in den ersten 30 Jahren seiner Entwicklungsgeschichte weniger konsolidiert denn unkontrolliert ausgebreitet (vgl. Böning 2005, S. 29).

Professionalität gründet sich auf dem Wissen und auf dem Können der Handelnden. Für die Entwicklung der Coachingprofession sind dieses schwer zu fassende Kategorien, zugleich erschweren induktive Prozesse die Legitimation. Ohne einer Zuordnung als Praxiswissenschaft ganz entkommen zu können, versuchen Expert(inn)en und Wissenschaftler/innen, Qualitätsindikatoren und theoretische Verankerungen der gelebten Praxis zu formulieren. Dass über die Definition von Standards und die Identifikation übergeordneter Qualitätsindikatoren professionelles Handeln systematisiert werden kann, zeigen die Arbeiten[7] zur Qualitätsentwicklung der Bildungs- und Berufsberatung von Christiane Schiersmann und Kolleg(inn)en (vgl. Schiersmann et al. 2008). Entsprechend

7 Koordinierungsprozess Qualitätsentwicklung in der Beratung für Bildung, Beruf und Beschäftigung (nfb/Forschungsgruppe Beratungsqualität Ruprecht-Karls-Universität Heidelberg, 2011, 2012).

ausgeprägt sind auch die Bemühungen der Coachingverbände um die Formulierung von Qualitätskriterien für professionelles Coaching und die Standardisierung von Coachingausbildungen. Seit gut zehn Jahren ist nun eine vertiefte Professionalisierungsphase zu beobachten, in der wie beschrieben unterschiedliche Sammelbegriffe für zielgruppen- und methodenspezifische Angebote allmählich akzeptiert wurden. Nach Böning (2005, S. 29) sind die Verbesserung der Markttransparenz und der Qualität in Ausbildung und Praxis ebenso charakteristisch für den Professionalisierungsprozess wie die Intensivierung der Beforschung von Coaching und der Generationenwechsel unter den Coachs. Schmidt-Lellek (2012, S. 11 ff.) erörtert die Entwicklung von Coaching als Profession entlang des traditionellen Professionsbegriffs, den er zu berücksichtigen und gleichzeitig zu revidieren empfiehlt. Coaching in „Funktion eines Katalysators im Hinblick auf organisationale, unternehmerische und damit letztlich auch gesellschaftliche Innovationen“ (ebd., S. 15) muss mit Ungewissheiten in der Beratungssituation umgehen. Coaching kann nicht auf professionsbezogene Wissensbestände zurückgreifen, sondern muss mit Polaritäten im konkreten Handeln umgehen (ebd., S. 16). Schmidt-Lellek nennt hier neben Gewissheit (für die Prozessgestaltung und die Person) versus Ungewissheit (gegenüber situativen Konsequenzen und unerwarteten Entwicklungen) die Spannungsverhältnisse zwischen Funktion versus Person und Unternehmenslogik versus Professionslogik. Damit spricht er die Pluralität der Rollenauslegungen des Coachs (vgl. Wolff, 2002) an, die sich an dem Bedarf wie den Bedürfnissen im einzelnen Anliegen und den persönlichen Neigungen der Beteiligten orientieren. Ebenso führen die übergeordneten Unternehmensinteressen in sogenannten Dreiecksverträgen zu einer „Antinomie“ (Schmidt-Lellek, 2012, S. 16), wenn Auftraggeber/in (z. B. Personalentwicklung, Vorgesetzte/r) und Auftragnehmer/in (Coachee bzw. Klient/in) personenungleich sind. Mit Bezug zur Bildungs- und Berufsberatung weisen auch Schiersmann et al. (2008, 26 ff.) auf die Notwendigkeit der Einbeziehung verschiedener Interessenvertreter/innen hin und empfehlen für die Entwicklung einer Qualitätsstrategie eine Multiakteursperspektive:

> „Zwar kann eine Profession der Beratung mit guten Gründen inhaltliche Argumente für bestimmte Qualitätskriterien, Mindeststandards usw. ins Feld führen, diese werden sich aber an den Ansprüchen und Interessen anderer Akteure abarbeiten müssen.“ (ebd.)

Die Aushandlungsprozesse der Auftragsklärung und Vertragsgestaltung im Coaching können vor dem Hintergrund von Qualitätsbetrachtungen somit auch als förderlicher Rahmen verstanden werden.

Neben der oben zitierten Kurzversion der DBVC-Leitlinien (DBVC e. V. 2012) lässt sich analog zum Beratungsbegriff eine Vielzahl ähnlicher und unähnlicher Gegenstandsbestimmungen von Coaching finden[8]. In der Internetressource von Christopher Rauen wird Coaching als Sammelbegriff definiert:

> „Coaching ist ein Sammelbegriff für individuelle Formen personenzentrierter Beratung und Betreuung auf der Prozessebene. Zielgruppe sind Personen mit Führungsverantwortung und/oder Managementaufgaben. Generelles Ziel ist immer die Verbesserung der Selbstregulationsfähigkeiten (‚Hilfe zur Selbsthilfe') durch die Förderung von Selbstreflexion und -wahrnehmung, Bewusstsein und Verantwortung." (Coaching-Lexikon 2013)

Die in dieser Begriffsbestimmung enthaltenen Aspekte der Personenzentrierung, der Verbesserung der Selbstregulationsfähigkeit und der Selbstverantwortung erinnern an Definitionen pädagogischer Beratung und an Aurins (1984) formuliertes Ideal der Bildung (vgl. Unterkapitel 2.1). Der deutlichste Unterschied einer rein begriffstheoretischen Betrachtung bezieht sich dann auf die unterschiedlichen Anwendungsfelder, hier Mitarbeiterführung und Management. Für eine trennscharfe Darstellung von Coaching gegenüber anderen Beratungsformaten ergibt es erkennbar Sinn, Coaching als professionelle Managementberatung (A. Schreyögg, 2003) zu fokussieren, wenngleich andere Formen wie das Life-Coaching (z. B. Schmidt-Lellek & Buer 2011) zwischenzeitlich ebenfalls als etabliert gelten können.

Was wird gegenwärtig als Coaching praktiziert? Welche Inhalte finden sich in der Coachingpraxis? Soziale Interaktionen im beruflichen Kontext werden als das Kernthema von Coaching gesehen (Jüster, Hildebrandt & Petzold 2005, S. 84). Auch A. Schreyögg (2003) benennt soziale Konflikte[9] als die häufigsten Anlässe für Coaching. Konflikte haben ihre Entstehung in gescheiterten Interaktionen und deren Interpretationen, gelöst werden können sie wiederum nur über die Reflexion in Auseinandersetzung und Vermittlung.

Die zweite Marburger Coachingstudie der Philipps-Universität Marburg (Gross & Stephan 2011, S. 31 ff.) fasst die häufigsten Anlässe im Coaching anhand von drei Kategorien zusammen: Neben Konflikten häufen sich zum einen defizitorientierte Coachinganlässe wie Reflexionen der Führungskompetenz, zum zweiten präventionsorientierte Anlässe wie Positionswechsel und drittens

8 Eine umfangreiche Übersicht über Definitionsansätze und Bedeutungen von Coaching ist zum Beispiel bei Schiessler (2010) zu finden.

9 A. Schreyögg (2003, S. 79) kategorisiert Anlässe auch nach Krisen und fasst soziale Konflikte unter der Kategorie individuelle berufliche Krisen aufgrund situativer Faktoren.

potenzialorientierte Anlässe im Sinne individueller Entwicklungsspielräume (vgl. Jüster, Hildebrandt & Petzold 2005, S. 84). Diagnosen individueller Führungskompetenz zielen dabei in der Regel auf Leistungsoptimierungen ab und nehmen gleichzeitig die personenbezogenen Kompetenzen in den Fokus (Defizitorientierung). Zudem entsteht der Wunsch nach Reflexion bei Führungskräften häufig als Folge von Negativfeedback durch Vorgesetzte, Kolleg(inn)en, Mitarbeiter/innen oder Kund(inn)en (Defizitorientierung). Bei neu ernannten oder sich neu orientierenden Führungskräften stellt der Positionswechsel den Anlass für das Coaching dar (Präventionsorientierung): Die Coachees sind dann darin zu unterstützen, ihre neue Rolle zu erfassen und auszufüllen und sich auf ihr Umfeld einzulassen. Damit wird im Coaching typischerweise an einer erfolgreichen Gestaltung der Interaktionen gearbeitet. In der Bearbeitung potentialorientierter Anlässe geht es darum, vorhandene Ressourcen nutzbar zu machen und Leistungspotenziale zu optimieren (Potentialorientierung). Mit dieser Perspektive auf „Soll/Ist" (ergebnisbezogen) beziehungsweise „Vorher/Nachher" (personenbezogen) werden Zielvariablen thematisiert, die der oder die Einzelne in der Regel über Zielvereinbarungen realisieren muss, um sich Anerkennung und Aufstieg zu sichern. Vor diesem Hintergrund ergibt sich nicht selten ein Spannungsverhältnis zwischen Potential- und Defizitorientierung für die Betroffenen. Zusammenfassend lässt sich sagen, dass die in den Personen oder Rahmenbedingungen liegende Unsicherheit den häufigsten Anlass für die Inanspruchnahme von Coaching als Beratung zur beruflichen Entwicklung stellt. Dabei handelt es sich nicht zwangsläufig um in der Person veranlasste Sicherheitsbestrebungen, sondern zuweilen auch um situativ gesteuerte Modellierungsabsichten. Die Komplexität der Managementaufgaben und Anforderungen an die Führungsqualitäten der Personen sind in den vergangenen Jahrzehnten spürbar angestiegen. Für A. Schreyögg (2008, S. 55) wird dies mit der Popularität des Beratungskonzepts Coaching auch sichtbar.

Coaching erfreut sich insgesamt einer hohen gesellschaftlichen Akzeptanz. Die Kontaktschwelle ist im Vergleich zu anderen Beratungsangeboten als niedrig einzuordnen, zumal Coaching in Organisationen häufig im Belohnungssystem der Personalentwicklung verortet wird, Mitarbeiter/innen erhalten über ein Coaching in erster Linie Anerkennung für Leistung und eine individuelle Förderung. Aus der Perspektive der Privatperson, die Coaching als Selbstzahler/in in Anspruch nimmt, ist der Zugang zum Coaching ebenso positiv assoziiert. Zwar zahlt nur derjenige hohe Beratungshonorare, der bereits einem deutlichen Leidensdruck unterliegt, mit dem Aufsuchen eines Coachs sind außer dem „pay per contact" jedoch keinerlei Verpflichtungen verbunden. Es gibt keine Verbindungen mit dem Gesundheitssystem, keine unwiderruflichen Diagnosen (Krankenversicherung) und keine Stigmatisierungen (Therapie). Stattdessen erhält zum Beispiel Karrierecoaching zuweilen die Leichtigkeit einer bildungsbezogenen Wellnessanwendung („das tut mir gut“).

2.3 Coaching als Lernprozess

Die Perspektive von Coaching als Lernprozess verbindet die beiden zuvor entwickelten Stränge der pädagogischen Forderung nach Freiheit und Mündigkeit einer gelebten Selbstsorge (Unterkapitel 2.1) mit der gesellschaftlichen Entwicklung und Anerkennung der Coachingpraxis (Unterkapitel 2.2). Am Ende des vorangegangenen Abschnitts wurde das Phänomen der Selbstzahler/innen im Coaching bereits angesprochen. Die Marburger Coachingstudie (Gross & Stephan 2011, S. 15) belegt, dass Coaching zu berufsbezogenen Anliegen auch von Privatpersonen gebucht wird. Die befragten Coachs gaben an, dass unternehmensunabhängige Einzelpersonen mit 24 Prozent sehr oft und 18 Prozent oft zu ihren Kund(inn)en zählten. Damit bilden Privatzahler/innen eine von zwei großen Kundengruppen im Coaching, wie die Tabelle 1 zeigt. Die Interpretationen der Autoren reichen von Testbuchungen über die geringe Akzeptanz des unternehmensinternen Coachingangebots bis hin zur Vermutung sensibler Coachinganlässe, die eines vollständig anonymisierten Rahmens bedürfen.

Tabelle 1: Unternehmensgrößen der Coaching-Kunden. Aus: Coaching-Markt-Analyse 2011 (Gross & Stephan 2011, S. 16)

Unternehmensgrößen der Coaching-Kunden

n=842	sehr oft	oft	gelegentlich	selten	nie
Einzelpersonen unternehmensunabhängig	24%	18%	16%	36%	5%
Kleine Unternehmen bis 10 Mitarbeiter	11%	20%	23%	27%	20%
Kleine Unternehmen bis 50 MA	9%	21%	29%	25%	16%
Kleine Unternehmen bis 100 MA	4%	20%	34%	21%	21%
Mittelgroße Unternehmen bis 200 MA	5%	22%	30%	23%	20%
Mittelgroße Unternehmen bis 500 MA	7%	24%	31%	20%	18%
Mittelgroße Unternehmen bis 1.000 MA	8%	28%	27%	16%	22%
Mittelgroße Unternehmen bis 5.000 MA	13%	29%	24%	13%	21%
Große Unternehmen bis 10.000 MA	9%	25%	16%	17%	33%
Große Unternehmen bis 25.000 MA	10%	17%	16%	16%	41%
Große Unternehmen bis 50.000 MA	12%	13%	13%	18%	44%
Große Unternehmen über 50.000 MA	15%	16%	14%	14%	41%

Mit diesen und ähnlichen Auslegungen werden Bildungs- und individuelle Entwicklungsmotive der Coachingnehmer/innen unterschätzt. Auch wenn das Beratungsformat entwicklungsgeschichtlich im Rahmen von arbeits- und organisationsbezogenen Parametern entstanden ist (vgl. Unterkapitel 2.2), greift das Phänomen Coaching heute weiter und zielt im Allgemeinen auf die berufs- und personenbezogene Entwicklung von Individuen. So dient Coaching der beruflichen Selbstreflexion, bezogen auf konkrete Verhaltensmuster im Kontext beruflichen Handelns, aber auch bezogen auf Fragen der beruflichen Identität und ihrer Entwicklung. In der Folge entstehen Kompetenzen für die Gestaltung der eigenen Berufsbiographie, als Form selbstgesteuerten Lernens. Oder vice versa: Wer sich einen Coach sucht, ist bereits aktiv Lernende/r und Gestalter/in der eigenen Lernbiographie.

So enthalten auch die ersten konzeptionellen Formulierungen des deutschen Bundesministeriums für Bildung und Forschung im Jahr 2004 (BMBF 2004) neben bildungssozialen Aspekten wie Bildungsgerechtigkeit die Aufforderung, Möglichkeiten der individuellen Bildungsgestaltung zu ermöglichen und zu nutzen:

> „Lebenslanges Lernen hilft, den Zusammenhalt in der Gesellschaft zu stärken und Ausgrenzung so weit wie möglich zu vermeiden. Im Rahmen einer Gesamtstrategie soll das Ziel verfolgt werden, die Bildungsteilhabe zu erhöhen, allen Menschen mehr Chancen zur persönlichen, ihren Begabungen entsprechenden gesellschaftlichen und beruflichen Entwicklung zu ermöglichen und den Standort Europa mitzugestalten."

Dieses bildungspolitische Konzept[10] hilft entlang der bildungspolitischen Angebote den Bildungsinteressierten, ihre Lernprozesse selbst zu organisieren. Das Bundesministerium für Bildung und Forschung (BMBF 2013) formuliert zum *lebensbegleitenden Lernen* heute:

> „[…] Bildung ist nicht ausschließlich da, um den Menschen zu befähigen, sein Auskommen zu haben und sein Leben nach der Bildungsphase angenehm zu gestalten. Bildung prägt den Menschen in seiner gesamten Lebensspanne entscheidend und hat insofern nicht in erster Linie die Rolle des Erwerbs bestimmter Fähigkeiten, sondern die Bedeutung einer lebensbegleitenden Befähigung zum Erwerb von Kenntnissen und Fähigkeiten. […]"

10 Zu Variationen des bildungspolitischen Grundkonzepts siehe Kraus (2001, S. 112 ff.).

Der Berater beziehungsweise die Beraterin als Helfer/in im Lernprozess ist eine frühe Idee des Behavioral Counseling[11] (Krumboltz 1966a). Der Ansatz, Probleme von Individuen als ein Lernproblem zu deuten, überführt jeden Problemlöseprozess in einen Lernprozess (Krumboltz 1966b, S. 4 f.). Vor dem Hintergrund neuer Lerntheorien, die die vollständige Lebensspanne betrachten, erscheint die Rolle von Berater/innen als Prozessbegleiter/innen sehr aktuell: Es geht darum, „ [...] einen auf kognitiv-emotionale Einsicht fundierten, aktiven Lernprozess in Gang zu bringen [...].“ (Dietrich 1991, S. 2). Coaching kann vor diesem Hintergrund als Reflexionslernen bezeichnet werden, das ein Coach als Unterstützer/in und Dialogpartner/in begleitet.

Geht man beispielsweise davon aus, dass Berufserfahrene sich qualifizierende Fachkompetenzen bereits angeeignet haben, richtet sich der Fokus weiterer Qualifizierungen auf die sozialen und Personenkompetenzen. Während für den Schuleintritt sowie für die Übergänge von Schule und Studium ins Berufsleben etablierte Beratungsangebote innerhalb und außerhalb der Institutionen bestehen, die Anlässe wie erschwerte Zugangsbedingungen (soziale, familiäre und ethnische Hintergründe), Unsicherheiten (Entscheidungsprobleme, Unterbrechungen und Neuorientierungen) und Transferprobleme (Lernprobleme) einbeziehen, wünschen sich insbesondere Berufserfahrene Unterstützungsangebote, die nicht an einen Bildungsauftrag gebunden sind. So wenig klar fassbar Coaching sich auf dem Angebotsmarkt zeigt, umso bemerkenswerter erscheint es, dass gerade diese Nicht-Gebundenheit an Institutionen und kodifizierte Qualifizierungswege das Coaching attraktiv macht: »Einen Coach suche ich mir aus, der stellt sich individuell auf mich ein und wenn es passt, dann wird er/sie mein/e Begleiter/in«. Kritiker/innen mögen im Siegeszug des Coaching (Böning 2005) ein Artefakt der Individualisierung der modernen Gesellschaft (Beck 2001) sehen, als Loslösungsversuch aus dem Korsett von Gesellschaft und Erziehung.

Während Coaching für die Optimierung individueller Leistungen im Rahmen von Organisationszielen durchaus ambivalente Reaktionen hervorruft, kann und muss die freiwillige Inanspruchnahme von Beratungsangeboten auf Ebene des Individuums auch als Umsetzung der Forderung nach lebensbegleitendem sowie selbstgesteuertem Lernen anerkannt werden. Wenn die Öffentlichkeit in diesem Zusammenhang ein angenommenes Ausmaß dauerhafter Selbstveränderung (*Selfness*[12], Horx 2005) kritisiert und als Bedrohung der Individuen einordnet, handelt es sich um ein Missverständnis. Beratung im Kontext lebensbegleitenden Lernens zielt auf die punktuelle oder prozessübergreifende Begleitung

11 Engl. (US) = Verhaltenstherapeutische Beratung.
12 Selfness (engl.) = Selbstheit.

von Bildungsmaßnahmen sowie auf biographische Reflexionen. Dabei kann die Bildung und Reifung der Persönlichkeit als Ergebnis von Lernprozessen gesehen werden, die Förderung von Bildungszuwachs intendiert jedoch nicht die Veränderung von Persönlichkeiten.

3 Emotionen und Lernen

Emotionalität in Bildungsprozessen spielt sowohl in der Schule (McLaughlin 2000, Schutz, Hong, Cross & Osbon 2006) als auch für das Lernen Erwachsener (Arnold 2005, Gieseke 2007, Mader 2001) eine zentrale Rolle. Studien zur didaktischen Lernforschung weisen auf die Wichtigkeit der Emotionserziehung bei Kindern und Jugendlichen (McLaughlin ebd.) und die Bedeutung von Emotionen in Lernprozessen Erwachsener (Gieseke 2007) hin. So wird dem Einfluss von Emotionen auf Bildungsentscheidungen in der erwachsenenpädagogischen Wissenschaft zunehmende Beachtung geschenkt. Als Schlüsselqualifikationen von Entscheidungskompetenz (z. B. für die Wahl einer Weiterbildung) lassen sich emotionale Reflexivität und Beziehungsfähigkeit (Heller 1981) als ein „Sich-in-Beziehung-setzen" identifizieren. „Bildung ist emotionale Reife" (Arnold ebd., 68). Für einen erwachsenenpädagogischen Forschungszugang sind daher die Auswirkungen von Emotionen in Vermittlung, Interaktion und Aneignung von besonderem Interesse (Gieseke 1995, S. 40). Becker (2006, S. 215) plädiert dafür, neurowissenschaftliche Befunde zukünftig nicht als Resultate der Grundlagenforschung für die Pädagogik zu interpretieren, sondern regt an, dass die Erziehungswissenschaft konkrete Forschungsfragen an die Neurowissenschaften richtet, um die „neurowissenschaftlichen Diskussionen über das Verhältnis von Fühlen, Denken und Handeln" (ebd., S. 214) gegenstandsangemessen führen zu können.

Mit dem Blick auf Beratungs- und Coachingverläufe als Lernprozesse von Individuen (vgl. Unterkapitel 2.3) sind in der neueren Emotionsforschung verschiedene Belege für die Beziehung zwischen Emotionen und Lernen gefunden worden (vgl. Gieseke 2007). Für eine detaillierte Betrachtung der Emotionen im Beratungsprozess spricht beispielsweise die Erkenntnis, dass emotionale Zustände sich insbesondere auf episodisch-biographische Inhalte auswirken (Roth 2011, S.182). Coaching erfordert als Begleitung der beruflichen Entwicklung von Individuen die Auseinandersetzung mit biographischen Entscheidungen und Kompetenzbilanzierungen, die zweifelsohne nicht emotionsfrei bearbeitet werden können (vgl. Sickendiek 2007, S. 91). Und auch Coachinganliegen, die sich auf die Gestaltung von Arbeitsbeziehungen, Konfliktbewältigungen oder strategische Managemententscheidungen beziehen, kommen nicht ohne emotionale Reflexivität aus (vgl. Unterkapitel 2.2).

In den nachfolgenden Abschnitten werden im Anschluss an eine begriffliche Sortierung die neuesten Befunde der Emotionsforschung zusammenfassend dargestellt. Davon ausgehend werden insbesondere die Konzepte der Emotionsregulation und des Lernens durch Neubewertung in ihren zentralen Verbindungen zur Personenberatung umrissen.

3.1 Begriffsbestimmungen: Affekt, Emotion, Gefühl

Im wissenschaftlichen Diskurs und allgemeinen Sprachgebrauch existiert eine Vielzahl von Bezeichnungen für affektive Erfahrungen, zum Beispiel *Stimmung*, *Emotion*, *Affekt* und *Gefühl*. Um die konzeptuelle und definitorische Konfusion zu ordnen, schlagen einige Autor(inn)en vor, *Affekt* als generelles Metakonzept zu verstehen, das Emotion und Stimmung subsumiert (Gross 1998, Scherer 1984).

Stimmung wird als relativ lang andauernde Episode mit eher diffusen Affekten von *Emotion* abgegrenzt. Als Charakteristika von *Emotionen* werden die relativ kurze Dauer und die direkte Bindung an ein Objekt gesehen (Morris 1989, Frijda 1986, Gross 1998). Personen können häufig spezifizieren, welches Ereignis bei ihnen Emotionen ausgelöst hat. Für die eher diffusen Stimmungen fällt es hingegen schwer, Auslöser zu bestimmen (Schutz et al. 2006, S. 344).

Die Termini *Emotion* und *Gefühl* werden häufig synonym benutzt. Während *Gefühl* vermehrt alltagssprachlich gebraucht wird und das subjektive Erleben widerspiegelt, wird die Bezeichnung *Emotion* eher im theoretischen Kontext verwendet zur Beschreibung komplexer Prozesse der Emotionsverarbeitung auf hirnphysiologischer Ebene. Für die Verfassung dieser Arbeit wird versucht, subjektive Empfindungen und deren Bewertungen als *Gefühle* zu benennen, während die darunter liegenden Prozesse aus analytischer Perspektive den Emotionsbegriff tragen sollen. Allerdings findet dabei das Adjektiv „emotional“ in vielerlei Hinsicht Verwendung. Für übergeordnete Konzepte und den Kontext beschreibende Aspekte wird überdies der Terminus Affekt verwendet.

3.2 Meilensteine der neueren Emotionsforschung

In der Emotionsforschung des zweiten Jahrtausends dominierten funktionalistische Denkweisen (Gieseke 1995, S. 41): Die klassischen psychologischen Bewertungstheorien (*Appraisaltheorien*, z. B. Frijda 1986, Lazarus 1991, Ortony, Clore & Collins 1988) gehen von einer adaptiven Funktion der Emotion aus: Menschen bewerten ihre Wahrnehmungen und passen auf dieser Grundlage ihr Verhalten an. Damit wurde stets die kognitive Komponente von Emotionen als zentral für die Regulation angesehen, zum Beispiel mit dem Prinzip der kognitiven Umdeutung emotionsauslösender Reize und Situationen. Dies hat sich in den letzten Jahren geändert, und die Strukturen und Funktionen des limbischen Systems beziehungsweise die neuronalen Grundlagen der Affekte und Emotionen sind zu einem hochaktuellen neurowissenschaftlichen Forschungsgegenstand geworden (Roth 2001, S.14).

Zu den evolutionären Erkenntnissen der Neurowissenschaften zählen Damásios (1994, 2004) Arbeiten, in denen er Descartes'[13] Annahmen einer Trennung von Körper und Geist widerlegt. Die Gleichstellung von Ratio und Emotio und die wechselseitige Beeinflussung von Kognitionen und Emotionen zählen zu den Grundlagen moderner neuropsychologischer Forschung. Im Zentrum aktueller Fragestellungen stehen die „heiße" Kontrolle von Emotionen durch höhere kognitive Prozesse ebenso wie die „kalte" kognitive Kontrolle über Gedächtnis- und Aufmerksamkeitsprozesse (Ochsner & Gross 2005). Über die funktionale Architektur kognitiver Kontrolle über Emotionen weiß man bisher noch recht wenig (Ochsner, Bunge, Gross & Gabrieli 2002, S. 1215). Studienergebnisse zum Funktionszusammenhang weisen darauf hin, dass bestimmte Hirnareale kognitive Strategien erzeugen und gleichzeitig multiple emotionale Systemprozesse modulieren (ebd.). Evidenz für solche Funktionszuschreibungen stiftet auch die Theorie der somatischen Marker, mit der Damásio (2004) die Ontogenese eines emotionalen Erfahrungsspeichers postuliert. Den Aufbau dieser Strukturen stellt er sich wie folgt vor: Hirnstrukturen, die während des Generierens von Emotionen und deren Regulation operieren, lösen emotionsgebundene Signale (somatische Marker) aus (vgl. Bechara 2004). Somatische Marker teilen sich so als automatische physische Prozesse mit und sind quasi für die Vorhersage von Bewertungen ausschlaggebend. Sie fungieren als ein individuelles Wertesystem und legen die Handlungsalternativen bei Entscheidungen fest. Der Neurobiologe Gerhard Roth (2011) kommt zum selben Ergebnis: Entscheidungen setzen emotionsgebundene Bewertungsprozesse voraus, die auf Grundlage der verarbeiteten Erfahrungen häufig als unbewusster Vorgang des Gehirns verlaufen.

13 René Descartes, französischer Philosoph des 17. Jahrhunderts, der den Menschen erstmals als ein in die zwei Entitäten Geist und Körper teilbares und zugleich unteilbares Wesen definierte (Descartes 1993, S.76 f.).

Damásios Annahmen belegen dabei nicht nur die wechselseitigen Bezüge zwischen Emotionen und Kognitionen, sie betonen vor allem auch die Rolle des Körpers über die Wahrnehmung des Körperlichen, die physischen Empfindungen:

> „Empfindungen, die sich für ihn [Damásio] herleiten von Gefühlen, dienen der inneren Orientierung der Person. Sie stellen eine Verbindung zwischen uns und anderen her. Sie sind Ergebnis eines physiologischen Arrangements, sie zeigen unsere Offenheit zur Welt, die für Einschätzungen, Interpretationen, ja Lernen über Verbindungen genutzt werden. […] Dabei wird deutlich, dass die Neurobiologie hier zu dem vorgestoßen ist, was seit Jahrhunderten als ‚Seele' bezeichnet wird." (Gieseke 2007, S. 73).

In dieser Wechselwirkung zwischen Körper und Bewusstsein, zwischen physischen Prozessen und emotionalen Mustern, zeigen sich Geschlossenheit und Offenheit der menschlichen Selbstorganisation zugleich. Diese „Zweibahnstraße" schafft unter anderem die Voraussetzung dafür, dass neue Informationen aus der Umwelt in ein Individuensystem gelangen und integriert werden können. Emotionen können somit unmittelbar Gegenstand von Veränderungen sein.

Befunde zur Emotionsregulation

Emotionen und deren Regulation sind zentral für die menschliche Existenz (Philippot & Feldman 2004, S. ix). Im Feld der Psychologie ist die Auffassung der Regulation von Emotionen in vielen verschiedenen Domänen zu finden. In psychoanalytischer Tradition unterliegen der existentiellen Ich-Verteidigung Prozesse der Angstregulation (Freud 1926/1959). Die Stressforschung stellt mit dem Coping (Lazarus 1991) ein weiteres Konzept, das auf Basis der Annahmen über emotionale Regulationsmechanismen entwickelt wurde. Überdies gilt Emotionsregulation als Schlüsselkomponente emotionaler Intelligenz (Mayer & Salovey 1997, S. 14).

Die Kompetenz der Regulation von Emotionen versteht man allgemein als die Fähigkeit, den affektiven Zustand bei einem Individuum zu beeinflussen und negative wie positive Emotionen zu verringern oder zu verstärken (vgl. Matejka et al. 2013, S. 1). Dabei wird Emotionsregulation hauptsächlich als selbstregulatorische Kompetenz aufgefasst. Mit dem Blick auf Interaktionen existieren ebenfalls Erklärungen interaktiver Regulationsformen. Nachfolgend werden beide Varianten (selbstregulative und interaktive Emotionsregulationsformen) vertiefend dargestellt, mit Bezugnahme auf entwicklungspsychologische und neuropsychologische Konzepte.

Aus *entwicklungstheoretischer* Perspektive repräsentiert der Begriff der Emotionsregulation ein Interaktionsphänomen der emotionalen Entwicklung im Säuglings- und Kleinkindalter (Papousek & Papousek 1999, Sroufe 1996). Emotionale Prägungen erfahren dabei schon Embryos im Mutterleib. Forscher/innen gehen von emotionalen Konditionierungen auf hormonphysiologischer und neurobiologischer Ebene aus, denen das Ungeborene unbewusst und ohne Entscheidungsfreiheit ausgesetzt ist (vgl. Roth 2011, S. 117). In der nachgeburtlichen Eltern-Kind-Interaktion führen die Emotionsformen von Säuglingen (z. B. Weinen, Lachen und Glucksen) dazu, dass die Bezugspersonen bedürfnisorientierte Bewältigungshandlungen stellvertretend ausführen (z. B. Füttern, auf den Arm nehmen, Spielzeug aufheben). Papousek & Papousek (ebd.) haben hierfür den Terminus einer intuitiven Elterndidaktik geprägt. Bei Campos & Barrett (1988) ist dieses Prinzip, Affekt und Verhalten abzustimmen, als „social referencing" zu finden. Als zentraler Aspekt der emotionalen Entwicklung im Kindesalter konnte der typische Verlauf von einer interpsychischen zur intrapsychischen Emotionsregulation nachgewiesen werden (Sroufe ebd.). So lernen Kinder circa im 6. Lebensjahr, ihr Erleben als inneren Dialog zu führen und miniaturisieren ihren Emotionsausdruck. Erwachsene sind in der Lage, ihre Emotionen vollkommen zu verdecken, was aber die Erlebensintensität nicht unbedingt verringert. Im Gegenteil weisen Untersuchungen zu Regulationsstrategien darauf hin, dass die Unterdrückung von Emotionen einschränkende negative Effekte haben kann (vgl. Gross & John 2003, S. 350).

Die Frage nach dem Warum und Wie der menschlichen Emotionsregulation beschäftigt die Emotionsforschung in der Psychologie und in den Neurowissenschaften. James J. Gross und seine Forschungskolleg(inn)en (1998, 2002, 2003, 2011) sind für ihre *psychophysiologischen*[14] Untersuchungen zur intrapersonalen Emotionsregulation bekannt geworden. Gross (1998, S. 275) definiert Emotionsregulation als den Prozess, in dem Individuen beeinflussen, welche Emotionen sie haben, wann sie sie haben und wie sie diese erleben und ausdrücken. Emotionsregulierende Prozesse können automatisch oder kontrolliert, bewusst oder unbewusst verlaufen (ebd.). Die Generierung von Emotionen wird von Gross im Sinne von Antworttendenzen (James 1884) operationalisiert. Emotionen werden als flexible Antworttendenzen gefasst (Frijda 1986, Gross 1998, Scherer 1984), die hervorgerufen werden, wann immer ein Individuum eine Situation bewertet.

14 Die Psychophysiologie befasst sich mit den Beziehungen zwischen psychischen Vorgängen und körperlichen Funktionen, z. B. emotionale und hormonelle Prozesse sowie Motorik).

Das kann man sich so vorstellen: Ein emotionaler Reiz wird vom Individuum wahrgenommen und bewertet. Der Organismus hat nun verschiedene Möglichkeiten, darauf zu reagieren. Dies sind flüchtige Antworttendenzen, die Veränderungen auf physiologischer[15] Ebene oder auf Ebene des Verhaltens oder Erfahrens einschließen. Das wichtige Detail im regulatorischen Prozess ist die Modulierung, also die Beeinflussung der Antworttendenz. Die Form der Modulierung hält Gross (1998, S. 273 ff.) für den „endgültigen Schliff" einer emotionalen Antwort oder Reaktion: Das Prozessmodell der Emotionsregulation von Gross unterscheidet dafür antezedenzfokussierte (*antecedent-focused*) und antwortfokussierte (*response-focused*) Emotionsregulation. Erstere erfolgt, bevor die eigentliche Emotion generiert ist und beinhaltet die Selektion oder Modifikation von Situationen (*situation selection*, *situation modification*), selektive Aufmerksamkeitsausrichtung (*attentional deployment*) oder kognitive Wendung[16] (*cognitive change*, auch *reappraisal*). Anders läuft die antwortfokussierte Emotionsregulation ab, die sich ereignet, wenn die Emotion bereits mit der Transaktion belegt ist. Das heißt, wenn der emotionale Antwortprozess bereits initiiert und im Gange ist (vgl. Gross & John 2003). Die Unterdrückung des Emotionsausdrucks (*expressive suppression*) stellt dabei ein prototypisches Beispiel für eine antwortfokussierte Emotionsregulation dar, die auf die Hemmung des laufenden Emotionsausdrucks zielt (Egloff, Schmukle, Burns & Schwerdtfeger 2006, S. 356).

Individuellen Differenzen kommt eine zentrale Rolle im Prozess der Emotionsregulation zu. Wer beispielsweise in unangenehmen Situationen die Haltung bewahrt, behält die erlebten Ereignisse deutlich schlechter im Gedächtnis (Richards & Gross 2000, S. 638). Dies wäre die Folge von Unterdrückung des Emotionsausdrucks, wohingegen die kognitive Neubewertung keine Effekte auf das Erinnerungsvermögen hat. Neubewertung scheint insgesamt erwünschtere Effekte zu bringen als Unterdrückung. Dies mag damit zusammenhängen, dass die Unterdrückung vergleichsweise spät im Regulationsprozess agiert (Gross 2002, S. 286), die Antworttendenzen sind zu diesem Zeitpunkt schon eingeleitet. Anders ist es bei der Neubewertung, die aktiv ist, bevor die Antworttendenz ausgelöst wird (ebd.). Somit kann Neubewertung im Generationsprozess der Emotion effizient agieren, was zu weniger Anzeichen auf Verhaltens- und Erlebensebene führt und physiologische Reaktionen nicht signifikant erhöht (Egloff et al. ebd.,

15 Autonomes oder neuroendokrines System.

16 Auch kognitive Umstrukturierung: Das Individuum imaginiert eine potentielle Situation und restrukturiert den Denkprozess in einer Weise, so dass eine bestimmte Emotion hervorgerufen wird.

S. 357). Überdies ist die Regulationsstrategie der kognitiven Neubewertung mit weniger negativem Affekt, besseren zwischenmenschlichen Beziehungen und Wohlbefinden verbunden. Andersherum korreliert Unterdrückung mit höherem negativen Affekt, minderem zwischenmenschlichen Auskommen und geringerem Wohlbefinden (Gross & John ebd., S. 350).

Emotionales Erleben ist eng mit der kognitiven Entwicklung verknüpft (Saarni 2002, S. 4). Als Folge von Bewertungen sind Emotionen mit persönlich bedeutsamen Ereignissen verbunden und stehen so in enger Beziehung zu Handlungsimpulsen. Die Aufeinanderfolge von Handlungen macht nach Holodynski (2006, S. 73) das menschliches Tätigsein aus. Ausgehend von der Weiterentwicklung einer interpsychischen zur intrapsychischen Regulation (Papousek & Papousek 1999, Sroufe 1996) nimmt er für Erwachsene eine Form der reflexiven Emotionsregulation an. Reflexionen werden zum Gegenstand des Emotionswissens, allerdings nur dann zu Emotionsregulierern, wenn sie auch handlungswirksam werden (Holodynski ebd., S. 77).

Im nächsten Unterkapitel 3.3 werden die neurobiologischen Grundlagen von Denk- und Handlungsmustern erörtert und münden in einer Skizze über das Lernen durch Neubewertung.

3.3 Lernen durch Neubewertung

Neben den Prinzipien der Habituation, Konditionierung und Imitation erzeugt auch Einsicht menschliche Lernprozesse (vgl. Roth 2011, S. 100). Für das Lernen durch Einsicht spielen individuelle Sinnaspekte eine Rolle (ebd., S. 102). Subjektive Sinngebung ist eine grundlegende menschliche Bewusstseinsleistung (Legewie 1998/99b, S. 4): „Im spontanen Hinleben des Bewusstseinsstroms hat mein Erleben noch keinen Sinn. Erst wenn ich mich diesem Erleben in reflexiver Einstellung zuwende, lassen sich daraus vergangene oder künftige Erfahrungen ausgrenzen.“

Schütz (1971) prägte in diesem Zusammenhang den Begriff der Deutungsmuster. Nach Schütz’ (2003, S. 49) Auslegungen bildet sich im Verlauf der Sozialisation ein Wissensvorrat aus Typisierungen von Erfahrungen und erprobten Problemlösungsansätzen. Auf diese Schemata der Erfahrung greifen Individuen fortwährend und insbesondere in Bewertungs- und Entscheidungssituationen zurück. Neben kulturübergreifenden und gruppenspezifischen Deutungsmustern, wie zum Beispiel dem Codex in einer Familie, existieren die individuellen Deutungsmuster, die zur Interpretation der Wirklichkeit und damit zur Sinngebung herangezogen werden (Legewie 1998/99b, ebd.).

Der in der Erwachsenenbildung verhandelte Deutungsmusteransatz (Arnold 1985, Thomssen 1980) akzentuiert phänomenologische und wissenssoziologische Aspekte der Wirklichkeitskonstruktionen von Individuen (vgl. Arnold 2005, S. 63) und betont zudem die Wechselbeziehung relativ autonomer Deutungsmuster mit der Umwelt:

> „Indem das Bewusstsein gesellschaftliche Realität wahrnimmt und verarbeitet, entwickelt es Interpretationen und Regeln der inneren Stimmigkeit, die, nachdem sie sich zu Deutungsmustern verfestigt haben, neue Erfahrungen wiederum aufnehmen und auf objektive Handlungsprobleme antworten.“ (Thomssen 1980, S. 359)

Mit der Perspektive auf die Erwachsenenbildung als Ort von „*Deutungs- und Emotionslernen*[17]“ verweist Arnold (ebd., S. 63) auf eine notwendige Individuierungsfunktion, die Berücksichtigung der „eingespurten emotionalen Muster“ (ebd., S. 62) von Individuen. Die Konstruktion der Wirklichkeit ist per se eine emotionale, da der Mensch die Wirklichkeit nur so sehen kann, wie er sie emotional auszuhalten imstande ist (vgl. ebd.).

Im Kontext der Personenberatung stellt der Deutungsmusterbegriff ein geflügeltes Wort dar, geht es doch stets um die Veränderung von Denk- und Handlungsmustern oder, zurückhaltender formuliert, um deren Erweiterung im Sinne der Erschließung neuer Möglichkeiten. „Kognitive Denkmuster und Verhaltensgewohnheiten werden [jedoch, B.S.] nur verändert, wenn sie infrage gestellt werden, zum Beispiel weil Alternativen attraktivere Konsequenzen versprechen.“ (Elvers 2006, S. 348) Deutungsmuster sind im Ganzen recht rigide, was für routinierte Handlungen auch wichtig ist. So werden nicht relevante Deutungsmöglichkeiten gewöhnlich „auf der schnellen Spur“ unterdrückt, oder sie sind schlichtweg nicht vorhanden. Die Schemata können jedoch im Lebenslauf ausdifferenziert werden. Als Voraussetzung für Neudeutungen werden Neubewertungen gesehen. Lernen durch Neubewertung kann sowohl über Erfahrung als auch über Reflexion verlaufen. Dabei sind Bewertungsprozesse prinzipiell emotionsgebunden.

Ein Versuch, diese Momentaufnahmen der Neudeutung zu ermitteln, stellt das Konzept der „significant change events“ von Elliott (1984) dar. Elliott hat die Beteiligten dazu befragt, in welchen Momenten sie das Gefühl eines signifikanten Wandels empfunden haben. Er setzt den Fokus bewusst auf diese einzelnen besonderen Ereignisse, auf unregelmäßige und komplexe Besonderheiten im

17 Hervorhebung im Original.

Gespräch. Mit derselben Intention haben Mahrer et al. (1987, S. 7 ff.) versucht, die besonders „guten“ Momente in der Psychotherapie zu identifizieren. Die signifikanten Zeitpunkte in der Therapiestunde machten sie an der Beweglichkeit, dem Fortschritt und der Initiative zu Veränderungen fest. Auch Deutsch (Fangauf 2003, S. 563) spricht diesen Momenten vor dem Hintergrund handlungsorientierter Methoden (hier Psychodrama) eine wichtige Rolle zu:

> „Im Psychodrama können unter bestimmten Rahmenbedingungen ‚magische Momente‘ auftreten, bei denen sich neue Möglichkeiten des Handelns auftun, die im Alltag noch nicht beschritten worden sind. In Analogie zur plötzlichen Einsicht bei der Lösung von Denkaufgaben, die seit Karl Bühler als ‚Aha-Erlebnisse‘ bekannt sind, werden solche magischen Momente als ‚Ja, so!‘-Erlebnisse bezeichnet“.

Aus neurobiologischer Sicht repräsentieren diese Momente Zustände des Gehirns, bei denen Emotionen kognitive Prozesse in Gang setzen, die so neue Erfahrungen ermöglichen (ebd.). Die Ermittlungsmethode der signifikanten Momente wird in dieser Arbeit genutzt, um eben diese Momente des Wandels zu identifizieren (siehe hierzu Kapitel 5, Abschnitt 5.7.3).

Vor dem Hintergrund von Beratung und Coaching erscheint hier auch Gerhard Roths (2011, S. 118) Ursachenklärung von Entscheidungsproblemen interessant. Nach Roth wird für Bewertungen das emotionale Gedächtnis durchsucht. Ist eine emotionale Bewertung gegenüber einem Gefühl, einer Situation oder Sachlage eindeutig, haben wir keine Entscheidungsprobleme. Bei Nicht-Eindeutigkeit, wenn zwei konkurrierende Optionen die klare emotionale Bewertung hemmen, haben wir ein Entscheidungsproblem. Emotionale Blockaden, als Gefühl des Gebremst- und Handlungsunfähigseins, sind neben bewussten Entscheidungsproblemen die häufigsten Gründe für die Beratung bei inneren Konflikten. Die Klient(inn)en kommen in die Beratung, weil sich ihre emotionalen Schemata im Widerstreit befinden. Sie brauchen diese „Mediation“ zwischen den inneren Markierungen, um sich positionieren und entscheiden zu können. Diese Auslegung stimmt mit der Annahme eines aktiv lernenden Individuums (Klient/in) überein, das seine Lösung eigentlich schon kennt, aber noch nicht klar freilegen, unterscheiden, erkennen und vor sich und anderen formulieren kann. Auch im Zusammenhang mit therapeutischen Interventionen macht Roth (2006, S. 36) auf Prozesse des Neulernens aufmerksam: „[…] Der Patient lernt unter dem Einfluss durch den Analytiker […]. [Es] werden im Gehirn Ersatzschaltungen angelegt.“

Nach Roth (2012, S. 27) basieren Lernprozesse in psychotherapeutischen Settings wohl wesentlich auf Veränderungen der limbisch-emotionalen Zentren, und nicht oder nicht primär auf der kognitiven Umstrukturierung. Das lange Zeit allein gültige Modell der rein kognitiven Kontrolle wird durch Befunde der neurobiologischen Therapieforschung nicht gestützt (ebd.). Die potentiellen Lernprozesse in der Psychotherapie beschreibt er wie folgt: „Der Psychotherapeut kann […] mithilfe der Erzeugung eines ‚emotionalen Aufruhrs' […] Veränderungen subcorticaler limbischer Zentren bewirken." (Roth 2001, S. 13).

Roth (2012, S. 22 ff.) nimmt aus Sicht der Neurobiologie drei Eingriffsmöglichkeiten für Psychotherapie an: die kognitive Umstrukturierung, die Reparatur durch positive Erfahrungen und die Induktion von „kompensatorischen Netzwerken". Während mit der kognitiven Umstrukturierung die Wahrnehmung von emotional bedeutsamen Umweltereignissen über kognitiv-sprachliche Einwirkungen verändert werden kann, schätzt Roth diesen Weg als relativ schwierig ein, da verschiedene Hirnareale gleichzeitig eingebunden sein müssen. Auch die Möglichkeit einer Reparatur „falsch konditionierter" neuronaler Netzwerke in der Amygdala und in anderen subkortikalen limbischen Zentren durch positive Erfahrungen schätzt er als schwierig ein:

> „Die Amygdala ‚lernt' sehr gut in den ersten Lebensjahren und wird dann zunehmend resistent gegen weitere Veränderungen. Wahrscheinlich ‚vergisst' die Amygdala nicht oder nur schwer traumatische Erlebnisse (Evidenz aus Tierversuchen)." (ebd., S. 23)

Der dritte Weg geht über das verbale und nichtverbal-emotionale Erzeugen von kompensatorischen Netzwerken in den limbischen Zentren. Diese Vorstellung erklärt die neurobiologischen Grundlagen des Deutungsmusteransatzes: Der Zugriff nicht mehr förderlicher Deutungen („falsch konditionierte" Netzwerke) auf die Verhaltenssteuerung wird reduziert, gleichzeitig übernehmen die neu entstandenen Schemata (kompensatorische Netzwerke) die Steuerung. Der Erfolg einer Therapie hängt dann von drei Faktoren ab: der Stärke der „falschen Konditionierungen", der Plastizität der limbischen Hirnzentren und der Art der therapeutischen Intervention (ebd., S. 24).

Manche Expert(inn)en bezweifeln dabei, dass das limbische Erfahrungsgedächtnis, einmal geprägt, überhaupt vergessen oder umlernen kann:

> „LeDoux (1998) nimmt an, dass im Laufe einer Therapie das bewusstseinsfähige corticohippocampale System nicht in das limbische emotionale

> Erfahrungsgedächtnis eingreift (was es eventuell gar nicht kann)[18], sondern an diesem Erfahrungsgedächtnis vorbei seinen eigenen Zugang in die Handlungssteuerung gewinnt. Dies würde bedeuten, dass man sich in Angst und Furchtsituationen zunehmend beruhigt, ohne dass die tiefen Quellen der Angst und Furcht beseitigt sind; sie sind lediglich ‚übertüncht'." (Roth 2001, S. 13).

Roth (2011, S. 186) weist eigens darauf hin, dass die neurobiologischen Grundlagen, die den fördernden und hemmenden Einflüssen von Emotionen auf Gedächtnisleistungen zugrunde liegen, bisher nur ansatzweise bekannt sind.

Nachstehend werden noch einige weitere Befunde neurowissenschaftlicher Untersuchungen und Interpretationen referiert, die im engen Zusammenhang zum Konzept des Lernens durch Neubewertung stehen.

Zusammenfassend kann Folgendes gesagt werden: Gefühle entstehen im limbischen System (LeDoux 2004, Roth ebd.). Das unbewusste emotionale Gedächtnis wird hirnanatomisch der Amygdala und dem mesolimbischen System zugeordnet (vgl. LeDoux ebd.). „In ihnen wird die neuronale Repräsentation eines Erlebnisses oder Objekts und eines bestimmten emotionalen Zustands über spezielle synaptische Kontakte so eng miteinander verbunden, dass beide regelmäßig zusammen auftreten." (Roth ebd., S. 116).

Für das Erinnern wird angenommen, dass beim episodischen Gedächtnis der Hippocampus (→ Details des Erinnerten) und limbische Zentren (→ Emotionen) arbeitsteilig zusammenwirken (Roth 2011, S. 187). Das episodische Gedächtnis als Teil des deklarativen Langzeitgedächtnisses ist für das Erinnern persönlicher Erlebnisse relevant. Es ermöglicht den Abruf von Erfahrungen, die entlang von situativen und zeitlichen Merkmalen gespeichert sind, und ist dabei zur mentalen Zeitreise sowohl in die Vergangenheit als auch in die Zukunft fähig (Tulving 1985, S. 387).

Es hat sich insgesamt gezeigt, dass Dinge umso besser ins Gedächtnis gerufen werden können, je deutlicher sie von emotionalen Zuständen begleitet werden (Roth ebd., S. 182). Das Phänomen der stimmungskongruenten Erinnerung (*mood-congruency effect*) ist von Bower (1981) experimentell nachgewiesen worden. So kann sich eine Person an Gelerntes besonders gut erinnern, wenn sie im Moment der Erinnerung des Gelernten in einer ähnlichen Stimmung wie zum Zeitpunkt des Lernens befindet. Die Kontextabhängigkeit des Erinnerns (*Enkodierungsspezifität*, Tulving 1983) bezieht sich neben inneren Zustands- und

---

18 Klammern im Original.

Stimmungskongruenzen auch auf äußere Kontexte wie zum Beispiel räumlich-atmosphärische Aspekte.

Vor dem Hintergrund der Beratungs- und Therapieforschung ist besonders interessant, dass die erwähnten Lern- und Erinnerungsprozesse womöglich ebenso effektiv verlaufen, wenn sie nur simuliert und im Rahmen einer Intervention induziert oder nachgestellt werden. Damásio (2004, S. 338) berichtet beispielsweise, dass die somatischen Marker nicht nur im Moment realer Situationen ausgelöst werden, sondern auch durch die bloße Vorstellung erzeugt werden, zum Beispiel im Rahmen der Abwägung einer Entscheidung. Er nennt diese innere Simulation den „Als-ob-Mechanismus" (ebd.). So kann davon ausgegangen werden, dass allein die Imagination dessen, wie eine kommunikative Rückmeldung von Anderen sich anfühlt, die subjektiven Erlebnisse und Bewertungen tatsächlich beeinflusst (ebd., S. 318). In diesem Sinne kann schon das Gegenüberstellen von Verhaltensalternativen im Beratungsgespräch zur Aktivierung der somatischen Marker führen, folglich zu Bewertungsprozessen, was letztlich in eine Arbeit an und mit Emotionen mündet.

Nach Aussage von Gerhard Roth (ebd., S. 22) existiert bislang keine Theorie der Neurowissenschaften über das perfekte Lernen, jedoch können Ergebnisse der jüngeren Hirnforschung bestimmte lerntheoretische Thesen stützen. Konzepte wie „Neuropädagogik" oder „Neurodidaktik" (ebd., S. 25) haben eine hohe Popularität insbesondere bei denjenigen, die sich von traditionellen didaktischen Konzepten nicht angesprochen fühlen. Sie stellen damit aber noch keine in sich geschlossenen alternativen Lehr-/Lernkonzepte zur Verfügung. Roth (ebd.) spricht sich für eine „fruchtbare Dreiecksbeziehung" zwischen Psycho-Neurowissenschaften, Pädagogen-Didaktikern, und den Schul-, Erwachsenen- und Weiterbildungspädagogen aus.

Für die Rezeption der berichteten Forschungsbefunde lässt sich im Kontext der dialogorientierten Personenberatung unter dem Aspekt des Lernens durch Neubewertung der folgende Leitfaden formulieren:

(1) Lernprozesse[19] in Beratungsgesprächen sind effektiver, wenn auf Anliegen individuell eingegangen wird. Erst das Erfassen und Aktivieren der Welt-

19 Der hier gebrauchte Lernbegriff ist weit interpretiert und ist wörtlich als „Lernen" gefasst worden, um die Verbindung zu den neurowissenschaftlichen Forschungsergebnissen (insbes. Roth 2001, 2004, 2006, 2011, 2012) herstellen zu können. Settings der Personenberatung wie auch des Coachings sollen an dieser Stelle als Lerngelegenheiten gefasst werden, die vor dem Hintergrund von Bewusstheit, Zielgerichtetheit und Sinnzuschreibung dem Individuum alternative Interpretationen und Bewertungen zur Verfügung stellen. In einer genaueren Betrachtung von Lernen in Beratungsgesprächen müssten sowohl der Lernprozess als auch die Auswirkungen auf Verhalten mitdiskutiert werden.

sicht der Klientin/des Klienten inklusive ihrer/seiner subjektiven Sinnstrukturen und Handlungsmuster ermöglicht, Denk- und Verhaltensänderungen anschlussfähig zu erarbeiten (vgl. Schütz 2003).

(2) Das Auffassen alternativer Handlungsoptionen gelingt Klient(inn)en leichter, wenn für vorhandene Deutungsmuster die emotionalen Bewertungen freigelegt und reflektiert werden (vgl. Roth 2011).

(3) Netzwerke emotionaler Schemata können in Beratungsgesprächen am besten durch das Induzieren eines emotionalen Aufruhrs zugänglich gemacht werden (vgl. Roth 2012).

(4) Klient(inn)en erreichen neue Einsichten besser, wenn neue Informationen mit Erfahrungen verbunden werden können. Wenn Klient(inn)en die Möglichkeit haben, konkrete Erfahrungen zu machen (z. B. „Als-ob-Situationen" erleben), können die neuen emotionalen Bewertungen auf neurobiologischer Ebene verankert werden. (vgl. Damásio 2004)

(5) Lernen im Kontext von Beratungsgesprächen ist effektiver, wenn es in Emotionen eingebunden wird. Emotionen erhöhen die Wahrscheinlichkeit, dass Informationen und Ereignisse nach ihrer ersten Präsentation gespeichert werden. (vgl. Henke 2010)

(6) Gedächtnisprozesse und Emotionen gehören zusammen. Für das Erinnern des im Beratungsprozess Gelernten können kontextspezifische Variablen bereits in der Lernsituation berücksichtigt werden. Beispielsweise fällt Klient(inn)en das Erinnern und auch das Üben neuen Verhaltens leichter, wenn sie situative (Raum, Atmosphäre) und intrapsychische Spezifika (Stimmung) erneut her- bzw. nachstellen können. (vgl. Bower 1981)

(7) Wenn Klient(inn)en verstehen, wie ihre Problemstellung als Detail sowie neue Varianten dieser Sicht mit dem großen Ganzen (Klientensystem[20]) verbunden sind, können sie sich neue Aspekte besser einprägen. Aus neurobiologischer Perspektive werden hierbei kognitiv vorhandene neuronale Netzwerke aktiviert. Auf Ebene der Emotionsverarbeitung können durch die Reflexion emotionaler Schemata kompensatorische Netzwerke in den limbischen Zentren angelegt werden. (vgl. Roth 2012)

(In Anlehnung an Hermann 2009[21], S. 189 ff., zitiert nach Roth 2011, S. 281 f.)

---

20 Das Klientensystem beschreibt die kognitiven Repräsentationen über Klient(inn)en bei den Berater(inne)n. Es umfasst alle Informationen über die Klient(inn)en inklusive dem sozialen System (Familie, Freunde, berufliche Bezüge etc.).

21 Hermann (2009, S. 189 ff.) interpretierte Empfehlungen für die Strukturierung von schulischen Lernprozessen auf Grundlage neurodidaktischer Einsichten.

4 Sprache und Emotionen

„Wenn Sie das jetzt so sagen, es fühlt sich genau so an.“[22]

Nach Laucken (2003, S. 13) ist es insbesondere bei der „Rede über Gefühle“ wichtig, für theoretische Aussagen und praktische Modelle Ordnung zu schaffen. So führen unterschiedliche Denkformen zu „geistigen Ausstattungen von Menschen“ (ebd.) und in der Folge zu Sozialpraktiken, einem der geistigen Haltung zugrunde liegenden Miteinanderumgehen. In diesem Kapitel werden mit den genannten Sektionen die Bezüge zwischen Emotionen und Sprache für die Sozialpraxis der Personenberatung herausgearbeitet.

In neuerer Zeit beschäftigen sich insbesondere auch interdisziplinäre Forscherteams[23] mit der „Sprache“ der Emotionen und erforschen die Beziehungen zwischen Emotionen und gesellschaftlichen Praktiken. So wurde die expressive Komponente von Emotionen jüngst von Matejka et al. (2013) auf ihre emotionsregulatorischen Potentiale hin untersucht. Mit experimentellen Untersuchungsdesigns hat die Forschergruppe zum Beispiel die lautlichen Eigenschaften der Sprache (Prosodie) und die reaktive Hautleitfähigkeit (Bortz & Döring 2005, S. 284) während der Versprachlichung von Gefühlen kontrolliert. Als Ergebnis ihrer Studie halten die Forscher/innen fest, dass die Hautleitfähigkeit[24] während des sprachlichen Gefühlsausdrucks geringer ist. Ebenso konnte anhand der Daten gezeigt werden, dass der Grad der Aktivierung des zentralen Nervensystems (*arousal*) bei den Versuchspersonen während der Rede über Gefühle (*emotion verbalization*) geringer war als im Vergleich zur aufmerksamkeitsfokussierten Kontrollsituation[25]. Die Forscher/innen sehen mit diesen Ergebnissen die These ein weiteres Mal bestätigt, dass das Verbalisieren[26] einer emotionalen Erfahrung

---

22 Quelle: Originalzitat aus dem Transkript zu Fall 2.

23 Zum Beispiel das Exzellenzcluster Languages of Emotions der Freien Universität Berlin (siehe http://www.loe.fu-berlin.de).

24 Affektive Reaktionen bewirken beim Menschen ein kurzzeitiges Absinken des elektrischen Leitungswiderstandes der Haut, was als phasisches Maß der Hautleitwertsreaktion (skin conductance response, SCR) ermittelt werden kann (vgl. Bortz & Döring 2005, S. 284).

25 In der Kontrollsituation wurde die Aufmerksamkeit auf die Reflexion von Fakten gerichtet.

26 Verbalisieren hier im Sinne von Aussprechen, sprachlich fassen.

eine emotionsregulatorische Wirkung haben kann (Matejka et al. ebd., S. 8). Mit dem Blick auf den Beratungskontext bauen Mergenthalers (1996, S. 1313) Untersuchungsergebnisse diese These aus. Er konnte nachweisen, dass während sogenannter Schlüsselmomente in der Therapie, in denen substanzielle Wandel passieren, ein frequentes gleichzeitiges Aufkommen hoher emotionaler Erregung und Reflexion über Emotionen bestand. Auf die rein semantische Bedeutung von Emotionswörtern als Klassifikationsgrundlage von Emotionen hat Ulrich Mees (2006, S. 109) hingewiesen. So lernen Individuen mit dem Spracherwerb auch gleichzeitig Kernbedeutungen von Wörtern, was den Zusammenhang zwischen Sprache, Gefühlen und Handlungen (vgl. Mees 1999) stützt.

Im Folgenden werden weitere Einsichten in die Beratungs-, Gesprächs- und Therapieforschung berichtet, die den affektiven Charakter von Erzählungen (Drescher 2003, S. 189) in der Beratungs- und Therapieforschung beschreiben (Unterkapitel 4.1 bis 4.3). Einleitend wird Kommunikation als Handlungsform in der persönlichen Einzelberatung erörtert, entlang der Darstellung von Gesprächsstrukturen und Gesprächskompetenz sowie dem Dialog als Haltung in der Personenberatung (Unterkapitel 4.1.2). Anschließend werden die im Mittelpunkt dieser Arbeit stehenden Funktionen von Emotionen in der Kommunikation (Unterkapitel 4.2) sowie eine Auswahl emotionsfokussierender Gesprächstechniken dargelegt (Unterkapitel 4.3).

4.1 Kommunikation als Handlungsform in der persönlichen Einzelberatung

Nach Ungeheuer (1983, S. 2) ist jede Kommunikationshandlung die Lösung eines praktischen Problems. Als soziale Praktik erfordert sie dabei immer mehrere Individuen, die mit ihren kommunikativen Aktionen und Reaktionen ihre Ziele verfolgen. Für die Betrachtung der dyadischen Kommunikation in der Personenberatung kann sich die Definition auf einen Sender und einen Empfänger beschränken. So wird Kommunikation theoretisch formuliert als „[…] ein Prozess, innerhalb dessen ein Kommunikator (Sender) eine Botschaft, welche in sprachliche oder nicht-sprachliche Zeichen verschlüsselt wird, über spezifische Kommunikationskanäle an einen Kommunikanten (Empfänger) sendet, der diese Botschaft entschlüsselt“ (Fiege, Muck & Schuler 2001, S. 434).

Diese Wechselbeziehung zwischen Individuen, die sich in einem System zwischen den Menschen, ihren Nachrichten und den dafür genutzten Kanälen aufbaut, führt die Beteiligten bekanntermaßen zu unendlich vielen Gestaltungen des Austauschs und gleichzeitig zu ebenso vielen Möglichkeiten des Missverstehens. In der Kommunikationstheorie wie auch in der professionellen Praxis ist man sich einig, dass für gelingende Kommunikation eine differenzierte Reflexion des interaktiven Geschehens und seiner Konstituenten von großem Vorteil ist. So lehrt uns der radikale Konstruktivismus von Watzlawick, Beavin & Jackson (1969, S. 53), dass wir pausenlos Botschaften senden und empfangen und damit fortwährend unsere Beziehungen zu anderen Menschen gestalten. Auch Schulz von Thun (1981, S. 26 ff.) räumt dieser Inhärenz von Beziehungsgestaltung durch Kommunikation eine bedeutsame Rolle ein unter der Annahme, dass jede Aussage abgesehen vom sachlichen Gehalt auch Anteile der Selbstkundgabe oder eines an die Gesprächspartner/innen gerichteten Appells, vor allem aber Beziehungsbotschaften beinhalten kann. In der menschlichen Kommunikation vollzieht sich also immer mehr als nur der bloße Austausch von Informationen. Für lebendige Systeme gelten keine kausallogischen Annahmen, sondern zirkuläre Prozesse bestimmen das Geschehen. Folglich wird der Begriff der Interaktion häufig auch synonym verwendet, wenn nämlich die Wechselseitigkeit der Kommunikation in einem Dialog vorausgesetzt wird.

4.1.1 Zur Gesprächsstruktur und Gesprächskompetenz

Während mit dem Kommunikationsbegriff das innere Prinzip des Austauschs beschrieben wird, erfasst der Begriff *Gespräch* auch die äußeren situativen Bedingungen, innerhalb der Kommunikation stattfinden kann. In anderen Worten ist das Gespräch ein Setting für Kommunikation, wobei die Komponenten in den Settings unterschiedlicher Natur sein können. Demnach müssen Gesprächstypen, zum Beispiel das Kritikgespräch, das Beratungsgespräch oder das Bewerbungsgespräch, nach ihrer Funktion und damit nach ihren Handlungsschemata differenziert betrachtet werden.

Schubert (2003, S. 22) vermisst aus linguistischer Perspektive in Bezug auf die Gesprächssorte Beratung eine einheitliche Begriffsbestimmung. Als Gemeinsamkeiten der vielen Definitionen von *Beratungsgespräch* beziehungsweise Beratung hat er die Anlassbezogenheit und die Rollendifferenzierung der Gesprächspartner/innen ermittelt, die insbesondere den Rahmen der Interaktion beschreiben: „Der Anlass von Beratungsgesprächen sind Probleme der Ratsuchenden. Die meisten Autor/innen stimmen [...] darin überein, dass es sich bei den Rat gebenden [sic] um Experten, bei den Ratsuchenden dagegen um Laien handelt.“ (ebd.)

Eine andere Annäherung an den Interaktionsbegriff in der Beratung fokussiert die Prozessebene, Rechtien (1998, S.16) etwa definiert Psychologische

Beratung als „[...] zwischenmenschliche[n] Prozess (Interaktion), in welchem eine Person (der Ratsuchende oder Klient) in und durch die Interaktion mit einer anderen Person (dem Berater) mehr Klarheit über eigene Probleme und deren Bewältigungsmöglichkeiten gewinnt (...)".

Gesprächsanalysen haben gezeigt, dass der kommunikative Prozess „Gespräch" einem Schema folgt und theoretisch in Phasen eingeteilt werden kann. Grobstrukturierungen des Gesprächs unterteilen das kommunikative Ereignis in die drei Phasen der Gesprächseröffnung, Gesprächsmitte und Gesprächsbeendigung (Henne & Rehbock, 1995 zitiert nach Spiegel & Spranz-Fogasy 2001, S. 1241). Abbildung 2 zeigt auf der nachfolgenden Seite ein auf fünf Phasen erweitertes Gesprächsmodell, das sich auf Alltagsgespräche ebenso wie auf professionelle Dialoge, wie zum Beispiel Beratungen oder Verhandlungen, beziehen lässt. Voraussetzung für das Durchlaufen aller fünf Phasen ist sicherlich eine problemorientierte Kommunikation, ein kommunikativer Such- oder Lösungsprozess. Spontane beziehungsweise auf offenes Gestalten angelegte Kommunikation wie Gespräche „zwischen Tür und Angel" oder „Small Talk", das der sozialen Annäherung dient, werden sich nicht vollständig über dieses Phasensystem erstrecken.

Der mit Abbildung 2 skizzierte Gesprächsprozess zeigt den Verlauf von der Kontaktphase über die Informationsphase und Argumentationsphase bis zur Beschlussphase und der am Ende stehenden Abschlussphase. Für eine gelingende Gesprächsführung sind dabei vor allem der beziehungsbildende und der professionell rahmende Kontakt zu Beginn des Gesprächs sowie der bewusste planvolle Abschluss des Gesprächs von Wichtigkeit. Dies gilt für Gespräche der Personenberatung umso mehr, da der Erfolg von Beratung maßgeblich von einer aktiv gestalteten vertrauensbasierten Beziehung zwischen Berater/in und Klient/in abhängt (Orlinsky & Howard 1986, zitiert nach Sickendiek, Engel & Nestmann 2008, S. 129). So werden Gesprächsbeginn und -beendigung von mindestens einem Teilnehmer/einer Teilnehmerin aktiv gestaltet, in der professionellen Beratung werden die Berater/innen die Gesprächsführung und damit die Strukturierung des Gesprächs übernehmen. Welche Inhalte die Phasen der Information, Argumentation und des Beschlusses für Beratungsgespräche strukturieren, zeigen Ali & Graham (1996, S. 46 ff.) in ihrem Model for a Counseling Approach, das sie mit der Perspektive auf Beraterkompetenzen im Career Counseling[27] entwickelt haben. Das in Abbildung 3 (siehe S. 54) dargestellte viergliedrige Modell unterteilt die Phasen der Klärung (*Clarifying*), Exploration (*Exploring*), Evaluation (*Evaluating*) und Maßnahmenplanung (*Action Plan-*

27 Engl. (US) für Berufs- und Karriereberatung.

ning). Dabei beschreibt das Folgemuster einen Kreislauf, der bis zur Sättigung immer wieder von vorn beginnen kann. Dieses Modell wird im späteren Verlauf der Gesprächsanalysen seine Anwendung finden beziehungsweise die Struktur für die Phaseneinteilungen der Coachingdialoge stellen (siehe Anhang).

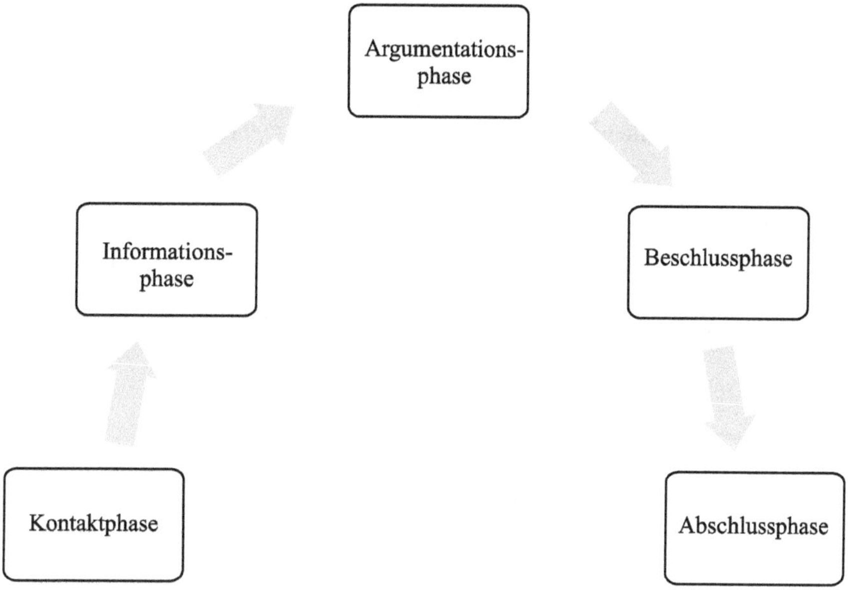

Abbildung 2: Fünf Phasen eines Gesprächs

Wie die meisten in der Beratungsforschung entwickelten Prozessmodelle zeigt auch dieser Entwurf Ähnlichkeiten zu dem in Abbildung 2 (siehe S. 35) gezeigten allgemeinen Phasenmodell für Gespräche. Das Beratungsgespräch weist in seiner phasenhaften Folge große Schnittmengen mit dem universalen Verlauf typischer Gespräche auf. In der folgenden detaillierteren Vorstellung des Ali & Graham Modells erfolgt eine Einordnung in das Fünf-Phasen-Modell für Gespräche, um diese Gemeinsamkeiten zu explizieren.

Der Prozess der Klärung (*Clarifying*) wäre im oben skizzierten Fünf-Phasen-Modell (vgl. Abbildung 2, S. 35) mit dem Übergang der Kontaktphase in die Informationsphase gleichzusetzen. Ali & Graham weisen auf die Obliegenheiten der Berater/innen hin, für eine störungsfreie Atmosphäre zu sorgen, sich die Geschichte der Klient(inn)en anzuhören und Empathie für ihre Gesprächspartner/innen zu entwickeln, sowie zu einer ersten Einschätzung der Situation und des Beratungsbedarfs zu kommen.

Die Exploration beginnt bei Ali & Graham mit der Kontraktschließung. Das Anliegen wird formuliert, Erwartungen und Möglichkeiten des Beratungsprozesses werden unter Berücksichtigung zeitlicher Aspekte reflektiert und die Aufklärung über das Beratungsformat findet statt. Das Ziel der Exploration ist es, das Anliegen in der Tiefe zu erschließen und versuchen zu verstehen, warum ein bestimmtes Thema für die Klientin/den Klienten wichtig geworden ist. Auch die Suche nach eventuellen Inkonsistenzen hat hier ihren Platz. In der Folge wird es darum gehen, die Klient(inn)en zu ermutigen, andere Optionen zu durchdenken und den Kontrakt zum Ende der Exploration noch einmal zu überprüfen. Die Einordnung dieser Prozessabschnitte in das Fünf-Phasen-Modell für Gespräche wäre sicherlich in der Informationsphase richtig, in der offene Fragen zunächst für eine Erforschung des Beratungsgegenstandes, der Motive und Architektur des Anliegens eingesetzt werden.

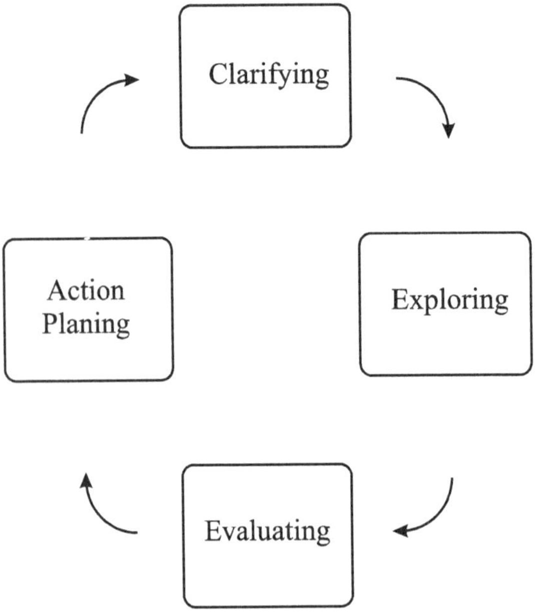

Abbildung 3: The Model for a Counseling Approach (Ali & Graham 1996, S. 46)

Die Prüfung und anschließende Bewertung von Optionen wird im Model for a Counseling Approach als Evaluation angeführt. Hier werden im Dialog Widersprüche herausgefordert und angefochten, Pros und Kontras für verschiedene Optionen gesammelt, gemeinsame Priorisierungen von Optionen getroffen und schließlich wieder der Kontrakt überprüft. Im anderen Modell (vgl. Abbildung 2) ist diese Überprüfung der Argumentationsphase zuzuordnen.

Der vierte Schritt im Beratungszyklus von Ali & Graham ist die Maßnahmenplanung, der Entwurf eines systematischen Aktionsplans. Bei der Frage nach dem nächsten Schritt der Klient(inn)en stehen Hilfestellungen zur Selbsthilfe und unbedingte Ermutigung im Vordergrund, bei Bedarf auch die Überweisung beziehungsweise Empfehlung an weitergehende Beratungsangebote. Das Beratungsgespräch endet mit einer abschließenden Überprüfung des Kontrakts, hier als Teil einer Verabschiedungsprozedur, der im Fünf-Phasen-Modell als Abschlussphase ein für sich stehender Abschnitt eingeräumt wird (Abschlussphase).

Wenn nun der Verlauf für das Kernschema „Beraten" nahezu deckungsgleich ist mit der Phasenfolge vieler anderer Gesprächstypen, so muss die Differenzierung von Beratung in der äußeren Rahmung und der inneren Ausgestaltung der Handlungskomponenten liegen. „Eine zentrale Qualifikation des professionellen Beraters besteht offensichtlich in einer Art Prozesskompetenz im Hinblick auf die Gestaltung des Phasenverlaufs." (Thiel 2003, S. 80 zitiert nach Gieseke, Käpplinger & Otto 2007).

Die Anforderungen an die Berater/innen bestehen zum Beispiel darin, komplexe und zum Teil nicht-lineare Erzählungen in eine Struktur zu bringen, spontane Dynamiken der Interaktion zu erfassen, ihnen situationsangemessen zu begegnen und schließlich immer wieder in eine übergeordnete Struktur zurückzufinden. Da Beratungsgespräche in „zyklischen Spiralen" (Gieseke, Käpplinger & Otto 2007, S. 35) verlaufen, ist eine fortlaufende Anpassung im Gesprächsverlauf notwendig. Dieses Prinzip gilt für jedes einzelne Gespräch wie für vollständige Beratungsprozesse, die sich über eine Anzahl von Gesprächen erstrecken – wenngleich darin jedes einzelne Gespräch auch wieder eine in sich geschlossene Einheit darstellt. Die intuitive und zugleich handlungsverständige Fähigkeit, den Prozess zu strukturieren und zu lenken, bedingt die voraussetzungsvolle Kompetenz, dieses kommunikativ umzusetzen. Die Prozesssteuerung mittels Kommunikation ist die Kernkompetenz der Beratung.

Was bedeutet es, kommunizieren zu können? Ein definitorisches Angebot für die Kompetenzbeschreibung von dyadischer Kommunikation macht Hartung (2004b, S. 50) wenn er *Gesprächskompetenz* als diejenige Fähigkeit beschreibt,

> „[...] zu einem beliebigen Zeitpunkt in einem Gespräch zu einer angemessenen Einschätzung der aktuellen Situation und der lokalen Erwartung der Gesprächspartner zu kommen, auf dem Hintergrund dieser Einschätzung eine den eigenen Interessen und den eigenen Ausdrucksmöglichkeiten angemessene Reaktion mit hoher Erfolgswahrscheinlichkeit zu finden und diese Reaktion der eigenen Absicht entsprechend körperlich, stimmlich und sprachlich adäquat zum Ausdruck zu bringen."

Ähnlich deuten Fiehler & Schmitt (2004, S. 114) Gesprächskompetenz als hochkomplexe Fähigkeit aus, die sich aus dem Zusammenspiel unterschiedlicher Komponenten ergibt. Sie benennen neben den bei Hartung (2004b) aufgeführten Elementen außerdem die Fähigkeit, Äußerungen der Gesprächspartner/innen auf verschiedenen Ebenen zu verstehen (vgl. auch Schulz von Thun 1981, S. 25 ff.), sowie die Fähigkeit zu einem permanenten Monitoring des laufenden Gesprächsprozesses (Fiehler & Schmitt ebd., S. 115), also die Fähigkeit zur Metaperspektive, und damit ein Bewusstsein für die Zirkularität der Kommunikations- und Interaktionsprozesse. Dass jede Ursache auch Wirkung und jede Wirkung auch Ursache sein kann, ist eine der größten Herausforderungen der vielschichtigen menschlichen Kommunikation (Watzlawick, Beavin & Jackson 1969, S. 61 f.).

4.1.2 Der Dialog als Haltung: Personenzentrierte Gesprächsführung

Was in der Personenberatung heute als dialogische Haltung bezeichnet wird, hat theoretische und methodische Wurzeln in der psychotherapeutischen Gesprächsführung. Die Ansätze der Klientenzentrierten Gesprächspsychotherapie von Carl Ransom Rogers (1951/ 2003) finden in so gut wie allen dialogorientierten Beratungsgesprächen Anwendung. Je nach Beratungsansatz und Anliegen der Klient(inn)en spiegeln sich im Beratungshandeln einzelne Elemente von Rogers wider, wie zum Beispiel dessen humanistische Beratungsphilosophie, die ein positives Menschenbild und das wertfreie und vollständige „Sich-Einlassen" auf die Klient(inn)en zur Grundlage hat. Diese Haltung zeigt sich auch in den Bezeichnungen dieses Beratungsansatzes, sei es in Rogers Originaltitel „Client-Centered Therapy" (Klientenzentrierte Gesprächspsychotherapie) oder in der Formulierung einer „nicht-direktiven Gesprächsführung", deren Mitbegründer Rogers war, und deren Weiterentwicklungen zur „partnerorientierten" beziehungsweise „personenzentrierten Gesprächsführung" führten. Die Zentrierung auf die Gesprächspartner/innen impliziert dabei die Achtung aktiver und handlungsfähiger Klient(inn)en:

> „Das Individuum steht im Mittelpunkt der Betrachtung und nicht das Problem. Das Ziel ist es nicht, ein bestimmtes Problem zu lösen, sondern dem Individuum zu helfen, sich zu entwickeln, so dass es mit dem gegenwärtigen Problem und mit späteren Problemen auf besser integrierte Weise fertig wird." (Rogers 2010, S. 36)

An dieser Stelle soll Rogers' Beratungsverständnis einführend skizziert werden und gleichzeitig auch die Werteorientierung einer personenzentrierten Gesprächsführung. Sie bilden die Grundlage für das Gros in der Beratungspraxis und geben zudem einen richtungsweisenden Impuls für die später folgende Betrachtung emotionsfokussierender Gesprächstechniken (siehe Unterkapitel 4.3). Rogers' Arbeiten wurden von einem positiven Menschenbild geleitet, das dem Einzelnen das existenzielle Motiv zuspricht, die eigene Persönlichkeit zu entfalten und daran wachsen zu wollen. Das Vertrauen in die persönlichen Entwicklungsmöglichkeiten von Menschen bildet die Grundlage für das wichtigste Prinzip therapeutischen Handelns in der Gesprächspsychotherapie, die Nichtdirektivität. Die Nichtdirektivität zeigt sich nach Eckert (2007, S. 256 f.) unter anderem darin, dass Berater/innen keine Themen vorgeben, sondern mit dem „Material" arbeiten und bezüglich eigener Stellungnahmen enthaltsam sind, ohne dabei aber passiv zu sein. „Der Therapeut hört v. a. aufmerksam zu, stellt selten Fragen, schlägt keine Übungen [z.B. Rollenspiele] vor und gibt keine Hausaufgaben auf. [...] In der Regel belehrt er nicht, tröstet nicht, redet nicht über eigene Erfahrungen." (ebd., S. 257)

Rogers' Beratungsverständnis hat drei zentrale Ideale für die Personenberatung erhoben, die Primate der Akzeptanz, der Empathie und der Kongruenz. Die grundsätzliche Akzeptanz der Klient(inn)en setzt nach Rogers eine unbedingte Wertschätzung (*unconditional positive regard*, Rogers 1957/1992, S. 829 f.) voraus, Respekt und Achtung vor der Person, ihrer Geschichte, ihren Bedürfnissen und Motiven. Glaubhaft zum Ausdruck gebracht ist dies die Basis eines jeden Beratungsgesprächs. Empathie als ein sich einfühlendes Verstehen (*empathy*, ebd.) ist nur auf dieser Grundlage möglich, wenn es nämlich darum geht, sich in die Situation und Gefühlslage eines anderen Menschen hineinzuversetzen. Rogers' Ziel ist hierbei, das gesamte innere Bezugssystem seiner Klient(inn)en zu erfassen, als wäre es das eigene (ebd.). Was vor dem Hintergrund eines Therapieprozesses notwendig und möglich erscheint, muss im Rahmen pädagogischer Beratung eher im Sinne einer Zielorientierung verstanden werden und ohnedies an Übung und Erfahrung der Berater/innen wachsen. Ähnlich transformiert werden muss Rogers' Forderung nach Kongruenz der Berater/innen nach Authentizität der Persönlichkeit, der Echtheit im Verhalten (*congruent, genuine, integrated person*, Rogers ebd., S. 828). Berater/innen wie Therapeut(inn)en mögen hier situativ ausgelöste Spannungsverhältnisse zwischen ihrer professionellen Rolle und ihrer authentischen Persönlichkeit erleben. Wenn einerseits die Forderung ist, die eigene Persönlichkeit nicht zulasten von Kongruenz zu verstecken, mag dies andererseits das Empathievermögen beeinflussen. Auch hier handelt es sich für den Kontext von Personenberatung also eher um eine Idealforderung, der man sich nur annähern kann. Der Fokus beraterischen Handelns bleibt stets die Klienten- beziehungsweise Personenzentrierung, was auf den Aufbau und die Verstetigung der professionellen Beziehung zwischen Berater/in und Klient/in zielt. Der Aufbau von Vertrauen, getragen durch die bedingungslose Wertschätzung, das einfühlende Verstehen und die Echtheit der Berater/innen, ermöglicht den Klient(inn)en, sich im Schutze dieser Beziehung wahrhaftig auseinanderzusetzen und „[…] über Probleme so zu reden, wie man sie fühlt […]" (Rogers 2003, S. 80).

Über die Realisierung einer solchen personenzentrierten Interaktion machen Berater/innen vor allem ein Beziehungsangebot, das die Interaktant(inn)en im Sinne einer kurzfristig konstruierten Arbeitsbeziehung aus ihren jeweiligen Rollen heraus wahrnehmen. Es ist bekannt, dass in der Personenberatung die Qualität der Beziehung wesentlich für deren Erfolg ist (Sanders 2004, S. 806). Sie wird als wichtigste Dimension der Beratungskonstellation gesehen (vgl. Sickendiek et al. 2008, S. 129), denn „ohne eine offene, vertrauensvolle und auf Zusammenarbeit orientierte Beziehung aller Beteiligten ist keine erfolgversprechende Beratung möglich." (ebd.).

Schmidt-Lellek (2001, S. 202) sieht eine dialogische Beziehungsgestaltung seitens der Berater/innen durch die Transparenz ihres Handelns und die Partizipation ihrer Klient(inn)en erfüllt. Diese wiederum tragen durch Selbstverantwortung und Offenheit zu einer dialogorientierten Zusammenarbeit bei. Der Dialog als Haltung steht für die angestrebte Beziehung in einer mündigen Beratung. „Dialogisches Handeln ist ein Weg, der Entstehung von Abhängigkeit, Unterwürfigkeit oder Hörigkeit vorzubeugen." (ebd., S. 211).

Eine weiterführende Darstellung der personenzentrierten Gesprächsführung erfolgt im Abschnitt 4.3.2 im Rahmen der Reflexion emotionsfokussierender Gesprächstechniken.

4.2 Funktionen emotionaler Kommunikation

Warum könnte emotionale Kommunikation in der Beratung eine wichtige Rolle spielen? Welche individuellen und auf den Prozess gerichteten Funktionen könnte emotionale Kommunikation haben?

Über den individuellen Nutzen des Erzählens hat schon Heinrich von Kleist zu Beginn des 19. Jahrhundert reflektiert und seine These einer allmählichen Verfertigung der Gedanken beim Reden formuliert (von Kleist 1805, zitiert nach Lüschow & Michel 1996, S. 32). Narratives dient als Erkenntnisquelle (Kraimer 2010), weil Erzählen Erinnern ermöglicht. Persönliche Geschichten werden in der Gegenwart rekonstruiert und helfen, Erfahrungen zu bewerten und zu verarbeiten (vgl. Greenberg & Pascual-Leone 2006, S. 617). Auch Quasthoff (1980, S. 148 ff.) benennt die affektive Entlastung als Funktion von Kommunikation neben Selbstdarstellung, Belustigung und Unterhaltung, Information, Beleg von Argumenten und Erklärung. Schon die Mitteilung der Gefühle gegenüber anderen Menschen mag eine Regulation derselben bewirken (vgl. Saarni 2002, S. 17).

Parkinson (1995, S. 10) geht mit seiner Betrachtung der Idee und Realität von Emotionen in der Interaktion noch einen Schritt weiter. Er unterscheidet zwischen dem, was individuell und intrapsychisch als Emotion wahrgenommen wird, und solchen Emotionen, die zwischen Personen durch Gesten, Bewegungen, Sprache und Schweigen erzeugt werden. Sein Ansatz entfernt sich deutlich von der individuellen Perspektive und geht davon aus, dass die Idee und Realität von Emotionen sozial über Kommunikation erzeugt wird. Das emotionale Gespräch selbst erzeugt für Parkinson die emotionale Interaktion über einen kommunikativen sozialen Prozess.

So erzählen die meisten Menschen im Anschluss an ein emotionales Erlebnis Anderen von ihren Erfahrungen. Auf die Möglichkeit, dass dieser soziale Akt des „social sharing" eine Rolle bei der Regulation von Emotionen spielt, weisen Zech, Rimé & Nils (2004, S. 157 ff.) hin. Ihre Untersuchung zeigt, dass das Erzählen eher Funktionen wie Integration und soziale Bindung zu erfüllen scheint, anstatt die Betroffenen bei der Entlastung von Erlebnissen zu unterstützen (ebd., S. 164). Für eine Sozialisierungshypothese interpersonaler Emotionsregulation spricht auch das Konzept des emotionalen Vertrauens (*emotional reliance*, Ryan, La Guardia, Butzel, Chirkov & Kim 2005, S. 145), als Bereitschaft beziehungsweise Wunsch von Personen, sich in emotional schwierigen Situationen Anderen mitzuteilen. Dabei lässt sich eine Präferenz feststellen, sich insbesondere solchen Interaktionspartner(inne)n anzuvertrauen, die die psychologischen Grundbedürfnisse von Autonomie, Kompetenz und Verbundenheit (ebd.) achten, was an Rogers' (1992) Beratungsphilosophie erinnert und seine Grundannahmen stützt (siehe Abschnitt 4.3.2).

Die soziale Funktion dialogischer Interaktionen deutet sich insgesamt als ein bedeutungsvolles Konzept an. So wird der Dialog zwischen Lehrer(inne)n und Schüler(inne)n von McLaughlin (2000, S. 18) als zentraler Aspekt für die Emotionserziehung in der Gesellschaft gesehen. Sie betont die Rolle eines Übungsfeldes für das Wahrnehmen von Emotionen und Testen von Verhaltensaspekten im Schulunterreicht, um erfolgreiche Bezüge zur Welt herzustellen. McLaughlin (ebd.) folgend entwickeln sich Emotionen im Kontext von Beziehung über das Sich-Einlassen auf einen Dialog, der Denken, Fühlen und Handeln inkorporiert. So fordert sie, dieses reflexive Emotionslernen in Bildung und Erziehung zu fördern. Für die Emotionssoziologie haben Strauss et al. (1980) zudem die interaktionistische Bedeutung der „Gefühlsarbeit" (sentimental work, ebd.) im medizinischen und pflegerischen Kontext herausgestellt. Aus medizinsoziologischer Sicht kann die Berücksichtigung von emotionalen Zuständen und Bewertungen als Typus von Arbeit konzeptualisiert werden (Gefühlsarbeit, Abstimmungsarbeit, Identitätsarbeit). Die Regulation psychischer Prozesse kann als charakteristischer Bestandteil professionellen medizinisch-pflegerischen Handelns gesehen werden.

Fühlen als eine Art „Probehandeln" (Hochschild 2006, S. 73) lässt sich als Idee in unterschiedlichen Arbeiten wiederfinden (z. B. Damásio 2004, LeDoux 2004, Goffmann 1980, Stanislawski 1961). In Hochschilds (ebd.) Beitrag zu einer soziologischen Theorie der Gefühle werden innere Handlungen (Stanislawski ebd.) in die Funktion von gelenktem Emotionserleben gestellt. Die Fähigkeit zur Miniaturisierung emotionaler Handlungen ermöglicht „Als-ob"-Handeln (Hochschild ebd., S. 60). Voraussetzung hierfür ist ein Repertoire eingespeicherter Emotionserinnerungen, also ein reichhaltiges Gefühlsgedächtnis (ebd.). Auch Goffmann (1980, S. 542) sieht im szenischen Erzählen eine Möglichkeit, beim Nachspielen auch nachzuerleben.

Inszenierungen sind auch als Interventionsform der Psychotherapie bekannt. So wird in der Therapieforschung die Herstellung der Beziehung zwischen Klient/in und Therapeut/in als Konstruktion von Modellszenen (Stern 1985, Tronick 2001) beschrieben. Mithilfe dieser Vorstellung können Übertragungsphänomene[28] von Klient(inn)en in ihrer Funktion für den Therapieprozess

28 Die Übertragung ist ein in der Psychotherapie beschriebenes Phänomen: Das Erleben von Gefühlen und Haltungen gegenüber Personen in der Gegenwart, die ihren Ursprung in der Beziehung zu wichtigen Personen der frühen Kindheit haben und unbewusst auf die Figuren der Gegenwart verschoben werden (vgl. Greenson 2000, S. 163).

erklärt werden. Krause & Merten (1999) schlagen vor, die Übertragung als „ubiquitäres Phänomen, das vor allem über affektive Inszenierungen in nahezu allen Beziehungen vorfindbar ist, anzusehen“ (S. 114). Das Konzept der Inszenierung unterstellt, dass Klient(inn)en nicht direkt auf die Person (Therapeut/in) übertragen, sondern sie inszenieren eine aus der Vergangenheit erinnerte Szene in abstrakter depersonifizierter Weise (Tronick ebd., S. 190). So entstehen in einer Therapiesitzung gewissermaßen Choreographien oder Teile einer Szene, für die Regieanweisungen wie beispielsweise Autor(inn)en, Handlungspartner/innen und Interaktionssequenzen bestimmt werden können (Krause & Merten 1999, S. 111). Die (nach)gestellten Szenen können dann stellvertretend für die generalisierten Interaktionen (Stern 1985) der therapeutischen Arbeit als Probebühne dienen.

Der Begriff der Affektregulation steht hiermit in engem Zusammenhang. Zwar gehen Therapeut(inn)en nicht auf die affektiven Beziehungsangebote ihrer Klient(inn)en ein, entwickeln aber diejenigen Affekte, zu denen die Klient(inn)en allein nicht in der Lage sind (vgl. Stern ebd.). Der Begriff der Affektregulation bezieht sich auf diese Weise auf die verbale und auch nonverbale Beziehungsregulierung zwischen Klient/in und Therapeut/in (vgl. Benecke, Peham & Bänninger-Huber 2005). Belardi (2004, S. 42) spricht auch vor dem Hintergrund sozialpädagogischer Beratung von Berater(inne)n als Beziehungshelfer(inne)n, die sich an psychotherapeutischen Gesprächstechniken orientieren, Beziehungsmuster inszenieren und Gelegenheiten und Orte arrangieren (Thiersch 2004, S. 117).

Auch das Coaching zeichnet sich in der Bearbeitung intra- oder interpersoneller Konflikte durch emotional aufgeladene Narrationen der Coachees aus (A. Schreyögg 2002, S. 61 ff.). So greift auch die Reflexion von beruflichen Beziehungen und die partiell intensive Arbeit an Rollenerwartungen im Managementcoaching in die persönlichen Identitätskonzepte der Coachees ein (Elvers 2006, S. 351). Greif (2008) nennt diese Form der Interaktion zwischen Coachee und Coach Affektaktivierung bzw. Affektkalibrierung und beschreibt diese Arbeit mit Gefühlen als einen wichtigen Wirkfaktor im Coaching (Greif, Schmidt & Thamm 2012, S. 382).

4.3 Emotionsfokussierende Gesprächstechniken

Welche Gesprächstechniken setzen Berater/innen ein, um etwas über die Gefühlslage ihrer Klient(inn)en oder deren emotionale Motive zu erfahren? Wie wird entlang der professionellen Gesprächsführung in der dialogorientierten Einzelberatung mit den Emotionen der Klient(inn)en „gearbeitet“?

Berater/innen als Dialogpartner/innen lassen sich im Rahmen ihrer Arbeitsbeziehung auf eine personenzentrierte Kommunikation ein, in der beide Gesprächsteilnehmer/innen gleichermaßen Redebeiträge produzieren und so zu gleichen Anteilen den Gesprächsverlauf gestalten. Da an den Dialog in der Beratung professionelle Anforderungen gestellt werden, müssen Berater/innen imstande sein, die Strukturierung des Dialogs zu übernehmen (siehe hierzu Kapitelabschnitt 4.1.1). Berater/innen, die dialogisch arbeiten, stellen den Kontakt zum Gegenüber her und hören aufmerksam und ausdauernd zu, sie stellen viele Fragen und geben mit Bedacht eigene Impulse. Sie erkundigen sich nach den Gefühlen ihrer Klient(inn)en, um deren Bezugssysteme erfassen zu können. Manchmal provozieren sie emotionale Stellungnahmen oder sie reagieren auf offenkundige emotionale Aussagen oder Entladungen. Sprachlich schlagen sich diese Handlungen in Bestätigungslauten („Hm“, „Mmh“), Fragen, Paraphrasen, Verbalisierungen und zielbewussten Aussagen (Statements, Hypothesen, Provokationen und Interpretationen) nieder.

Das unmittelbare Erfragen von Gefühlen sowie das direkte oder indirekte Ansprechen emotionaler Themen scheinen Ansatzpunkte für die Emotionsfokussierung in der Beratungskommunikation zu sein. Es wird davon ausgegangen, dass Emotionen in der Beratungsinteraktion bearbeitet werden, insofern sie erkannt und durch Deutung konstituiert werden (vgl. Fiehler 1990, S. 95). „Manifestation von Emotion, Deutung von Emotion in der Interaktion und die interaktive Prozessierung von Emotion sind […] Kommunikationsaufgaben“ (ebd.). Durch Emotionsausdruck oder verbale Thematisierung des Erlebens zeigen sich Emotionen in der Kommunikation der Klient(inn)en und werden durch die Beteiligten wechselseitig gedeutet. Emotionen können durch verschiedene interaktive Strategien prozessiert werden, das heißt, in der Interaktion bearbeitet werden (ebd.). Fiehler (ebd., S. 144) bezeichnet aus gesprächsanalytischer Perspektive beispielsweise die „projektive Erlebensthematisierung“ als eine solche interaktive Strategie und erfasst damit die kommunikative Technik der verbalen Spiegelung (Beispiel: „Und das hat Sie geärgert“). Das verbale Spiegeln, kurz Verbalisieren, ist als klassische sprachliche Intervention der personenzentrierten Gesprächsführung in der Beratung weit verbreitet. Ebenso stellt das Fragen ein wichtiges kommunikatives Mittel für die Beratungskommunikation.

Vor dem Hintergrund, Emotionen in dieser Arbeit als diskursive Praxis (Drescher 2003, S. 79 f.) zu erfassen, werden diese beiden kommunikativen Techniken im Folgenden ausführlich erläutert. Dabei wird das Verbalisieren

(Abschnitt 4.3.2) wie das Fragen (Abschnitt 4.3.1) jeweils hinsichtlich der affektiven Wirkung in der Kommunikation dargestellt. Dieser Umriss zweier Gesprächstechniken soll zum einen veranschaulichen, inwieweit bereits die bekannten kommunikativen Werkzeuge als emotionsfokussierend verstanden werden können. Zum anderen dient dieser Überblick als vorbereitende Reflexion für die spätere Gesprächsanalyse (Kapitel 6).

4.3.1 Das Fragen in Funktion emotionaler Kommunikation

Die Annahme, dass der Dialog eine unentbehrliche Bedingung der Gedankenentwicklung und somit auch einen Erkenntnisprozess für die Gesprächsteilnehmer/innen darstellt, hat ihre Wurzeln im sokratischen Dialog. Wenngleich die sokratische Methode in ihrer philosophiewissenschaftlichen Gesamtkonzeption weiter zu fassen ist als für die professionelle Gesprächsführung in der Beratung heute verwertbar, ist die als Hebammenkunst (*Mäeutik*, Platon, Theaitet 149A-151C, zitiert nach Schmidt-Lellek 2001, S. 205) beschriebene Dialogtechnik auch ein geflügeltes Wort der Neuzeit. Der Kerngedanke dieser Methode, durch gezielte Fragen den Gesprächspartner/die Gesprächspartnerin aktiv in den Dialog einzubeziehen und so Erkenntnisprozesse zu fördern, ist gut auf den Beratungsdialog übertragbar. Die Absicht, in der Person verfügbares Wissen nach außen zu bringen, ist darüber hinaus anschlussfähig für die Perspektive mündiger aktiver selbstkompetenter Klient(inn)en (vgl. Unterkapitel 2.1).

Nicht-Wissen[29] bringt Berater/innen in eine unerlässliche objektive Position gegenüber dem Beratungsanliegen und den beteiligten Personen und stellt als bedeutsame Grundhaltung den Ausgangspunkt für das Fragen dar. Die in der Erforschung von Beratungsdialogen oft kritisch reflektierte Asymmetrie (vgl. Nothdurft, Reitemeier & Schröder 1994) ist dabei als Spannung der Gegensätze von Gleichheit und Ungleichheit sowie Wissen und Nicht-Wissen wahrzunehmen und auszuhalten (Schmidt-Lellek ebd., S. 199). In Bezug auf die Dialogtechnik des Fragens sind diese ungleichen Gesprächsrollen und Wissensvorsprünge ebenso wichtige Voraussetzungen wie die Dynamik, die sich aus grundsätzlicher Offenheit im Gespräch bei gleichzeitigem Strukturierungsauftrag für die Berater/innen ergibt. Der Einsatz von Fragen hat dabei verschiedene Funktionen: Informationen von den Gesprächspartner(inne)n zu erhalten, Positionierungen oder Entscheidungen zu erfragen beziehungsweise zu bewirken, reflexive

29 Ausgenommen explizite Wissensvermittlung in der Beratung, z. B. „informative Weiterbildungsberatung" (Gieseke & Opelt 2004).

Prozesse anzuregen, um damit Perspektiven zu entwickeln, aber auch, Verständnis zu zeigen oder sicherzustellen.

Grundsätzlich stellen Berater/innen immer dann Fragen, wenn sie etwas nicht oder noch nicht vollständig verstehen und nachvollziehen können, wenn sie einer Rede nicht mehr folgen können oder wenn sie intuitionsgesteuert inne halten und fokussieren möchten. Fragen können dabei retrospektiv orientiert sein, die unmittelbare Beratungssituation betreffen, hypothetisch oder auf die Zukunft gerichtet sein. Zu ihrer Kategorisierung werden Fragen in der Kommunikationsliteratur zumeist im Hinblick auf ihre Funktion und ihren Anwendungsbereich im Gespräch unterschieden. Die für Beratungsdialoge wichtigsten Fragtypen bildet Tabelle 2 mit exemplarischen Beispielen ab.

Tabelle 2: Häufig angewendete Fragetypen in der Beratungskommunikation (eigene Darstellung)

Fragetyp	Beschreibung	Anwendung im Gespräch	Beispiel
Offene Fragen	„W"-Fragen: z. B. „Wie", „Was", „Welche"	Zu Beginn eines Gesprächs bzw. während der Informations-/Klärungsphase.	„Welche Gründe hatten Sie für diese Entscheidung?"
Geschlossene Fragen	„Ja"/„Nein"-Fragen	Insbesondere im letzten Drittel eines Gesprächs bzw. in der Beschluss-/Evaluationsphase und der Schlussphase der Maßnahmenplanung.	„Können Sie sich vorstellen, das so einmal auszuprobieren?"
Alternativfragen	„Oder"-Fragen	Zu allen Zeitpunkten, an denen zwischen Alternativen entschieden werden muss, besonders im letzten Drittel eines Gesprächs, in der Beschluss-/Evaluationsphase.	„Möchten Sie noch weitermachen oder brauchen Sie eine Pause?"
Hypothetische Fragen	Reflexionsfragen	Zur Anregung reflexiver Prozesse und Selbsteinschätzungen, besonders in der Argumentations-/Explorationsphase.	„Stellen Sie sich vor, Sie unterschreiben den Vertrag. Wie würden Sie sich fühlen?"

Fragetyp	Beschreibung	Anwendung im Gespräch	Beispiel
Zirkuläre Fragen	„Brücken"-Fragen	Zur Anregung reflexiver Prozesse und Einschätzung von Fremdbildern, besonders in der Argumentations-/ Explorationsphase.	„Wenn ich Ihren besten Freund fragen würde, wie Sie mit der Situation umgehen, was würde er wohl sagen?"
Gegenfragen	Statt einer Antwort wird mit einer weiteren Frage gekontert.	Zur Re-Fokussierung bzw. Wiederherstellung der Klientenzentrierung.	„Was machen wir heute?" → „Wonach wäre Ihnen denn?"
Motivationsfragen	Offene, in der Regel aktivierende Fragen mit dem Ziel der Motivation	Immer dann, wenn die Gesprächspartner/innen ermutigt werden sollen, ihren eigenen Standpunkt zu erläutern oder sich persönlich stärker in Beziehung zu setzen.	„Was sagen Sie als Expertin dazu?"

Die am häufigsten gestellten Fragen sind sicherlich die sogenannten offenen und geschlossenen Fragen. Während die offenen Fragen, umgangssprachlich auch „W"-Fragen genannt, sich besonders am Anfang eines Gesprächs zum Generieren von Informationen eignen, erfüllen geschlossene Fragen den Zweck, schnelle Antworten zu erhalten, die eine klare Positionierung der Gesprächspartner/innen erfordern. Geschlossene Fragen werden in der Regel mit „Ja" oder „Nein" beantwortet, was wiederum dienlich ist, um Ergebnisse in einem Gespräch festzuhalten. Alternativfragen, auch bekannt als „Oder-Fragen", sind zwischen den offenen und geschlossenen Fragen einzuordnen. Sie grenzen das Antwortspektrum ein, indem Antwortmöglichkeiten bereits vorgegeben sind. Alternativfragen sind in manchen Entscheidungssituationen angemessen, wenn beispielsweise im Beratungsgespräch zwischen optionalen Lösungswegen entschieden werden soll.

Zwei Fragetypen mit direktem Interventionscharakter für Beratungsgespräche sind die sogenannten hypothetischen und zirkulären Fragen. Hypothetische Fragen erlauben, die Klient(inn)en zu einer konstruierten, aber durchaus realistischen Situation zu befragen. Dies ermöglicht beispielsweise, ein Verhalten in bevorstehenden Situationen einzuschätzen. Hypothetische Fragen sind Reflexionsfragen und lösen entsprechende Denkprozesse aus, obgleich sie einen konkreten Bezug zur Praxis herstellen. Zirkuläre Fragen bringen als sogenannte „Brücken-Fragen“ die Sichtweise von Anderen in das Gespräch ein. Dass die Perspektive eines Dritten im Gespräch konstruiert wird, ermöglicht, etwas über das Fremdbild des Gesprächspartners/der Gesprächspartnerin zu erfahren. Es wird eine Brücke zum Umfeld hergestellt.

In der Alltagskommunikation weniger geschätzte Gegenfragen besitzen für die Beratung einen zuträglichen Interventionscharakter: Statt eine Frage zu beantworten, wird mit einer weiteren Frage gekontert. Solche Gegenfragen werden häufig von Klient(inn)en genutzt, wenn sie sich durch eine Frage überfordert fühlen oder sich davor schützen möchten, ausgefragt zu werden. Letztere Funktion erfüllt eine Gegenfrage auch bei Berater(inne)n, wenn diese auf private Nachfragen der Klient(inn)en nicht antworten möchten. Zum professionellen Werkzeug wird eine Gegenfrage in der Beratung, wenn sie die Möglichkeit eröffnet, die Fragerichtung in einen größeren Kontext einzuordnen, zum Beispiel: Klient/in: „Was machen wir heute?“ Gegenfrage Berater/in: „Wonach wäre Ihnen denn?“

Ebenso förderlich für den Dialog zwischen Berater/in und Klient/in sind Motivationsfragen, die durch positive Rollenbeschreibungen oder ein Lob Befragte ermutigen, eigene Lösungen und Erfahrungen zu reflektieren oder zu generieren: „Sie selbst haben am meisten Erfahrungen in diesem Bereich. Was sagen Sie als Experte/Expertin dazu?“

Der Einsatz von Fragen orientiert sich folglich an ihrer Gesprächsfunktion, die einen engen Zusammenhang zum Verwendungszeitpunkt aufweist. Es gibt Fragen, die bezogen auf die Gesprächsstrukturierung in bestimmten Phasen eines Gesprächs ihre ideale Anwendung finden. Die Phase der Gesprächsmitte (Argumentationsphase bzw. Explorationsphase) zeichnet sich in der Regel durch eine hohe Komplexität aus, das heißt, eine vielfach geschichtete Gesprächshandlungsstruktur” (Henne & Rehbock 1995, S. 186 zitiert nach Spiegel & Spranz-Fogasy 2001, S. 1241). Dies zeigt sich auch an dem steigenden Interventionscharakter der im Prozess einsetzbaren Fragen (z. B. Reflexionsfragen).

Inwiefern können nun Fragen Mittel emotionaler Kommunikation im Beratungsgespräch sein? Eine weitere Differenzierung von Fragetypen betrifft den Grad der Emotionalität, den eine Frage enthält. Bucka-Lassen (2005, S. 34) unterscheidet kognitive und affektive Fragen. Während er kognitive Fragen als sachlich und emotional eher unbedeutend einstuft, sind affektive Fragen von einer hohen Emotionalität und gefühlsaktivierenden Wirkung gekennzeichnet. Folgt man Schultz von Thuns (1981) Vier-Ebenen-Modell und der Einschätzung, dass die wenigsten Kommunikationen rein sachlicher Natur sind, weil sie auf mehreren Ebenen gesendet oder empfangen werden, muss dieses von Bucka-

Lassen (2005) formulierte Kontinuum für Fragen die Perspektive des Empfängers/der Empfängerin in den Fokus setzen: Immer dann, wenn in den Klient(inn)en Gefühle, Bewertungen, Meinungen oder Einstellungen angesprochen werden, handelt es sich um affektive Fragen beziehungsweise emotionsauslösende Wirkungen von Fragen.

Tausch & Tausch (1990, S. 79) sprechen von „[a]Anteilnehmende[n] Fragen, die das Fühlen des Partners in wichtigen Bereichen ansprechen [und die] für seine Selbstöffnung und Selbstauseinandersetzung sehr bedeutsam [sind]“. Die Fragen rühren aus dem Bemühen um ein besseres Verständnis der inneren Welt der Klient(inn)en, aus einer achtenden, sorgenden, anteilnehmenden Haltung ihnen gegenüber (vgl. ebd., S. 78). Anteilnehmende Fragen dienen nicht der Diagnose, sie bewerten und dirigieren nicht oder entspringen gar der Neugier der Berater/innen. Gleichzeitig wird die Beantwortung der Frage freigestellt.

> „Vielleicht ist es Ihnen unangenehm, dann möchte ich Sie bitten, nicht darauf einzugehen. Aber wenn Sie bereit sind, darüber zu sprechen, dann würde ich Sie sehr gerne darin verstehen, welche Beziehung Sie zu Ihrer Frau haben?“ (ebd., S. 48 f.).

In der Psychotherapie werden Fragen als „prototypische analytische Interventionen“ (Sachse 2001, S. 2) verstanden und als therapeuten- bzw. klientenzentriert differenziert. Zu den therapeutenzentrierten Fragen zählen Informationsfragen und konkretisierende Fragen. Beide Frageformen stehen in der Funktion, den Therapeut(inn)en Informationen für das Klienten-Modell bereitzustellen (ebd., S. 4). Demgegenüber stehen klientenzentrierte Fragen, die „hauptsächlich dazu dienen, die Bearbeitungsprozesse (der Klient(inn)en) zu steuern“ (ebd.). Diese Funktion erfüllen konkretisierende und vertiefende Fragen.

Diese Einordnung von Fragen als therapeutische Interventionen geschieht vor dem Hintergrund eines Modells der pathologischen Affektregulation, verbunden mit der Annahme, dass Affekte über- oder unterreguliert sind. Neben dem sind in der klientenzentrierten Gesprächspsychotherapie therapeutenzentrierte Interventionen zurückhaltend angelegt, da die Klient(inn)en in ihrem persönlichen Prozess begleitet werden. Informationsfragen sind den Gesprächstherapeut(inn)en nur dann gestattet, wenn sie neue Informationen für das Klienten-Modell generieren (vgl. Sachse 1996). Das Erfragen von Informationen für den Verstehensprozess in der nicht-therapeutischen Beratung mag unbefangener angelegt sein. Die Trennung zwischen Therapeuten- und Klientenzentrierung scheint überdies für eine Betrachtung einer allgemeinen emotionsfokussierenden Wirkung von Beratungskommunikation nicht dienlich zu sein, da vorausgesetzt werden kann, dass Kommunikation neben der Ebene des Sendens immer gleichzeitig und vor allem auf Ebene des Empfangens interpretiert wird (vgl. Schultz von Thun 1981). Vor dem Hintergrund dieser Arbeit interessieren auch und umso mehr die möglichen klientenbezogenen Wirkungen aller affektiv ausgerichteten Fragen.

Fragen, die eine hohe Emotionalität transportieren und gefühlsaktivierende Wirkung haben (Bucka-Lassen ebd., S. 34), die eine Selbstöffnung und Selbstauseinandersetzung (Tausch & Tausch ebd., S. 79) bei den Klient(inn)en auslösen, können unterschiedlichster Art sein und lassen sich schwer systematisieren. Wie im Beispiel von Tausch & Tausch (1990) ersichtlich, sind Fragen im Kontext von Therapie und Beratung seltener in einem einzigen kurzen Satz formuliert, sondern vielmehr in längere Sinneinheiten gefasst, die die Kernaussage einbetten. Im Folgenden wird gleichwohl der Versuch unternommen, die in der nicht-therapeutischen Gesprächsführung am häufigsten genutzten Fragetypen, die offenen und geschlossenen Fragen, als affektive Fragen zu formulieren und hinsichtlich ihrer affektiven Funktionen im Beratungsgesprächsprozess zu differenzieren (siehe hierzu auch Tabelle 3 auf S. 70). Hierbei soll insbesondere die Perspektive der Klient(inn)en eingenommen werden, um zu reflektieren, welche emotionsfokussierende Wirkung beispielsweise auch Informationsfragen der Berater/innen haben können.

Offene affektive Fragen lassen sich beispielsweise als Informationsfragen in Form von Nachfragen oder konkretisierenden Fragen affektiv artikulieren. Als Informationsfrage ist die offene affektive Frage („Wie geht es Ihnen heute?") reflexiv angelegt, sie thematisiert Gefühle und ermutigt die Klient(inn)en zu deren Ausdruck. Das für die Beratung typische Nachfragen, das ebenfalls die Information der Berater/innen stützt, kann vertiefenden, verstärkenden oder quantifizierenden Charakter haben. Während vertiefende Fragen allgemein den Ausdruck von Gefühlen erleichtern, forcieren Verstärkungsfragen diesen noch weiter und ermöglichen eine breitere Differenzierung und Darstellung der Gefühlsprozesse. Die in der Personenberatung häufig eingesetzte Skalierungsfrage lässt sich ebenfalls als Nachfrage verstehen, die eine vertiefende oder verstärkende Wirkung haben kann. Durch die Einschätzung und Quantifizierung von Aspekten werden zielorientierte Prozesse der Klient(inn)en unterstützt.

Konkretisierende Fragen dienen im Allgemeinen der Explikation, bezogen auf die Bedeutung individueller Konstruktionen und Situationen oder einzelner zentraler Begriffe. Gleichzeitig wird die Erlebensperspektive der Klient(inn)en verstärkt und exemplifiziert, wenn eine Frage zum Beispiel lautet: „Skizzieren Sie bitte diese Situation einmal, in deren Anschluss Sie die Entscheidung getroffen haben." In minimaler Abwandlung könnte die Frage lauten: „Wie ist es dazu gekommen, dass Sie diese wichtige Entscheidung für sich getroffen haben? Bitte beschreiben Sie einmal die einzelnen Stationen dieses Weges." Mit dieser Formulierung wird eher der Prozess fokussiert, was die Klient(inn)en vom (Nach)Erleben der Gefühle wegführt, hin zur Darstellung eines weniger emotionsgeladenen Verlaufsszenarios.

Für eine geschlossene affektive Frage sei ein Beispiel der Nachfrage genannt. Geschlossene Fragen bewirken generell eine Positionierung gegenüber Wahlmöglichkeiten, wenn Fragen mit „Ja" oder „Nein" beantwortet werden, beziehungsweise eine Entscheidung für „A" oder „B" fällt. Die affektive Nachfrage „Ist es Ihnen unangenehm, jetzt darüber zu sprechen?" könnte beispielsweise als Beziehungsfrage bezeichnet werden, da sie die professionelle Beziehung zwischen Klient/in und Berater/in (Wie viel möchte ich gegenüber dieser Person preisgeben?) definiert, als auch die Tiefe der Anliegenbearbeitung (Wie viel bin ich bereit, zu diesem Thema oder zu diesem Zeitpunkt preiszugeben?).

Neben den genannten und mit Tabelle 3 (siehe S. 70) gegliederten Fragen können insbesondere Verständnisfragen eine emotionsfokussierende Wirkung haben, so sie den emotionalen Gehalt einer Aussage fokussieren: „Wenn ich Sie richtig verstehe, dann haben Sie sich in dieser Situation sehr allein gefühlt." Ähnlich klingt die Aussage: „Ich hätte mich sehr einsam gefühlt. Ihnen geht das wahrscheinlich auch so", mit der unausgesprochene, aber dennoch in der Kommunikation transportierte Gefühle gespiegelt werden. Das Verbalisieren ist dabei keine Frage-, sondern Spiegelungstechnik und wird im nächsten Abschnitt behandelt.

Abschließend kann ergänzt werden, dass der systematische Einsatz von affektiven Fragen sich anhand der Intensität und Tiefe der Emotionsfokussierung differenzieren lässt: Die affektiven Funktionen reichen von der Thematisierung und Freilegung über die Vertiefung und Verstärkung emotionalen Ausdrucks bis hin zu einer detaillierten Explikation von Bedeutungshöfen. Dabei ist das Kriterium für die Unterscheidung häufig eine minimale Umformulierung der Fragesätze. Überdies ist die Wirkung affektiver Fragen abhängig von der Angemessenheit gegenüber dem Gegenstand (anliegenbezogene Passung), dem Zeitpunkt im Gespräch (prozessbezogene Passung), der Qualität der Beziehung zwischen Klient(inn)en und Berater(inne)n (personenbezogene Passung) sowie äußeren Rahmenbedingungen (systembezogene Passung).

Tabelle 3: Offene und geschlossene affektive Fragen (eigene Darstellung)

Fragetyp	Allgemeine Funktion	Affektive Funktion	Beispiele
Offene affektive Fragen	Informationsfrage	**Reflexionsfrage** Thematisiert Gefühle und ermutigt zu deren Ausdruck	„Wie geht es Ihnen heute?“
	Nachfrage (Informationsfrage)	**Vertiefende Frage** Erleichtert den Ausdruck der Gefühle	„Und wie haben Sie sich dabei gefühlt?“
		Verstärkungsfrage Steigert den Ausdruck der Gefühle und gestattet eine breitere Differenzierung	„Beschreiben Sie doch mal, wie sich diese Entscheidung konkret ausgewirkt hat.“
		Skalierungsfrage Einschätzung und Quantifizierung von Aspekten, unterstützt zielorientierte (Entscheidungs-)Prozesse	„Welche Aufgaben haben Ihnen in dem Job am meisten Spaß gemacht? Vergeben Sie doch einmal Punkte auf einer Skala von 1–10.“
	Konkretisierende Frage	**Explikationsfrage** Beschreibung des Erlebens zur bildhaften Veranschaulichung	„Skizzieren Sie bitte diese Situation einmal, in deren Anschluss Sie die Entscheidung getroffen haben.“
		Bedeutungsexplikation: Herausarbeiten der idiosynkratischen Bedeutung zentraler Begriffe, individueller Konstruktionen, Situationen	„Was genau meinen Sie hier mit Angst?“
		Prozessfrage Führt vom Erleben der Gefühle hin zu einer Darstellung eines Verlaufszenarios	„Wie haben Sie eine so starke Wut bekommen?“

Fragetyp	Allgemeine Funktion	Affektive Funktion	Beispiele
Geschlossene affektive Fragen	Nachfrage/ Entscheidungs-frage	**Beziehungsfrage** Ermöglicht die freie Entscheidung über Nähe und Distanz der Beziehung bzw. Breite und Tiefe der Anliegenbearbeitung	„Ist es Ihnen unangenehm, jetzt darüber zu sprechen?“

4.3.2 Das Verbalisieren in Funktion emotionaler Kommunikation

Das Zur-Sprache-Bringen der emotionalen Erfahrungen ist in Rogers' (2003) Ansatz zentral und stellt auch heute noch die Grundlage für die Gesprächspsychotherapie (vgl. Abschnitt 4.1.2 in diesem Kapitel), in der eine einfache Regel für das therapeutische Handeln lautet: „Benennen Sie bei der Verbalisierung der vom Patienten vermittelten Erfahrungen immer auch die dazu gehörenden Gefühle.“ (Eckert 2007, S. 260) Dieser Grundsatz ist hochanspruchsvoll und lässt sich doch auf die Gesprächsführung in der Beratung übertragen, so die Arbeit über und an den Erfahrungen der Klient(inn)en das Ziel der Beratung ist.

Sind die psychohygienischen Verhaltensmerkmale der Berater/innen gewährleistet – „Ich höre zu. Ich versuche, zu verstehen. Ich versetze mich in die Lage.“ (Crisand & Crisand 2007, S. 26) – sind die Voraussetzungen des personenzentrierten Zuhörens in Gestalt der inneren Haltung erfüllt. In der Gesprächspsychotherapie werden diese prozessfördernden Prinzipien mit der Nichtdirektivität, dem empathischen Zuhören, der spezifischen Zentrierung der Aufmerksamkeit und der Verbalisierung der Erfahrungen benannt (Eckert ebd., S. 256). Die Zentrierung der Aufmerksamkeit auf das Erleben der Klient(inn)en bewirkt für selbige eine Aufmerksamkeitszentrierung auf das eigene Selbsterleben. Methodisch umgesetzt werden kann dies mithilfe des empathischen Zuhörens und Verstehens (*empathic understanding*, Rogers, 1957/1992, S. 827).

> „Empathisches Zuhören ist [dabei] eine unabdingbare Voraussetzung für empathisches Verstehen. […] Zuhören im therapeutischen Sinn bedeutet auch, das, was der andere sagt und wie er es sagt, auf sich wirken zu lassen, sich der Gefühle bewusst zu werden, die das Gesagte in einem selbst auslöst, ohne dabei den anderen aus dem Auge zu verlieren, d.h. empathisches Zuhören bedeutet, mit dem anderen im emotionalen Kontakt zu bleiben.“ (Eckert ebd., S. 258).

Auf Grundlage von Empathie Wahrgenommenes zu spiegeln, indem Therapeut(inn)en Aussagen wiederholen oder emotionale Erlebnisinhalte verbalisieren (Tausch & Tausch 1990), ist die grundlegende Intervention der Gesprächspsychotherapie. Nach Rogers führt ein genaues Symbolisieren der Erfahrungen dazu, dass „das Individuum sein Selbstkonzept [überprüft], um es in Übereinstimmung mit seiner exakt symbolisierten Erfahrung zu bringen" (Rogers 1987, S. 32 zitiert nach Hensel 1996, S. 217). Dem folgt Eckert (ebd., S. 260), wenn er sagt, das „Ziel der Verbalisierung der Erfahrungen ist, dass der Patient seine Erfahrung seinerseits wahr- und annehmen kann." Der Anspruch an das Empathievermögen von Therapeut(inn)en und Berater(inne)n, das Erspüren und Verstehen exakt vom inneren Bezugspunkt der Klient(inn)en aus zu entwickeln, erhält hier seine Begründung. Je besser und genauer es Therapeut(inn)en und Berater(inne)n gelingt, emotionale Erlebnisinhalte zu verbalisieren, desto besser fühlt sich jemand verstanden und umso leichter kann ein Individuum seine Inkongruenzen verringern oder gar überwinden.

Unter den Techniken der personenzentrierten Gesprächsführung stellt das Spiegeln das Komplement zum aktiven Zuhören[30] dar und ist gleichzeitig dessen entscheidende Ergänzung. In der Theorie und Praxis werden drei Formen des Spiegelns unterschieden: das wörtliche Wiederholen (auch „Papageienreflex"), das Paraphrasieren von Aussagen und das Verbalisieren. Während das Paraphrasieren mittels inhaltsidentischer Wiederholungen speziell in der Funktion steht, das Verständnis für die sachlichen Aussagen sicherzustellen, wird das Verbalisieren gezielt zur Versprachlichung hörbarer oder sichtbar werdender Gefühle der Klient(inn)en eingesetzt. Das Verbalisieren stellt damit unstrittig ein Mittel emotionaler Kommunikation dar, indem der emotionale Gehalt der Sprecheraussage mit eigenen Worten wiederholt wird, zum Beispiel: „Sie haben sich darüber sehr geärgert." Die Abbildung 4 zeigt zur Veranschaulichung dieser beiden „verbalen Aufmerksamkeitsreaktionen" (Patzrek 2008, S. 136) weitere beispielhafte Formulierungen.

Wann verbalisieren Berater/innen? Das Verbalisieren emotionaler Gesprächsinhalte kann grundsätzlich in allen Phasen eines Beratungsgesprächs Anwendung finden. Allerdings ist zu vermuten, dass diese Technik ab der Gesprächsmitte eines Beratungsdialogs häufigeren Einsatz findet. Der Explorationsprozess im Beratungsgespräch zeichnet sich durch seine Komplexität aus.

---

30 Die Bezeichnung „Aktives Zuhören" wird in der Literatur z. T. als Titel für die Zusammenfassung der Gesprächstechniken und damit als Synonym für personen- bzw. partnerzentrierte Gesprächsführung verwendet. Hier ist mit aktivem Zuhören das konzentrierte, reaktionsarme und ausschließliche Hinhören gemeint.

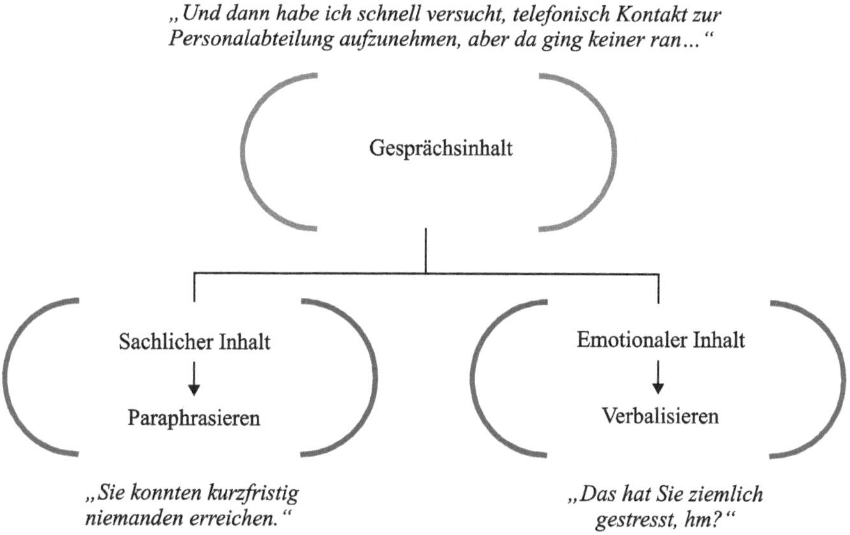

Abbildung 4: Techniken personenzentrierter Kommunikation in Anlehnung an Crisand & Crisand (2008, S. 32) und Patzrek (2007, S. 136 f.)

Wie in Abschnitt 4.3.1 dieses Kapitels erwähnt, werden dann Fragen mit größerem Interventionscharakter am ehesten gestellt. Dem folgend könnte der reflexive Erkenntnisprozess auch an diesen Stellen insbesondere durch Verbalisierungen gefördert werden.

Das Verbalisieren steht zu jedem Zeitpunkt in der Funktion, emotionale Aspekte zu fokussieren. Die Effektivität dieser Gesprächstechnik ist wiederum abhängig von der Kompetenz der Berater/innen, dies methodisch angemessen und gut umzusetzen. Das Verbalisieren setzt eine gewisse Intuition bei den Berater(inne)n voraus, denn es bedeutet, rein vermutete Gefühle oder emotionale Qualitäten anzusprechen und zu benennen. Manchmal formulieren Klient(inn)en Beziehungsbotschaften oder emotionale Erlebnisse, ohne diese verbal- oder körpersprachlich emotional zu unterlegen. In anderen Fällen werden zunächst sachliche Fakten sehr emotional (z. B. mit bebender Stimme) vorgestellt. An solchen Stellen obliegt es der Intuition und der an Erfahrung gewachsenen Sicherheit der Berater/innen, vermutete Gefühle und Belastungen zu spiegeln. Häufig handelt es sich dann um Marksteine für den Beratungsprozess, wenn unterdrückten Gefühlen freier Lauf gelassen werden kann. Hierfür spricht auch das Ergebnis einer Untersuchung von Mergenthaler (1996, S. 1313), in der er nachweisen konnte, dass während sogenannter Schlüsselmomente in der Therapie, in denen substantielle Wandel passieren, ein frequentes, gleichzeitiges Aufkommen hoher emotionaler Erregung und Reflexion über Emotionen bestand. Vielfach gelingt es in solchen Schlüsselmomenten, sogenannte Glaubenssätze[31] als Fehlannahmen beziehungsweise Blockaden des freien Handelns zu identifizieren. Ein solcher Identifikationsprozess könnte zum Beispiel – wie folgend dargestellt – aus einer Verbalisierung entstehen:

Klient/in sagt:	„Ich weiß nicht so recht, ob ich es schaffen kann."
Berater/in verbalisiert:	„Sie befürchten, es könnte Ihnen über den Kopf wachsen?"
Klient/in antwortet:	„Ja, ich werde das nicht schaffen, das ist eigentlich unmöglich."
Berater/in fragt nach:	„Wie kommt es, dass Sie sich so sicher sind? Welche sind die Gründe dafür?"
Klient/in antwortet:	„So große Sachen haben noch nie geklappt bei mir."
Berater/in fragt nach:	„Sie haben also ähnliche Situationen schon einmal erlebt? Erzählen Sie mir, wie das damals war."

Aber auch „das schlichte Wiederholen eines Gefühls durch den Therapeuten drückt […] seine Beachtung des Erlebens des Patienten aus" (Eckert 2007, S. 261) und ist für die Klient(inn)en von persönlicher Bedeutung. Zum Beispiel mit Formulierungen wie „Ja, und das hat Sie geärgert!", „Das kann ich verstehen, das hat Sie unter Druck gesetzt." oder „Das ist ja ausgezeichnet, da können Sie stolz auf sich sein!" fühlen sich Klient(inn)en in ihren Empfindungen angenommen und mit ihrer Sicht der Dinge akzeptiert.

> „Zu wissen, was man fühlt, verschafft Menschen zudem ein Gefühl von Kontrolle über die eigenen Erfahrungen und gibt ihnen das Vertrauen, dass es durchaus in ihrer Macht steht, an ihren Gefühlen zu arbeiten." (Greenberg 2006, S. 124)

31 Begriff der psychologischen Praxis und Theorie, der individuelle Überzeugungen, Grundannahmen und Leitideen umschreibt, die das eigene Handeln und Handlungsmuster bestimmen.

5 Forschungstheoretischer Ansatz und methodische Konzeption

Das Anliegen dieser Forschungsarbeit ist es, das insgesamt noch wenig beforschte Feld der Beratungskommunikation respektive Coachingkommunikation zu erkunden. Im Fokus stehen dabei die sprachliche Kommunikation der Interaktant(inn)en sowie Emotionen als Gegenstand sprachlich-kommunikativen Handelns, zwei Konstrukte, die in den Beratungs- sowie Sprachwissenschaften empirisch kaum erschlossen sind. Für ein solches Desiderat scheint ein qualitatives Vorgehen dem Gegenstand angemessen, da das Verstehen als Erkenntnisprinzip die Untersuchungen leiten soll. Der Forschungsprozess lehnt sich damit an das qualitative Paradigma an und stützt sich auf bewährte Vorbedingungen: Die Interaktion zweier Subjekte ist die primäre Ebene der Untersuchung, und der Gegenstand wird in seiner Komplexität und im Alltagskontext untersucht. Dabei sollen Einzelfälle analysiert werden, nach Möglichkeit mit dem Ziel einer Typologiebildung durch die Rekonstruktion und den Vergleich mehrerer Fälle. Die Datenerhebung erfolgt durch Beobachtung und Befragung sowie die anschließende Produktion von Texten. Die Auswertung der Daten erfolgt maßgeblich nach Kriterien der qualitativen Methodik (vgl. Flick, von Kardorff & Steinke 2009, S. 23 f.).

Der ideale Forschungsprozess lässt sich in sechs Schritten beschreiben, wie die Abbildung 5 unten zeigt. Ausgehend von der Fragestellung wird ein Forschungsdesign entwickelt. Die Auswahl und der Zugang zum Feld gehören ebenfalls zum substanziellen Planungsprozess für das Vorhaben. Mit der Durchführung einer qualitativen Untersuchung werden Daten generiert, die anschließend über Transkriptionsverfahren verschriftlicht werden und dann die Grundlage der Interpretationen darstellen.

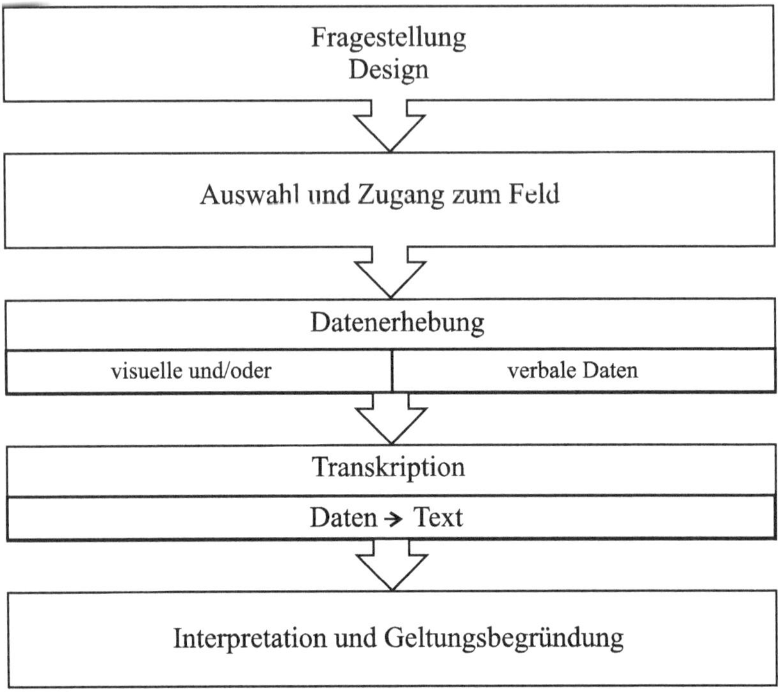

Abbildung 5: Der qualitative Forschungsprozess

Wenngleich qualitative Forschungsprozesse bei der Generierung von Aussagen nach dem Postulat der Offenheit verfahren, so ist die Konstruktion eines übergeordneten strategischen Plans dabei nicht zu unterschätzen. Ein Forschungsdesign stellt ein Raster zur Verfügung, das sowohl die Planung des Vorgehens als auch die Erreichung der Forschungsziele befördert (Flick 2009, S. 264). Die tragenden Komponenten dieses Planungsinstruments sind beispielsweise die Zielsetzung der Studie, die konkrete Fragestellung, die Auswahl beziehungsweise der Zugang zu empirischem Material, der theoretische Rahmen, die methodischen Herangehensweisen und die Generalisierungsziele (Flick ebd., S. 252 ff.). Abbildung 6 illustriert das Forschungsdesign der Studie anhand dieser sechs Elemente.

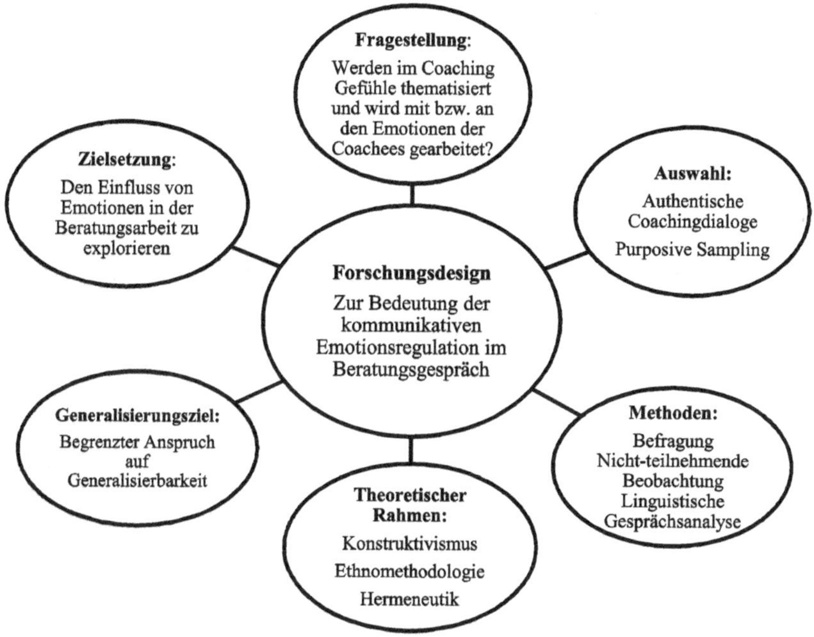

Abbildung 6: Forschungsdesign der Studie „Zur Bedeutung der kommunikativen Emotionsregulation im Beratungsgespräch“

Innerhalb der folgenden Abschnitte zu 1. Forschungsgegenstand und Ziel der Studie, 2. wissenschaftlichen Fragestellungen, 3. Hintergrundtheorien, 4. Forschungsmethodik, 5. Datenerhebung und 6. Auswertungsverfahren werden die mit der Abbildung 6 aufgestellten Komponenten integriert und ausgearbeitet.

5.1 Forschungsgegenstand und Ziel der Studie

Das übergeordnete Ziel der Studie ist es, den Einfluss von Emotionen in der Beratungspraxis zu explorieren. Forschungsgegenstand dieser Untersuchung ist das persönliche Einzelcoaching, ein Setting, das konventionell aus Klient/in und Coach besteht, und in dem im Rahmen einer professionellen Intervention über Kommunikation ein Beratungsanliegen bearbeitet wird. Gegenstand der Untersuchung ist demzufolge das Coachinggespräch, das jeweils in seinem Prozessverlauf innerhalb einer Sitzung von Beginn bis zum Ende erfasst werden soll.

Grundsätzlich soll dieser Gesprächsprozess dynamisch verstanden werden als die sprachliche Wechselbeziehung der Gesprächsteilnehmer/innen.

Im engeren Sinne soll mit dem Forschungsvorhaben überprüft werden, ob innerhalb eines Coachinggesprächs Emotionen aktiv in der Kommunikation transportiert werden und ob emotionale Regulationsprozesse infolgedessen Teil einer kommunikativen Intervention durch den Coach sind.

5.2 Wissenschaftliche Fragestellungen und sensibilisierendes Konzept

„Kommt der Emotionsarbeit im Coaching eine bedeutsame Rolle zu?" lautete die Ausgangsfrage zur Entstehung dieses Forschungsprojekts. Diese knapp formulierte Forschungsfrage wird von zwei Anschauungen geleitet: Erstens, wenn Personenberatung mittels Kommunikation stattfindet, wo liegen dann die Stärken und etwaigen Effekte des Gesprächs? Zweitens, warum fühlen sich Coachees allein durch das Aussprechen und Reflektieren ihrer Gedanken und Gefühle subjektiv erleichtert?

Dass Emotionen eine wichtige Rolle für das Verhalten und Lernen von Individuen insbesondere in Bezug auf Entscheidungs- und Veränderungsprozesse spielen, ist die grundlegende Vorannahme dieser Arbeit (siehe Kapitel 3).

Um den Untersuchungsdaten mit größtmöglicher Offenheit begegnen zu können, wird auf die Formulierung verdichteter Hypothesen verzichtet. Gleichwohl bilden verschiedene Vorannahmen und generative Fragen[32] den Entdeckungszusammenhang dieser Arbeit. Im Anhang wird ein chronologischer Überblick über die Entwicklung der Fragestellungen gegeben. Dem explorativen Forschungsprozess werden im Ganzen sechs Annahmen vorangestellt:

(1) Die dialogorientierte Personenberatung Coaching geschieht mittels Kommunikation, wird entsprechend im Gespräch gestaltet und löst mithin bestimmte Wirkungen aus (vgl. Kapitel 4).

(2) Das Coachinggespräch lässt sich mittels gesprächsanalytischer Techniken erfassen und so als Rekonstruktion der Wirklichkeit abbilden (vgl. Kapitel 5).

(3) Intrapsychische Prozesse können sich im äußeren Ausdruck in Form symbolischer Sprachhandlung zeigen. Ergo können verbalisierte Gefühle und Gefühlbeschreibungen innere Emotionsprozesse repräsentieren. (vgl. Kapitel 3 und Kapitel 4)

32 „Fragen, die bei der Forschungsarbeit sinnvolle Richtungen aufweisen; sie führen zu Hypothesen, nützlichen Vergleichen, zur Erhebung bestimmter Datentypen […]" (Strauss 1998, S. 50).

(4) Im Gespräch durch Benennung oder Umschreibung erfasste Bewertungen haben ihren Ursprung in Bewertungsmustern beziehungsweise Denk-, Handlungs- und Emotionsschemata der Individuen (vgl. Kapitel 3).
(5) Kognitive Bewertungen stehen im Zusammenhang mit Erfahrungswissen und werden auf hirnphysiologischer Ebene als emotionale Schemata gebildet und gespeichert (vgl. Kapitel 3).
(6) Der Mensch ist ein lernendes Wesen und folglich ist Veränderung für Individuen möglich. Gewohnte Muster können durch Neubewertung gewandelt werden. (vgl. Kapitel 3)

Es heißt, die Fragestellung einer qualitativen Untersuchung sei der entscheidende Faktor für ihren Erfolg oder ihr Missglücken (Flick 2009, S. 258). Wenngleich Fragestellungen von Beginn an möglichst konkret formuliert sein sollten, so sind Konkretisierungen, Fokussierungen und Eingrenzungen im Verlauf eines qualitativen Forschungsprozesses gleichermaßen erwartungsgemäß (vgl. Flick ebd.). Die Formulierungen der Fragestellungen haben im mehrjährigen Forschungsprozess verschiedene Akzentuierungen angenommen. Der Anhang enthält die bereits erwähnte ausführliche Tabelle, die die anfänglichen Formulierungen und die Re-Formulierungen im Entwicklungsverlauf nachzeichnet, beginnend mit dem ersten Exposé im Jahr 2006 über anschließende Überarbeitungen und Präsentationen bis hin zum vollständigen Forschungskonzept aus dem Jahr 2010.

Die zunächst globale Formulierung „Kommt der Emotionsarbeit im Coaching eine bedeutsame Rolle zu?“ kann vor dem Hintergrund dieser sechs formulierten Annahmen (siehe S. 55) präzisiert werden. Die übergeordnete Forschungsfrage der qualitativen Untersuchung lautet dann:

> „Werden im Coachinggespräch Gefühle thematisiert und wird mit beziehungsweise an den Emotionen der Coachees gearbeitet?“

Dieser Frage soll auf zwei Wegen nachgegangen werden, zum einen durch eine phänomenologische Spurensuche in den Daten, zum anderen durch eine systematische Rekonstruktion der Kommunikation und Interaktion. Tabelle 3 zeigt die spezifischen Forschungsfragen und deren methodische Operationalisierungen. Für den Beobachtungs-, Reflexions- und Analyseprozess wird die Beteiligung der Untersuchungssubjekte als auch der Forscherin angestrebt, um möglichst beständig die Innen- sowie die Außenperspektive auf die Phänomene zu erheben.

Tabelle 4: Operationalisierung der Forschungsfragen

Werden im Coaching Gefühle thematisiert und wird mit beziehungsweise an den Emotionen der Coachees gearbeitet?	
Forschungsfragen	**Methodische Operationalisierung**
Ebene I: Phänomene der Kommunikation und Interaktion	
1. Sind Emotionen Gegenstand der sprachlichen Coachinginteraktion?	A. Überprüfung des Gesprächs auf die Thematisierung von Gefühlen und den emotionskonnotierten Sprachgebrauch
2. Hat Emotionsarbeit einen Interventionscharakter?	B. Identifikation signifikanter Momente im Gesprächsverlauf
Ebene II: Analyse der Interaktion und Emotionsregulation	
3. Lassen sich Muster einer interpersonalen Emotionsregulation identifizieren?	C. Gesprächsanalyse mit dem Ziel der Rekonstruktion von sprachlich hergestellten Mustern
4. Ist die Regulation von Emotionen ein Ergebnis des Coachinggesprächs?	D. Selbsteinschätzung der Emotionsregulation vor und nach einer Coachingsitzung

Für die Analyse der Kommunikation und Interaktion (Analyseebene 1) soll zunächst die Frage geklärt werden, ob Emotionen überhaupt Gegenstand der sprachlichen Coachinginteraktion sind (Forschungsfrage 1). Hierzu werden die Gespräche aus Forscherperspektive auf die Thematisierung von Gefühlen und den Gebrauch emotionskonnotierter Sprache überprüft, um Emotionen als Gegenstand der sprachlichen Interaktion offen zu legen (Operationalisierung A zur Forschungsfrage 1).

Die Frage, ob Emotionsarbeit einen Interventionscharakter hat, richtet das Augenmerk vor allem auf Schlüsselmomente im Beratungsprozess (Forschungsfrage 2). Im Gesprächsverlauf sollen hierfür sogenannte signifikante Momente identifiziert werden: Gesprächsmomente, in denen aus der Perspektive der Beteiligten etwas „passiert" beziehungsweise „in Bewegung kommt". Die Coachs werden als Expert(inn)en gebeten, aus ihrer Innenperspektive heraus Schlüsselmomente einer Sitzung zu benennen. Selbige Einschätzung wird durch die Forscherin getroffen, womit man sich der Frage nach dem Interventionscharakter von Emotionsarbeit zusätzlich aus einer objektiven Außenperspektive nähert (Operationalisierung B zur Forschungsfrage 2).

Für die Ebene der Interaktion und Regulation (Analyseebene 2) stellt sich die Frage, ob spezifische Strukturen und Dynamiken einer interpersonalen Emotionsregulation existieren (Forschungsfrage 3). Als Hauptinstrument der Auswertung wird eine Gesprächsanalyse eingesetzt, um der Frage nach etwaigen Mustern einer interpersonalen Emotionsregulation nachzugehen. Dieser Analyseschritt bildet ausschließlich die Forscherperspektive ab, wobei der Forschungsprozess insgesamt zyklisch angelegt ist und als materialgeleitete Analyse offen sein soll für die Reziprozität von Fallempirie und Theoriebildung (Operationalisierung C zur Forschungsfrage 3).

Ob die Regulation von Emotionen ein Ergebnis des Coachinggesprächs sein kann (Forschungsfrage 4), lässt sich ferner durch eine Evaluation der Coachingsitzungen erkunden, in der die Coachees ihre individuelle Emotionsregulation einschätzen. Die Innenperspektive der Coachees zur etwaigen Regulation von Emotionen wird durch eine solche Selbsteinschätzung vor und nach Abschluss der Coachingsitzung erhoben (Operationalisierung D zur Forschungsfrage 4).

5.3 Wissenschaftstheoretischer Hintergrund

Dass die soziale Wirklichkeit in einem Prozess gemeinsamer Herstellung der Zuschreibung von Bedeutungen entspringt, ist eine grundlegende theoretische Annahme der qualitativen Forschung. Soziale Wirklichkeit entsteht damit in der Reflexivität und subjektiven Deutung von Individuen (vgl. Flick, von Kardorff & Steinke 2009, S. 22). Nach Flick et al. (ebd.) lässt gerade „der kommunikative Charakter sozialer Wirklichkeit […] die Rekonstruktion von Konstruktionen sozialer Wirklichkeit zum Ansatzpunkt der Forschung werden“. Diese methodisch-theoretische Grundannahme spiegelt das in der realen Beratungssituation sichtbare Phänomen: Die Klient(inn)en und ihre Berater/innen konstruieren in einem reflexiven Prozess kommunikativen Handelns ihre geteilte Version der Wirklichkeit. Die reale Situation weist allerdings Spezifika auf, es geht in einem Beratungsgespräch insbesondere um die Wirklichkeitskonstruktionen des ratsuchenden Subjekts. Zudem wird dem kommunikativen Handeln der Berater/innen Professionalität unterstellt, was an unterschiedliche Rollen und Aufgaben in der Gesprächsführung gekoppelt ist. Trotzdem ist die Analogie zwischen der konstruktivistischen Theorie sozialer Wirklichkeit und den konstruktivistischen Elementen im Beratungsgespräch auffällig. In Anlehnung an Steinke (1999), die die Gegenstandsentfaltung in qualitativen Interviews veranschaulicht hat, lässt sich der Konstruktionsprozess in der Beratung, wie in Abbildung 7 skizziert, entsprechend darstellen. Die Gegenstandsentfaltung im Beratungsgespräch ist ein Produkt der gemeinsamen Konstruktion zweier Individuen, die vor dem Hintergrund ihrer Persönlichkeit, der individualsystemischen Bedingungen und ihrer Rollenzuschreibungen agieren.

Ein konstruktivistisches Weltbild kennzeichnet auch die ethnomethodologische Forschungstradition (Garfinkel 1967), ein im Ursprung soziologischer Untersuchungsansatz mit dem Fokus auf der Erfassung sozialer Wirklichkeiten und der Identifikation ihrer ordnungsbildenden Strukturen. Ethnomethodolog(inn)en gehen davon aus, dass soziale Wirklichkeit durch Alltagshandlungen hergestellt wird (Flick 2010, S. 87). Im sozialen Geschehen setzen die Akteurinnen und Akteure bestimmte Techniken und Verfahren ein, um ihre Handlungen für Andere erkennbar und verstehbar zu machen (Bergmann 2009, S. 125 f.). Im engeren Verständnis von Garfinkel (1967, S. 1, zitiert nach Bergmann 2009, S. 118) geht es um das Beobachtbare, Mitteilbare, um „situierte Praktiken des Schauens und Erzählens". Auch diese Auffassung korrespondiert wieder mit der beobachtbaren Gestalt der sozialen Praktik Personenberatung: Berater/innen und Klient(inn)en setzen beiderseits ihre jeweiligen Mittel ein, um ihre Sicht der Dinge erkennen zu lassen und verstanden zu werden. Der Annahme folgend, dass Interaktion und Konversation geordnet sind (Galinski 2004, S. 10), interessiert sich diese Arbeit für die Erforschung der ordnungsbildenden Strukturen im Beratungsgespräch. In der späteren Auswertung soll der Fokus dabei auf emotionsbezogener Kommunikation liegen, dem zentralen sensibilisierenden Konzept der Untersuchung.

Die Idee emotionaler Funktionen von Kommunikation unterstellt die Existenz emotionaler Prozesse, die während eines Gesprächs stattfinden und die durch sprachliche Interaktion bedingt werden (vgl. Kapitel 4). Das Konzept der Sinnzuschreibung scheint hier anschlussfähig, mit dem Blick auf die Verknüpfung neurophysiologischer Prozesse der Emotionsverarbeitung und sprachlicher Äußerungen in Form von Bewertungen und Deutungen (vgl. Kapitel 3).

Vor diesem Hintergrund muss ein hermeneutisches Verständnis für die Arbeit mit dem Material reflektiert werden, wenn es um Sinndeutungen und Verstehensprozesse, um „Konstruktionen zweiten Grades" (Schütz 1971, S. 7) geht. Die Hermeneutik befasst sich als theoretisches, methodologisches und methodisches Konzept (Reichertz 2009, S. 514) mit dem Verstehen und interpretiert soziale Handlungen auf Grundlage von Texten.

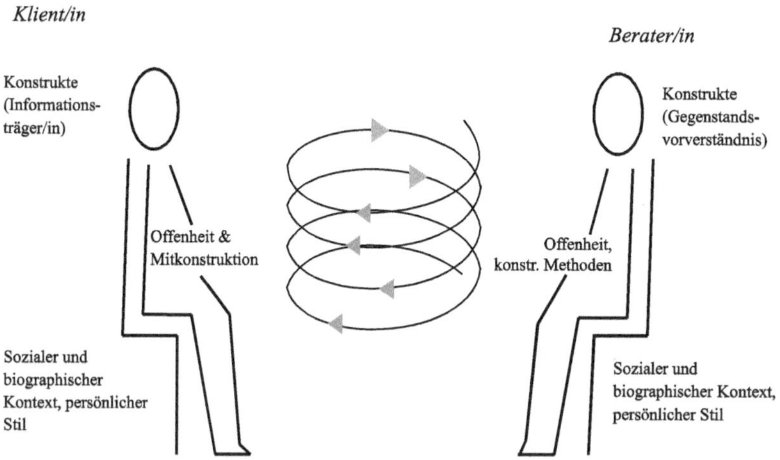

Abbildung 7: Die Gegenstandsentfaltung im Beratungsprozess (in Anlehnung an Steinke 1999, S. 127)

Mit Blick auf die hermeneutische Wissenschaftspraxis eröffnen sich zwei Zugänge: zur allgemeinen Hermeneutik (Dilthey 1957/1990, 1958/1992, Schleiermacher 1809/10) und zum methodischen Verfahren der Objektiven Hermeneutik (Oevermann 1981). Der Begriff der Hermeneutik entstammt dem griechischen *hermēneúein* und trägt die Bedeutung des Verkündens, des Dolmetschens und des Auslegens in sich (Capurro 2006, S. 528). Der Grundgedanke der Sinnvermittlung als Prozess der Versprachlichung und Verschriftlichung von Gedanken und ihrer Entschlüsselung durch Deutung entspringt der aristotelischen Rhetorik der Antike (vgl. Grondin 2001, S. 37).

Diese Kunst der Auslegung entwickelte sich in der Klassischen Moderne hin zu einer philosophischen Reflexion des Verstehens: „Wir nennen den Vorgang, in welchem wir aus Zeichen, die von außen sinnlich gegeben sind, ein Inneres erkennen: Verstehen." (Dilthey 1992, S. 318) Wobei Dilthey die prinzipielle Offenheit des Verstehensprozesses betonte: So erst der Zusammenhang der Zeichen dem Ganzen seinen Sinn gibt, macht dies das Verstehen aller einzelnen Teile erforderlich und indes unmöglich (ebd.). Die Hermeneutik als Methode der Sozialwissenschaften operiert von diesem Prozesscharakter des Verstehens aus, der mit dem sogenannten hermeneutischen Zirkel beschrieben wird. Abbildung 8 zeigt einen solchen Kreislauf, wie er bei Danner (1994, S. 57) zu finden ist, von der Textinterpretation zum Vorverständnis und der schrittweisen Erweiterung beider.

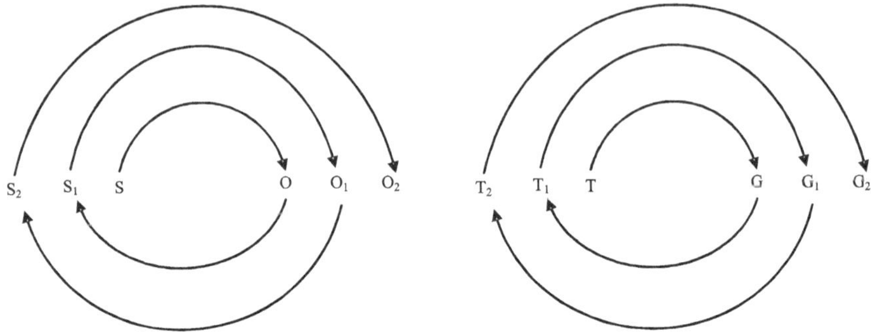

Links: Subjekt-Objekt-Beziehung
S_1, S_2 = um Verständnis bereichertes Subjekt (S)
O_1, O_2 = besser verstandenes Objekt (O)

Rechts: Teil-Ganzes-Beziehung
T_1, T_2 = um Verständnis bereicherter Teil (T)
G_1, G_2 = um Verständnis bereichertes Ganzes (G)

Abbildung 8: Hermeneutischer Zirkel nach Danner (1994, S. 57)

Nun kommen qualitative Forscher/innen mit einem gewissen Vorverständnis in eine Situation, beziehungsweise bildet ein originäres Vorverständnis bereits die Grundlage für das Interesse an einem wissenschaftlichen Sachverhalt. Die moderne Hermeneutik Gadamers (1990, S. 281) akzentuiert die Historizität von Individuen und sieht so das Vorverständnis des verstehenden Subjekts als erforderliche Bedingung für das Verstehen. „Erkenntnis ist nicht raum- und zeitlos, sondern an das erkennende Subjekt und an den Kontext gebunden, in den ein Phänomen eingebettet ist.“ (Legewie 1998/99a, S. 6)

Ziel des hermeneutischen Forschungshandelns ist es, über die schrittweise Arbeit an den Texten von einem elementaren Verstehen hin zu einem höheren Verständnis zu gelangen (Dilthey 1992, S. 210). Die kreisförmigen Bewegungen vom Teil zum Ganzen und wieder zurück zum Detail finden auch zwischen Erkenntnisobjekt und Erkenntnissubjekt statt (Legewie ebd.). Danner (ebd., S. 52 ff.) beschreibt dies als Überwindung einer hermeneutischen Differenz und als die Minimierung der Distanz zwischen Fremdheit und Vertrautheit im Deutungs- und Verstehensakt.

Mit der Objektiven Hermeneutik hat Oevermann (1981) ein ganzes Methodeninventar zur Interpretation von Texten entwickelt, das sich theoretisch und methodologisch in der hermeneutischen Wissenssoziologie gründet. Die Objektive Hermeneutik zielt als Verfahren der empirischen Sozialforschung darauf, latente Sinnstrukturen zu erschließen und geht davon aus, „[…] dass ein Text

Bedeutungsstrukturen generiert, die jenseits des Selbstverständnisses und Selbstbildes einer sozialen Praxis liegen [...]" (Wernet 2009, S. 18). In der Objekten Hermeneutik geht es darum, das Subjekt möglichst nicht in bereits bekannte Begriffe einzuordnen und damit soziale Wirklichkeiten und logische Begriffe gerade nicht zu übernehmen (Scherf 2010, S. 89). Oevermann (1979, S. 380) formuliert dies als Differenz zwischen objektiv latenter Sinnstruktur und subjektiv-intentionaler Repräsentanz. Also die Unterscheidung zwischen dem, „[...] was ein Text sinnfällig präsentiert, und dem, was jemand denkt, meint, fühlt usw." Schelle (2003, S. 129), macht den Ansatz zu einem objektiv hermeneutischen.

Für die Forschungsperspektive der vorliegenden Untersuchung muss allerdings auf das Subjektive in der Erforschung des Dialogs explizit eingegangen werden. Es geht zu einem Teil um das Verstehen der Subjekte, um eine subjektive Hermeneutik, die sich dem Vorwurf stellen muss, nur ein Seitenaspekt zu sein (vgl. Tretter 2011). Die Analyse der Beratungsgespräche operiert mit diesen subjektiven Aspekten, den Handlungsintentionen und den Sinnzuschreibungen der Subjekte, da sie sich für die Bedeutungszuschreibungen interessiert. Über Emotionssprache und die kommunikativ gesteuerte Reflexion von Emotionen werden Bedeutungszuschreibungen versprachlicht, indem Gefühle, Situationen oder Sachverhalte bewertet werden. Die Gesprächsteilnehmer/innen werden als aktiv Handelnde wahrgenommen, deren Wirklichkeitskonstruktionen gleichwertig in den Forschungsprozess eingehen sollen. Ziel der einzelnen Fallanalyse ist, zunächst die Wirklichkeit dieser spezifischen Situation darzustellen.

Im Kontrast zu einer Objektiven Hermeneutik gehe ich nicht davon aus, dass der latente Sinn im Text eines Beratungsgesprächs an jeder beliebigen Stelle rekonstruiert werden kann. Wäre dies so anzunehmen, könnte man gleichermaßen erwarten, dass die Prozess- und Handlungsstruktur und auch die Länge des Gesprächs unwesentlich wären. Die Beratungs- und Gesprächsforschung geht indes davon aus, dass zur Entfaltung von Vertrauen und Beziehung im Gespräch sowie für das Verstehen durch Exploration bestimmte Gesprächsphasen durchlaufen werden. Das Untersuchungskonzept (Kapitel 5, Abschnitt 5.4) unterliegt der Annahme, dass im Verlauf des Gesprächs Schlüsselmomente entstehen und bestimmte Prozessmuster eine Rolle spielen für Gesprächsmomente, denen ex post Sinn zugeschrieben wird.

Dennoch ließe sich sagen, dass der Forschungsprozess empirisch-hermeneutisch angelegt ist. Es geht in der Auswertung der Daten um einen Auslegungsprozess der Kommunikation und um einen Verstehensprozess, der aus einem Vorwissen heraus operiert und sich durch zirkuläres Erarbeiten von Teil und Ganzem an Verständnis bereichern soll. Der oben beschriebene hermeneutische Kreislauf findet dabei besonders im Rahmen der Einzelfallvergleiche Anwendung. Abbildung 9 veranschaulicht diese Zirkularität im Forschungsprozess. Vor dem Hintergrund einer angehenden Professionsforschung der Beratung geht es in einem weiter gesteckten Rahmen auch um das Ziel, die kommunikative Praktik der Beratung weiter zu erschließen, und im Detail darum, den Sinn hinter dem kommunikativen Handeln im Beratungsgespräch zu durchdringen.

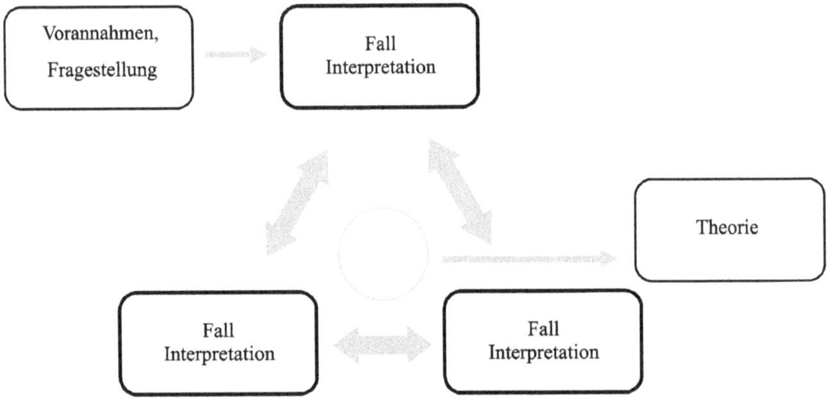

Abbildung 9: Zirkularität im Forschungsprozess (in Anlehnung an Pfister 2003, S. 18)

Die forschungstheoretische Anschauung der Arbeit lässt sich zusammenfassend von einem ethnomethodologischen Standpunkt mit „hermeneutischem Blickwinkel“ her beschreiben. Wie sich später in der Auswertung der Gespräche zeigen wird, erlaubt gerade die Überwindung der Distanz zwischen engem ethnomethodologischen und hermeneutischem Theorieverstehen ein gegenstandsadäquates Auswertungsverfahren für die gewonnen Daten (siehe Kapitel 6).

5.4 Forschungsmethodik und Vorgehen

Das Forschungsprojekt hat den Anspruch, Beratungswelten von innen heraus aus der Sicht der handelnden Berater/innen und Klient(inn)en zu beschreiben (vgl. Flick, Kardorff & Steinke 2009, S. 14). Obschon sich der wissenschaftstheoretische Rahmen damit am qualitativen Paradigma orientiert, ist im übergeordneten

Forschungsdesign ein Methodenmix angelegt. Im Sinne einer methodologischen Triangulation werden für die Datenerhebung sowie für die Auswertung der Daten qualitative und quantitative Techniken (Between-Method-Triangulation, Flick 2009, S. 313) miteinander verbunden, um die Forschungsfragen bestmöglich zu operationalisieren.

Die Abbildung 10 zeigt die methodische Gesamtkonzeption und veranschaulicht gleichzeitig die Kombination der eingesetzten Instrumente und damit die Umsetzung der Methodenintegration. In der Darstellung eines Auges sind links die vier Konstituenten des Forschungsprozesses abgebildet: Die Hauptuntersuchung im Mittelpunkt wird von vier Momenten der Evaluation gerahmt. Allem vorangestellt ist ein Experteninterview mit allen Coachs. Eine Evaluation der Einzelsitzung erfolgt jeweils durch die Coachees vor Beginn und nach Abschluss eines Treffens. Neben dem wird auch jeder Coach um eine Sitzungsevaluation im Nachhinein gebeten.

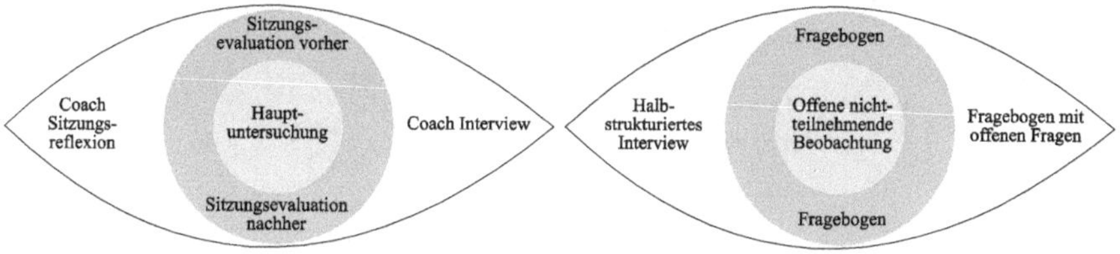

Abbildung 10: Überblick der methodischen Gesamtkonzeption (eigene Darstellung)

In der Skizze des rechten Auges werden diese methodischen Schritte in Nennung der eingesetzten Instrumente gespiegelt: Die Coachinggespräche sollen in ihrer natürlichen Situation und der ungestörten Coach-Coachee-Konstellation aufgezeichnet werden. Eine offene nicht-teilnehmende Beobachtung im Feld bildet so den Kern des Vorhabens, der mithilfe vor- und nachgelagerter Datenerhebungen gestützt wird. Eine quantitative Erhebung dient der Evaluation der beforschten Coachingsitzung sowie einer Kurzdiagnostik. So werden die Coachees mittels Fragebogeninstrument vor und nach der Sitzung um deren Bewertung gebeten und zur Regulation ihrer Emotionen befragt. Vor Beginn der Untersuchung werden mit den Coachs Kennenlerngespräche geführt. In einem halb-strukturierten Interview werden neben soziodemographische Daten vor allem Informationen zur Erstellung eines individuellen Coachprofils erfragt. Des Weiteren werden die Coach im Anschluss jeder aufgezeichneten Sitzung um deren kritische und fachliche Reflexion gebeten. Ein sogenanntes Reflexionsprotokoll enthält geschlossene und offene Items, mithilfe derer die zurückliegende Coachingsituation eingeschätzt werden kann. Diese beiden Maßnahmen vor Beginn der Untersuchung und im Anschluss an jede Aufnahme rahmen die einzelnen Fälle und integrieren die subjektive Perspektive der Coachs als Teilnehmende der Studie in den Forschungsprozess. Der methodische Ansatz erfasst multiple Perspektiven, indem neben einer objektiven und subjektiven Forscherperspektive auch die Wahrnehmungen aller beteiligten Subjekte (Coachs und Coachees) eingehen.

Tabelle 5: Chronologie des Forschungsprozesses

Zeitpunkt 1	*Schritt 1: Vorbefragung*	
Zeitpunkt 2-1	*Coach* » **Interview ex ante** Ziel: Coachprofil	*Coachee* » **Fragebogen ex ante** Ziel: Sitzungsevaluation Messzeitpunkt 1 und Diagnostik zur Emotionsregulation
Zeitpunkt 2-2	*Schritt 2: Beobachtung*	
	» **Audioaufnahme** Ziel: Datensammlung für die Gesprächsanalyse	
Zeitpunkt 2-3	*Schritt 3: Nachbefragung*	
	Coach » **Fragebogen ex post** Ziel: Sitzungsevaluation	*Coachee* » **Fragebogen ex post** Ziel: Sitzungsevaluation Messzeitpunkt 2 und Diagnostik zur Emotionsregulation
Zeitpunkt 3-1	*Schritt 4: Analyse und Auswertung*	
Zeitpunkt 3-2	**Qualitative Datenanalyse** » **Gesprächsanalyse** Ziele: Identifikation von „Signifikanten Momenten" im Gesprächsverlauf, Analyse der Dynamiken und Muster	**Quantitative Datenanalyse** » **Auswertung der Befragungsdaten** Ziele: Evaluation und Validierung

Das methodische Konzept der Studie umfasst damit drei Instrumente qualitativer und quantitativer Diagnostik: die Befragung, die Beobachtung und die Analyse. Tabelle 5 gibt einen Überblick über die Chronologie des Vorgehens, beginnend mit den Vorbefragungen in Form des Experteninterviews und der fragebogenbasierten Erhebung, gefolgt von der zentralen Beobachtungsstudie mit der Generierung von Audiodaten sowie den materialgestützten Nachbefragungen der Coachs und Coachees. In der abschließenden Auswertung der Befragungs- und Gesprächsdaten steht die qualitative Gesprächsanalyse im Mittelpunkt.

Auswahl und Zugang zum empirischen Feld

Empirische Nachweise zur Stützung von praktischen Beratungskonzepten sind nur selten zu finden (McLeod 2003, S. 150). Die Analyse von Beratungsprozessen stellt sich für Forscher/innen als kaum zugänglicher Gegenstand heraus, da das vertrauliche Dyaden-Setting in der Regel eine ungestörte Atmosphäre und nach außen gesicherte Anonymität voraussetzt. Der Zugang zum Feld war für diese Arbeit über wissenschaftliche Gesellschaften und durch die institutionelle Einbindung der Forscherin möglich.

Im Folgenden wird zunächst das Untersuchungsdesign vorgestellt. Es folgen Informationen zur Stichprobenauswahl (Sampling) und -zusammensetzung beziehungsweise zu den Teilnehmenden der Untersuchung. Die qualitative Beobachtungsstudie ist mit einem Stichprobenumfang von sechs Fällen geplant. Es werden authentische Coachingdialoge von drei professionellen und am deutschen Markt tätigen Coachs untersucht. Pro Coach gehen je zwei Einzelfälle in das Sampling ein, um nach Möglichkeit etwaige fall- oder personenspezifische Interaktionseffekte auf Coach-Coachee-Ebene vergleichen und kontrastieren zu können. Da das Beobachtungsverfahren für jede Einzelfallerhebung von einer fragebogenbasierten Vor- und Nachbefragung der Coachees begleitet wird, ergeben sich pro Untersuchung zwei Messzeitpunkte. Tabelle 6 zeigt das 3x2-Schema mit den Messungen M1 und M2 für jede Fallstudie.

Einzelne Fallstudien stellen das Basisdesign (Flick 2009, S. 253) der Untersuchung dar, die aber als Einzelfall-Vergleichsstudie konzipiert ist: Ziel ist die „Verbindung mehrerer Fallanalysen, die zunächst als solche durchgeführt und dann komparativ und kontrastierend gegenübergestellt werden“ (ebd., S. 254).

Die Zusammensetzung der Untersuchungsteilnehmer/innen erfolgt in erster Linie pragmatisch und gezielt als sogenanntes Purposive Sampling[33]. Zunächst geht es darum, professionelle und erfahrene Coachs zu finden, die bereit sind, ihre Beratungsarbeit live aufzuzeichnen und damit gleichsam transparent zu machen. Zudem bildet die Qualität der Informant(inn)en eine wichtiges Kriterium (vgl. Merkens 2009, S. 294): Alle Coachs sollen über eine fundierte Coaching- oder äquivalente Beratungsausbildung und hinreichend Coachingpraxis verfügen. Gleichzeitig wird versucht, ein möglichst repräsentatives, facettenrei-

33 Purposive sample (engl.): zweckorientierte Stichprobe.

ches Sample aufzustellen, also Coachs verschiedenen Alters und Geschlechts mit sich unterscheidenden Ausbildungs- und methodischen Schwerpunkten zu finden.

Tabelle 6: Untersuchungsdesign

Fall 1 *Coach I*		**Fall 3** *Coach II*		**Fall 5** *Coach III*	
M1	M2	M1	M2	M1	M2
Fall 2 *Coach I*		**Fall 4** *Coach II*		**Fall 6** *Coach III*	
M1	M2	M1	M2	M1	M2

Zur näheren Beschreibung der Stichprobe werden im Folgenden Ergebnisse der Experteninterviews mit den Coachs berichtet[34]. Bei den drei teilnehmenden Coachs handelt es sich um zwei Frauen und einen Mann. Zum Zeitpunkt der Untersuchung sind sie im Alter von 63, 54 und 31 Jahren und blicken auf 5, 10 beziehungsweise über 20 Jahre Beratungserfahrung als Coach zurück. Als relevante Qualifikationen geben die Coachs Aus- und Fortbildungen in Gestalttherapie (2), Mediation (1), Neuro-Linguistischer Programmierung (1), Organisationsberatung (2), Pädagogik (1), Psychologie (2), Psychodrama (1), Supervision (1), Systemischem Coaching (2) und Verhaltenstherapie (1) an. Abbildung 11 illustriert die Bandbreite der professionellen Hintergründe. Eine zertifizierte Ausbildung zum Coach hat eine der drei Personen absolviert, eine weitere ein Curriculum kollegialer Supervision im Kontext von Coaching. Die dritte Person ist „Coach der ersten Stunde“ und hat daher keine Coachingausbildung durchlaufen, jedoch ein anerkanntes Fortbildungsprogramm entworfen. Zwei Coachs sind

34 Weitere Ergebnisse der Befragung werden in Unterkapitel 6.10 sowie im Anhang berichtet.

Mitglieder in Coachingverbänden. Der Großteil der Klient(inn)en stammt insbesondere aus der Industrie und den Branchen Banken und Versicherungen, Bildung, Medien und IT sowie Verwaltung und Öffentlicher Dienst.

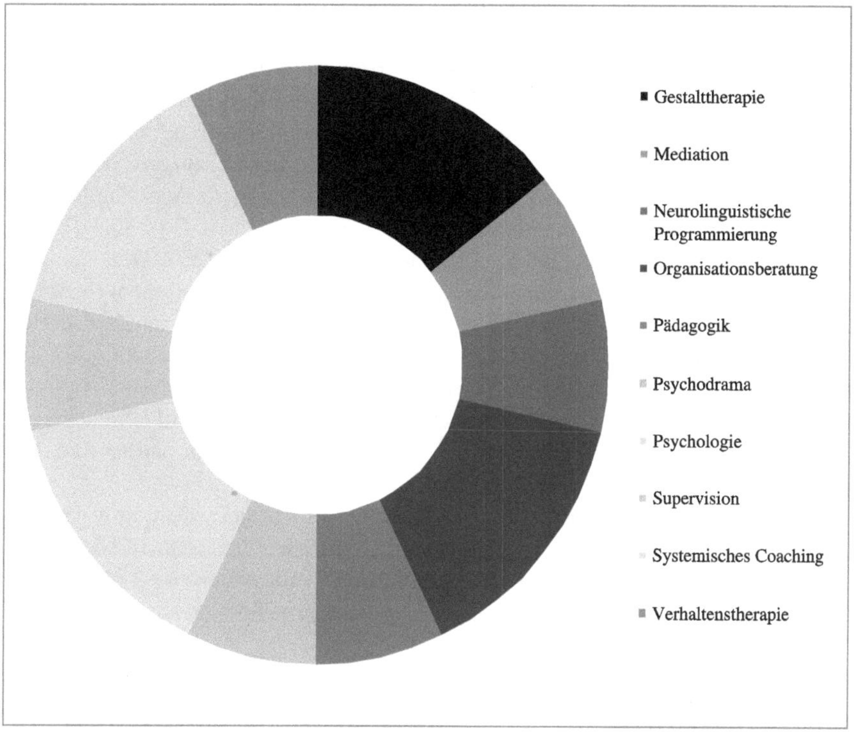

Abbildung 11: Bandbreite der Aus- und Weiterbildungen der teilnehmenden Coachs

5.5 Durchführung der Interviews

Im Vorfeld der Untersuchung werden die teilnehmenden Coachs zu einem persönlichen, ersatzweise telefonischen, Kurzinterview eingeladen. Ziel der Befragung ist das Kennenlernen der Personen und ihrer Arbeitsweise, die zusammengefasst in einem Kurzprofil über jeden Coach skizziert werden soll. Die Interviews liefern neben berufsdemographischen Daten Informationen über die professionelle Weltsicht der Interviewten und damit die Grundlage für das professionelle Handeln. Im Idealfall können im Material Hinweise auf professionelle Theorien und darauf basierende Kommunikationsstile und Interventionsformen der jeweiligen Coachingarbeit gefunden werden, die später als Interpretationshilfe für die Analyse der Coachinggespräche dienen können.

Die Coachs werden mit einem standardisierten Satz von Fragen zunächst nach der Anzahl von Berufsjahren als Coach, dem professionellen Hintergrund dieser Tätigkeit sowie ihren Themen- und Branchenschwerpunkten befragt (A Coachprofil). Im zweiten Teil der Befragung werden sie gebeten, ihre Coachingphilosophie mit ein bis zwei kennzeichnenden Sätzen oder Stichworten zu beschreiben (B Coachingphilosophie). Auch werden sie aufgefordert, ihren Coachingansatz hinsichtlich der theoretischen und methodischen Fundamente einzuordnen (C Coachingmethoden) und ihren persönlichen Coaching- beziehungsweise Beziehungsstil einzuschätzen (D Persönlicher Stil). Die vier Abschnitte A bis D des Interviews bestehen dabei aus geschlossenen Einschätzungsfragen und einer offenen Frage. Im abschließenden halb-standardisierten Teil des Interviews wird mit den Coachs über weitere Charakteristika und Fundamente ihrer Arbeit gesprochen. Fragen wie „Was macht Ihre Arbeit aus?“ oder „Was sollte ich unbedingt noch über Sie wissen?“ geben den Interviewten die Möglichkeit, ihr professionelles Handeln weiter zu reflektieren und so ihre Angaben für das Coachprofil zu vervollständigen.

Auf die Auswertung der Interviewdaten wird nicht gesondert eingegangen, da kein spezifisches Verfahren zum Einsatz kommt. Die handschriftlichen Notizen werden lediglich in Reinschrift gebracht und so formatiert, dass übersichtliche Profile der Coachs entstehen. Die einzelnen Profilblätter sind im Anhang einsehbar.

5.6 Durchführung der qualitativen Untersuchung

In der Realisierung der qualitativen Untersuchung wird ein Beobachtungsverfahren zur offenen Entdeckung im Feld ausgewählt. Kennzeichen der nahezu vollständigen Beobachtung (Gold 1958, S. 217) sind das indirekte Mediale, die maximale Distanz und die Vermeidung von Interventionen beziehungsweise Beeinflussungen der natürlichen Situation. Durch eine nicht-teilnehmende Beobachtung ist die Forscherin nie in die Untersuchungssituation direkt involviert. Die Dokumentation bleibt dadurch nahezu unbeeinflusst, abgesehen vom Interventionscharakter des Begleitmaterials (siehe unten) und der Untersuchungsteilnahme an sich.

Qualitative Forschungsprogramme erfordern stets ein Abwägen zwischen dem Ideal der prinzipiellen Offenheit (Hoffmann-Riem 1980, S. 343) und dem für notwendig erachteten Maß an Kontrolle. Die vorliegende Untersuchung kann durch die Bemühungen um eine Standardisierung von Setting und Kontext als systematisch klassifiziert werden. Das Setting, bestehend aus Coach und Coachee mit Aufnahmegerät in einem störungsfreien Raum ohne Anwesenheit anderer Personen (z. B. Supervisor(inn)en, Kolleg(inn)en, Partner/innen, Familienangehörige) oder Medien (z. B. Videokamera, eingeschaltetes Handy), konnte weitgehend realisiert werden. Eine Ausnahme bilden die Fälle 5 und 6, die im Rahmen eines Fotocoachings aufgezeichnet worden sind. Der Fotoapparat ist ein zentrales Medium dieser Coachingform. Die Kontextbedingungen sind ohnedies nicht vollständig kontrollierbar, da jeweils die unvermittelte Coachingsituation vorherrscht, ohne Anwesenheit der Forscherin und ohne die Kontrollmöglichkeit spontaner Störfaktoren. Ein Versuch zur Vergleichbarkeit der Bedingungen zeigt sich dennoch in der informationsgestützten Instruktion und dem Begleitmaterial: Eine Einverständniserklärung der Teilnahme (von Coach und Coachee), eine schriftliche Information (für Coach und Coachee) und Instruktion (für den Coach) sowie die Fragebögen vor und nach der Coachingsitzung (für den Coachee) und der Reflexionsbogen zur Evaluation (für den Coach) bilden ein Set an Informationen, das die ansonsten genuine Beratungssituation beeinflusst (dokumentiert im Anhang).

Insgesamt sind im Rahmen des Forschungsprojekts 17 Einzelaufzeichnungen mit 6 unterschiedlichen Coachs in 4 Städten in Deutschland und den USA entstanden. Von den 18 Audioaufnahmen sind 6 in das Sampling aufgenommen worden. 2 Aufzeichnungen waren Probeaufnahmen, eine davon erfolgte schon vor Entwicklung des Forschungsdesigns im Mai 2007 in der Recherchephase in den USA mit dem Ziel, die Aufnahmequalität zu testen und den Dialog als Forschungsgegenstand zu erproben. Eine weitere Probeaufnahme entstand im Juli 2009 zur wiederholten Testung der Tonqualität mit einem neuen digitalen Aufnahmegerät sowie zur Eignungsprüfung des begleitenden Befragungsmaterials. Für eine Aufnahme musste ein Datenverlust aufgrund technischer Fehler verzeichnet werden. Eine der Aufnahmen konnte aufgrund fehlender Befragung und Begleitdiagnostik nicht in die Stichprobe eingehen. Die Audioaufnahme wurde spontan ohne Einsatz des Materials durchgeführt und konnte im Nachhinein nicht vervollständigt werden. Die stichprobenrelevanten Aufnahmen sind in den Jahren 2010 bis 2012 entstanden. Von allen in das Sampling eingegangenen Coach-Coachee-Konstellationen lagen jeweils zwei Aufnahmen vor, wobei jeweils die Gespräche zu Beginn des Coachingprozesses für die Analyse ausgewählt wurden. Je nach Prozessdynamik wurde der erste oder zweite Sitzungstermin ausgesucht, keinesfalls das sogenannte Kennlern- oder Erstgespräch mit dominierender Kennenlernphase. Auch hierin liegt das Bemühen, das Setting über die verschiedenen Fälle annähernd zu vereinheitlichen Die konstanten Bedingungen waren infolgedessen, dass die Coachingpaare die erste Kennenlernphase bereits durchlaufen hatten, die Anliegen zureichend unbearbeitet waren und der Eintritt in die interventive Coachingphase erfolgte – weit entfernt vom Abschluss des Gesamtcoachingprozesses. Einen weiteren Überblick über die Durchführung der Einzelaufnahmen enthält das Protokoll der Tabelle 7.

Tabelle 7: Durchführungsprotokoll der Audioaufnahmen

Monat/ Jahr	Ort	Kooperationspartner	Kooperationsziel	Anzahl	Notiz	Auswahl Stichprobe
Mai 2007	Palo Alto (USA)	Stanford University, John D. Krumboltz	Audioaufnahme eines videoaufgezeichneten Beratungsgesprächs, Fachinterview mit John D. Krumboltz	1	Pre-Test für Audioaufnahmen von Beratungs-gesprächen	Nicht stichprobenfähig
Juli 2010	München	Organisationsberatung, Coach	Studienteilnahme, Aufnahme von zwei Gesprächen	1	Fall aus laufendem Prozess, spontan, ohne Begleitmaterial	Nicht stichprobenfähig
Juni – Sept. 2010	München	LMU München, Coach 1	Studienteilnahme, Aufnahme von drei Gesprächen	3	Neuer Fall, neue/r Coachee	Eingang als Fall 1
Juni – Sept. 2010	München	LMU München, Coach 1	Studienteilnahme, Aufnahme von drei Gesprächen	3	Neuer Fall, neue/r Coachee	Eingang als Fall 2
Juli 2010	München	Freiberufl. Coach	Probeaufnahme	1	„Fall ohne Anliegen"	Nicht stichprobenfähig
Aug. 2011	Berlin	Freiberufl. Coach, Coach 2	Studienteilnahme, Aufnahme von vier Gesprächen	2	Fälle aus laufenden Prozessen, ein Verlust	Eingang als Fall 3
Okt. 2011	Berlin	Freiberufl. Coach, Coach 2	Studienteilnahme, Aufnahme von zwei weiteren Gesprächen	2	Fall aus laufendem Prozess	Eingang als Fall 4
Juni 2012	Hamburg	Selbständ. Coach, Coach 3	Studienteilnahme, Aufnahme von zwei Gesprächen	2	Neuer Fall, Coachee bekannt	Eingang als Fall 5
Juli 2012	Hamburg	Selbständ. Coach, Coach 3	Studienteilnahme, Aufnahme von zwei Gesprächen	2	Neuer Fall, Coachee bekannt	Eingang als Fall 6

5.7 Durchführung der quantitativen Befragungen

In die im Vorangegangenen geschilderte qualitative Hauptuntersuchung sind quantitative Befragungen der Proband(inn)en integriert, die der Evaluation der individuellen Sitzungen dienen sollen. Coachs wie Coachees werden am Ort der Untersuchung mithilfe unterschiedlicher Instrumente zum Beratungsprozess befragt. Während die Coachs als Expert(inn)en einmalig ex post zu Verlauf und Besonderheiten des Gesprächs schriftlich befragt werden, werden die Coachees gebeten, vor und nach jeder Sitzung einen Fragebogen auszufüllen. Im Folgenden wird zuerst dieses itembasierte Fragebogeninstrument vorgestellt, im Anschluss das sogenannte Reflexionsprotokoll, mit dem die Coachs befragt werden.

5.7.1 Fragebogeninstrument

Der Fragebogen zur Befragung der Coachees wird in zwei Versionen eingesetzt: Unmittelbar vor der Sitzung wird den Coachees der „Fragebogen vor jedem Coaching" ausgehändigt, der „Fragebogen nach jedem Coaching" wird im Anschluss an eine Sitzung ausgefüllt. Die Beantwortung der Fragen soll möglichst intuitiv erfolgen und nimmt im Durchschnitt jeweils sieben Minuten Zeit in Anspruch. Die Proband(inn)en füllen den Fragebogen anonym und ungestört in Abwesenheit des Coachs aus. Die Zuordnung der vorher und nachher erfassten Daten erfolgt durch eine anonyme, jedoch persönliche Codierung, die sich aus individuellen Daten der Proband(inn)en zusammensetzt. Demographische Daten der Teilnehmenden werden zum Schutz der Anonymität nicht erfasst. Die Verwertung personenbezogener Daten ist überdies im Rahmen der Untersuchung nicht indiziert.

In diesem Abschnitt wird kurz auf die Konzeption der Tests[35] eingegangen. Beide Instrumente werden in ihrer Zusammensetzung und Entwicklung vorgestellt.

35 Wissenschaftliche Erhebungsinstrumente werden auch als „Tests" bezeichnet. Per definitionem ist ein psychologischer Test „[...] ein Prüfverfahren, bei dem in standardisierten Situationen Verhaltensmerkmale [...] von Personen erfasst werden, die als Indikatoren für bestimmte Personeneigenschaften dienen sollen, und dessen Resultate eine Einordnung der Untersuchten in eine Klassifikation ermöglichen, die an einer Gruppe vergleichbarer Personen gewonnen wurde" (Guthke 1972, S. 69, zitiert nach Fisseni 2004, S. 21).

„Fragebogen vor jedem Coaching"

Die sogenannte Vorher-Version enthält 58 geschlossene Fragen (Items), die auf einer Ratingskala zu beantworten sind. Die Antwortskala wurde nach Rohrmann (1978) als intervallskalierte Ratingskala mit fünf Abstufungen vorgegeben. Das Antwortkontinuum erstreckt sich nach der Intensität der Zustimmung von der niedrigsten Ausprägung „trifft überhaupt nicht zu" über „trifft wenig zu"[36] und „trifft teilweise zu" bis „trifft ziemlich zu"[37] und „trifft voll und ganz zu" als höchste Ausprägung.

Das Ausgangsinstrument wurde am LMU Center for Leadership and People Management der Ludwig-Maximilians-Universität München zur Evaluation der Coachings entwickelt. Da dieser Hochschulbereich einer der ersten Kooperationspartner für die Untersuchung war und das Instrument standardisiert einsetzte, schien es sinnvoll, weitere neue Items mit Bezug zur Studie einfach zu integrieren. Insbesondere durch das weitere Begleitmaterial (Informationsblatt etc.) sollte so eine Überfrachtung der Erhebungen und damit eine Überbeanspruchung der Teilnehmenden vermieden werden. Die bereits bestehenden drei Skalen zu Erwartungen an das Mentoring (Blickle, Kuhnert & Rieck 2003), Selbstreflexion (Grant, Franklin & Langford 2002) und psychischem Wohlbefinden (Ryff 1989) wurden um zwei Skalen zum Erleben von Emotionsregulation und zur Akzeptanz eigener Emotionen (Behr & Becker 2004) erweitert. Das überarbeitete Instrument enthielt damit fünf Skalen, die in Tabelle 8 zusammenfassend dargestellt werden.

36 Verbale Marke ist im Fragebogen nicht ausgeschrieben, sie wird durch eine optische Marke gesetzt.

37 s.o.

Tabelle 8: Skalenübersicht „Fragebogen vor jedem Coaching“

Beschreibung	*Konstrukt(e)*	*Instrument(e) Ursprungsskalen*	*Autor(inn)en*	*Bemerkung*	*Item-anzahl*	*Mess-zeitpunkt*
Erwartungen an den Coach und an das Coaching	Erwartungen an die Funktion des Mentoring, adaptiert für Coaching	Mentoring Function Items Career Support Scale	Blickle et al. 2003 Noe 1988 Riley & Wrench 1985	Subskalen: Hilfe bei Karriere-planung Emotionale Unter-stützung Rollen-modell	10	1
	Coach-kompetenz	Mentor satisfaction	Ragins & Cotton 1999	Nur ein Item entnommen, umformuliert	1	1
Fähigkeit zur Selbst-reflexion und Selbst-kenntnis	Self reflection and insight	Self Reflection and Insight Scale (SRIS)	Grant et al. 2002 (Dt. Über-setzung von Greif)	Subskalen: Engagement in self-reflection Need for self-reflection Insight	19	1
Psychisches Wohlbefinden	Veränderung des psychi-schen Wohl-befindens	Scales of Psychological Well-Being (PWB)	Ryff 1989 (Dt. Überset-zung von Staudinger 1992)		18	1
Emotions-regulation	Erleben von Emotions-regulation	Skalen zum Erleben von Emotionen (SEE)	Behr & Becker 2004		4	1 + 2
Emotions-verständnis	Akzeptanz eigener Emotionen	Skalen zum Erleben von Emotionen (SEE)	Behr & Becker 2004		6	1 + 2

Das Originalinstrument von Behr & Becker (2004) soll an dieser Stelle kurz vorgestellt werden: Die Skalen zum Erleben von Emotionen (SEE) stellen ein theoriegeleitetes, multidimensionales Instrument für Anwendungsfelder zur Verfügung, in denen Persönlichkeitsdiagnostik, zwischenmenschliche Kommunikation und Interaktion von Bedeutung sind (Behr & Becker ebd., S. 7): „Der Konstruktion der SEE lag das Ziel zu Grunde, einen kurzen und praktisch gut einsetzbaren Selbstauskunft-Fragebogen zu entwickeln, der das individuelle Gefühlserleben sowie die Bewertung und die Regulation von Gefühlen erfasst."

Eine der zentralen Fragen der Testentwicklung lautete: „Wie erlangen sie [die Klient(inn)en] Verständnis und Klärung ihrer Gefühle, können sie ihre Gefühle und Impulse regulieren?" (ebd.) Die SEE erfasst infolgedessen zentrale Konstrukte der klientenzentrierten Persönlichkeitstheorie (Rogers 1951/2003, 1959, 1963) und Konzepte emotionaler Intelligenz (Salovey & Mayer 1990).

Der vollständige Test besteht aus insgesamt sieben Skalen, die in der Tabelle 9 aufgezählt werden. Tabelle 10 zeigt im Anschluss die Items der Skala zum „Erleben von Emotionsregulation" (vier Items) und der Skala „Akzeptanz eigener Emotionen" (sechs Items), die beide zur Integration in den „Fragebogen vor dem Coaching" und den „Fragebogen nach dem Coaching" übertragen wurden. Die Items werden im Originalinstrument ebenfalls auf einer fünfstufigen Antwortskala angekreuzt („stimmt gar nicht" – „stimmt kaum" – „stimmt mittelmäßig" – „stimmt ziemlich" – „stimmt völlig"), deren Intervalle in Gegenüberstellung den Skalen des „Fragebogens vor jedem Coaching" äquidistant sind. Die Items können daher einheitlich auf der bereits vorhandenen Skala gemessen werden.

Tabelle 9: Skalen zum Erleben von Emotionen (Behr & Becker 2004, S. 7)

	Bezeichnung der Skalen	***Anzahl der Items***
1.	Akzeptanz eigener Emotionen	6
2.	Erleben von Emotionsmangel	7
3.	Erleben von Emotionsüberflutung	5
4.	Körperbezogene Symbolisierung von Emotionen	8
5.	Imaginative Symbolisierung von Emotionen	6
6.	Erleben von Emotionsregulation	4
7.	Erleben von Selbstkontrolle	6

Tabelle 10: Items der Skalen „Akzeptanz eigener Emotionen" und „Erleben von Emotionsregulation" (Behr & Becker 2004, S. 16 ff.)

Skala 1: Akzeptanz eigener Emotionen	Skala 6: Erleben von Emotionsregulation
(34) Alle meine Gefühle dürfen genauso sein, wie sie sind. (16) Ich fühle, was ich fühle, und das ist ok. (30) Für meine Gefühle schäme ich mich nicht. (7) Ich stehe zu allen meinen Empfindungen. (23) Es ist für mich keine Frage, dass ich ein Recht auf alle meine Gefühle habe. (42) Was bei mir an Gefühlen hochkommt, kann ich immer zunächst auch annehmen.	(2) Ich kenne schon Möglichkeiten, wie ich meinen Gefühlszustand steuern kann. (14) Wenn ich in eine bessere, lebendigere Stimmung kommen will, kann ich mich selbst gut beeinflussen. (39) Wenn ich will, kann ich meine Emotionen durchaus manipulieren. (21) Wenn ich aufgeregt bin, weiß ich meist, wie ich mich beruhigen kann.

Für die Auswertung im Rahmen dieses Forschungsprojekts sind nur die zwei neu hinzugefügten Itembatterien von Interesse, da emotionale Phänomene im Mittelpunkt der Untersuchung stehen. Aus diagnostischer Perspektive können jedoch die für den vollständigen SEE gewonnenen Testgütekriterien nicht übertragen werden und somit keine Rückschlüsse mit Bezug zu den angegebenen Normwerten getroffen werden. Eine Aufnahme der beiden Skalen in die Evaluationsbögen erscheint dennoch sinnvoll, um eventuelle Veränderungswerte entlang der Untersuchungszeitpunkte (Messzeitpunkte 1/vorher, 2/nachher) als Interpretationsstütze für die spätere Analyse der Coachinggespräche zu nutzen.

Die so erhobenen Daten können also nur einen Richtungshinweis geben, sie können nicht im Sinne eines psychologischen Testverfahrens verwertet werden. Wenngleich die Items einem nach Gütekriterien[38] der Testtheorie entwickelten Test entnommen worden sind, könnten sie in dieser Neuzusammenstellung Korrelate zu den anderen Konstrukten aufweisen und so unter anderem nicht mehr konstruktvalide[39] sein. Es stellte sich dann die Frage, ob der Test das vorgesehe-

38 Die Güte eines Tests lässt sich anhand dreier zentraler Kriterien erfassen: der Objektivität, Reliabilität und Validität (Bortz & Döring 2005, S. 193 ff.). Dies sind Qualitätskriterien, die in der empirischen Forschung allgemeingültige Anforderungen an empirisch erhobene Daten darstellen.

39 „Ein Test ist konstruktvalide, wenn aus dem zu messenden Zielkonstrukt Hypothesen ableitbar sind, die anhand der Testwerte bestätigt werden können." (ebd., S. 201)

ne Konstrukt zu erfassen vermag (Lienert & Raatz 1998, S. 11). Diese Einschränkung gilt im Übrigen für beide Instrumente pauschal: Zwar sind alle einzelnen Skalen überprüft und werden von den Verfasser(inne)n in den Manuals für hinreichend reliabel und valide gehalten, eine erstmalige Kombination verschiedener Skalen kann aber zu neuen Konstrukten führen. Die Dimensionalität des Tests (Bortz & Döring 2005, S. 221) müsste folglich überprüft werden. Für eine solide Testkonstruktion wären hierzu einzelne Itemanalysen[40] und eine statistische Faktorenanalyse[41] über die vollständige Itembatterie notwendig. Diese Überprüfungen waren ebenso wenig möglich wie Aussagen zu Gütekriterien der Tests, da die neu zusammengestellten Fragebögen nicht an einer ausreichend großen Stichprobe getestet werden konnten. Der Fokus qualitativen Forschens rechtfertigt diese Entscheidung.

„Fragebogen nach dem Coaching"

Die Nachher-Version enthält 67 Fragen, davon 66 geschlossene Items und eine Frage mit offenem Antwortformat. Die Ratingskala ist identisch mit dem Format der Vorher-Version, die Proband(inn)en kreuzen auf einer fünfstufigen Ratingskala ihre Antwort an zwischen „trifft überhaupt nicht zu" und „trifft voll und ganz zu". Das Ausgangsinstrument wurde ebenfalls am LMU Center for Leadership and People Management der Ludwig-Maximilians-Universität München entwickelt. Zur Evaluation der Coachings werden sechs Dimensionen aus drei getesteten Inventaren abgefragt, die Beziehungsqualität (*relationship quality*, Allen & Eby 2003), die Zufriedenheit mit dem Coach (*mentor satisfaction*, Ragins & Cotton 1999) sowie die Struktur-, Prozess- und Ergebnisqualität im Coaching und eine Gesamtbewertung des Coachingprozesses (Jansen, Mäthner & Bachmann 2004). Die beiden Skalen zum Erleben von Emotionsregulation und zur Akzeptanz eigener Emotionen (Behr & Becker 2004) wurden wieder integriert. Die Tabelle 11 gibt einen Überblick.

40 Eine Itemanalyse prüft, ob die Test-Items der Testabsicht entsprechen. Diese Entsprechung wird vor allem durch zwei Gütekriterien geprüft, die sogenannte Itemschwierigkeit und die Trennschärfe zwischen den Items (vgl. ebd., S. 217). Ziel ist die Selektion geeigneter Items beziehungsweise die Revision nicht oder wenig geeigneter Items.

41 Eine Faktorenanalyse überprüft die Dimensionalität komplexer Merkmale (Bortz 1999, S. 498), indem über statistische Korrelationsberechnungen in Beziehung stehende Variablen auf höherer Abstraktionsebene zusammengefasst werden (Bortz & Döring ebd., S. 383).

Tabelle 11: Skalenübersicht „Fragebogen nach dem Coaching"

Beschreibung	*Konstrukt(e)*	*Instrument(e) Ursprungsskalen*	*Autor-(inn)en*	*Bemerkung*	*Item-anzahl*	*Mess-zeit-punkt*
Beziehung zwischen Coach und Coachee	Beziehungs-qualität	Relationship Quality	Allen & Eby 2003	Subskalen: relationship quality (Beziehungsqualität) relationship learning (Beziehungslernen)	8	2
Zufriedenheit mit dem Coach	Mentor Satisfaction adaptiert für Coaching	Mentor Satisfaction	Ragins & Cotton 1999		6	2
Evaluation von Coachingprozessen	Struktur-, Prozess- und Ergebnisqualität im Coaching und Gesamtbewertung	Check the Coach	Jansen, Mäthner & Bachmann 2004	19 Subskalen, 1 offene Frage	43	2
Emotions-regulation	Erleben von Emotions-regulation	Skalen zum Erleben von Emotionen (SEE)	Behr & Becker 2004		4	1 + 2
Emotionsverständnis	Akzeptanz eigener Emotionen	Skalen zum Erleben von Emotionen (SEE)	Behr & Becker 2004		6	1 + 2

5.7.2 Aufbereitung der Daten

Die Datenaufbereitung und -auswertung erfolgte unter Zuhilfenahme statistischer Kennzahlen. Zunächst erfolgte die Eingabe der Rohdaten. Für diesen Zweck wurden die Antwortskalen kodiert, indem den Skalenurteilen Zahlenwerte zugeordnet wurden. Für alle fünfstufigen Skalen des Tests wurden Zahlenwerte von 0 bis 4 vergeben. Für den „Fragebogen vor dem Coaching" trifft dies für alle Items zu (Items 1 bis 11 sowie 1 bis 48), für den „Fragebogen nach dem Coaching" ebenfalls, mit Ausnahme einer offen formulierten Frage und der abschließenden

Bewertungsfrage. Im vorherigen Abschnitt wurde bereits darauf hingewiesen, dass die Antwortskalen hinsichtlich der verbalen Marken identisch sind, die numerische Zuordnung wird in Tabelle 12 veranschaulicht.

Tabelle 12: Numerische Kodierung der fünfstufigen Skalenurteile

Urteil	*„trifft überhaupt nicht zu"*	*„trifft wenig zu"*	*„trifft teilweise zu"*	*„trifft ziemlich zu"*	*„trifft voll und ganz zu"*
Wert	0	1	2	3	4

Das Skalenurteil „trifft voll und ganz zu" hat die Bedeutung einer großen Befürwortung der Aussage und wird als stärkste Ausprägung im Sinne des Konstrukts gewertet. Die Marke „trifft voll und ganz zu" erhält damit den höchsten Zahlenwert von 4 Items, die in ihrer Formulierung negativ gepolt sind[42] und deren starke Zustimmung für eine geringe Ausprägung des Konstrukts spricht. Daher müssen diese Items umkodiert werden. Eine Umkodierung für den Vorher-Fragebogen betrifft die Items 20, 21 und 38. Für den Nachher-Fragebogen mussten insgesamt 14 Items umkodiert werden (12, 13, 15, 19, 20, 21, 23, 24, 27, 39, 40, 43, 45 und 47).

Die so gewonnen quantitativen Daten werden für den Forschungsprozess selektiert. Wie weiter oben erwähnt, wurden die beiden Skalen zum Erleben von Emotionen den bereits bestehenden Items der LMU München hinzugefügt, deren Erhebung im Rahmen dieser Arbeit nicht intendiert war. Der Fokus der statistischen Auswertung richtet sich daher auf die beiden Fragenkataloge zur Emotionsregulation und zur Akzeptanz eigener Emotionen.

5.7.3 Reflexionsprotokoll

Mit den sogenannten Reflexionsprotokollen evaluieren die Coachs die einzelnen Sitzungen direkt nach deren Beendigung. Mit der einleitenden Instruktion werden die Teilnehmenden wie folgt aufgeklärt:

42 Beispiel: „Mein Coach scheitert dabei, meinen Bedürfnissen zu begegnen." Eine zustimmende Antwort (z. B. „Trifft voll und ganz zu") spricht hier für eine schwache Ausprägung im Sinne des Konstrukts „Zufriedenheit mit dem Coach". Der zugeordnete Wert von 4 muss für die statistischen Berechnungen umkodiert werden zu 0.

> „Dieses Kurzprotokoll wird im Rahmen der Untersuchung ‚Der Verlauf von Coachinggesprächen' erhoben und soll die Auswertung des aufgezeichneten Gesprächs unterstützen. Mit Ihrer professionellen Einschätzung als Coach und Beteiligte/r der Interaktion helfen Sie uns, die Rahmenbedingungen, die Dynamik und die Besonderheiten des zurückliegenden Dialogs besser einschätzen zu können."

Der Fragebogen erhebt zu Beginn demographische Daten der Coachs („A Coachprofil"), um die spätere Zuordnung der Daten zu erleichtern. Anschließend werden die Coachs gebeten, die zurückliegende Sitzung anhand von Adjektiven zu beschreiben sowie mögliche Störfaktoren (z. B. eingeschränktes gesundheitliches Wohlbefinden einer Person, Unterbrechungen durch Telefonanrufe etc.) einzuschätzen („B Fragen an den Coach"). Den Hauptteil der Befragung bildet die dritte offene Frage, die aufgrund ihrer Wichtigkeit für die Untersuchung hier ausschnittsweise in Abbildung 12 wiedergegeben wird. Die jeweils weißen Zellen sind die Antwortfelder und hier verkleinert dargestellt.

3. Bitte notieren Sie *eine oder mehrere Stellen* des Coachinggesprächs, die Sie für signifikant halten. Es geht hierbei darum, sogenannte „signifikante Momente" im Gesprächsverlauf zu erfassen, die einen Einfluss auf Dynamik, Erkenntnis und Ergebnis im Gespräch haben. Bitte wählen Sie diese Stellen nach Ihrer persönlichen, freien Einschätzung aus.

<table>
<tr><td colspan="3">SIGNIFIKANTER MOMENT!</td></tr>
<tr><td>Ca. Zeitpunkt im Gespräch [1]:</td><td>Thema der Gesprächsstelle:</td><td>Kennzeichnendes Stichwort („Titel") für diese Stelle:</td></tr>
<tr><td></td><td></td><td></td></tr>
<tr><td colspan="3">Bitte beschreiben Sie die Gesprächsstelle und erläutern die Signifikanz dieses Gesprächsabschnitts:

Die Stelle ist interessant, weil...</td></tr>
</table>

[1] Bitte wählen Sie zwischen: *„zu Beginn", „im ersten Drittel", „in der Mitte", „im letztem Drittel", „am Ende"*

Abbildung 12: Frage 3 zu „signifikanten Momenten" aus dem Reflexionsprotokoll

Elliotts (1984) Konzept der „significant change events" wurde in Kapitel 3 (Abschnitt 3.3) erläutert und kommt hier zum Einsatz. Elliotts (ebd., S. 250 ff.) explorative Herangehensweise basierte unter anderem auf der Grundannahme, dass die subjektiven Sichtweisen entscheidend sind und die beteiligten Personen als Expert(inn)en gesehen werden müssen. Die Ermittlungsmethode der signifikanten Momente wird an dieser Stelle genutzt, um die Erlebnisse in der Sitzung aus Perspektive des Coachs zu erfassen. Anhand der für signifikant befundenen Gesprächsmomente werden später die Textstellen zur Analyse ausgewählt.

Die Auswertung der Reflexionsprotokolle erfolgt durch Abschrift der handschriftlichen Antworten in ein elektronisches Dokument. Die Antworten zu Frage 3 (Signifikante Momente) werden später im Rahmen der Fallanalysen präsentiert (siehe Kapitel 6). Die Antworten zu Frage 1 und 2 werden im Prozess der Gesprächsanalyse beziehungsweise in der Besprechung der Ergebnisse mit ausgewertet, sie dienen insbesondere als Hinweisgeber auf eventuelle Irritationen.

5.8 Gesprächswissenschaftliche Grundlagen der Analyse

Die Gesprächsforschung untersucht Alltagsgespräche unter Anwendung eines gesprächswissenschaftlichen Methodenkanons mit interdisziplinärer Reichweite. So werden Forschungsfragen in den unterschiedlichsten Disziplinen aufgeworfen, von der Linguistik und Ethnologie über die Soziologie bis hin zur Psychologie (vgl. Deppermann, Habescheid, Hartung & Klemm 2000, S. 1). Fragen der Gesprächsforschung berühren nicht nur fast alle Geistes- und Sozialwissenschaften (ebd.), ihre Anwendungsbezüge erstrecken sich darüber hinaus bis in die Bereiche institutioneller und betrieblicher Praxis, zum Beispiel auf Gebiete der medizinischen Kommunikation zwischen Ärzten/Ärztinnen und Patient(inn)en (siehe hierzu Fiehler 2005) oder auf Kommunikationsstrukturen in der Personal- und Organisationsentwicklung (siehe hierzu Hartung 2004a).

> „Gerade weil Gespräche so ubiquitär sind, ist das Wissen über ihre Regelhaftigkeiten und die Wirkungen kommunikativer Mittel nicht nur für einen kleinen Kreis akademischer Experten interessant, sondern auch für die gesamte Gesellschaft in den unterschiedlichsten Praxisfeldern in hohem Maße relevant.“ (Deppermann, Habescheid, Hartung & Klemm 2000, S. 4)

Allen gesprächswissenschaftlichen Forschungsdesigns gemein ist die Beschaffenheit des Ausgangsmaterials, das auf naturalistischen Aufzeichnungen von Alltagsgesprächen basiert. Ihre zentrale Methode ist die Gesprächsanalyse, die in den folgenden Abschnitten allgemein, aber auch im Besonderen zur Erforschung von Beratungskommunikation vorgestellt werden soll. Zunächst soll eben dieser

Bezug hergestellt werden, um das Beratungsgespräch als Gegenstand linguistischer Forschung zu fassen.

5.8.1 Beratung als Diskurs

Die Erforschung von Beratungsdialogen stellt sprachlich vermittelte Kommunikation und Interaktion ins Zentrum der Untersuchung. Für die Analyse dieser kommunikativen Handlungen bietet die angewandte Gesprächswissenschaft gegenstandsadäquate und erprobte Verfahren. So ist die Gesprächssorte Beratung ein viel beforschter Untersuchungsgegenstand der Linguistik[43]. Die Zergliederung von Dialogstrukturen für den Handlungsplan des Beratens versuchte Schank (1979, zitiert nach Schubert 2003, S. 8) bereits Ende der 1970er Jahre. Einen Vorschlag für das Sequenzmuster des Beratens hat Wunderlich (1981, zitiert nach Schubert 2003, S. 9) ebenfalls Anfang der 1980er Jahre gemacht. Kallmeyer (1985) hat mit seinen Forschungsarbeiten am Handlungsschema Beratung den Begriff der Aufgabenstruktur geprägt, mit dem Fokus auf Problemlösungen im Beratungsgespräch. Viel Aufmerksamkeit bekommt noch heute der Sammelband von Nothdurft, Reitemeier & Schröder (1994) zur Asymmetrie von Beratungsgesprächen. Die Erforschung von Gesprächspraktiken der Beratung wird in der Gesprächsforschung im Feld der institutionellen Kommunikation (Deppermann 2008, S. 16) und Diskursforschung (Galinski 2004, S. 20) verortet.

Als Teildisziplin der Linguistik untersucht die Diskursforschung sprachlich-kommunikatives Verhalten empirisch, im Fokus stehen dabei beruflich-institutionelle und gesellschaftliche Handlungsfelder. Die Erhebung über den Diskurs zielt auf Erkenntnisse über die Vermittlung von Sprache und Gesellschaft (Ehlich & Rehbein 1986, S. 136) und versucht, Institutionen als komplexere Strukturzusammenhänge zu fassen (Galinksi ebd., S. 16). So ist das ausdrückliche Ziel der angewandten Diskursforschung, Ergebnisse der linguistischen Arbeiten in die Praxis zurückzuführen und so das Wissen über empirisch ermittelte kommunikative Praktiken nutzbar zu machen (ebd., S. 20). Mit der zentralen Annahme, dass Kommunikation geordnet und strukturiert verlaufe (Becker-Mrotzek & Meier 2002, S. 19), schließt die Diskursforschung an die theoretischen Annahmen der Funktionalen Pragmatik (Ehlich 1986, Ehlich & Rehbein 1986) an. Als zentrale Kategorie haben Ehlich & Rehbein (1972) sowohl den Handlungscharakter als auch den Zweckbegriff als Kategorie von

43 Schubert (2003) gibt eine gute Kurzübersicht über 15 Jahre linguistische Forschung an Beratungsgesprächen.

Kommunikation geprägt: Durch Sprache kann man etwas tun (vgl. ebd., S. 209). Mit dieser Handlungs- und Zweckbestimmung lässt sich auch die Praktik der Beratungskommunikation sehr gut fassen: Kommunikation ist in der Beratung eine unentbehrliche Technik, der Dialog wird in der Personenberatung von den Gesprächspartner(inne)n intentional geführt (vgl. Kapitel 4).

Der Ansatz der angewandten Diskursforschung integriert im Sinne von Becker-Mrotzek & Meier (2002, S. 18) neben der Weiterführung und Anwendung der Funktionalen Pragmatik mehrere Schulen der angewandten Gesprächsforschung, beispielsweise die Konversationsanalyse, die Diskursanalyse und die Dialoganalyse. Wenngleich die Diskursanalyse und die Konversationsanalyse sich durch geradezu separierende theoretische Grundannahmen unterscheiden (vgl. Galinksi 2004, S. 20), behandeln doch beide denselben Gegenstand, nämlich authentische Gespräche, und erfassen diesen auch mithilfe identischer gesprächswissenschaftlicher Techniken (z. B. Aufnahme, Transkription). Becker-Mrotzek & Meier sprechen sich darauf stützend im Namen der integrativen Diskursforschung für eine Verbindung der methodischen Ansätze aus und „[...] stellen dabei diejenigen Verfahren und Annahmen in den Mittelpunkt, die für eine angewandte Forschung von besonderer Bedeutung sind" (ebd., S. 18). Diese fassen die Autoren unter dem Terminus „analytische Standardverfahren der angewandten Diskursforschung" zusammen und schlagen die Kombination von Musteranalyse (Funktionale Pragmatik, Diskursanalyse) und Konversationsanalyse (Ethnomethodologie) vor. Die Analyse von Gesprächen kann demnach als integrative Diskursanalyse in zwei Schritten erfolgen: Zunächst ist das Ziel die Rekonstruktion zugrundeliegender Muster, die dann in einem zweiten Schritt in der Art und Weise ihrer Realisierung untersucht werden. Wie Becker-Mrotzek und Meier diese Forschungspragmatik umgesetzt wissen möchten, soll in den zwei folgenden Abschnitten erläutert werden. Zunächst wird die Musteranalyse als Makrokonzept vorgestellt (Abschnitt 5.8.2), dann die Konversationsanalyse als Verfahren der Mikroanalyse portraitiert (Abschnitt 5.8.3). Anschließend werden die sequenzanalytischen Vorgehensweisen beider Verfahren einander gegenübergestellt (Abschnitt 5.8.4). Das Gesamtmodell wird dann in Kapitel 6.9 für die Zwecke der vorliegenden Untersuchung an Coachinggesprächen modifiziert und als Auswertungsverfahren der Wahl vorgestellt.

5.8.2 Musteranalyse: Die Suche nach Makrostrukturen

Diese Musteranalyse stellt das Hauptinstrument der Funktionalen Pragmatik dar (Galinski ebd., S. 20). Sie untersucht großformatige Strukturen der Kommunikation und interessiert sich für die etablierten Lösungswege, die „sprachlich-kommunikativen Werkzeuge“ (Becker-Mrotzek & Meier ebd., S. 30), in Anwendung auf die sich wiederkehrend stellenden kommunikativen Probleme. Diese verfestigten sprachlichen Handlungsformen bestehen aus Sets kleinerer sprachlich-kommunikativer Einheiten und bilden das intuitive Musterwissen der beteiligten Interaktant(inn)en (ebd.). Der Einsatz der kommunikativen Mittel orientiert sich, wie bereits erwähnt, pragmatisch an dem kommunikativen Zweck, der entsprechende Anforderungen an ein Gespräch richtet. Hierfür ist häufig der institutionelle Rahmen von Bedeutung. Für die Identifikation der verwendeten Muster und zur Analyse ihrer Binnenstruktur wird mit der sogenannten Muster-beziehungsweise Schemataanalyse ein Vorgehen in sieben Arbeitsschritten (Becker-Mrotzek & Meier ebd., S. 32 ff.) empfohlen: Für die Untersuchung empfiehlt sich die Auswahl möglichst unkomplizierter klarer Fälle, um Ausnahmefälle in der Musterreplikation zu vermeiden (Schritt 1). In einem ersten Analyseschritt wird das Gespräch phasiert, das heißt, in offensichtliche Phasen unterteilt (Schritt 2). Darauf folgt eine Detailanalyse, mit der die verdichteten sprachlich-kommunikativen Einheiten ermittelt werden[44]. Dies kann beispielsweise mithilfe der Sequenzanalyse[45] vollzogen werden (Schritt 3). Die Bestimmung des kommunikativen Zwecks steht in enger Verbindung zur vorangegangenen Rekonstruktion der sprachlichen Mittel und entwickelt im wechselseitigen Prozess Zweckbestimmungen für einzelne Sequenzen (Schritt 4). Die Analyse und Unterstellung bestimmter kognitiver Prozesse als notwendige mentale Operationen zur Erhaltung der kommunikativen Handlungsfähigkeit stellen einen nächsten Analyseschritt dar (Schritt 5). Die Abfolge dieser Analyseschritte ermöglicht dann in der Regel die minimale Rekonstruktion eines Musters und gibt ersten Aufschluss darüber, „[…] welche Handlungen von den Beteiligten mindestens realisiert werden und wie diese angeordnet sein müssen, um die kommunikative Aufgabe zu bewältigen“ (Becker-Mrotzek & Meier 2002, S. 34) (Schritt 6). Die Musterprüfung an weiteren Beispielen ermöglicht schließlich eine Ausdifferenzierung des Musters (Schritt 7). Das Vorgehen wird im Schaubild dargestellt (Abbildung 13).

44 Ein Beispiel für eine sprachlich-kommunikative Einheit ist die Frage-Antwort-Sequenz.

45 Die Sequenzanalyse ist eine Analysetechnik der Konversationsanalyse. Siehe hierzu Abschnitt 5.8.3.

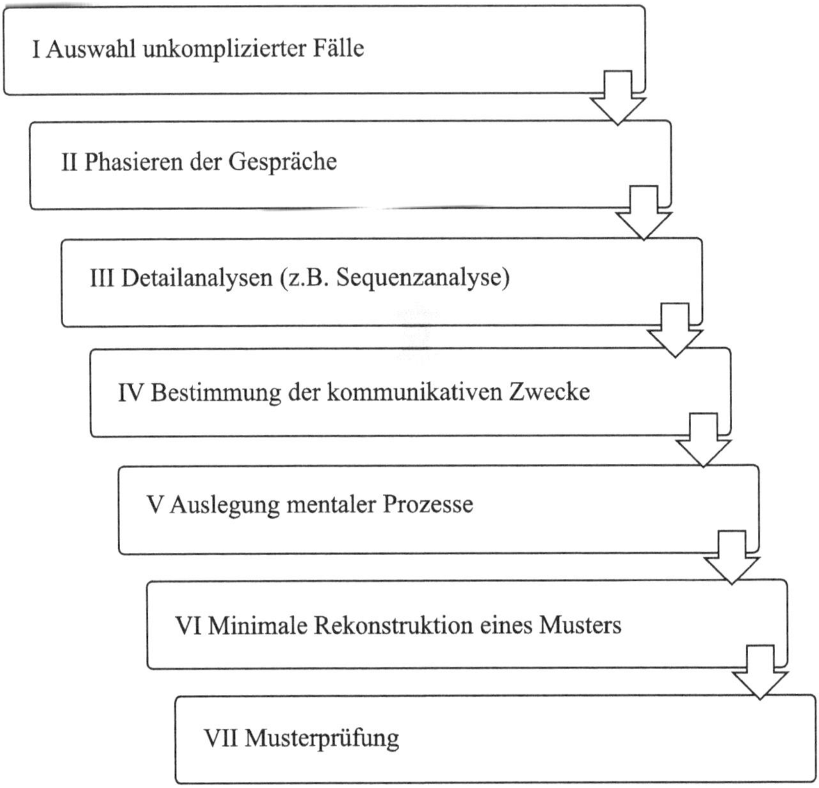

Abbildung 13: Vorgehen der Musteranalyse nach Becker-Mrotzek & Meier (2002, S. 2 ff.)

5.8.3 Konversationsanalyse: Die Aufschlüsselung der Mikrostruktur

Linguistische Gesprächsanalysen[46] interessieren sich dafür, wie Menschen Gespräche führen (Deppermann 2008, S. 9). Die grundlegende Annahme ist dabei, dass Interaktion beziehungsweise Kommunikation geordnet ist und von den

46 In der gesprächswissenschaftlichen Literatur wird auf einen nicht einheitlichen Gebrauch der Begriffe „Konversationsanalyse“ und „Gesprächsanalyse“ hingewiesen. In dieser Arbeit wird der Gegenstand der klassischen Konversationsanalyse eng mit ihren Hauptvertreter(inne)n (z. B. Bergmann 1981, Deppermann 2008) verbunden. Der Begriff der Gesprächsanalyse wird übergeordnet gebraucht.

Gesprächsteilnehmer(inne)n als Gesprächswirklichkeit konstituiert wird. Vor dem theoretischen Hintergrund der Ethnomethodologie richten sich konversationsanalytisch untersuchte Fragestellungen auf die Herstellung von Sinn und Ordnung sozialer Wirklichkeit (vgl. Flick 2010, S. 427). Die ethnomethodologische Konversationsanalyse (Bergmann 1981) erforscht unter eben diesem konstruktivistischen Paradigma, wie die an der Interaktion beteiligten Individuen kommunikative Wirklichkeit in ihren Alltagshandlungen herstellen (Galinski 2004, S. 6). Deppermann (ebd., S. 13 f.) gibt einen Überblick über die Vielfalt und Einheit gesprächsanalytischer Fragestellungen und stellt mit Blick auf die klassische Konversationsanalyse fest, dass neben der Suche nach universellen, allgemeingültigen Gesprächspraktiken inzwischen immer mehr Untersuchungen zu kontextspezifischen Funktionen gemacht werden (ebd., S. 15).

Die analytische Mentalität (Bergmann 1981, S. 17) der Konversationsanalyse charakterisiert Bergmann (ebd., S.18 ff.) anhand von sieben Prinzipien: der Authentizität, dem Aufzeichnungspostulat, der Transkribierung, der Sukzessivität, der Suche nach Gleichförmigkeiten und Regelhaftigkeiten, der Interaktion, sowie mit dem Leitgedanken, „[…] dass alle Begrifflichkeit sich aus dem zu untersuchenden Material selbst ergeben soll" (Galinski ebd., S. 7). Eine interessante Reflexion dieser Maxime findet man bei Scherf (2010, S. 90 ff.), der einen direkten Vergleich der Gesprächsanalyse mit dem methodischen Vorgehen der Objektiven Hermeneutik wagt. Er zeigt ein geradezu stiefgeschwisterliches Verhältnis der beiden Methodiken auf: Beiden Verfahren gemein ist die Analyse von technisch vermittelten Gesprächs- oder Interpretationsprotokollen. Wie für die Gesprächsanalyse ist auch für die Hermeneutik als Methode der Sozialforschung die Sequenzialität von Äußerungen grundlegend, weshalb sie prozessual eingeordnet und ausschließlich vor dem Hintergrund der Interpretationsgeschichte gesehen werden können. Für beide methodischen Verfahren, das gesprächsanalytische wie das hermeneutische, steht eine Frage an das Material im Zentrum der Analyse, jedes Element wird als motiviert angenommen (Totalitätsprinzip). Desgleichen sieht Scherf (ebd., S. 90) die Ähnlichkeit in ihrem spannungsreichen Verhältnis zu Vorannahmen und dem Umgang mit Alltagswissen, ethnographischem und theoretischem Wissen (vgl. Deppermann 2008). Der große Unterschied der Gesprächsanalyse im Vergleich mit dem hermeneutischen Ansatz besteht wiederum darin, dass sie sich stets eng auf die Sprache beziehungsweise das Gespräch selbst bezieht. Dabei ist die Gesamtgestalt des Gesprächs von hoher Relevanz (vgl. Scherf ebd., S. 92).

So geht der gesprächsanalytische Ansatz davon aus, dass sich den Beteiligten in einer Kommunikation bestimmte strukturelle Aufgaben stellen, die diese auf Grundlage impliziten Strukturwissens lösen (vgl. Galinski 2004, S. 12). Im Unterschied zum Konzept der Musteranalyse werden hier die kleineren und mittleren sprachlich-kommunikativen Einheiten analysiert: Die Konversationsanalyse (Sacks, Schegloff & Jefferson, 1974) postuliert, dass Details der Kommunikation wesentlich sind. Dabei orientiert sie sich am Prinzip der Kohärenz von Kommunikation und Interaktion, der Annahme eines in sich logisch zusammenhängenden Aufeinandereinwirkens. Der Fokus der Konversationsanalyse liegt damit auf der Reproduktion von Ordnung im sequentiellen Vollzug von Kommunikation und Kooperation, mit dem Ziel, die Regeln zu identifizieren, nach denen Kommunikation in ihrem Ablauf sinnhaft strukturiert werden kann (Bergmann 1985, S. 313): „Die Sequenzanalyse ist die Methodisierung der Idee einer sich im Interaktionsvollzug reproduzierenden sozialen Ordnung."

Sie ist das Herzstück der Konversationsanalyse (Deppermann 2008, S. 53 f.), das den Gesprächsanalytiker(inne)n ermöglicht, sich stets auf einer Ebene mit den Gesprächsteilnehmer(inne)n zu bewegen. Es darf interpretatorisch nicht vorweg gegriffen werden (vgl. Bergmann ebd., S. 313 f.), nicht Früheres durch Späteres erklärt werden, denn diese Informationen stehen den Gesprächsbeteiligten in der Aktualgenese ihres Gesprächsbeitrags ebenso nicht zur Verfügung (*Sequenzialitätsprinzip*, Deppermann ebd.). Stattdessen geht es darum, mit der Analyse dem Interaktionsprozess Äußerung für Äußerung lückenlos zu folgen, was für die Arbeit mit dem Transkript bedeutet, Zeile für Zeile vorzugehen. Für die detaillierte Sequenzanalyse eines Gesprächs schlägt Deppermann (ebd., S. 55 ff.) sieben Sichtungsgänge mit dem Material vor. Die Konstituenten einer Sequenzanalyse nach Deppermann sind in Tabelle 13 abgebildet und werden darauf folgend erläutert. Weitere Details der Vorgehensweise werden im Kapitel 5.9 behandelt, in dem die sequenziellen Analyseschritte für das integrative Auswertungsverfahren adaptiert werden.

Tabelle 13: Analysegesichtspunkte der Sequenzanalyse nach Deppermann (2008, S. 55 ff.)

Paraphrase und Handlungsbeschreibung
Äußerungsgestaltung und Formulierungsdynamik
Timing
Kontextanalyse
Folgeerwartungen
Interaktive Konsequenzen
Sequenzmuster und Makroprozesse

Mit der ersten Sichtung des Materials werden inhaltliche *Paraphrasen* für jede einzelne Aussage einer Sequenz gebildet und ihre sprachlichen *Handlungsbeschreibungen* (z. B. Frage, Antwort, Vorwurf) bestimmt. Das Ziel dieser vorläufigen Einordnungen ist, einen ersten Eindruck über die Gesprächspassage zu gewinnen und deren Grundthematik, bezogen auf Personen, Sachverhalte, Ereignisse, sowie den Grundhandlungscharakter im Gesprächsabschnitt zu erfassen. Als nächstes ermitteln linguistisch geschulte Analytiker/innen die *Äußerungsgestaltungen* und *Formulierungsdynamiken* für die Sequenz. Es geht um die Art und Weise, in der gesprochen wird. Die Beschreibung der Äußerung findet auf verschiedensten linguistischen Ebenen statt, zum Beispiel unter Bestimmung von Phonetik, Prosodie, Grammatik, Lexik und Stilistik. Die Analyse des *Timings* untersucht etwaige Strategien des Sprecherwechsels: Wie wird geregelt, wer wann das Wort ergreift (Sacks et al. 1974, S. 696 ff.). Eine weitere Beschreibung der Interaktionsverhältnisse findet durch die *Kontextanalyse* statt. Einzelne Äußerungen in einem Gespräch sind nie isolierte Sätze - auch wenn sie in der sequenziellen Analyse als solche betrachtet werden, sind sie Züge in einem Interaktionsprozess. „Jede Äußerung steht in einem doppelten zeitlichen Horizont" (Deppermann 2008, S. 68): Alle Aussage orientieren sich am direkt Vorangegangenen und bilden die Grundlage für das Folgende. *Folgeerwartungen* der Interaktionspartner/innen liegen der Gesprächsgenese zugrunde. Die sogenannten *interaktiven Konsequenzen* stellen die wertvollste Quelle für die Rekonstruktion der Gesprächspraktiken dar. Betrachtet werden mit dieser Perspektive auf das Material die Reaktionen der Gesprächsteilnehmer/innen auf Äußerungen. Die Interaktionspartner/innen zeigen durch ihre „Antworten", wie sie einander verstehen. Mit der Identifikation von *Sequenzmustern* und *Makroprozessen* stehen die Interaktionsaufgaben der Gesprächsteilnehmer/innen im Fokus. Jedes Gespräch verfolgt einen Zweck, entsprechend sind kleinere oder größere Interaktionsaufgaben zu lösen (z. B. einen Arzttermin vereinbaren). Dabei können sich bestimmte Muster der Interaktion zeigen und gegebenenfalls übergeordnete Prozesse identifiziert werden (Deppermann ebd., S. 55 ff.).

5.8.4 Vergleich der Sequenzanalyse in Muster- und Konversationsanalyse

Mit der sequenzanalytischen Vorgehensweise in der Gesprächsanalyse schlägt Deppermann (ebd.) eine detailreiche Methodik vor, in deren Zentrum die Zug-um-Zug-Bestimmung der Sequenzen steht. Anders gehen Becker-Mrotzek & Meier (2002, S. 25 ff.) vor, für die sich eine sequenzanalytische Betrachtung im engeren Sinne auf die Bestimmung der Paarsequenzen beschränkt. Das heißt, die

Sequenzen werden eher in Form einer Typisierung mit Bezug zu ihren konditionellen Relevanzen analysiert, linguistische Bestimmungsmerkmale werden weitgehend außer Acht gelassen. Die Konversationsanalyse wiederum fokussiert einzelne Gesprächszüge wie mit einem Brennglas und interessiert sich beispielsweise für Sprecherwechsel.

Es lassen sich Ähnlichkeiten für beide Sequenzialisierungsmethoden identifizieren. Wie Tabellc 14 veranschaulicht, intendieren beide Vorgehensweisen, mit Beginn der Analyse zunächst einen Zugang zum Gespräch zu bekommen. In der Musteranalyse werden die Gespräche phasiert, in der detaillierten Sequenzanalyse werden alle Sequenzen einzeln paraphrasiert und Handlungsbeschreibungen formuliert. Mit dem Phasieren werden in der Musteranalyse vergleichsweise gröbere Übersichtsstrukturen gebildet.

Tabelle 14: Übereinstimmende Zweckbestimmungen in der Musteranalyse (Becker-Mrotzek & Meier 2002) und in der detaillierten Sequenzanalyse (Deppermann 2008)

Musteranalyse nach Becker-Mrotzek & Meier (2002)	*Detaillierte Sequenzanalyse nach Deppermann (2008)*	*Zweckbestimmung*
Phasieren	Paraphrasen und Handlungsbeschreibungen	Zugang zum Gespräch, ersten Eindruck bekommen
Detailanalyse: Sequenzbestimmung	Äußerungsgestaltung und Formulierungsdynamik Timing Folgeerwartungen	Mikroanalyse der kleineren und mittleren sprachlich-kommunikativen Einheiten
Zweckbestimmung	Kontextanalyse	Makroanalyse der großräumigen Gesprächsstruktur
Analyse mentaler Prozesse	Interaktive Konsequenzen	
Minimale Rekonstruktion eines Musters	Sequenzmuster und Makroprozesse	
Musterprüfung		

Entsprechend ihrer Konzeption legt die Musteranalyse den Fokus auf die großräumigen Gesprächsstrukturen. Hiervon unterscheidet sich die Mikroanalyse wie in Abschnitt 5.8.3 beschrieben grundsätzlich, indem sie die kleineren und mittleren sprachlich-kommunikativen Einheiten fokussiert. Hier geht die detaillierte Sequenzanalyse partikulärer vor. Aber auch die detaillierte Sequenzanalyse untersucht Kontextbedingungen (Kontextanalyse) und interessiert sich für die sogenannten interaktiven Konsequenzen. Während die Interpretation interaktiver Konsequenzen hier eher auf das Ergebnis abhebt, fragt die Musteranalyse nicht nach den Folgen, sondern nach den notwendigen mentalen Operationen für eine sprachliche Aktion oder Reaktion. Schließlich findet sich auch bei Deppermann (2008) der Analyse-Blickwinkel auf Sequenzmuster und Makroprozesse, das Herz der Musteranalyse.

Dieser Vergleich der beiden Ansätze zeigt, dass sie in ihren groben Zielrichtungen überraschend übereinstimmen. Dabei unterscheiden sie sich zwar in ihrem Hauptfokus und der Wahl der Mittel und Wege, orientieren sich dabei aber an analogen Zweckbestimmungen.

5.9 Ein integratives Auswertungsverfahren zur Analyse der Coachinggespräche

Die im Vorangegangenen dargestellten Methodeninventare der Gesprächsforschung münden an dieser Stelle in ein qualitatives Analysekonzept, einen integrativen und zugleich adaptiven Ansatz. Das Ziel für das Auswertungsverfahren ist eine gegenstandsadäquate methodische Verankerung, die sich an professionellen und pragmatischen Standards orientiert. Die Idee ist, eine „[...] reflektierte Empirie ohne starre Analyseschritte [...]“ (Weber & Becker-Mrotzek 2012, S. 3) zu erlauben.

Den gesprächsanalytischen Rahmen für das Analyseschema bildet die Musteranalyse (Becker-Mrotzek & Meier 2002), deren analytische Referenzpunkte vor dem Hintergrund der wissenschaftlichen Fragestellung dieser Arbeit angepasst werden. Abbildung 14 zeigt das modifizierte Vorgehen für die Musteranalyse nach Becker-Mrotzek & Meier (ebd.).

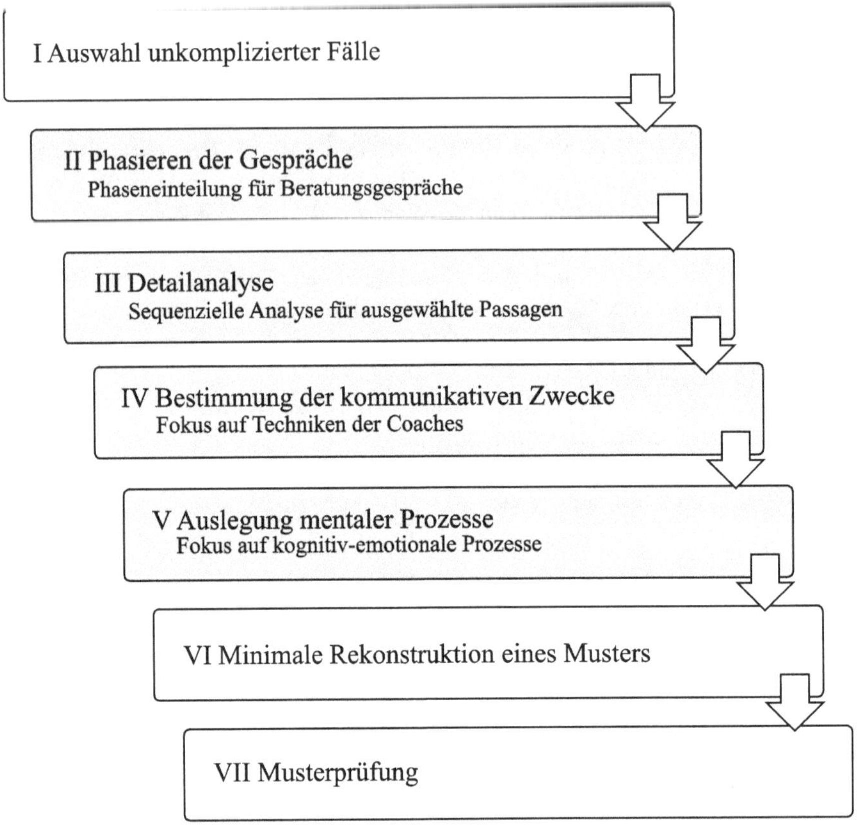

Abbildung 14: Modifiziertes Vorgehen für die Muster- und Sequenzanalyse in Anlehnung an Becker-Mrotzek & Meier (2002, S. 32 ff.)

Der erste Analyseschritt zur Auswahl der Fälle sowie die beiden letzten Analyseschritte der Musterrekonstruktion und –prüfung bleiben von den Anpassungen unberührt. In ihrer Bedeutung bleiben auch alle anderen Schritte unverfälscht, sie werden jedoch inhaltlich auf den Untersuchungsgegenstand und den Fokus der Forschungsfrage sowie deren theoretischen Rahmen angepasst.

Die genaue Umsetzung dieses Vorgehens wird in den nachfolgenden Abschnitten ausführlicher erläutert. Einen ersten Überblick gibt auf der nachfolgenden Seite Tabelle 15, die das erweiterte Schema zur Auswertung der Gespräche in den Einzelschritten zeigt.

Tabelle 15: Erweitertes Auswertungsschema für die Gesprächsanalysen

Analyse-vorgehen	*Analytisches Handeln*	*Ergebnis/Produkt*
A priori	*Fallselektion:*	
1	**Auswahl unkomplizierter Fälle**	6 Fälle zur Analyse
Analysegang I	*Phänomenologische auditive Auswertung:*	
2	**Hören der Gespräche** Ziel: Identifikation bedeutsamer Gesprächsmomente	6 Hörprotokolle
Zwischen-schritt A	*Datenaufbereitung:*	
3	**Transkribierung der Aufzeichnungen** Ziel: Erzeugen von Basistranskripten	6 Texte als Ausgangsmaterial
Analyse-gang II	*Leseauswertung:*	
4	**Lesen der Texte** Ziel: Identifikation relevanter Textstellen	Notationen in Transkripten
Analyse-gang III	*Auswertung der Reflexionsprotokolle:*	
5	**Ermittlung der signifikanten Momente** Ziel: Abgleich der Lesarten	Fundus relevanter Textstellen
Zwischen-schritt B	*Selektion:*	
6	**Auswahl der Dialogabschnitte** Ziel: Textstellen zur Analyse ermitteln	Segmente zur Detailanalyse
Analysegang IV	*Musteranalyse:*	
7	**Phasieren der Gespräche** Ziel: Einteilung in typische Phasen	6 strukturierte Gesprächsinventare
Analyse-gang V	*Detailanalyse:*	
8	**Sequenzanalyse** Ziel: Mikroanalyse von Dialogabschnitten	Mindestens 6 Sequenzbestimmungen

Analyse-vorgehen	*Analytisches Handeln*	*Ergebnis/Produkt*
Analyse-gang VI	*Musteranalyse:*	
(9)	**Bestimmung kommunikativer Zwecke** Ziel: Makroanalyse	Definition kommunikativer Aufgaben
Analysegang VII	*Musteranalyse:*	
(10)	**Auslegung kognitiv-emotionaler Operationen** Ziel: Makroanalyse	Definitionen kognitiv-emotionaler Prozesse
Synthese 1	*Musteranalyse:*	
(11)	**Musterrekonstruktion** Ziel: Minimale Modellierung von Mustern	Gesprächsmuster
Synthese 2	*Musteranalyse:*	
(12)	**Musterprüfung und Fallvergleiche** Ziele: Kontrastive Prüfung der Muster, Zusammenfassung der Einzelfälle	Geprüfte Gesprächsmuster

Während für die ersten vier Schritte (Analysegang 1 bis 2 und Zwischenschritt A und B) alle sechs Fälle gebündelt betrachtet und direkt nacheinander analysiert werden, wird in den dann folgenden Analysegängen der Muster- und Detailanalyse je Einzelfall vorgegangen. Erst mit der Synthese werden die Fälle wieder zusammengeführt. Die Inhalte der Analyseschritte 1 bis 12 werden im Folgenden kurz erläutert.

[1] Fallselektion:

Becker-Mrotzek & Meier (2002, S. 32) sprechen sich anfänglich für die Auswahl möglichst klarer Fälle aus, um die Vergleichbarkeit zwischen Fällen sicherzustellen. Die Wahl unklarer Einzelfälle zieht gegebenenfalls die Rekonstruktion komplexer oder wenig geläufiger Gesprächsmuster nach sich, die an Vergleichsfällen nur schwer oder gar nicht getestet werden können.

Die Selektion der vorliegenden Fälle orientiert sich zunächst an der Pragmatik der Stichprobenzusammensetzung. Außerdem werden Erst- und Kennenlerngespräche ausgeschlossen, indem immer das zweite Gespräch aus dem Gesamtprozess gezogen wird. Die eigentliche Prüfung der Fälle auf Klarheit findet erst im Rahmen der auditiven, transkriptiven und phänomenologischen Auswertungen statt, wenn die Einzelfälle erstmals gehört, vertextet und gelesen werden.

[2] Auditive Auswertung:

Mit der auditiven Auswertung wird jedes Gespräch bereits vor der Erstellung von Transkripten systematisch angehört. Es geht dabei um die Wahrnehmungsbereiche durch reines Zuhören, bezogen auf die Identifikation von Emotionen beziehungsweise Emotionalität in der Wortwahl, der Erscheinung der Stimme oder in inhaltlichen Thematisierungen. Das Ziel dieses ersten Analysegangs ist, einen ersten Zugang zum Material zu bekommen und darin auffällige Abschnitte durch die auditive Wahrnehmung des Gesagten zu identifizieren.

[3] Datenaufbereitung – Transkription:

Die Verschriftung der Audiodateien mithilfe eines Notationssystems stellt einen wichtigen Zwischenschritt im Analyseprozess dar. Sogenannte Basistranskripte sind das Ausgangsmaterial für die Gesprächsanalyse.

Für die Wahl des adäquaten Transkriptionssystems stellt sich die Frage nach dem Ziel der Verwendung der Transkripte. In der Regel wird zwischen sozialwissenschaftlichen und sprachwissenschaftlichen Regelsystemen unterschieden. Wenngleich die gewählte Auswertungsmethode der Gesprächsanalyse linguistische Wurzeln hat, ist die Fragestellung eine sozialwissenschaftliche. Die Entscheidung fällt daher auf ein überschaubares sozialwissenschaftliches Regelsystem mit dem Ziel, Zugang zu den Texten zu erhalten und die Interaktion im Gespräch erkennen zu können. Die in allen Transkriptionen zur Anwendung gekommenen Transkriptionsregeln orientieren sich weitgehend an dem Vorschlag von Hoffmann-Riem (1984, S. 331), der unter anderem Notationen für Redepausen, Zwischenlaute, Betonungen und unverständliche Gesprächsinhalte berücksichtigt.

[4] Leseanalyse (phänomenologische Auswertung):

Die entstandenen Textdokumente ermöglichen einen zweiten Zugang zum Material. In einem weiteren Sinne kann man hier auch von einer Datentriangulation sprechen, indem für die Analyse der Coachinggespräche zunächst die originären Audiodateien durch Zuhören ausgewertet werden und in einem zweiten Schritt hier die daraus entstandenen Transkripte analysiert werden. Das Lesen der Texte zielt ebenfalls auf die Suche nach relevanten Gesprächspassagen, die emotionale Wortwahl, Formulierungen oder die Thematisierung von Gefühlen beinhalten. Diese deskriptive Betrachtung des Materials gibt Aufschluss darüber, ob Emotionen in der Interaktion überhaupt behandelt werden. In einem nächsten Schritt gilt es zu erkunden, ob Emotionen im Gesprächsprozess reguliert werden. Die identifizierten Dialogauszüge werden später einer Musteranalyse unterzogen, die eventuell Hinweise auf Dynamiken der interpersonalen Regulation geben kann.

[5] Auswertung der Reflexionsprotokolle:

Auf die Gestaltungsmerkmale der Reflexionsprotokolle und deren Auswertung wurde bereits in Abschnitt 5.7.3 eingegangen. Die formatierten Reflexionsprotokolle der Coachs werden hier im Rahmen der Gesamtanalyse herangezogen und mit den im Rahmen der phänomenologischen Auswertung interpretierten Textstellen zusammengebracht. Ziel ist ein Abgleich der beiden Lesarten der einzelnen Coachs und der Forscherin.

[6] Selektion:

Die einzelnen Fälle interessieren nicht in ihrer inhaltlichen Komplexität und Ganzheit, sondern im Hinblick auf bestimmte Ausschnitte, die Repräsentanten für das Phänomen der emotionsbezogenen Kommunikation im Coachinggespräch sein können. Es werden daher relevante Textstellen aus dem Gespräch selektiert. Das Auswahlkriterium ist die Einordnung eines Segments als signifikanter Moment. Diese Dialogausschnitte werden dann der weiteren Analyse unterzogen.

[7] Musteranalyse – Phasieren der Gespräche:

Noch bevor die ausgewählten Textstellen analysiert werden, wird das gesamte Gespräch phasiert. Das heißt, die Dialoge werden in grobe Strukturen zerlegt. In Anlehnung an eine in der Kommunikationsforschung verbreitete Einteilung werden für Gespräche fünf typische Phasen für den Verlauf von Beginn bis zum Ende angenommen: die Kontaktphase, die Informationsphase, die Argumentationsphase, die Beschluss- und die Abschlussphase (vgl. Kapitelabschnitt 4.1.1 sowie Abbildung 2 auf Seite 53). Eine Analogie hierzu findet sich in dem viergliedrigen Prozessmodell, das Ali & Graham („A Model for A Counseling Approach", 1996) für Career Counseling[47]postulieren (vgl. Kapitelabschnitt 4.1.1). Abbildung 3 (siehe Seite 54) zeigt die für Beratungsgespräche charakteristische Folge der vier Phasen der Anliegenklärung (Clarifiying), der beraterischen Exploration (Exploring), der Bewertung von Ist-Zuständen und fiktiven Optionen (Evaluating) und der Maßnahmenplanung (Action Planning). So können innerhalb eines Beratungsgesprächs mehrere Anliegen in solchen Zyklen bearbeitet werden. Alle Gespräche werden jeweils in diese charakteristischen Zyklen beider Phasenmodelle eingeteilt.

[8] Detailanalyse – Sequenzanalyse:

Die Vorgehensweise für eine ausführliche gesprächswissenschaftliche Sequenzanalyse wurde im Abschnitt 5.8.3 skizziert. Deppermann (2008, S. 59) weist darauf hin, dass der Gewinn einer detaillierten linguistischen Deskription für sozialwissenschaftliche Fragestellungen schwer einzuschätzen ist (ebd. S. 59). Die Analysen der vorliegenden Coachinggespräche verfolgen ausdrücklich eine sozialwissenschaftliche Fragestellung, wodurch die Entscheidung, linguistische Details in der Sequenzanalyse auszusparen, verantwortet werden kann. Die in das Verfahrensmodell der Musteranalyse integrierte Detailanalyse orientiert sich daher an dem sequenziellen Vorgehen, das Becker-Mrotzek & Meier (2002) vor dem Hintergrund einer prinzipiellen Makroperspektive vorschlagen.

Mit dieser gewählten Systematik werden ausschließlich die vorab ausgewählten Gesprächsabschnitte einer sequenziellen Analyse unterzogen. Es werden sogenannte Paarsequenzen bestimmt, um die direkte Aufeinanderfolge zweier Äußerungen zu erfassen. Äußerungspaare gelten als Grundeinheiten der Gesprächsorganisation, sie werden von zwei verschiedenen Sprecher(inne)n erzeugt

47 Karriereberatung, auch Karrierecoaching.

und können entsprechend in einen ersten und in einen zweiten Teil aufgegliedert werden (Schegloff & Sacks 1973). Beispiele solcher Sprechhandlungssequenzen sind Frage – Antwort, Gruß – Gegengruß, oder Vorwurf – Entschuldigung (vgl. Becker-Mrotzek & Meier ebd., S. 19). Mit der Identifikation der Paare werden gleichzeitig Sprecherwechsel identifiziert und Dynamiken der Gesprächsschritte miterfasst. Mit dem Blick auf Äußerungsfolgen wird auch deutlich, ob die Gesprächspartner/innen einander verstehen, vor allem aber, wie eine Aussage vom jeweils Anderen aufgefasst wird.

[9] Musteranalyse – Bestimmung des kommunikativen Zwecks:

In einem nächsten Schritt werden die sequenziell analysierten Passagen hinsichtlich der Zweckbestimmungen analysiert. Dabei geht es um die Frage, welche kommunikativen Aufgaben bewältigt werden müssen (Becker-Mrotzek & Meier ebd., S. 33). Hierfür wird auch der institutionelle Kontext berücksichtigt (ebd.). In dieser Untersuchung liegt ein Fokus auf den kommunikativen Aufgaben der Coachs, da das Erkenntnisinteresse insbesondere die Didaktik der Berater/innen betrifft, was aber nicht bedeuten soll, dass die Sprechhandlungen einseitig wahrgenommen werden. Vielmehr soll sichergestellt werden, dass die Intentionen der Coachs systematisch erfasst werden.

[10] Musteranalyse – Interpretation mentaler Operationen:

Becker-Mrotzek & Meier (ebd., S. 34) beschreiben mit der Analyse der mentalen Operationen die Auslegung der kognitiven Prozesse bei den Beteiligten: „Es wird gefragt, welche mentalen Operationen auf Seiten der Handelnden erforderlich sind, um fremde Äußerungen zu verstehen und eigene zu produzieren." Vor dem Hintergrund der theoretischen Rahmenkonzepte dieser Arbeit sollen die mentalen Suchprozesse nicht rein kognitionsbezogen erfolgen, sondern das Zusammenwirken von kognitiven und emotionalen Prozessen reflektieren und dabei speziell emotionsbezogene Prozesse der Bewertung oder Neubewertung mitberücksichtigen.

[11] Musteranalyse – Musterrekonstruktion:

Das Ziel jeder Fallanalyse ist, ein Gesprächsmuster zu rekonstruieren und in seinem Minimaldurchlauf zu beschreiben, um einzuschätzen,

> „[…] welche Handlungen von den Beteiligten mindestens realisiert werden und wie sie angeordnet sein müssen, um die kommunikative Aufgabe zu bewältigen“ (Becker-Mrotzek & Meier 2002, S. 34).

[12] Musteranalyse – Musterprüfung:

Die Minimalmuster werden an Gesprächsabschnitten der anderen Einzelfälle überprüft (ebd.), um Ausdifferenzierungen sowie Kontrastierungen der Muster zu ermöglichen.

6 Forschungsergebnisse
Explorative Gesprächsanalysen der kommunikativen Emotionsregulation im Coaching

6.1 Erläuterungen zur Fallauswertung und Ergebnisdarstellung

Die Ergebnisse des gesprächsanalytischen Vorgehens werden in zehn Teilschritten nachgezeichnet und in den Unterkapiteln 6.3 bis 6.8 fallweise berichtet. Die Fallauswertungen erfolgen in einem einheitlichen Schema, das zunächst Informationen zum Fall, die jeweiligen Analyseschritte im Einzelnen und abschließend das Resümee zu jedem Gesprächsfall enthält. Abbildung 15 zeigt die Teilschritte der Ergebnisdarstellung (vgl. auch Unterkapitel 5.9).

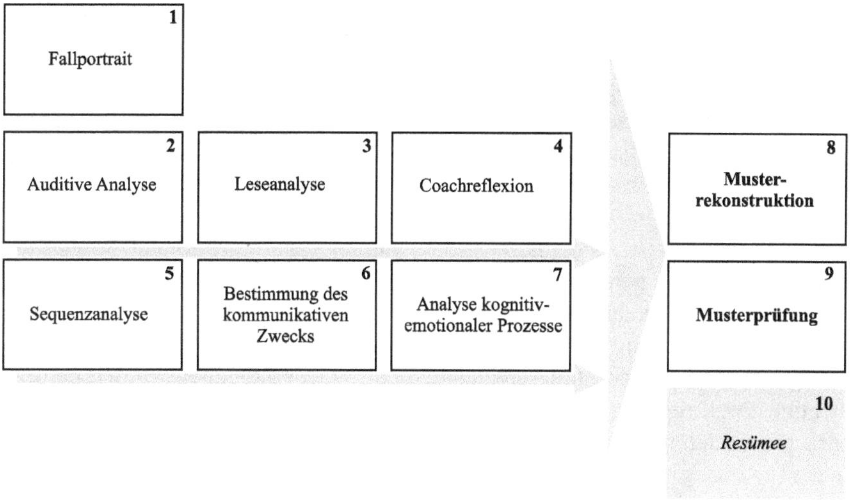

Abbildung 15: Schema der Fallauswertung und Ergebnisdarstellung

Zu Beginn wird der Coachingfall zusammenfassend beschrieben, dabei stehen Erläuterungen zum Anliegen und der individuelle Gesprächsverlauf[48] im Vordergrund. In dem Kurzüberblick enthalten sind jeweils auch Informationen zum Coachingtyp sowie eine Aufklärung über den Coachinganlass und über die in der Sitzung bearbeiteten Themen. Der Zweck dieser Fallportraits ist, einen ersten Eindruck über die Rahmenhandlungen und -bedingungen der zur Analyse extrahierten Gesprächspassagen zu gewinnen (1). Das Vorgehen ähnelt dem ersten Analyseschritt „Paraphrase und Handlungsbeschreibung" für Sequenzanalysen (Deppermann 2008, S. 55), mit dem Gesprächsthemen identifiziert werden können und über beteiligte Personen, Sachverhalte und Ereignisse aufgeklärt werden kann. Jeder Fall trägt als Titel ein zentrales Zitat der Klient(inn)en, das für die emotionale Konnotation des Gesprächs steht.

Für die Entwicklung der Musteranalyse werden zunächst die Ergebnisse der auditiven Analyse (2) und der phänomenologischen Leseanalyse (3) berichtet. Diese bilden gemeinsam mit den Reflexionen der Coachs (4) die Grundlage für die Wahl der zu analysierenden Dialogabschnitte. Es werden durch diesen Dreischritt alle als signifikant definierten Momente aus drei unterschiedlichen Zeitperspektiven dargestellt: Als Erstes beurteilen die Coachs ihren Fall direkt im Anschluss an eine Sitzung (Reflexionsprotokolle), als Zweites hält die Forscherin ihre ersten Eindrücke im Rahmen der auditiven Auswertung fest (Hörprotokolle), als Drittes werden mit größerem zeitlichen Abstand aus den Transkripten weitere Phänomene abgeleitet.

Der erste Analyseschritt im Rahmen der Musteranalyse ist die Phasierung der Gespräche, für die, wie in Kapitel 4 (Abschnitt 4.1.1) beschrieben, die bekannten Schemata für Alltagsgespräche beziehungsweise speziell für Beratungsgespräche (Model for a Counseling Approach, Ali & Graham 1996) herangezogen werden. Hier ist zu vermerken, dass Beratungsgespräche nicht im engsten Sinne der Modelle geradlinig von der ersten bis zur letzten Phase verlaufen. Im Gegenteil weisen sie einen spiralförmigen Verlauf auf (vgl. Gieseke et al. 2007, S. 35). Die Einteilung in Gesprächsphasen ist daher mehr oder weniger grob erfolgt. Deutliche Phasenunterbrechungen und -wiederholungen wurden berücksichtigt. Die Ergebnisse dieser Phaseneinteilungen werden in sogenannten Gesprächsinventaren präsentiert, die für jeden Gesprächsfall einzeln erstellt werden und im Anhang verfügbar sind. Die Informationen über Gesprächsinhalte und -phasen fließen in oben genannte Fallportraits (1) ein.

48 Eine detaillierte Zusammenfassung unter Zuordnung der Gesprächsphasen enthalten die Gesprächsinventare für jeden einzelnen Fall, sie werden im Anhang bereitgestellt.

Die für die Detailanalyse gewählten Analyseabschnitte werden zuerst in ihren Sequenzen bestimmt und anhand von Transkriptzitaten demonstriert (5). Dabei unterscheiden sich die Auswahl der Gesprächsabschnitte und die Anzahl von Sequenzbestimmungen von Fall zu Fall, da die Forscherin im Verlauf der Musteranalysen an Routine gewann und gleichzeitig versuchte, die Möglichkeiten der Methode auszuschöpfen. Die unterschiedliche Dichte der Fallanalysen spiegelt so den originären Auswertungsprozess wider, der absichtlich nicht ex post angeglichen wurde.

Die Ergebnisse jeder Musteranalyse werden unter Berücksichtigung der kommunikativen Gesprächsaufgabe (6) und der kognitiv-emotionalen Prozesse der Interaktant(inn)en (7) dargestellt. Das Ziel ist dabei, pro Fall möglichst ein Gesprächsmuster in seinem Minimaldurchlauf zu skizzieren (8) oder zu prüfen (9).

Die Ergebnisdarstellung schließt mit einem Resümee (10) ab, das neben der Zusammenfassung der Analyseergebnisse auch Informationen aus den weiteren Quellen (Coachprofil, Fragebogen) einbindet. Daneben stellt die abschließende Fallreflexion eine These darüber auf, was sich im jeweils betrachteten Muster als interessantes „Werkzeug" offenbart (vgl. Becker-Mrotzek & Meier 2002, S. 30). Die im Fall rekonstruierten Muster werden dazu noch einmal in einem Kurzüberblick beschrieben.

Anmerkungen zur Kennzeichnung:

Für die schriftliche Darstellung der Ergebnisse werden folgende Schreibweisen festgehalten:

Für Transkriptzitate gilt, dass im Text genannte Quellenangaben sich immer auf das zum Fall gehörige Transkript beziehen. Falls Textstellen aus einem anderen Transkript zitiert werden, ist der jeweilige Transkriptname angegeben. Die Quellenangabe für ein Transkriptzitat beinhaltet die Angabe der Seite (abgekürzt „S.") sowie die durch ein Komma getrennte(n) Zeilennummer(n) auf der angegebenen Seite. Die Angabe wird in der Regel in Klammern gesetzt. Ein Beispiel für ein Transkriptzitat:

(S. 10, 1–10)

Das Zitat befindet sich im zum Fall gehörigen Transkript auf Seite 10 in den Zeilen 1 bis 10.

Die Kennzeichnung von Sequenzpaaren erfolgt durch einen Doppelstrich („--"), der als Verbindungselement fungiert. Sequenzen werden überdies immer durch Unterstreichung gekennzeichnet, damit sie innerhalb des Textes leichter zu lokalisieren sind. Beispiel für eine Sequenzkennzeichnung:

Sequenz *Frage--Antwort*

Die Sprecher/innen werden in den Transkripten und Transkriptausschnitten jeweils durch „C" für Coach und „K" für Klient/in abgekürzt.

6.2 Fallübergreifende Aspekte der Musteranalysen

6.2.1 Kommunikative Aufgaben im Coaching

Die für die schrittweise Analyse der Gesprächsmuster relevante Frage nach dem kommunikativen Zweck (vgl. Unterkapitel 5.9) eines Beratungs- beziehungsweise Coachinggesprächs kann an dieser Stelle als fallübergreifender Gesichtspunkt erörtert werden: Die zu bewältigende kommunikative Aufgabe zwischen Coach und Klient/in liegt im Wesentlichen darin, dass die Klientin/der Klient ihre/seine Problemdarstellung und deren Bezüge in einer Weise schildern kann, dass der Coach diese entlang der wichtigsten Aspekte nachvollziehen kann (vgl. Becker-Mrotzek & Meier 2002, S. 29). Diese kommunikative Aufgabe ist im Beratungsverlauf auf verschiedenen Ebenen zu lösen und lässt sich in Analogie zu den typischen Phasen im Beratungsprozess (Klärung, Exploration, Bewertung, Maßnahmenplanung) darstellen: Während zu Beginn des Gesprächs vor allem der Kontakt hergestellt und sachliche Informationen vom Coach gesammelt werden müssen, um den Sachverhalt und dessen Kontext zu durchdringen (Klärung, Exploration), geht es im weiteren Verlauf darum, ein umfassendes Klientenmodell[49] zu entwerfen. Dabei geht es für den Coach zum einen darum, die individuelle Perspektive der Klientin/des Klienten empathisch nachzuvollziehen, zu verstehen, wie sich eine Klientenpersönlichkeit innerlich zu den Dingen positioniert und hierfür Verständnis zu zeigen. Aber es geht auch um den Wissenserwerb zu Sach- und situativen Informationen. Dies in Erfahrung zu bringen und zum Gegenstand der Betrachtung zu machen, ist die kommunikative Aufgabe vor allem in der Phase der Bewertung und Evaluation, wenn alternative Perspek-

49 Aus der Psychotherapie entlehnter Begriff: Das Modell über den Klienten/die Klientin bildet für Therapeut(inn)en die Grundlage, um ihre(n) Klient(inn)en zu verstehen.

tiven und neue Optionen auf Widersprüche, Vor- und Nachteile geprüft werden. Auch in der abschließenden Phase der Maßnahmenplanung geht es noch einmal um die kommunikative Aufgabe, der Darstellung der Klientenperspektive Platz einzuräumen, bestenfalls auch Transfer- und präventive Maßnahmen zu erörtern oder einen Ausblick zu geben.

6.2.2 Allgemeine Rahmenbedingungen der Musterrekonstruktion

Für alle Muster gelten zwei allgemeine Vorbedingungen, die hier kurz erläutert werden. Wie im Abschnitt 6.2.1 dargestellt, bezieht sich die kommunikative Aufgabe im Coachinggespräch darauf, im Rahmen des interaktiven Dialogs ein Anliegen zu bearbeiten. Hierfür ist es notwendig, dass der Coach zuhört, Informationen einholt, Fragen stellt. Gleichzeitig muss der Klient/die Klientin Raum und damit hinreichend Redeanteile haben, um ihre/seine Problemdarstellung sprachlich explizieren zu können. Die aufgestellten Muster dieser Gesprächsanalysen entfalten sich so nur vor dem Hintergrund dialogorientierter Beratung und intakter Wechselbeziehung der Gesprächspartner/innen. Mit Blick auf die Einordnung der Muster in bestimmte Gesprächsphasen ist anzunehmen, dass sich die Muster in der Regel in der Explikations- oder Bewertungsphase des Gesprächs vollziehen. Die Muster werden nur in Ausnahmefällen bereits in der Kontakt- oder Abschlussphase vorzufinden sein.

6.3 *Fall 1* „Ich glaub, dann hätte ich Angst“

Das Gespräch ist die zweite von insgesamt drei Coachingsitzungen im Rahmen eines Karriereförderprogramms an einer Hochschule. Beide Gesprächsteilnehmerinnen sind weiblich und einander durch erste Treffen bekannt. Die Klientin formuliert als Ziel für die knapp neunzigminütige Coachingsitzung:

> „*Wie kann ich mich besser durchsetzen und Konfliktsituationen meistern.*“
> (Quelle: Fragebogen nach dem Coaching Fall 1)

Nach einem kurzen Rückblick auf die vorangegangene Sitzung sowie auf die in der Zwischenzeit initiierten Veränderungen bei der Klientin (Klärungsphase), wird dieses Anliegen bearbeitet. In der Exploration zum Anliegen „Durchsetzung gegenüber dem Chef und seinen Delegationen“ berichtet die Klientin von ihrer hohen Arbeitsbelastung und Überforderung in ihrer neuen Rolle als Führungskraft. Die grundlegenden Entdeckungen der Sitzung sind der Verlust der Selbstbestimmtheit der Klientin und ihr Gefühl, sich und ihre Ziele als Forscherin durch die neue Situation aus den Augen zu verlieren. Sehr ausgeprägt ist in dieser Sitzung die Phase der Bewertung, innerhalb derer schwerpunktmäßig im Rahmen einer Intervention[50] an den inneren Haltungen und Ängsten der Klientin gearbeitet wird. Eigene Ziele als Wissenschaftlerin im Blick zu halten, sich Zeit für die eigene Forschungsarbeit einzuräumen und motiviert leistungsstark sein zu können, wird als starke Ressource der Klientin offengelegt und als Maßnahme fokussiert (Maßnahmenplanung). Den Gesprächsabschluss kennzeichnet eine Zusammenfassung der Sitzung und ein Resümee über die neuen Handlungsziele der Klientin. Die vollständige Zuordnung der Phasen im Coachinggespräch zu einzelnen Gesprächsabschnitten kann dem Gesprächsinventar zu Fall 1 im Anhang entnommen werden.

*6.3.1 Auditive Analyse |**Fall 1***

Im Erstkontakt mit dem Material wurde der Gesprächsabschnitt zwischen der 43. und 60. Minute als besonders bewegend identifiziert. Die Klientin hatte ihre Überforderung thematisiert, woraufhin der Coach die Abgrenzung der Klientin gegenüber ihrem Chef und dessen Delegationshandlungen anregt und zur argumentativen Aussprache rät. Der Abschnitt beginnt mit der Frage des weiblichen Coachs, die die Klientin beantwortet:

C [...] Wie würden Sie- wie würde sich das für Sie ANFÜHLEN? [...]

K Also so wirklich klar NEIN zu sagen, ich glaub, da hätte ich Angst. (C: Mhm) Ich glaub, dann hätte ich Angst, dass ähm, ja, dass äh- dass äh ja, (1) dass er ein Bauer ist und mich nicht mehr- nicht- ja, weiß ich nicht. (S. 16, 33-36)

Der Abschnitt endet mit einer Zusammenfassung durch die Klientin, eingeleitet durch die Coachfrage:

C [...] Wie WAR's für Sie, also jetzt sozusagen so mal die zwei Seiten so gegenüber zu setzen? (S. 22, 38–39)

K Interessant. (1) Interessant und GUT, (C: Mhm) weil man sich wirklich- weil's diese beiden Seiten GIBT und die ganz unterschiedliche Gefühle aus- auslösen. Und es zeigt auch wirklich, das- das positive Gefühl auf dieser egoistischen Seite (C: Mhm). (S. 23, 1–3)

50 Maßnahmen durch den Coach, mit denen dieser aktiv in den Prozess eingreift. Häufig erfolgen Interventionen in Form von angeleiteten mentalen oder praktischen Übungen.

In den knapp 20 Minuten findet eine durch den weiblichen Coach instruierte Intervention statt, die sie „kleines Experiment“ (S. 17, 12) nennt. Es handelt sich um eine gestalttherapeutische Übung, in der die Klientin angeleitet wird, ihre inneren Positionen in Form zweier extremer Pole jeweils von zwei Stühlen auszuformulieren. In diesem Gesprächsabschnitt werden durch den weiblichen Coach viele Emotionen erfragt, die Klientin wird ausführlich zum Ausdruck ihrer Gefühle aufgefordert, zum Beispiel so:

Beispiel 1:

C „[…] Und jetzt würde ich Sie mal bitten, dass Sie mal reinspüren, wie Sie auf der Seite- wie's Ihnen da GEHT und dann auch mal versuchen sozusagen, aus DER Seite heraus mal dem anderen Stuhl das zu sagen. Also wie geht's IHNEN dann, ja. Wie geht's Ihnen hier auf der Seite […].“ (S. 17, 35–38)

Beispiel 2:

C Nee? Also vielleicht müssen Sie's auch- wenn Sie wollen, können Sie auch ruhig noch mal kurz zurück gehen und das noch mal SAGEN, wenn das hier Ihre Befürchtung noch hier war und die noch nicht äh ausgedrückt ist. (K: Ja ja) Möchten Sie das- noch mal (K: Nee) zurückkehren. #Nee, okay.# (S. 19, 15–18)

*6.3.2 Leseanalyse |**Fall 1***

In der weiteren Annäherung an das Material fällt mit dem Lesen des Textes die Hinleitung zu dieser Intervention ins Auge. Die Leseanalyse identifiziert den Dialog bereits beginnend ab Seite 16, Zeile 33 bis Seite 21, Zeile 39 als signifikanten Gesprächsabschnitt. Die Klientin thematisiert ihre Ängste, veranlasst durch die Frage ihres weiblichen Coachs:

C Wie würden Sie- wie würde sich das für Sie ANFÜHLEN?

K Also so wirklich klar NEIN zu sagen, ich glaub, da hätte ich Angst. (C: Mhm) Ich glaub, dann hätte ich Angst, dass ähm, ja, dass äh- dass äh ja, (1) dass er ein Bauer ist und mich nicht mehr- nicht- ja, weiß ich nicht.

C Mhm, das #könnte passieren/#

K #(Wäre?)# ein Angstgefühl.

C N- also ein Angst-

K Angstgefühl und n Gefühl dass- also eigentlich, dass er mich nicht mehr so FÖRDERT und nicht mehr hinter mir steht, was er jetzt sehr- sehr wohl TUT, (C: Mhm) und bin ich auch sehr FROH drum. Also es wär- ich hätte da schon'n bisschen Angst. (S. 16, 33–39 bis S. 17, 1–3)

*6.3.3 Coachreflexion |**Fall 1***

Der Coach beschreibt die Sitzung als „*kreativ und tiefgehend*" (Reflexionsprotokoll Fall 1) und wählt als signifikanten Moment eine Gesprächsstelle im Bereich zwischen der Gesprächsmitte und dem letzten Drittel. Betitelt wird die Stelle mit dem Stichwort „Integration". Der signifikante Moment ergibt sich für den weiblichen Coach aus dem Fazit der Intervention „Leerer-Stuhl-Arbeit". Tabelle 16 zeigt einen Ausschnitt aus dem Reflexionsprotokoll zu dieser Sitzung, in dem der Gesprächsabschnitt beschrieben ist.

Tabelle 16: Ausschnitt signifikanter Moment I aus dem Reflexionsprotokoll Fall 1

SIGNIFIKANTER MOMENT I		
Ca. Zeitpunkt im Gespräch:	**Thema der Gesprächsstelle:**	**Kennzeichnendes Stichwort („Titel") für diese Stelle:**
Mitte bis letztes Drittel	*Fazit aus Leerer-Stuhl-Arbeit*	*Integration*
Bitte beschreiben Sie die Gesprächsstelle I und erläutern die Signifikanz dieses Gesprächsabschnitts: Die Stelle ist interessant, weil… *die Coachee die emotionalen und kognitiven Zustände der beiden Pole reflektiert sowie spürt.* *Sie formuliert auf der „starken" Seite eine Integrationsmöglichkeit der Pole und wird sich bewusst, an welchen Stellen sie bereits gut integriert ist und wo sie weiter daran arbeiten möchte.*		

Für den umschriebenen Gesprächsmoment wurden zwei Textstellen identifiziert:

Textstelle 1:

K Ja, durch ähm- durch'n bisschen mehr Egoismus und mehr An-sich-Denken und seine EIGENE Arbeit vorantreiben, das stärkt, STÄRKT ja auch selbst, stärkt das

Selbstbewusstsein und st- es stärkt ähm- es stärkt mich selbst. Und wenn ich stärker bin und gestärkt bin, kann ich auch besser mich um die Anderen kümmern, (C: Mhm) ja.

C Mhm.

K Durch- durch meine- durch meine Arbeit, die ich vorantreibe, setz- das kann sich auch positiv auswirken auf meine Mitarbeiter.

C Mhm. (1) Klingt für mich überzeugend. Spürt sich's auch- also fühlt sich auch überzeugend and für Sie, was Sie da gerad sagen?

K Ja. (S. 22, 1–10)

Textstelle 2:

C Mhm. Da war auch sehr viel KRAFT hier, ne. Und es gab ja auch was Integratives, ne. Also es war gar nicht so, dass dann- dass es nur noch HIER gab und nur noch HIER, sondern es gab ja auch dieses „Es ist gut, auch'n bisschen egoistisch zu sein“ und (K: Ja) ich MUSS gar nicht verantwortungslos werden. Also das heißt gar nicht, dass ich dann die aus den AUGEN verlier', sondern die können ja auch was lernen dadurch, die Mitarbeiter, wenn Sie gut in ihrer Forschung sind und auch der Chef kann Ihnen da Rückendeckung für die EIGENEN Dinge geben, wenn Sie da gut Ihre Projekte vorantreiben (K: Ja) und Ihre Forschung machen. Also da ist auch viel ZUSAMMEN gekommen irgendwie (K: Ja) wo- wo- wo Sie auch sozusagen viel von den BEIDEN Seiten eigentlich auch in der Realität kennen. Und Sie haben auch gesagt, so diese Seite, so war ich eigentlich FRÜHER immer. Also das kenne ich eigentlich von früher (K: Ja), ne.

K Genau. (S. 23, 7–18)

6.3.4 *Sequenzanalyse |**Fall 1***

Es zeigt sich, dass mit allen drei Lesarten mehr oder weniger derselbe Abschnitt innerhalb der Bewertungsphase des Gesprächs als signifikant identifiziert wurde. Mit dem Hörprotokoll wurde der gesamte Verlauf der Intervention als bedeutsam erfasst, wobei die emotionsfokussierenden Fragen des weiblichen Coachs ins Auge fielen. Mit der Sichtung des Transkripts wurde die Forscherin insbesondere auf die Angst thematisierende Sequenz aufmerksam, die als Ausgangspunkt für die dann folgende Intervention aufgefasst werden kann. Die Reflexion durch den weiblichen Coach wiederum fokussiert das Ergebnis der Intervention und beschreibt das Erkennen einer Integrationsmöglichkeit als Schlüsselmoment.

Für die Sequenzanalyse wird zunächst die Eingangssequenz der beschriebenen Gesamtpassage als repräsentative Textstelle ausgewählt:

Sequenzbestimmung 1a_{kurz}:

i	C	[...] Wie würden Sie- wie würde sich das für Sie ANFÜHLEN?[...]
	K	Also so wirklich klar NEIN zu sagen, ich glaub, da hätte ich Angst. (C: Mhm) Ich glaub, dann hätte ich Angst, dass ähm, ja, dass äh- dass äh ja, (1) dass er ein Bauer ist und mich nicht mehr- nicht- ja, weiß ich nicht. (S. 16, 33--36)

Es handelt sich um eine klassische Paar-Sequenz, die Äußerungsfolge von Frage und Antwort (i: Sequenz <u>*Frage--Antwort*</u>). Der Gesprächsschritt des weiblichen Coachs in Form einer Frageformulierung bedingt den zweiten Gesprächsschritt der Klientin. Die Antwort folgt erwartungsgemäß. In dem gesamten Gesprächsabschnitt zwischen Seite 16, Zeile 33 und Seite 23, Zeile 3 findet sich dieses Sequenzmuster von Coach-Frage und Klientinnen-Antwort zahlreich, oft in Kombination mit Paraphrase-Sequenzen. Für die Aussagen der Klientin, die sie im Rahmen ihrer Antwort formuliert, sind folgende Paraphrasen durch den weiblichen Coach konditionell relevant:

Sequenzbestimmung 1b:

i	C	Und jetzt würde ich Sie mal bitten, dass Sie mal reinspüren, wie Sie auf der Seite- wie's Ihnen da GEHT und dann auch mal versuchen sozusagen, aus DER Seite heraus mal dem anderen Stuhl das zu sagen. Also wie geht's IHNEN dann, ja. Wie geht's Ihnen hier auf der Seite (K: Das ist äh ja-). Ich mach's. Vielleicht können Sie auch sagen, was für'n Satz so für Sie- also ich hab jetzt mal einfach formuliert, ich mach's ihm recht. Aber vielleicht haben Sie'n Satz, der für Sie viel besser passt, der hier stehen könnte.
	K	(3) Ähm (3) Ich hab das Gefühl (1), dass ich ähm (1) mich selbst zurückstelle, (C: Mhm) mich selbst zurückstelle und meine eigenen Ziele und ähm Dinge, die mir wichtig sind, einfach zurückstelle und verliere. Und dadurch verliere ich mich auch sehr- gar nicht mehr wie ich selbst. Also ich fühle

		mich dadurch eher (C: Mhm) (1) KLEIN und ähm (C: Mhm) ja.	ii
iii	C	Also hier ist eigentlich so: Ich stelle mich zurück. Und ich fühle mich klein?	
	K	Genau.	
	C	Ja, (K: Genau). Vielleicht können Sie's noch mal SAGEN sozusagen und auch noch mal so da RÜBER adressieren.	iv
	K	(2) Ja, ich fü- ich spüre, dass ich mich selbst zurückstelle und ähm fühle mich SEHR klein und verliere mich selbst aus den Augen und meine Ziele.	
v	C	Mhm. Mhm. Lassen Sie das einfach mal so nen Moment irgendwie WIRKEN auch, wie's Ihnen da geht, wenn Sie das sagen und auch auf der Seite so mal kurz VERWEILEN. (13) Was kommt da so hoch, also wie- wie fühlt sich' s AN für Sie, wenn Sie da (sagen?), ich fühle mich klein und verliere meine Ziele so aus den Augen? (10)	
	K	Ja, ich weiß nicht, wie ich das erklären soll. Also es fühlt sich äh (3) ja, das kann ich schlecht in Worte fassen. Das fühlt sich nicht- nicht so SCHÖN (C: Mhm) ne, fühlt sich nicht- sich nicht so schön an. (S. 17, 35 bis S. 18, 18)	

Der Coach formuliert eine komplexe Frage an die Klientin, der Gesprächsschritt ist nicht als einzelner Fragesatz formuliert, sondern wird als Instruktion artikuliert. Die Klientin antwortet, indem sie ihr Gefühl beschreibt (i: Sequenz *Frage--Antwort*). Die emotionalen Aussagen der Klientin werden von dem weiblichen Coach zusammenfassend paraphrasiert, in der sprachlichen Betonung mit einem Fragezeichen versehen (ii: Sequenz *Aussage--Paraphrase*). Die Paraphrase wird von der Klientin bestätigt (iii: Sequenz *Frage--Antwort*). Der Coach ermuntert zur Wiederholung des Gesagten unter symbolischer Adressierung, was als suggestive Fragestellung oder Appell gefasst werden kann. Die Klientin bejaht die suggestive Frage beziehungsweise bestätigt ihre Bereitschaft, paraphrasiert ihre eigene Aussage und richtet sie an den fiktiven Adressaten (iv: Sequenz *Frage--Antwort* oder Sequenz *Appell--Antwort*). Der Coach lädt zur Reflexion über die inhaltliche Aussage ein und erfragt die emotionale Bewertung des Gesagten, darin eingebettet ist eine Satzwiederholung (Paraphrase). Die Frage zielt auf die Verstärkung der Emotionen. Die Klientin antwortet und drückt ihr Empfinden, ihre Bewertung aus (v: Sequenz *Frage--Antwort*).

6.3.5 *Bestimmung des kommunikativen Zwecks |**Fall 1***

Die übergeordneten Aufgaben im Beratungs- beziehungsweise Coachinggespräch sind in Abschnitt 6.2.1 erläutert worden.

Mit Blick auf die analysierten Sequenzen wird zudem folgender Zusammenhang vermutet: Der wiederholte Einsatz der Sequenz *Frage--Antwort* in Kombination mit Paraphrasierungen verfolgt jeweils das Ziel einer emotionalen Expression der Klientin. Dies erfüllt zwei Zwecke: Der Coach erfährt, welche Gefühle die Klientin mit dem Sachverhalt oder der Situation verbindet und wie sie diese bewertet. Dieses Wissen um die emotionale Positionierung ergänzt das reine Informationswissen um die Sache. Gleichzeitig hat das Erfragen und darauf folgende Berichten von Emotionen einen interventiven Charakter, da bei der Klientin eine innere Reflexion angeregt und von ihr eine Positionierung abverlangt wird.

6.3.6 *Analyse kognitiv-emotionaler Prozesse |**Fall 1***

Für die Analyse der kognitiven und emotionalen Prozesse der Beteiligten wird wieder die erste Sequenz des ausgewählten Gesprächsabschnitts gewählt. Dieses Mal wird der Gesprächsschritt des weiblichen Coachs vollständig abgebildet und es werden alle Gesprächsschritte bis zur Einleitung der Intervention zitiert:

Sequenzabschnitt $1a_{lang}$:

C Also Sie sehen sozusagen, zu was es FÜHRT, nämlich es führt Sie an den Rand der Überforderung, wie Sie sagen (K: Ja). Jetzt wäre einfach mal in so ner Situation- können Sie noch mal nachspüren, wie das einfach auch für Sie IST, wenn er was von Ihnen FORDERT, ähm und Sie sozusagen dann auch nen Kompromissangebot machen, also wie wär's für Sie, in so ner Situation sehr stur bei einem „Nein" zum Beispiel zu bleiben und zu sagen, „Ich sehe auch IHRE Situation, ne. Aber ehrlich gesagt, ich äh- es ist einfach nicht mehr möglich. Ich kann nicht inhaltlich im Labor GUT an der Forschung arbeiten, die administrativen Sachen machen (K: Ja). Und äh ich hab jetzt äh DAS übernommen, JENES", also wenn sie das mal sozusagen aufzählen würden oder wie auch immer, ähm wie WÄR das sozusagen so? Wie würden Sie- wie würde sich das für Sie ANFÜHLEN?

K Also so wirklich klar NEIN zu sagen, ich glaub, da hätte ich Angst. (C: Mhm) Ich glaub, dann hätte ich Angst, dass ähm, ja, dass äh- dass äh ja, (1) dass er ein Bauer ist und mich nicht mehr- nicht- ja, weiß ich nicht.

C Mhm, das #könnte passieren/#

K #(Wäre?)# ein Angstgefühl.

C N- also ein Angst-

K Angstgefühl und n Gefühl dass- also eigentlich, dass er mich nicht mehr so FÖRDERT und nicht mehr hinter mir steht, was er jetzt sehr- sehr wohl TUT, (C: Mhm) und bin ich auch sehr FROH drum. Also es wär- ich hätte da schon'n bisschen Angst.

C Mhm. Also da wär so'n bisschen auch so mit das Gefühl dabei, ich muss schon gucken, dass ich das MACHE, was er auch sagt, damit ich seine Unterstützung (C: Ja) behalten kann. Oder ich muss kompromissbereit sein, weil sonst verliere ich vielleicht im schlimmsten Fall seine Rückendeckung?

K Ja, ja.

C Mhm, das wäre sozusagen so'n bisschen das Gefühl, das Bauchgefühl, das dann kommt, (K: Ja) was Sie sozusagen motiviert, da Ihnen doch auch entgegen zu kommen?

K Ja. (C: Mhm) Ja, ich denke, ja. (S. 16, 24 bis S. 17, 11)

Der Coach möchte die thematisierte Überforderung aufgreifen (S. 16, 25) und schlägt eng an der geschilderten Situation „Kompromissangebote geben“ eine alternative Verhaltensweise vor. Der Coach exploriert, um an der Problemthematisierung „Überforderung“ arbeiten zu können. Um gemeinsam mit der Klientin Lösungsmöglichkeiten zu entdecken, also Möglichkeiten der Entlastung, muss der Coach einem mentalen und emotionalen Suchprozess folgen: Das Ziel ist, die Bedeutung von Überforderung für die Klientin zu erfassen, den Entstehungsprozess zu eruieren und auf Grundlage dessen mit der Klientin gemeinsam alternative Verhaltensmöglichkeiten zu explorieren. Der Coach macht also einen Vorschlag, dem Chef anders zu begegnen und erfragt, was dieses hypothetische Handeln in der Klientin auslöst (S. 16, 33). Die Klientin formuliert ihre Angst davor, nein zu sagen, und bemüht eine Metapher („[…] dass er ein Bauer ist und mich nicht mehr […]“, S. 16, 35–36). Der Coach erhält mit dieser Antwort nicht nur eine weitere Information, um das Konstrukt der Überforderung der Klientin zu verstehen, sondern auch die Möglichkeit für ein emotionales Verstehen der Klientin. Hierzu muss der Coach die Angst nachvollziehen können und die Metapher deuten. Der Coach signalisiert Verständnis („Mhm, das #könnte passieren/#“, S. 16, 37) und verstärkt damit gleichzeitig das Bild, das die Klientin aufgebaut hat. Im Folgenden wird das Angstgefühl weiter exploriert (S. 16, 38 bis S. 17, 11), indem die Klientin gefürchtete Konsequenzen des optionalen Verhaltens aufzeigt, der Coach dies paraphrasiert und schließlich dieses Gefühl als „Bauchgefühl“ (S. 17, 9) verortet. Die Bejahung der Klientin veranlasst den weiblichen Coach dazu, dieses Angstgefühl im Rahmen einer Übung (Intervention) weiter zu reflektieren.

Um die wechselseitige Interaktion zu beschreiben, sollen hier auch die mentalen und emotionalen Operationen der Klientin benannt werden: Die Klientin muss die Frage ihres Coachs verstehen, sie muss die Frage nach dem „sich anfühlen" einordnen können und in der Lage sowie dazu bereit sein, ihre Gefühle abzurufen. Dazu wird sie ihr inneres Erfahrungswissen befragen, um eine Einschätzung über die Konsequenzen eines bestimmten Verhaltens geben zu können. Die verstärkenden Paraphrasen ihres Coachs „im schlimmsten Fall seine Rückendeckung (verlieren)" (S. 17, 7) oder „das Gefühl, das Bauchgefühl" (S. 17, 9) muss die Klientin kognitiv-emotional für sich einordnen können, um die Hypothesen zu bejahen oder zu verneinen.

*6.3.7 Musterrekonstruktion |**Fall 1***

In den ausführlichen Beschreibungen der vorangegangenen Analyseschritte wurden bereits erste Abfolgelogiken nachgebildet. An dieser Stelle erfolgt eine Zusammenfassung der unverzichtbaren Elemente für das jeweils angenommene Muster. Es gelten die in Abschnitt 6.2.2 vorangestellten Bedingungen für die Musterrekonstruktion.

Erste Musterrekonstruktion zur Sequenzbestimmung 1a_{kurz}:

C [...] Wie würden Sie- wie würde sich das für Sie ANFÜHLEN?[...]

K Also so wirklich klar NEIN zu sagen, ich glaub, da hätte ich Angst. (C: Mhm) Ich glaub, dann hätte ich Angst, dass ähm, ja, dass äh- dass äh ja, (1) dass er ein Bauer ist und mich nicht mehr- nicht- ja, weiß ich nicht. (S. 16, 33–36)

Emotionen thematisierendes Fragen – Muster A

Das einfache Muster A bildet sich mit den nachfolgend erläuterten Konstituenten A1 bis A4 aus der Sequenz *Frage--Antwort*:

A1: Fragende/r ist der Coach.

A2: Die Frage ist affektiv angelegt, das heißt, sie fragt explizit nach Gefühlen oder einer subjektiven Bewertung, oder sie verstärkt den Ausdruck oder die Intensität einer Emotion.

A3: Antwortende/r ist die Klientin/der Klient.

A4: Die Frage muss als Frage nach Emotionen verstanden werden, Emotionen beziehungsweise Bewertungen müssen bei der/bei dem Antwortgebenden abrufbar sein, und die Bereitschaft der Verbalisierung muss vorhanden sein.

Das Gesprächsmuster wird als „Emotionen thematisierendes Fragen“ benannt, weil konkrete Emotionen und Stimmungen im Kontext erstmalig angesprochen werden. Die Coachfrage ist das zentrale Element des Musters, sie leitet die Sequenzfolge ein.

Zweite Musterrekonstruktion zur Sequenzbestimmung 1b:

C Und jetzt würde ich Sie mal bitten, dass Sie mal reinspüren, wie Sie auf der Seite- wie's Ihnen da GEHT und dann auch mal versuchen sozusagen, aus DER Seite heraus mal dem anderen Stuhl das zu sagen. Also wie geht's IHNEN dann, ja. Wie geht's Ihnen hier auf der Seite (K: Das ist äh ja-). Ich mach's. Vielleicht können Sie auch sagen, was für'n Satz so für Sie- also ich hab jetzt mal einfach formuliert, ich mach's ihm recht. Aber vielleicht haben Sie'n Satz, der für Sie viel besser passt, der hier stehen könnte.

K (3) Ähm (3) Ich hab das Gefühl (1), dass ich ähm (1) mich selbst zurückstelle, (C: Mhm) mich selbst zurückstelle und meine eigenen Ziele und ähm Dinge, die mir wichtig sind, einfach zurückstelle und verliere. Und dadurch verliere ich mich auch sehr- gar nicht mehr wie ich selbst. Also ich fühle mich dadurch eher (C: Mhm) (1) KLEIN und ähm (C: Mhm) ja.

C Also hier ist eigentlich so: Ich stelle mich zurück. Und ich fühle mich klein?

K Genau.

C Ja, (K: Genau). Vielleicht können Sie's noch mal SAGEN sozusagen und auch noch mal so da RÜBER adressieren.

K (2) Ja, ich fü- ich spüre, dass ich mich selbst zurückstelle und ähm fühle mich SEHR klein und verliere mich selbst aus den Augen und meine Ziele.

C Mhm. Mhm. Lassen Sie das einfach mal so nen Moment irgendwie WIRKEN auch, wie's Ihnen da geht, wenn Sie das sagen und auch auf der Seite so mal kurz VERWEILEN. (13) Was kommt da so hoch, also wie- wie fühlt sich' s AN für Sie, wenn Sie da (sagen?), ich fühle mich klein und verliere meine Ziele so aus den Augen? (10)

K Ja, ich weiß nicht, wie ich das erklären soll. Also es fühlt sich äh (3) ja, das kann ich schlecht in Worte fassen. Das fühlt sich nicht- nicht so SCHÖN (C: Mhm) ne, fühlt sich nicht- sich nicht so schön an. (S. 17, 35 bis S. 18, 18)

Emotionsfokussierende Interaktion – Muster B

Das komplexere Muster B bildet sich mit den nachfolgend erläuterten Konstituenten B1 bis B8 aus der Sequenz *Frage--Antwort* und Sequenz *Paraphrase--Antwort*.

B1: Fragende/r ist der Coach.

B2: Die Frage ist affektiv angelegt, das heißt, sie fragt explizit nach Gefühlen oder einer subjektiven Bewertung, oder sie verstärkt den Ausdruck oder die Intensität einer Emotion.

B3: Antwortende/r ist die Klientin/der Klient.

B4: Die Frage muss als Frage nach Emotionen verstanden werden, Emotionen beziehungsweise Bewertungen müssen bei der/dem Antwortgebenden abrufbar sein und die Bereitschaft der Verbalisierung muss vorhanden sein.

B5: Der Gesprächsschritt der Paraphrase erfolgt spontan durch den Coach.

B6: Der Inhalt der Antwort wird paraphrasiert. Der emotionale Gehalt wird dadurch verstärkt und initiiert eine Antwort.

B7: Die Klientin/der Klient gibt in der Paarsequenz die direkt folgende Antwort auf die Paraphrase.

B8: Mit der Antwort wird die Aussage bejaht. Gegebenenfalls wird sie durch weitere Ausführungen verstärkt.

Das Gesprächsmuster wird als „Emotionsfokussierende Interaktion" bezeichnet, da das Muster nur dann zustande kommt, wenn beide Interaktionspartner/innen mit entsprechenden Gesprächsschritten reagieren: Nach erfolgter Thematisierung von Emotionen stellt deren Bearbeitung durch Paraphrasierungen das zentrale Bindeglied in dieser Sequenzfolge dar. Zwar ist die Interaktion zwischen Klientin und Coach wesentlich, dennoch ist zweifach der Coach Initiatorin der einleitenden Frage und der Muster bestimmenden Paraphrasierungen.

6.3.8 *Musterprüfung |**Fall 1***

Das beschriebene Minimalmuster soll anhand weiterer Beispiele überprüft werden. Die ideale erste Prüfung eines Musters erfolgt mit einer zweiten Textstelle desselben Transkripts. Die Musterprüfung wird später anhand von Beispielen aus anderen Transkripten erfolgen, zunächst anhand eines Gesprächs, das derselbe weibliche Coach mit einer anderen Klientin geführt hat (Fall 2). Außerdem wird versucht werden, das Muster an Fällen mit vollständig anderen Beteiligten zu testen (Fall 6). Eine Übersicht der Musterprüfungen geben die Tabellen 29 und 30 in Unterkapitel 6.9, in dem die Ergebnisse der Musteranalysen zusammenfassend dargestellt werden.

Prüfung von Muster A Emotionen thematisierendes Fragen in Fall 1

Im Folgenden soll das *Emotionen thematisierende Nachfragen* an einer Sequenz *Frage--Antwort* aus dem ersten Gesprächsdrittel überprüft werden. Wie für das Muster A angenommen, wurde ein Gesprächsschritt des Coachs gewählt, der ausgesprochene Emotionen enthält.

C	Wie geht's Ihnen da? Also da stelle ich mir jetzt auch erst mal ne ganz schöne Bruchsituation #vor#
K	#Also# ich war stinksauer. (S. 4, 19–21)
A1:	*Fragende/r ist der Coach.*
A2:	*Die Frage ist affektiv angelegt, das heißt, sie fragt explizit nach Gefühlen oder einer subjektiven Bewertung, oder sie verstärkt den Ausdruck oder die Intensität einer Emotion.*
A3:	*Antwortende/r ist die Klientin/der Klient.*
A4:	*Die Frage muss als Frage nach Emotionen verstanden werden, Emotionen beziehungsweise Bewertungen müssen bei der/dem Antwortgebenden abrufbar sein, und die Bereitschaft der Verbalisierung muss vorhanden sein.*

Ergebnis der Musterprüfung: Das Muster A konnte am Textausschnitt repliziert werden.

Prüfung von Muster C Emotionen verstärkendes Nachfragen in Fall 1[51]

Das einfache Muster C bildet sich mit den nachfolgend erläuterten Konstituenten C1 bis C4 aus der Sequenz Aussage--Nachfrage:

K (2) Ja, ich fü- ich spüre, dass ich mich selbst zurückstelle und ähm fühle mich SEHR klein und verliere mich selbst aus den Augen und meine Ziele.

C Mhm. Mhm. Lassen Sie das einfach mal so nen Moment irgendwie WIRKEN auch, wie's Ihnen da geht, wenn Sie das sagen und auch auf der Seite so mal kurz VERWEILEN. (13) Was kommt da so hoch, also wie- wie fühlt sich' s AN für Sie, wenn Sie da (sagen?), ich fühle mich klein und verliere meine Ziele so aus den Augen? (10) (S. 18, 12–17)

C1: Die Klientin/der Klient trifft eine Aussage.

C2: Die Aussage schließt subjektive Bewertungen ein, die die Sicht des Subjekts unter Beschreibung von subjektiven Konsequenzen darstellen.

C3: Der Coach stellt die Nachfrage.

C4: Die Nachfrage ist affektiv angelegt, das heißt, sie fragt explizit nach Gefühlen oder einer subjektiven Bewertung, und sie verstärkt den Ausdruck oder die Intensität einer Emotion.

Ergebnis der Musterprüfung: Das Muster C konnte am Textausschnitt repliziert werden.

*6.3.9 Resümee der Gesprächsanalyse |**Fall 1***

Der weibliche Coach beschreibt den persönlichen Stil als lösungsorientiert und versteht die eigene Coachingarbeit als strukturierte Anleitung zur Selbstreflexion mit dem Ziel, Handlungsspielräume zu erweitern und bewusste, reflektierte Entscheidungen zu ermöglichen. Der promovierte Coach agiert vor dem professionellen Hintergrund eines Psychologiestudiums mit verhaltenstherapeutischem und gestalttherapeutischem Grundlagenwissen, einer Zusatzausbildung in Mediation sowie Weiterbildungen in psychodynamischem Coaching und Supervision. Gemäß der Selbsteinschätzung finden Methoden aus Gestalttherapie, Syste-

51 Das Muster C wurde bisher noch nicht vorgestellt, da dessen Rekonstruktion in Fall 2 erfolgt. Entsprechend erfolgt hier zur Musterprüfung an Fall 1 ein Vorweggriff.

mischem Coaching/Systemischer Beratung und Tiefenpsychologischer Psychotherapie Anwendung im Coachinghandeln. (Quelle: Interview Coach 1).

Mit allen Charakteristika aus diesem Coachprofil lässt sich eine plausible Verbindung zu den gefundenen Gesprächsmustern (*Emotionen thematisierendes Fragen*, *Emotionsfokussierende Interaktion*) herstellen: Der lösungsorientierte Stil lässt sich im Gespräch an vielen Stellen der Lösungssuche in Form von alternativen Vorschlägen und Optionsprüfungen durch den weiblichen Coach nachvollziehen. Die Lösungsorientierung entfaltet sich dabei immer vor dem Hintergrund der Anleitung zur Selbstreflexion der Klientin, auf die selbige sich gut einlassen kann. Zentrale Bestandteile der Selbstreflexion sind Bewertungsprozesse, die die Klientin über die Reflexion von Gefühlen erreicht. Das *Emotionen thematisierende Fragen* wird dabei vom weiblichen Coach genutzt, um die Ebene emotionaler Bewertungen in den Reflexionsprozess einzubringen. In Fortsetzung dessen dient die *Emotionsfokussierende Interaktion* als kommunikative Technik, um die Klientin weiter in die Auseinandersetzung mit ihren inneren Bezugspunkten zu bringen.

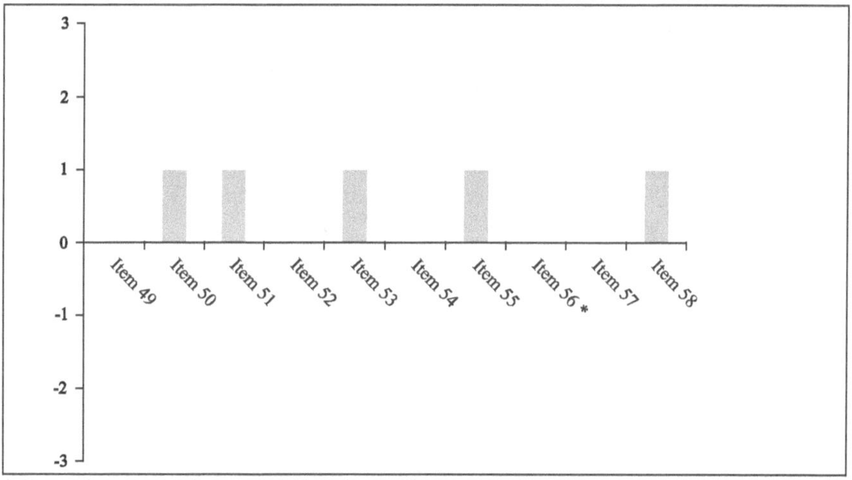

* Versuchsperson 1 hat Item 56 bei der Nachher-Befragung nicht beantwortet, daher kann hier kein Abweichungswert angezeigt werden.
Hinweis: Items 49–58 in der Vorher-Befragung entsprechen Items 1–10 in der Nachher-Befragung.

Abbildung 16: Vorher-Nachher-Abweichung in Fall 1

Alle Interaktionsmuster werden in Kapitel 6.9 noch einmal nebeneinander abgebildet und in ihren Bezügen zueinander dargestellt.

Die Ergebnisse der Evaluation der Sitzung anhand des „Fragebogens vor dem Coaching“ und des „Fragebogens nach dem Coaching“ zeigen keine auffälligen Veränderungen in Bezug auf die Akzeptanz eigener Emotionen und das Erleben von Emotionsregulation (Skalen zum Erleben von Emotionen (SEE) nach Behr & Becker 2004, vgl. Unterkapitel 5.7). Abbildung 16 zeigt die Abweichungen der Antworten der Nachher-Befragung zur Vorher-Befragung. Neben der Tatsache, dass das Item 56 (entspricht Item 8 im Vorher-Fragebogen) „Es ist für mich keine Frage, dass ich ein Recht auf alle meine Gefühle habe“ in der Nachher-Befragung nicht beantwortet wurde, lassen sich insgesamt nur fünf sehr geringe Abweichungen feststellen. Die Coachee hat diesen Fragen eine um den Wert 1 stärkere Zustimmung gegeben (z. B. vorher „trifft teilweise zu“ und nachher „trifft ziemlich zu“). Alle anderen Items wurden auf der fünfstufigen Ratingskala unverändert vorher wie nachher mit derselben gestuften Zustimmung oder Ablehnung beantwortet.

6.4 *Fall 2* „Weil ich nicht genug bin, da muss ich viel erreichen.“

Das Gespräch ist wie in Fall 1 die zweite von insgesamt drei Coachingsitzungen im Rahmen eines Karriereförderprogramms an einer Hochschule. Die beiden weiblichen Gesprächsteilnehmerinnen sind einander durch erste Treffen bekannt. Die Klientin fasst im Anschluss an die Sitzung ihre Coachingziele zusammen:

> „Eine Weise zu finden, um private und berufliche Aspekte in meinem Leben zu integrieren“, „Den nächsten Schritt meiner Arbeit vorzubereiten, Struktur und Motivation dafür einzuplanen.“ (Quelle: Fragebogen nach dem Coaching Fall 2)

Die Klientin öffnet sich direkt mit Beginn der Sitzung und berichtet von ihrer emotionalen Verfassung aufgrund krimineller Ereignisse in ihrem Heimatland. Auffallend ist die sehr kurze Kontaktphase, die aus einem einzigen einleitenden Gesprächsschritt durch den Coach besteht. In den knapp 90 Minuten entwickelt sich die in der Klärungs- und Explorationsphase formulierte Thematisierung von Schuldgefühlen, sozialer und gesellschaftlicher Verantwortung in intensiver Auseinandersetzung mit dem emotionalen Erleben der Klientin. Das Anliegen wird in der Bewertungsphase expliziert als Konflikt mit der inneren Stimme, in Bearbeitung der Arbeits- und Schreibblockaden der Klientin. In weiterer Auseinandersetzung zeigt sich das Anliegen auch als Bedürfnis nach Anerkennung, Wertschätzung und Liebe mit Bezug zum Fremderleben in der deutschen Kultur. In die Exploration und Bewertung dieses Aspekts mündet wieder der Kampf mit der starken Stimme als emotionale Blockade. Der Coach greift die Formulierung der Klientin „[...] mir selbst schenken, dass ich die Sache mit mehr RUHE machen kann" (S. 13, 20–21) auf und initiiert die Fokussierung von Ressourcen („Was können Sie sich schenken" S. 13, 33). In der Folge werden verschiedene Maßnahmen formuliert, die die Arbeitsstruktur, den zeitlichen Rahmen und die sozialen Kontakte sowie den Freizeitausgleich der Klientin betreffen. Der gemeinsame Entwurf eines strategischen Plans für das Buchprojekt der Klientin macht den Hauptteil im letzten Gesprächsabschnitt aus, der sich am Ende noch mit dem Ausblick auf Prävention, Transfer und die weitere Zusammenarbeit beschäftigt.

Der Anhang beinhaltet das Gesprächsinventar zu diesem Fall 2, dem die grobe Gesprächsstruktur und Einteilung der Gesprächsphasen entnommen werden kann.

*6.4.1 Auditive Analyse |**Fall 2***

In der auditiven Auswertung des Gesprächs sind im ersten Durchgang solche Szenen als emotional bedeutsam aufgefallen, in denen die Klientin ihre Gefühle über verbales und nonverbales Verhalten ausgedrückt hat. Die Reaktionen der Klientin sind in diesen Momenten geprägt von einer leisen Stimme, Gesprächspausen, Weinen oder auch Lachen, beispielsweise an diesen Stellen des Gesprächs:

Beispiel emotionale Veränderung in der Stimme:

C #jetzt aufhören#. Und Sie dürfen nicht mehr an Ihrer Habil weiterarbeiten, weil es ist einfach zu #egoistisch, sage ich jetzt bloß#

K #Ja, ja ja ja, genau# **(leiser werdend)**

C ein bisschen überspitzt, ne, weil das ist ja auch was, was Sie möchten. Es ist ja BEIDES da, ne. (S. 4, 33–37)

Beispiel lange Gesprächspause und Weinen:

C Merke jetzt auch, dass Sie's betroffen macht und Sie- und möchte Ihnen ruhig den Raum gehen, dass Sie's auch sozusagen- dass Sie da ruhig auch hinspüren an das, wo Sie merken so, dass ähm- das macht Sie auch ganz schön betroffen, dass das so IST, oder dass es da diese Stimme GIBT, ne, die das zu Ihnen sagt.

K (**2**) Ja. (**17**)

C Das ist schon auch was, was ne ganz schöne BELASTUNG auch für Sie ist, ne? Hmhm.

K (**8**) (**Weinend**) Ich weiß nicht, woher das kommt.

C Können Sie so reinspüren, was jetzt auch so die Trauer, also wo die kommt, was die- was die Ihnen- was Ihnen für Gedanken durch'n Kopf gehen?

K (**9**) (**Weinend**) Es geht mir oft so, wenn- ich werde sehr berührt, wenn Leute so mir dann sagen, so wie Sie jetzt gemacht haben, „Ja, schön, was du alles schon GESCHAFFT hast und so".(C: Mhm) (**2**) Das ist mir mehrmals passiert. Und dann- (**1**) und dann kommen mir die Tränen. (**3**) Also vielleicht- ich denke mir, vielleicht (war ich das?) deswegen so gemacht habe alles, dass ich ähm- irgendwie Anerkennung bekomme oder so. (C: Mhm) (S. 8, 16–30)

Beispiel Lachen und Seufzen:

C Mhm. Also obwohl Sie sozusagen GESCHAFFT haben, die- in nem- ja, in nem Ausland, in ner fremden Sprache zu ARBEITEN, Ihre Dissertation zu schreiben und abzschließen, ja, ne STELLE zu bekommen und- ne Qualifizierungsstelle, wo Sie sich habilitieren, ja, gibt's trotzdem irgendwas in Ihnen, was Ihnen sagt, so eigentlich- (K: Ja), (1) eigentlich schaffst du das nicht, ja, ja?

K Ja. (**lacht trocken**)

C Mhm.

K Ja (**seufzend**). (1) Ja, das ist auch die gleiche Stimme (**lacht**), Teil von mir, der doch tatsächlich auch was tut, DAMIT ich's nicht schaffe, (**lacht kurz**) weil jetzt hab ich, vor drei Wochen oder so, kam plötzlich eine Anfrage, ob ich einen Aufsatz für einen Tagungsband schreibe, wo ich auf der Tagung angemeldet war. (S. 8, 5 und 15)

Das Gespräch enthält insgesamt eine geräumige Auseinandersetzung mit den Emotionen der Klientin, die Bewertungen und Gefühle häufig selbst benennt. In anderen Fällen, wenn der Coach Emotionen verbalisiert[52], reagiert die Klientin mit einem vertrauensvollen Ausdruck ihrer Empfindungen.

Mit dem reinen Anhören des Gesprächs richtet sich der Fokus auf den Gesprächsabschnitt, in dem das Zerstörerische der inneren Stimme der Klientin auf den Punkt gebracht wird: Der Coach reflektiert die Aussage der Klientin „Ich fühlte mich schon wie eine Versagerin“ (S. 8, 4–5), durch die Zusammenfassung dessen, was diese objektiv erreicht hat als Promovierte mit einer Qualifizierungsstelle zur Habilitation (S. 8, 6–10). Die Emotionen zeigen sich bei der Klientin zunächst durch Lachen. Das Verbalisieren und Eingehen auf die Betroffenheit durch den weiblichen Coach öffnet die Klientin schließlich für den Ausdruck ihres Schmerzes (Weinen):

K Genau. (C: Mhm) (2) Ja, also der- mein- mein Chef hat mich so oft gefragt, „Wo ist Ihr Exposé für die Verlage?“ Und ich musste schon dreimal sagen, „Ja, ja, hmhm“ Und jedes Mal, wo ich das sagen muss, das wird diese eine Stimme dann mächtiger, „Ja, ich hab dir das schon gesagt, dass du das nicht.“ (lacht) Ich fühlte mich schon so wie eine Versagerin.

C Mhm. Also obwohl Sie sozusagen GESCHAFFT haben, die- in nem- ja, in nem Ausland, in ner fremden Sprache zu ARBEITEN, Ihre Dissertation zu schreiben und abzschließen, ja, ne STELLE zu bekommen und- ne Qualifizierungsstelle, wo Sie sich habilitieren, ja, gibt's trotzdem irgendwas in Ihnen, was Ihnen sagt, so eigentlich- (K: Ja), (1) eigentlich schaffst du das nicht, ja, ja?

K Ja. (**lacht trocken**)

C Mhm.

K Ja (**seufzend**). (1) Ja, das ist auch die gleiche Stimme (**lacht**), Teil von mir, der doch tatsächlich auch was tut, DAMIT ich's nicht schaffe, (**lacht kurz**) weil jetzt hab ich, vor drei Wochen oder so, kam plötzlich eine Anfrage, ob ich einen Aufsatz für einen Tagungsband schreibe, wo ich auf der Tagung angemeldet war.

C Merke jetzt auch, dass Sie's betroffen macht und Sie- und möchte Ihnen ruhig den Raum gehen, dass Sie's auch sozusagen- dass Sie da ruhig auch hinspüren an das, wo Sie merken so, dass ähm- das macht Sie auch ganz schön betroffen, dass das so IST, oder dass es da diese Stimme GIBT, ne, die das zu Ihnen sagt.

K (**2**) Ja. (**17**)

C Das ist schon auch was, was ne ganz schöne BELASTUNG auch für Sie ist, ne? Hmhm.

K (**8**) (**Weinend**) Ich weiß nicht, woher das kommt.

C Können Sie so reinspüren, was jetzt auch so die Trauer, also wo die kommt, was die- was die Ihnen- was Ihnen für Gedanken durch'n Kopf gehen?

52 Verbalisieren meint hier das wörtliche Ausdrücken von (Fremd-)Gefühlen.

K (9) (**Weinend**) Es geht mir oft so, wenn- ich werde sehr berührt, wenn Leute so mir dann sagen, so wie Sie jetzt gemacht haben, „Ja, schön, was du alles schon GESCHAFFT hast und so".(C: Mhm) (2) Das ist mir mehrmals passiert. Und dann- (1) und dann kommen mir die Tränen. (3) Also vielleicht- ich denke mir, vielleicht (war ich das?) deswegen so gemacht habe alles, dass ich ähm- irgendwie Anerkennung bekomme oder so. (C: Mhm) (S. 8, 1–30)

*6.4.2 Leseanalyse |**Fall 2***

Auch im Lesen des Transkripts fallen die bewegenden Gesprächsmomente ins Auge. Durch das Markieren emotionaler Wörter und Themen fällt auf, dass das Gespräch bereits emotional startet und schon im ersten Drittel hochfrequent emotionale Markierungen enthält. Als signifikanter Moment des Coachinggesprächs wird die Zeitspanne identifiziert, in der über den dysfunktionalen Glaubenssatz („Ja, ja, du weißt schon, dass du das sowieso nicht machst und so" S. 6, 35–36) in Gestalt der „inneren Stimme" gearbeitet wird. Als Wegbereiter für diese hoch emotionale Auseinandersetzung werden die „Bauchebene" und die „Gefühlsebene" der Klientin lokalisiert. Die Coachfrage „Was bräuchte Ihr Bauch also sozusagen" (S. 6, 20) hat an dieser Stelle einen interventiven Charakter, indem sie die Reflexion über die Gefühlsebene aufgreift und mithilfe von Körperbildsprache vertieft:

C Mhm, mhm. Also es ist sozusagen- es gelingt Ihnen so auf der Zeitmanagement-Ebene zu- also ne, gut, diese Techniken und Tools sind so hier oben- schweben die, zu priorisieren, also zu sagen so, jetzt, in der jetzigen Situation hat's mehr Sinn gemacht, dass Sie das ABSAGEN, (K: Mhm) ja, dass Sie sich wirklich konzentrieren auf den Schritt, jetzt die Diss veröffentlichen, das jetzt -wichtig ist, das Buch rauszubekommen äh und haben DANN vielleicht wieder Zeit (I: Ja), ja um auch- ja, solche- solche Dinge dazwischen zu schieben, ne- auch neben der Arbeit an der Habil ähm und gleichzeitig (1) gibt's sozusagen die tiefer- die Bauchebene, die jetzt wieder reinkommt und die (K: Ja) Ihnen sagt, „Okay, jetzt hast du das zwar priorisiert und gemacht, aber dennoch kannste nicht so gut damit leben", da es dieses Grunddilemma irgendwie gibt zwischen Ihren zwei Seiten, (K: Mhm) die da so an ihm ziehen, ja.

K Es ist, als ob- als ob ich diese Entscheidung ähm- ich mache jetzt die Diss erstmal, (C: Mhm) NUR auf dieser Ebene, so von- Vernunftebene war, (C: Mhm) auf die Ebene war es klar, (C: Mhm) dass es- dass es so richtig ist. Aber das ist nie runtergekommen, also als ob ich mich innerlich nicht GANZ entschieden habe oder noch nie wirklich so glaube, das ist genau richtig, sondern nur hier glaube (lacht leicht).

C Also nur im Kopf und so, nicht auf der- auf der Gefühlsebene.

K Und deswegen kommt irgendwas. Und dann (C: Mhm) ist die Gefühlsebene wieder äh verwirrt und durcheinander und-

C Mhm, okay. Was- was BRÄUCHTE Ihr Bauch also sozusagen (K: Ja (verhalten)), wenn Sie jetzt so- so- so- irgendwie auch so'n bisschen visionär mal gucken würden, so Ende August, Sie sind so richtig Meilensteine weiter gekommen, haben- haben Ihre Diss publikationsfertig gemacht oder auch noch weiter in der Zukunft, äh was würden Sie sagen, was- wenn Sie sich überlegen, Sie haben das schon geschafft, was hätte- was würde Ihnen- hätte Ihnen jetzt dabei geHOLFEN? Also was- (S. 6, 1–25)

*6.4.3 Coachreflexion |**Fall 2***

Der Coach beschreibt die Sitzung als emotional und lösungsorientiert und identifiziert rückblickend drei signifikante Momente, verteilt über die Gesamtlänge des Gesprächs zu Beginn, etwa in der Mitte sowie zum Ende der Sitzung. Die Tabellen 17 bis 19 zeigen die entsprechenden Ausschnitte aus dem Reflexionsprotokoll mit weiteren Beschreibungen der ausgewählten Gesprächsstellen.

Der erste signifikante Moment liegt in der Wahrnehmung des Coachs schon gleich zu Beginn in der anfänglichen Thematisierung von Schuldgefühlen (siehe Tabelle 17). Der Coach charakterisiert diesen Gesprächsabschnitt als „Dilemma kollektives versus individualisiertes Selbst“. Dieses Anliegen wird auf den ersten vier Seiten bearbeitet (Seite 1, 8 bis Seite 4, 23). Als repräsentativ wird hierfür gleich der erste Gesprächsschritt der Klientin gesehen:

K Also ich war vor allem durch diese Zeitmanagement und so Kurs ähm motiVIERT, also irgendwie, dass- mich überHAUPT damit zu beschäftigen (C: Mhm) und (1) ähm, anstatt mich abzulenken, (C: Mhm) also zum Beispiel (irgendwie Fernsehen schauen?) oder so, dann lieber, ah ja, was WILL ich denn (C: Mhm) eigentlich. (1) Ähm das hat mir geHOLFEN. (C: Mhm) Und jetzt ist einfach so irgendwie wieder die Frage so hochgekommen, ja aber, will ich wirklich hierbleiben und- Also ich hab ja eine Zeit lang das nicht mehr in Frage gestellt, ob i- ob DAS hier die richtige STELLE ist oder so der richtige ORT ist. Aber das- das ist schon immer da gewesen. Und jetzt ist es irgendwie wieder hoch gekommen. Und (2) zum Teil ist ähm irgendwie (2) habe ich wieder über M[redacted] nachgedacht, und sollte ich nicht DA doch versuchen. Dann ist jetzt äh bei meiner Familie, bei meiner Großfamilie (C: Mhm), äh da ist was Schlimmes passiert. Da gibt's diese Drogengewalt gerade. Und da sind jetzt so Verwandte von mir da erschossen worden. (C: MHM). Das hat mich ECHT irgendwie sehr mitgenommen, auch weil ich hier #(weniger?) was machen kann# (S. 1, 8–21)

Tabelle 17: Ausschnitt signifikanter Moment I aus dem Reflexionsprotokoll Fall 2

SIGNIFIKANTER MOMENT I		
Ca. Zeitpunkt im Gespräch:	**Thema der Gesprächsstelle:**	**Kennzeichnendes Stichwort („Titel") für diese Stelle:**
Zu Beginn	*Schuldgefühle*	*Dilemma kollektives vs. individualisiertes Selbst*
Bitte beschreiben Sie die Gesprächsstelle I und erläutern die Signifikanz dieses Gesprächsabschnitts: Die Stelle ist interessant, weil… *ein Grundkonflikt der Coachee darin sichtbar wird, der sie in der Erfüllung ihrer Zeitpläne/Arbeitspläne behindert.*		

Der zweite für signifikant erachtete Moment liegt am Ende des ersten Gesprächsdrittels und wird vom Coach mit dem Titel „Du schaffst es eh nicht" versehen. Inhaltlich ist der Abschnitt gekennzeichnet durch die Thematisierung und Explikation von Trauer und Schmerz über den inneren Widersacher, wie in Tabelle 18 näher umschrieben. Der Gesprächsabschnitt, der diesen Moment rahmt, erstreckt sich über knapp vier Seiten von der ersten Erwähnung der inneren Stimme (S. 6, 35–36) bis zum Erfassen der Nähebedürfnisse und dem Wunsch nach Anerkennung (S. 9, 30 bis S. 11, 13). Stellvertretend soll hier das Resümee aus dem Dialogabschnitt genannt werden:

C Okay, wo Sie das natürlich ganz anders KENNEN, ja. Also so dieses, dass man da sozusagen ein Stück von sich abschneiden muss hier in dem Beruflichen (K: Ja), das ist auch ganz schön SCHMERZhaft, wenn man das eigentlich nicht gewohnt ist, dass man das abschneiden muss (K: Ja ja), nämlich so das ganze Emotionale, Persönliche.

K Richtig.

C Mhm, mhm. (1) Mhm.

K Ja, jetzt (1 Silbe unverständlich), wenn Sie das jetzt so sagen, es fühlt sich genau so an. (S. 11, 1–7)

Tabelle 18: Ausschnitt signifikanter Moment II aus dem Reflexionsprotokoll Fall 2

SIGNIFIKANTER MOMENT II		
Ca. Zeitpunkt im Gespräch:	**Thema der Gesprächsstelle:**	**Kennzeichnendes Stichwort („Titel“) für diese Stelle:**
Ende 1. Drittel	*Innere Stimme/Trauer*	*„Du schaffst es eh nicht.“*
Bitte beschreiben Sie die Gesprächsstelle II und erläutern die Signifikanz dieses Gesprächsabschnitts: Die Stelle ist interessant, weil… *eine innere Stimme als Widersacher identifiziert wird. Der Wunsch nach Anerkennung wird Thema. Die Coachee erlebt Trauer. Gleichzeitig wird Thema, dass die große (erlebte) Distanz in Beziehungen sich für die Coachee wie eine „Abspaltung“ dieses Nähebedürfnisses anfühlt.*		

Der dritte signifikante Moment befindet sich am Gesprächsende und wird durch den Coach für eine Transfersicherung für wichtig erachtet. Der Abschnitt wird als „Geschenk mit roter Schleife“ illustriert. Wie Tabelle 19 zeigt, geht es um die Frage, wie die Klientin mit der inneren Stimme als Widersacher umgehen kann:

C Mhm. Und können Sie das so- haben Sie einen Leitsatz für dieses- für diesen- für diesen Monat, wo Sie, ich weiß es nicht, vielleicht fällt Ihnen was ein, aber was, was Sie drüber schreiben würden? (Notiert etwas auf dem Flipchart).

K Ist meine rote Schleife. (lacht schallend)

C Okay, das ist Ihre rote Schleife, ja?

K Ähm der Leitsatz ist: (1) Es gibt doch diese (lacht)- wie heißt diese Werbung (lacht)? Ähm „Ich bin es mir wert (lacht)“ oder irgendwie so was. (S. 28, 1–7)

Tabelle 19: Ausschnitt signifikanter Moment III aus dem Reflexionsprotokoll Fall 2

SIGNIFIKANTER MOMENT III		
Ca. Zeitpunkt im Gespräch:	**Thema der Gesprächsstelle:**	**Kennzeichnendes Stichwort („Titel“) für diese Stelle:**
Ende	*Umgang mit „innerem Widersacher“*	*„Geschenk mit roter Schleife“*
Bitte beschreiben Sie die Gesprächsstelle III und erläutern die Signifikanz dieses Gesprächsabschnitts: Die Stelle ist interessant, weil… *im Sinne einer Transfersicherung für den erarbeiteten Zeitplan überlegt wird, wie mit der „inneren Stimme“ als Widersacher umgegangen werden kann. Die Coachee formuliert für sich einen Satz und schenkt sich diese Zeit („rote Schleife“) mit Blick auf die Zukunft.*		

6.4.4 *Sequenzanalyse |**Fall 2***

Die verschiedenen Lesarten durch eine auditive plus leseanalytische Perspektive sowie die Reflexion durch den weiblichen Coach führen für die Ermittlung der signifikanten Momente zu einer Mehrzahl interessanter Gesprächsstellen. Während der Coach auch die gesprächsöffnenden Sequenzen und die Transfersicherung am Ende für signifikant erachtet, fokussiert die Forschungsperspektive neben vielen emotionskonnotierten Stellen den Gesprächsabschnitt am Ende des ersten Drittels, in dem die „innere Stimme" der Klientin erarbeitet wird. Diesen Ausschnitt erachtet auch der Coach für herausstechend. In der Entdeckung des Phänomens übereinstimmend, sollen daher zwei relevante Gesprächsabschnitte der Seiten 6 bis 11 sequenziell analysiert werden. Die Sequenzbestimmung soll an einer Gesprächsschrittfolge veranschaulicht werden, die sich als Paarsequenz zunächst als Folge Aussage--Reaktion auf Aussage zeigt:

Sequenzbestimmung 2a:

i	K	Genau. (C: Mhm) (2) Ja, also der- mein- mein Chef hat mich so oft gefragt, „Wo ist Ihr Exposé für die Verlage?" Und ich musste schon dreimal sagen, „Ja, ja, hmhm" Und jedes Mal, wo ich das sagen muss, das wird diese eine Stimme dann mächtiger, „Ja, ich hab dir das schon gesagt, dass du das nicht." (lacht) Ich fühlte mich schon so wie eine Versagerin.	
i	C	Mhm. Also obwohl Sie sozusagen GESCHAFFT haben, die- in nem- ja, in nem Ausland, in ner fremden Sprache zu ARBEITEN, Ihre Dissertation zu schreiben und abzuschließen, ja, ne STELLE zu bekommen und- ne Qualifizierungsstelle, wo Sie sich habilitieren, ja, gibt's trotzdem irgendwas in Ihnen, was Ihnen sagt, so eigentlich- (K: Ja), (1) eigentlich schaffst du das nicht, ja, ja?	ii
	K	Ja. (lacht trocken) (S. 8, 1–10)	ii

Interessanter wird die Sequenz, wenn die Art der Aussage und die Art der Reaktion jeweils miterklärt werden. Im ersten Beispiel erläutert die Klientin über mehrere Sätze ihres Redebeitrags ihre innere und äußere Situation und formuliert abschließend eine plakative Aussage. Die Reaktion des Coachs auf diese subjektive Beschreibung erfolgt in Form einer subjektiv-objektiven Spiegelung. Das Sequenzpaar soll daher für die Zwecke dieser Arbeit als Sequenz *subjektive Aussage--subjektiv-objektive Reaktion* (i) klassifiziert werden. In diesem Beispiel reagiert die Klientin auf die Spiegelung durch den Coach und bestätigt damit die subjektiv-objektive Reaktion ihrer Gesprächspartnerin (ii: Sequenz *subjektiv-objektive Aussage--bestätigende Reaktion auf Aussage*).

Eine zweite Gesprächssequenz soll betrachtet werden: Im Rezipieren des Transkripts scheint die Thematisierung der Bauch- beziehungsweise Gefühlsebene eine zentrale Hinleitung zur emotionsbetonten Auseinandersetzung mit der inneren Blockade darzustellen. Die Frage „Was bräuchte Ihr Bauch […]“ (S. 6, 20) wird bereits weiter oben als Interventionshandeln des Coachs eingeordnet. Betrachtet werden sollen hier die der Coachfrage vorausgehenden Sequenzen:

Sequenzbestimmung 2b:

K oder bereite ich’s vor. Und das wäre schon zu viel Stress gewesen. (C: Mhm) Ähm nur jetzt denke ich schon, oh SCHADE, weil das genau in die RICHTUNG ging, ne. (C: Mhm) Und dann- dann dachte ich, okay, dann mache ich erst mal’n bisschen Dissertation, Publizieren, was jetzt wirklich ANSTEHT. Und wenn das fertig ist, dann kann ich wieder versuche, da ähm so- (C: Mhm) Aber genau, dann bin ich jetzt da, habe mein- meinen August ganz frei für die Diss. Und jetzt fühle ich mich innerlich wieder so nicht in der Lage mich zu konzentrieren, WEIL wieder diese M[redacted]
i und Fragen und (C: Mhm) mich schlecht Fühlen und so (C: Mhm) mich wieder so ablenkt.

C Mhm, mhm. Also es ist sozusagen- es gelingt Ihnen so auf der Zeitmanagementebene zu- also ne, gut, diese Techniken und Tools sind so hier oben- schweben die, zu priorisieren, also zu sagen so, jetzt, in der jetzigen Situation hat’s mehr Sinn gemacht, dass Sie das ABSAGEN, (K: Mhm) ja, dass Sie sich wirklich konzentrieren auf den Schritt, jetzt die Diss veröffentlichen, das jetzt -wichtig ist, das Buch rauszubekommen äh und haben DANN vielleicht wieder Zeit (I: Ja), ja um auch- ja, solche- solche Dinge dazwischenzuschieben, ne- auch neben der Arbeit an der Habil ähm und gleichzeitig (1) gibt’s sozusagen die tiefer- die Bauchebene, die jetzt wieder rein kommt und die (K: Ja) Ihnen sagt, „Okay, jetzt hast du das zwar priorisiert und gemacht, aber dennoch kannste nicht so gut damit leben“, da es dieses Grunddilemma irgendwie gibt zwischen Ihren zwei Seiten, (K: Mhm) die da so an ihm ziehen, ja.

	K	Es ist, als ob- als ob ich diese Entscheidung ähm- ich mache jetzt die Diss erstmal, (C: Mhm) NUR auf dieser Ebene, so von- Vernunftebene war, (C: Mhm) auf die Ebene war es klar, (C: Mhm) dass es- dass es so richtig ist. Aber das ist nie runtergekommen, also als ob ich mich innerlich nicht GANZ entschieden habe oder noch nie wirklich so glaube, das ist genau richtig, sondern nur hier glaube (lacht leicht).	ii
iii	C	Also nur im Kopf und so, nicht auf der- auf der Gefühlsebene.	
iii	K	Und deswegen kommt irgendwas. Und dann (C: Mhm) ist die Gefühlsebene wieder äh verwirrt und durcheinander und-	iv
	C	Mhm, okay. Was- was BRÄUCHTE Ihr Bauch also sozusagen, (K: Ja (verhalten)) wenn Sie jetzt so- so- so- irgendwie auch so'n bisschen visionär mal gucken würden, so Ende August, Sie sind so richtig Meilensteine weiter gekommen, haben- haben Ihre Diss publikationsfertig gemacht oder auch noch weiter in der Zukunft, äh was würden Sie sagen, was- wenn Sie sich überlegen, Sie haben das schon geschafft, was hätte- was würde Ihnen- hätte Ihnen jetzt dabei geHOLFEN? Also was- (S. 5, 33 bis S. 6, 25)	iv

Der zweite Gesprächsausschnitt beginnt mit einem Beitrag der Klientin, die ihre Verhaltensmuster beschreibt, in zusammenhängenden Aussagen. Der Coach reagiert mit einer Paraphrasierung, die in Teilen eher einer Zusammenfassung, in Teilen auch einer Verbalisierung entspricht. Die Sequenz wird der Einheitlichkeit halber aber zunächst als Sequenz <u>*Aussage--Paraphrase*</u> (i) eingestuft[53]. In die Coachantwort integriert ist wieder eine abschließende indirekte Frage, die dann als Sequenz <u>*Frage--Antwort*</u> (ii) gesehen werden kann. Die Antwort der Klientin im Ansatzpunkt als Aussage verstanden, wird vom weiblichen Coach wieder paraphrasiert (iii: Sequenz <u>*Aussage--Paraphrase*</u>). Es folgt eine Ergänzung durch die Klientin, eine Aussage, die den weiblichen Coach dazu veranlasst, genauer nachzufragen: Sequenz <u>*Aussage--Nachfrage* (iv)</u>. Letztere Paarsequenz soll für die Musterrekonstruktion herangezogen werden (siehe 6.4.7).

53 Umfassender wäre es, hier einen gemeinsamen Begriff für Paraphrasierung, Zusammenfassung und Verbalisierung zu finden.

*6.4.5 Bestimmung des kommunikativen Zwecks |**Fall 2***

Die übergeordneten kommunikativen Aufgaben im Beratungs- beziehungsweise Coachinggespräch sind bereits in Abschnitt 6.2.1 erläutert worden.

Mit der Perspektive dieser Arbeit auf die Regulation von Emotionen im Gespräch, verfolgen Beratungs- beziehungsweise Coachingdialoge auch den Zweck, Zuordnungen und Passungen kognitiver und emotionaler Repräsentationen herzustellen. Dies lässt sich auch an den für Fall 2 beschriebenen Paarsequenzen verdeutlichen: Fragen und Antworten gestalten den Informationsaustausch im Auftrag der Anliegenklärung und Problembearbeitung (Sequenz *Frage--Antwort*, Sequenz *Aussage--Nachfrage*). Der wiederholte Einsatz der Sequenz *Frage--Antwort* in Kombination mit Paraphrasierungen (Sequenzbestimmung 2b) verfolgt wie für Fall 1 beschrieben wieder zweierlei: Der Coach bringt Informationen über den Sachverhalt und die Bewertung der Situation in Erfahrung. Das Erfragen und darauf folgende Berichten von Emotionen entspricht im weiteren Sinne einer Intervention, da für die Klientin eine innere Reflexion angeregt und ihr eine Positionierung abverlangt wird. Denselben Zweck erfüllen die Spiegelungstechniken (Sequenzbestimmung 1a) des weiblichen Coachs, die hier sequenzanalytisch als Sequenz *subjektive Aussage--subjektiv-objektive Reaktion auf Aussage* bezeichnet wurden.

*6.4.6 Analyse kognitiv-emotionaler Prozesse |**Fall 2***

Für die Analyse der kognitiv-emotionalen Prozesse soll einer der zuvor sequenzanalytisch betrachteten Gesprächsabschnitte herangezogen werden, die zuletzt betrachtete Passage mit der Hinleitung zur Coachfrage „Was bräuchte Ihr Bauch also sozusagen" (S. 6, 20):

Sequenzabschnitt 2b:

K oder bereite ich's vor. Und das wäre schon zu viel Stress gewesen. (C: Mhm) Ähm nur jetzt denke ich schon, oh SCHADE, weil das genau in die RICHTUNG ging, ne. (C: Mhm) Und dann- dann dachte ich, okay, dann mache ich erst mal'n bisschen Dissertation, Publizieren, was jetzt wirklich ANSTEHT. Und wenn das fertig ist, dann kann ich wieder versuche, da ähm so- (C: Mhm) Aber genau, dann bin ich jetzt da, habe mein- meinen August ganz frei für die Diss. Und jetzt fühle ich mich innerlich wieder so nicht in der Lage mich zu konzentrieren, WEIL wieder diese

M[redacted] und Fragen und (C: Mhm) mich schlecht Fühlen und so (C: Mhm) mich wieder so ablenkt.

C Mhm, mhm. Also es ist sozusagen- es gelingt Ihnen so auf der Zeitmanagement-Ebene zu- also ne, gut, diese Techniken und Tools sind so hier oben- schweben die, zu priorisieren, also zu sagen so, jetzt, in der jetzigen Situation hat's mehr Sinn gemacht, dass Sie das ABSAGEN, (K: Mhm) ja, dass Sie sich wirklich konzentrieren auf den Schritt, jetzt die Diss veröffentlichen, das jetzt -wichtig ist, das Buch rauszubekommen äh und haben DANN vielleicht wieder Zeit (I: Ja), ja um auch- ja, solche- solche Dinge dazwischen zu schieben, ne- auch neben der Arbeit an der Habil ähm und gleichzeitig (1) gibt's sozusagen die tiefer- die Bauchebene, die jetzt wieder reinkommt und die (K: Ja) Ihnen sagt, „Okay, jetzt hast du das zwar priorisiert und gemacht, aber dennoch kannste nicht so gut damit leben", da es dieses Grunddilemma irgendwie gibt zwischen Ihren zwei Seiten, (K: Mhm) die da so an ihm ziehen, ja.

K Es ist, als ob- als ob ich diese Entscheidung ähm- ich mache jetzt die Diss erstmal, (C: Mhm) NUR auf dieser Ebene, so von- Vernunftebene war, (C: Mhm) auf die Ebene war es klar, (C: Mhm) dass es- dass es so richtig ist. Aber das ist nie runtergekommen, also als ob ich mich innerlich nicht GANZ entschieden habe oder noch nie wirklich so glaube, das ist genau richtig, sondern nur hier glaube (lacht leicht).

C Also nur im Kopf und so, nicht auf der- auf der Gefühlsebene.

K Und deswegen kommt irgendwas. Und dann (C: Mhm) ist die Gefühlsebene wieder äh verwirrt und durcheinander und-

C Mhm, okay. Was- was BRÄUCHTE Ihr Bauch also sozusagen, (K: Ja (verhalten)) wenn Sie jetzt so- so- so- irgendwie auch so'n bisschen visionär mal gucken würden, so Ende August, Sie sind so richtig Meilensteine weiter gekommen, haben- haben Ihre Diss publikationsfertig gemacht oder auch noch weiter in der Zukunft, äh was würden Sie sagen, was- wenn Sie sich überlegen, Sie haben das schon geschafft, was hätte- was würde Ihnen- hätte Ihnen jetzt dabei geHOLFEN? Also was … (S. 5, 33 bis S. 6, 25)

Der Coach muss das Verständnis sicherstellen und nutzt dafür die Technik des Paraphrasierens, mit der das von der Klientin Gesagte in anderen Worten wiederholt und gleichzeitig noch einmal zusammengefasst wird. Dabei müssen die Aussagen der Klientin durch den weiblichen Coach auf der Sachebene wie auf der Gefühlsebene und in Bezug auf die Kausalität nachvollzogen, verstanden und eingeordnet werden. Die Klientin paraphrasiert die Aussagen nochmals und greift dabei das Bild der Bauchebene (S. 6, 8) auf. Mit ihrer Antwort, dass das „*nie runtergekommen* (ist)" (S. 6, 14) signalisiert sie ihr Verständnis für die Körperbildmetapher. Der Coach paraphrasiert ein weiteres Mal, vermutlich mit dem Zweck der Wiederholung und Akzentuierung auf diese Symbolik und ihre emotionsbezogene Bedeutung. Die Klientin folgt dieser Verstärkung emotional und versucht, ihre Situation und ihr Erleben weiter zu erklären. Der Coach greift diese Aussage auf, in Formulierung einer Nachfrage, die den bereits erwähnten Interventions-Charakter hat, da sie das Hypothetische formuliert und an die emotionale Selbstreflexion der Klientin appelliert.

*6.4.7 Musterrekonstruktion |**Fall 2***

Im Vorangegangenen wurden mit der Beschreibung von Sequenzpaaren bereits erste Abfolgelogiken ausgedeutet. Im Folgenden werden mögliche Muster anhand der dafür mindestens zu realisierenden Gesprächshandlungen aufgezeigt. Es gelten die in Abschnitt 6.2.2 vorangestellten Bedingungen für die Musterrekonstruktion.

Dritte Musterrekonstruktion zur Sequenzbestimmung 2b[54]:

K Und deswegen kommt irgendwas. Und dann (C: Mhm) ist die Gefühlsebene wieder äh verwirrt und durcheinander und-

C Mhm, okay. Was- was BRÄUCHTE Ihr Bauch also sozusagen, (K: Ja (verhalten)) wenn Sie jetzt so- so- so- irgendwie auch so'n bisschen visionär mal gucken würden, so Ende August, Sie sind so richtig Meilensteine weiter gekommen, haben- haben Ihre Diss publikationsfertig gemacht oder auch noch weiter in der Zukunft, äh was würden Sie sagen, was- wenn Sie sich überlegen, Sie haben das schon geschafft, was hätte- was würde Ihnen- hätte Ihnen jetzt dabei geHOLFEN? Also was- (S. 6, 18–25)

Emotionen verstärkendes Nachfragen – Muster C

Das einfache Muster C bildet sich mit den nachfolgend erläuterten Konstituenten C1 bis C4 aus der Sequenz *<u>Aussage--Nachfrage</u>:*

C1: Die Klientin/der Klient trifft eine Aussage.

C2: Die Aussage schließt subjektive Bewertungen ein, die die Sicht des Subjekts unter Beschreibung von subjektiven Konsequenzen darstellen.

C3: Der Coach stellt die Nachfrage.

---

54 Achtung, umgekehrte Reihenfolge: Zuerst wird das Muster aus dem zweiten Gesprächsabschnitt Sequenzbestimmung 2b betrachtet, darauf folgend dann das Muster zum Sequenzbestimmung 2a.

C4: Die Nachfrage ist affektiv angelegt, das heißt, sie fragt explizit nach Gefühlen oder einer subjektiven Bewertung, und sie verstärkt den Ausdruck oder die Intensität einer Emotion.

Das Gesprächsmuster wird als „Emotionen verstärkendes Nachfragen" benannt, weil die Nachfrage durch den Coach die verbalisierten Emotionen der Klientin/des Klienten aufgreift und intensiviert. Die Nachfrage klingt gleichzeitig wie eine Paraphrase an, löst affektiv bei der Klientin aber mehr aus als eine neutrale Informationsverständigung. Das verstärkende Merkmal der Nachfrage durch den Coach wird als wesentlich für das Muster erachtet.

Vierte Musterrekonstruktion zur Sequenzbestimmung 2a:

K Genau. (C: Mhm) (2) Ja, also der- mein- mein Chef hat mich so oft gefragt, „Wo ist Ihr Exposé für die Verlage?" Und ich musste schon dreimal sagen, „Ja, ja, hmhm" Und jedes Mal, wo ich das sagen muss, das wird diese eine Stimme dann mächtiger, „Ja, ich hab dir das schon gesagt, dass du das nicht." (lacht) Ich fühlte mich schon so wie eine Versagerin.

C Mhm. Also obwohl Sie sozusagen GESCHAFFT haben, die- in nem- ja, in nem Ausland, in ner fremden Sprache zu ARBEITEN, Ihre Dissertation zu schreiben und abzuschließen, ja, ne STELLE zu bekommen und- ne Qualifizierungsstelle, wo Sie sich habilitieren, ja, gibt's trotzdem irgendwas in Ihnen, was Ihnen sagt, so eigentlich- (K: Ja), (1) eigentlich schaffst du das nicht, ja, ja?

K Ja. (lacht trocken) (S. 8, 1–10)

Subjektives Emotionsspiegeln – Muster D

Das komplexere Muster D bildet sich mit den nachfolgend erläuterten Konstituenten D1 bis D4 aus der Sequenz *subjektive Aussage--subjektiv-objektive Reaktion auf Aussage* und der Sequenz *subjektiv-objektive Aussage--bestätigende Reaktion auf Aussage*:

D1: Die Klientin/der Klient trifft eine Aussage.

D2: Die Aussage schließt subjektive Bewertungen ein, die die Sicht des Subjekts unter Beschreibung von subjektiven Konsequenzen darstellen. Die Aussagen haben die Tendenz, plakativ zu sein.

D3: Der Coach reagiert auf den bewertenden Kern der Aussage entweder mit einer kontrastiven Darstellung seiner/ihrer (subjektiv-)objektiven Sicht auf dasselbe Phänomen, oder mit dem Verbalisieren des emotionalen Gesprächsinhalts. Es geht hierbei um die Darstellung der Außenperspektive.

D4: Die Klientin/der Klient reagiert bejahend auf die Spiegelung des Coachs.

Das Gesprächsmuster wird als „Subjektives Emotionsspiegeln“ benannt, weil die subjektive Sicht der Klientin/des Klienten Ausgangspunkt der Interaktionssequenz ist. Diese subjektive Aussage wird vom Coach aufgegriffen und gespiegelt: Die sich offenbarende Differenz zwischen der subjektiven Aussage und einer subjektiv-objektiven Außenperspektive löst eine innere Bewertung aus. Auf diese Weise wird einerseits der emotionale Gehalt der plakativen Subjektaussage gespiegelt, und durch die Kontrastierung erhält diese weitere emotionale Bewertungen.

*6.4.8 Musterprüfung |**Fall 2***

Prüfung von Muster A aus Fall 1

Zur Überprüfung des in Fall 1 gefundenen Musters *Emotionen thematisierendes Fragen* soll eine Äußerungsfolge von Frage und Antwort aus dem Transkript des zweiten Falls herangezogen werden. Das folgende Beispiel beinhaltet die Verbindung der Sequenzpaare Frage--Antwort und Paraphrase--Antwort – in diesem Fall stellt der Coach eine Emotionen thematisierende Frage, die Klientin antwortet:

C	Können Sie so reinspüren, was jetzt auch so die Trauer, also wo die kommt, was die- was die Ihnen- was Ihnen für Gedanken durch'n Kopf gehen?
K	(9) (Weinend) Es geht mir oft so, wenn- ich werde sehr berührt, wenn Leute so mir dann sagen, so wie Sie jetzt gemacht haben, „Ja, schön, was du alles schon GESCHAFFT hast und so“.(C: Mhm) (2) Das ist mir mehrmals passiert. Und dann- (1) und dann kommen mir die Tränen. (3) Also vielleicht- ich denke mir, vielleicht (war ich das?) deswegen so gemacht habe alles, dass ich ähm- irgendwie Anerkennung bekomme oder so. (C: Mhm) (2) Also-
C	Also das wäre jetzt sozusagen, dass ICH Ihnen das sage, wäre ja wie ne Anerkennung von AUSSEN, so was wirklich ja Ihre objektiven Leistungen sind und was Sie geschafft haben in Ihrer Karriere. Aber gleichzeitig ist es für Sie nicht ver-

bunden so jetzt mit nem Stolz oder ner Freude dann, sondern dann jetzt eher mit ner TRAUER, ne?

K Ja. (S. 8, 24–36)

A1: Fragende/r ist der Coach.

A2: Die Frage ist affektiv angelegt, das heißt, sie fragt explizit nach Gefühlen oder einer subjektiven Bewertung, oder sie verstärkt den Ausdruck oder die Intensität einer Emotion.

A3: Antwortende/r ist die Klientin/der Klient.

A4: Die Frage muss als Frage nach Emotionen verstanden werden, Emotionen beziehungsweise Bewertungen müssen beim Antwortgebenden abrufbar sein und die Bereitschaft der Verbalisierung muss vorhanden sein.

Betrachtet man die erste Sequenz dieses Gesprächsausschnitts, können alle Handlungsschritte attestiert werden, mit der Einschränkung, dass die Emotionen thematisierende Frage durch den Coach eine affektive Nachfrage ist. Das heißt, die Frage initiiert nicht die Reflexion von Emotionen, sondern sie vertieft oder verstärkt diese. Die Nachfrage ist überdies nicht eindeutig offen formuliert. Die Frage „Können Sie reinspüren […], was Ihnen so durch den Kopf geht?“ (S. 8, 24–25) könnte geschlossen verstanden und mit „Ja“ oder „Nein“ beantwortet werden. Die Klientin versteht die Nachfrage jedoch als offene und antwortet ausführlich und assoziativ.

Ergebnis der Musterprüfung: Das Muster A konnte am Textausschnitt repliziert werden.

Prüfung von Muster C aus Fall 2

Die Dialogstelle erinnert ebenfalls an das Muster C, das mit der Analyse des zweiten Gesprächs aufgestellt wurde. Die Sequenz von Aussage und Nachfrage des *Emotionen verstärkenden Nachfragens* soll hier ebenfalls überprüft werden, allerdings in einem anderen Ausschnitt, da das Muster für die Prüfung mit einer Aussage der Klientin beginnen muss:

K (8) (Weinend) Ich weiß nicht, woher das kommt.

C Können Sie so reinspüren, was jetzt auch so die Trauer, also wo die kommt, was die- was die Ihnen- was Ihnen für Gedanken durch'n Kopf gehen? (S. 8, 23–25)

C1: Die Klientin trifft eine Aussage.

~~*C2: Die Aussage schließt subjektive Bewertungen ein, die die Sicht des Subjekts unter Beschreibung von subjektiven Konsequenzen darstellen.*~~

C3: Der Coach stellt die Nachfrage.

C4: Die Nachfrage ist affektiv angelegt, das heißt, sie fragt explizit nach Gefühlen oder einer subjektiven Bewertung, und sie verstärkt den Ausdruck oder die Intensität einer Emotion.

Ergebnis der Musterprüfung: Die Aussage der Klientin schließt keine subjektive Bewertung ein. Sie ist eher als sachliche Aussage einzustufen, weshalb das Muster C hier nicht replizierbar ist.

Prüfung von Muster D aus Fall 2

In dem folgenden Beispiel berichtet die Klientin von ihrer Situation und trifft dabei eine emotional bedeutungsvolle Aussage. Der Coach reagiert auf diese subjektive Aussage durch Verbalisieren: Sie greift die emotionale Betroffenheit der Klientin auf, die stimmlich, mimisch und gestisch sichtbar geworden ist. Im Text sind die Hinweise „seufzend“ (S. 8, 13) und „lacht“ (ebd.) die Marker hierfür, wobei das Lachen bei der Klientin offenbar für eine kaschierte Expression ihrer Emotionen steht. Die Reaktion des weiblichen Coachs ist wieder eine subjektiv-objektive Reaktion. Es handelt sich sozusagen um ein stellvertretendes subjektives Empfinden, jedoch nicht um eine subjektive Meinung, sondern um das Spiegeln der indirekten Bekundungen der Klientin (Sequenz *subjektive Aussage-subjektiv--objektive Reaktion auf Aussage*):

K Ja (seufzend). (1) Ja, das ist auch die gleiche Stimme (lacht), Teil von mir, der doch tatsächlich auch was tut, DAMIT ich's nicht schaffe, (lacht kurz) weil jetzt hab ich, vor drei Wochen oder so, kam plötzlich eine Anfrage, ob ich einen Aufsatz für einen Tagungsband schreibe, wo ich auf der Tagung angemeldet war.

C Merke jetzt auch, dass Sie's betroffen macht und Sie- und möchte Ihnen ruhig den Raum gehen, dass Sie's auch sozusagen- dass Sie da ruhig auch hinspüren an das, wo Sie merken so, dass ähm- das macht Sie auch ganz schön betroffen, dass das so IST, oder dass es da diese Stimme GIBT, ne, die das zu Ihnen sagt.

K (2) Ja. (17) (S. 8, 12–19)

D1: Die Klientin trifft eine Aussage.

D2: Die Aussage schließt subjektive Bewertungen ein, die die Sicht des Subjekts unter Beschreibung von subjektiven Konsequenzen darstellen. Die Aussagen haben die Tendenz, plakativ zu sein.

D3: Der Coach reagiert auf den bewertenden Kern der Aussage entweder mit einer kontrastiven Darstellung seiner/ihrer (subjektiv-)objektiven Sicht auf dasselbe Phänomen, oder mit dem Verbalisieren des emotionalen Gesprächsinhalts. Es geht hierbei um die Darstellung der Außenperspektive.

D4: Die Klientin reagiert bejahend auf die Spiegelung des Coachs.

Ergebnis der Musterprüfung: Das Muster D konnte am Textausschnitt repliziert werden.

Prüfung von Muster G aus Fall 4[55]

Zur Prüfung des Systemischen Emotionsspiegelns wurde im Fall 2 eine passende Analysestelle gefunden, in der der Coach das systemische Gefüge der Klientin mit deren Emotionserleben verknüpft. Die Textstelle weist eine Sequenz *Hypothese formulierende Aussage--Hypothese bestätigende Aussage*:

C Jetzt haben Sie gerade gesagt so, Sie fühlen sich auch schuldig, dass Sie hier sind (K: Ja), also ja auch so was, wo wir letztes Mal auch drüber gesprochen haben, ne, dass Sie immer mehr merken, eigentlich sind Sie ganz zufrieden, auch damit, dass Sie Ihr Leben jetzt GERADE auf den Beruf hin orientieren, (K: Ja, ja) ja? Und Sie schließen ja auch nicht AUS, dass Sie auch noch mal ne Familie haben wollen und- Aber sozusagen der Anspruch Ihrer Familie, der immer wieder so am Telefon an Sie ran getragen wird, ist: Mensch, du könntest auch hier sein, ja. Du könntest vielleicht (1) äh ne Familie schon haben und wir dann Enkel, oder, ja (K: Ja, ja). Ich weiß nicht, ob's auch in die Richtung GEHT, ja, also tendenziell?

K Ja, du das ist auch, also das ist ein bisschen das- dieses Private, Familie gründen und so, aber was- was auch immer da

55 Das Muster G wurde bisher noch nicht vorgestellt, da dessen Rekonstruktion in Fall 4 erfolgt. Entsprechend erfolgt hier zur Musterprüfung an Fall 2 ein Vorweggriff.

> war, und darüber haben wir das letzte Mal NICHT so wirklich gesprochen, aber das ist, was jetzt mit diesem Schuldigsein kommt, ähm (wie plötzlich eingefallen) ah, ja, was für M[redacted] tun und nicht irgendwie, was man immer so hört mit so brain drain (C: Mhm) und die Leute, die was schaffen könnten, die gehen lieber woanders und so. Und das war SCHON immer so ein bisschen eine Frage. Nun habe ich immer gemerkt, ja, das ist aber so theoretisch. Ich mein, ja, theoretisch sollte man was tun, aber (C: Mhm) wenn sich das nicht ergibt, dann werde ich mich jetzt nicht so äh damit ein Problem machen. Aber jetzt merke ich, wie das da ist, weil das jetzt sofort wieder kommt so, ach so, ich sollte vielleicht DA sein, um dieses Land irgendwie aufzubauen oder so. (S. 2, 18–37)

G1: Der Coach trifft eine Aussage.

G2: Mit der Aussage wird eine Annahme, eine Hypothese formuliert, die neben faktischen Zusammenhängen emotionale Bezüge des Klienten spiegelt.

G3: Der Klient beantwortet die Aussage in bestätigender Weise.

G4: Die Aussage ist bejahend oder positiv verstärkend angelegt, das heißt, sie bekräftigt die aufgestellte Hypothese und das damit verbundene Emotionserleben.

Ergebnis der Musterprüfung: Das Muster G konnte am Textausschnitt repliziert werden.

*6.4.9 Resümee der Gesprächsanalyse |**Fall 2***

Der weibliche Coach beschreibt ihren persönlichen Stil als lösungsorientiert und versteht die eigene Coachingarbeit als strukturierte Anleitung zur Selbstreflexion, mit dem Ziel, Handlungsspielräume zu erweitern und bewusste, reflektierte Entscheidungen zu ermöglichen. Der promovierte Coach agiert vor dem professionellen Hintergrund eines Psychologiestudiums mit verhaltenstherapeutischem und gestalttherapeutischem Grundlagenwissen, einer Zusatzausbildung in Mediation und Weiterbildungen in psychodynamischem Coaching und Supervision. Gemäß der Selbsteinschätzung finden Methoden aus Gestalttherapie, Systemischem Coaching/Systemischer Beratung und Tiefenpsychologischer Psychotherapie Anwendung im Beratungshandeln. (Interview Coach 1).

Im Vergleich zum ersten untersuchten Fall 1, in dem der identische weibliche Coach beraten hat, ist dieses Gespräch von einer hohen Emotionalität geprägt. So bezeichnet auch der Coach diese Sitzung im Reflexionsprotokoll an erster Stelle als emotional und nennt nachstehend die Lösungsorientierung an zweiter Stelle. Der Grad der Emotionalität im Gespräch liegt mitunter sicherlich in dem Bedürfnis der Klientin begründet, ihre Gefühle auszudrücken. Dies wird mit der prompten Expression gleich zu Beginn deutlich.

Der Coach lässt sich darauf ein und arbeitet bis über die erste Hälfte des Gesprächs emotionsfokussiert, was sich gesprächsanalytisch bereits in den frequenten emotionalen Formulierungen zeigt. Der Coach zeigt sich in der Sitzung sehr empathisch und nimmt die Rolle einer wohlwollenden, tröstenden Zuhörerin ein. Auffällig ist, dass der Coach in diesem Gespräch weniger affektive Fragen im Stil „Wie fühlt sich das für Sie an" stellt. Da die Klientin von sich aus häufig ihr Befinden und ihre emotionale Betroffenheit ausdrückt, kommen didaktisch eher kommunikative Techniken zum Einsatz, die Emotionen aufgreifen und strukturieren (*Emotionen verstärkende Nachfragen*, *Subjektives Emotionsspiegeln*).

Es ist anzunehmen, dass dieses Coachinggespräch bei Missachtung der affektiven Bedürfnisse der Klientin nicht gelingen würde. Zu einer Erarbeitung von Lösungen (Perspektiven, Alternativen) und ihrer Integration kommt die Klientin nur durch die Beachtung und weitere Öffnung ihrer emotionalen Einkreisungen.

Alle Interaktionsmuster werden in Kapitel 6.9 noch einmal nebeneinander abgebildet und in ihren Bezügen zueinander dargestellt.

Die Ergebnisse der Evaluation der Sitzung anhand des „Fragebogens vor dem Coaching" und des „Fragebogens nach dem Coaching" zeigen für zwei Fragestellungen auffällige Veränderungen in Bezug auf die Akzeptanz eigener Emotionen (Skalen zum Erleben von Emotionen (SEE) nach Behr & Becker 2004, vgl. Unterkapitel 5.7). Die Coachee hat den Items 56 und 58 nach dem Coaching um den Wert 3 stärker zugestimmt als vorher:

- Item 56 *„Es ist für mich keine Frage, dass ich ein Recht auf alle meine Gefühle habe."*
- Item 58 *„Alle meine Gefühle dürfen genauso sein, wie sie sind."*

Obwohl diese Abweichungen in ihrer Signifikanz mangels weiterer statistischer Kennzahlen nicht belegt werden können, deuten die veränderten Antworten auf diese beiden Fragen an, dass die Coachee nach dem Coaching eine stärkere Akzeptanz für ihre eigenen Emotionen hatte. Zumindest ist sie in der Lage, eine größere Akzeptanz für ihr „Recht auf Gefühle“ und deren „So-sein“ auszudrücken. Für alle anderen Items konnten keine auffälligen Abweichungen oder gar keine festgestellt werden, wie Abbildung 17 veranschaulicht.

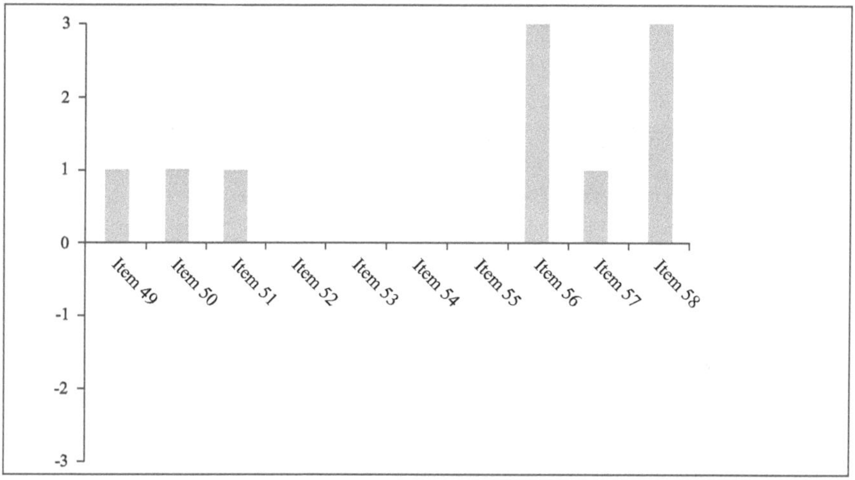

Hinweis: Items 49–58 in der Vorher-Befragung entsprechen Items 1–10 in der Nachher-Befragung.

Abbildung 17: Vorher-Nachher-Abweichung in Fall 2

6.5 *Fall 3* „Das wird ein schwarzer Fleck sein, der bei mir auf der Weste klebt.“

Das Gespräch ist das fünfte von insgesamt acht Coachingsitzungen im Rahmen der Begleitung einer neu ernannten Führungskraft. Dem männlichen Klienten wurde das Führungscoaching durch seine Vorgesetzten anempfohlen. Der männliche Klient und sein weiblicher Coach sind einander durch die vier vorherigen Sitzungen bekannt und vertraut. Der Klient formuliert als Ziele für die 90-minütige Coachingsitzung:

> „*Stärkung der Führungsfähigkeit*“
> „*Reflektion von starken/schwachen Phasen der letzten Wochen*“ (Quelle: Fragebogen nach dem Coaching Fall 3)

In der Erkundigung über das Befinden des Klienten beginnt auch diese Sitzung mit einem Rückblick auf die vergangenen Wochen. Der Klient erwähnt gleich zum Einstieg, dass er hin und wieder den Gedanken hatte zu kündigen. Diese Verbalisierung einer grundsätzlichen, immer wieder auftretenden Unzufriedenheit mit der eigenen Stellung zieht sich als roter Faden durch das Gespräch. Übergeordnet werden die Anforderungen an die Führungsrolle, die an den Klienten gerichteten Erwartungen und die hinderlichen Rahmenbedingungen für dessen optimale Entfaltung bearbeitet. Thematisiert werden vor diesem Hintergrund der Ablauf von Meetings, gute und schlechte Positionierungen des Klienten in solchen Meetings, kritisches Feedback und Schuldgefühle in einem Beratungsprojekt, Fragen der Anerkennung im Allgemeinen und Speziellen und die Interaktion mit den beiden Vorgesetzten sowie den eigenen Mitarbeiterinnen und Mitarbeitern.

Die klare Abgrenzung von Klärungs-, Explorations- und Bewertungsphase ist in diesem Gespräch nicht eindeutig zu treffen. Zum einen wird jeder einzelne thematische Fokus wie ein Teilanliegen bearbeitet und durchläuft zum anderen die Phasen von Klärung, Exploration und Bewertung. Konkrete Maßnahmen werden jedoch erst zum Ende der Sitzung formuliert. Dieses sowie auch die Anliegenformulierung durch den Klienten legt nahe, den Gesprächsprozess doch unter Berücksichtigung vier großer Phasen zu fassen, die dann fließende Übergänge haben. Klar abgrenzbar ist der Beginn der Maßnahmenplanung: Im abschließenden Resümee formuliert der Coach für den Klienten das Ziel, die Verantwortung für die Beziehungsgestaltung zu übernehmen, was den Klienten zur Formulierung unmittelbarer Maßnahmen (z. B. bestimmte Gespräche führen) anregt. Mit dieser letzten Zusammenfassung halten Coach und Coachee außerdem fest: „Das wird immer wiederkommen“ (S. 38, 1), das ein oder andere Thema ist eine fortwährende Führungsaufgabe.

Das Gesprächsinventar zu diesem Fall 3 ist dem Anhang zu entnehmen. Die Zuordnungen der Themen und Interaktionsschritte zu einzelnen Gesprächsphasen sind dort abzulesen.

*6.5.1 Auditive Analyse |**Fall 3***

Mit dem ersten Hören des Gesprächs sind drei allgemeine Besonderheiten der Interaktion zwischen Coach und Klient aufgefallen. Diese Eigenheiten sind für die Hörerin vermutlich hervorgetreten, weil das Gespräch kontrastierend zu den beiden zuvor analysierten Dialogen[56] wahrgenommen wird. Daher sollen die folgend erwähnten Aspekte im Vergleich zum bisher Bekannten verstanden werden, um das Andersartige festzuhalten.

Ein Merkmal des Gesprächs bezieht sich auf die Ausdrucksweisen von Klient und Coach. Zum einen fällt auf, dass das Gespräch viel Rede über Dritte enthält, der Klient zitiert viele Bewertungen von Dritten (Chefs, Mitarbeiter/innen), die etwas in ihm auslösen und Gegenstand der Reflexion werden sollen. Neben dem drückt der Klient seine Emotionen gelegentlich in relativ indirekten Formulierungen aus, wie dem Benennen von Erstaunen, Verwunderung, Genervtsein und Absurdfinden. Vom Coach wird der defensive Ausdruck dann häufig in eine plakative Aussage umformuliert, die als Verbalisierungstechnik aufgefasst werden kann:

K So ein- ein ein- beiläufig geäußerter Satz bei meinem Chef ankommt und gegen mich verwandt wird innerhalb von ner halben Stunde, **finde ich schon erstaunlich**.

C Also werden Sie da gepetzt oder wie?

K Offensichtlich. Also irgendjemand- also meine Kollegin hat's ja offensichtlich irgendwie gepetzt, hat ja gesagt, der [redacted] scheint ja gar nicht zu wissen, was der morgen machen soll. **Finde ich schon mal erstaunlich**, also finde ich schon irgendwie- wie- **bin ich immer wieder erstaunt also** und äh die- die Reaktion von der anderen, von der Sekretärin, auch in so ner pampigen Art und Weise, muss ich auch sagen, **fand ich auch erstaunlich, ja**. Und dann diese- diese Art, hierdrauf so zu reagieren, so- (S. 15, 23–31)

An einer Stelle geschieht dies in überzeichneter Form, die eben deshalb im Gespräch auffällig wird. Das Interessante an diesem Gesprächsmoment ist, dass der Klient die exaltierte Verbalisierung stimmlich und inhaltlich („Ja […]“ (S. 12, 4)) bestätigt, sich aber sprachlich nicht darauf einlässt. In der Leseanalyse, die hier vorweggenommen sei, ist dann zu erkennen, wie der Coach die Formulierung Schritt für Schritt wieder verändert und damit das Ausdrucksniveau wieder anpasst: von „weggekotzt“ über „ausspucken“ zu „weg von der Leber“ (S. 12, 3–7):

K Genau, was ist da- sind ja große- große Firmen, ja, die dahinter stehen, was ist da überhaupt verhandelt worden, welche Rechnungen sind- Rechnungsansprüche haben die denn. Und dann, wie gesagt, geht's über ne Rechnung, äh geht's um irgendwie fünfzigtausend Euro, die die Rechtsanwälte für diese Vertragsverhandlungen in Rechnung gestellt haben. Da geht es dort darum zu sagen, ob das denn ANGEMESSEN ist, und ob die Rechtsanwälte nicht eventuell Fehler gemacht haben,

56 Dieses Festmachen von Eigenheiten war zu Beginn des Analyseprozesses für die Fälle 1 und 2 mangels Referenzen (andere Stile, Eigenheiten für den Vergleich) noch nicht möglich.

weil diese Verträge offensichtlich nicht so lückenlos sind, wie sie- wie wir alle gedacht haben (C: lacht). So, und jetzt soll ich sozusagen mit den Rechtsanwälten was besprechen, wo ich nicht weiß, wer die beauftragt hat und, ja, das sind alles so, ja, das sind halt so Ärger, das ist so- das ist halt so das typische Vorgehen bei uns (C: Ja), Chef läuft rum und sagt überall „Wow, ich hab hier zwanzig Prozent Kosten minimiert." Und alles was irgendwie dann hinterher an Ärger dabei ankommt, das wird dann halt irgendwie einfach abgeworfen so. Ja, das ist zwar schon irgendwie//

C Na ja, so weggekotzt dann so.

K Ja wirklich, anders kann man nichts sagen. „Hier haste zehn E-Mails dazu", ja. So.

C Ja, ausspucke, abspeck- spucken so etwa.

K Ja, „Guck's dir an", so irgendwie.

C Weg von der Leber, oder.

K Na ja. Und so ne Themen haben wir halt- so ein Thema hab ich im Moment wirklich jede Woche, ja. Das ist- (S. 11, 30 bis S. 12, 9)

Das zweite auffällige Merkmal des Gesprächs bezieht sich auf die Art und Weise, in der der Coach Emotionen des Klienten reguliert. Im folgenden Beispiel wird auf die Emotionsbekundung nicht nachfragend eingegangen, sie wird dadurch nicht verstärkt. Stattdessen lenkt der Coach mit der Antwort den Fokus auf etwas Positives:

K Ja, das Projekt ist noch nicht abgeschlossen. Und ich sage mal, das wird ein schwarzer Fleck sein, der bei mir auf der Weste klebt. Da wird's heißen, ja dieses [redacted]-Ding, das hat der doch ja gemacht, ja (C: Mhm). Das wird bei mir hängen bleiben. Das- dieser Misserfolg, der wird nen Namen tragen, ja (C: Ja ha (lacht kurz)). Das ist unfair. Und aber okay, das- so ist das halt, ja, Chefs- Chefs haben immer recht.

C Aber das andere, also wo Sie- wo Sie eigentlich schon übernommen haben und äh dem M[redacted] gesagt, also so- so und so geht's- Was hat denn der S[redacted] dazu gesagt?

K Ja, das war beim S[redacted] so. Ich hab den S[redacted] unterbrochen, was dann auch erstaunliche (C: Ach so), was ihn sogar noch wortloser gemacht hat also, ja, das war gut (stolz). Nee, das war- das war gut, das-

C Wie ist es Ihnen dabei gegangen?

K Gut.

C Gut. (S. 10, 1–13)

Der positive, ermutigende Stil des Coachs durch zahlreiche Varianten der Bestätigung und des Lobes fällt in dem Gespräch ebenfalls auf:

K Wenn die Themen- ich hatte neulich nen SEHR starken Auftritt, fand ich. Wir hatten ne Geschäftsleitungssitzung. Es hieß, wir sollen vorher uns Agendapunkte überlegen. Ich hatte etliche Agendapunkte eingebracht (C: MHM). Und ich hatte zu allen was vorbereitet. ALLE Anderen hatten NICHTS vorbereitet. Ich hab deswegen diese- diese Sitzung klar dem- dominiert (**C: Ja toll**), hab den Leuten Unterlagen um die Ohren gehauen (**C: lacht**), dass die sich GEWUNDERT haben, ja, so. (S. 2, 26–31)

Als Drittes ist das Gespräch gekennzeichnet durch Einordnungen der Phänomene als Artefakte der gelebten Organisations- und Führungskultur. Der Coach berät den Klienten in seiner professionellen Rolle als Führungskraft und setzt dabei den Fokus immer auch außen an, am System, der Organisation, der Geschäftsführung und den Mitarbeiter(inne)n als Mitglieder dieses Systems:

Beispiel 1:

K Ja, ich ich finde, ist meine persönliche Wahrnehmung, ich finde manchmal- ich finde manchmal, dass Kleinigkeiten zu sehr ausgewalzt werden ähm auch in der Berichterstattung. Ich finde auch, dass- ich- das nervt mich auch total. Er ist einfach total transparent. Er will ALLES den Leuten erzählen. Und er erzählt den Leuten dann irgendwelche Details aus irgend'ner Vertragsgestaltung (C: Ah ja) mit nem Auftraggeber. Und ich finde einfach (C: Ja ja), das hat die Leute auch gar nicht zu interessieren. Und das interessiert sie auch nicht. Die Leute wollen ihren Job machen. Und es ist denen vollkommen wurscht, ob da jetzt- ob wir 2,5 oder 2,6 Prozent Provision bekommen. Die kriegen ihr Gehalt. Das ist denen wurscht (C: Ja). Und ich finde, es wird minutiös den Leuten alles erzählt. Und es wird nach einer Art von- von Anspruch dabei, bei den Leuten erzeugt, dass sie in alle Themen eingebunden sein wollen. Und die Ergebnisse, die kriege ich jetzt gerade auf den Tisch. Gerade eben hatte ich- deswegen hat's auch länger gedauert bei mir, noch ein Gespräch mit meinen beiden Mitarbeitern. Kann ich ja auch gleich mal erzählen (C: Gerne, ja). Das- das kommt dann eben bei mir an. Die entwickeln eine Anspruchshaltung daraus, dass sie bei den leit- bei den Entscheidungen der Geschäftsführung irgendwie beteiligt sein wollen, ja. Und das ist irgendwo, weil er diesen Anspruch vermittelt, ja so, „Wir machen alles zusammen.“ Entscheidet dann natürlich dann doch ganz alleine. Ist ja ga- Ja, und- JA und wir hatten eben wieder etliche- etliche solche Dinge. Also es ist IMMER wieder dasselbe. ICH- ich könnte ne ganze Hand voll von Dingen aufzählen, wo's immer wieder dieselben Themen sind: Die beiden NEHMEN sich einfach'n Thema, MACHEN irgendwas, gehen hier nach vorne und sagen, „Wow“ und lassen's dann fallen. Und jemand muss da- der daneben steht, den klagen Sie dann an, „Ja, du hast's nicht aufgefangen“, ja, so nach dem Motto. Das ist einfach echt NERVIG, also das geht-

C Also das heißt eigentlich disziplinlos. Man muss/

K Ja, es ist disziplinlos, ich finde//

C Also das ist keine- keine disziplinierte Führungshaltung- (S. 3, 24 bis S. 4, 13)

Beispiel 2:

K Und dann wü- vertreten sie mit derselben Vehemenz das Andere- (C: Mhm) das Gegenteil davon und sagen, das haben sie schon immer gesagt, ja. We- Das ist- das macht's wirklich schwierig, ja.

C Na ja, das ist- das ist genau das Problem von den Entrepreneurs, ne, von diesen ganzen Firmengründern. So Pioniere sind einfach äh- das geht nicht nur Ihnen so, Pioniere (K: Ja ja), die ne Firma aufbauen, das sind immer Leute, die-

K Das sind Verkäufertypen-

C zu v-

K die sind-

C jaaa.

K Sie sind- die MÜSSEN auch selbstsicher rüberkommen. Die müssen auch heute dem Einen das erzählen, morgen dem Anderen (C: Ja) und so weiter und natürlich nie einen Zweifel daran aufkommen lassen, dass das, was Sie- was Sie sagen, auch meinen (C: Ja, ja), egal auch ob's heute- heute rechts und morgen links ist (K: Ja ja), das IST schon so. Das ist- ich verstehe das auch irgendwie, ja.

C Genau. Nicht, also das, ne, die- also so Verkäufer, so ne Verkäuferei dann, die sie auch in der Firma in der Mitarbeitern gegenüber so an den Tag legt, ne (K: Hm). Sie verkaufen irgendwie ständig Meinungen und verkaufen ständig-

K Nie- nie wird zugegeben, dass (C: Ja, ja) sie nen Fehler gemacht haben (C: Ja, ja ja), insbesondere der S[redacted] nicht, er würde- der diskutiert bis zum Abwinken. Und der redet einem n Kind in'n Bauch, äh nur, um nicht zu sagen, ja, okay, da habe ich mich mal geirrt irgendwie, ja. Ja (seufzend).

C Nee, das macht so diese Willkürherrschaft, ne. Verstehen Sie, das ist so- (S. 32, 1–23)

Beispiel 3:

C Klar, ja ja. Das ist'n bisschen das Problem. Aber ehrlich gesagt, Herr [redacted], das wird so bleiben.

K Das wird so bleiben?

C Diese- diese- ich glaube also, der- das Wichtige wird sein, dass Sie sich in diesem wabbeligen, entformalisierten, tendenziell entformalisierten Rahmen immer wieder neu positionieren müssen. Das ist das Anstrengende auch. Ich glaube, dass man sich da ständig neu positionieren muss. Und das strengt so an. (S. 34, 38 bis S. 35, 4)

Als signifikant erscheint mit der auditiven Analyse ein kurzer Gesprächsabschnitt etwa in der Mitte der Sitzung, wo der Coach den Klienten gewissermaßen diszipliniert und ähnlich der oben geschilderten Weise Emotionen zu minimieren versucht:

C Was ist- ja, was ist da alles schief gegangen?

K So ein- ein ein- beiläufig geäußerter Satz bei meinem Chef ankommt und gegen mich verwandt wird innerhalb von ner halben Stunde, finde ich schon erstaunlich.

C Also werden Sie da gepetzt oder wie?

K Offensichtlich. Also irgendjemand- also meine Kollegin hat's ja offensichtlich irgendwie gepetzt, hat ja gesagt, der O[redacted] scheint ja gar nicht zu wissen, was der morgen machen soll. Finde ich schon mal erstaunlich, also finde ich schon irgendwie- wie- bin ich immer wieder erstaunt also und äh die- die Reaktion von der anderen, von der Sekretärin, auch in so ner pampigen Art und Weise, muss ich auch sagen, fand ich auch erstaunlich, ja. Und dann diese- diese Art, hierdrauf so zu reagieren, so-

C Na ja, aber, pass mal auf, ich äh- Herr [redacted] ich fürchte, Sie rutschen jetzt wieder zurück ins so'n Jammern- Jam- (K: Ah, okay) sich Beschweren über, Sie wissen, was ich meine (K: Ah), sich Beschweren über die Eine, die Andere und ihn und so.

K Gut.

C Und dann, na ja, nee, wie- wie passiert das? Wie passiert das? (S. 15, 22–36)

*6.5.2 Leseanalyse |**Fall 3***

Mit dem Lesen des Gesprächs fällt eine Passage ins Auge, in der der Klient eine kritische Situation schildert und seine Gefühle in deutliche Worte fasst. Interessanterweise reguliert der Klient sich in der fortgesetzten Narration selbst:

K Ich hatte- ich hatte mehrere Meetings, ziemlich gute Meetings auch in der Zwischenzeit (C: Ja). Und neulich hatten wir bei- wir haben so ein Beratungsteam, [redacted], nen alten Kollegen dort eingeschaltet, die uns bei ner Organisationsberatung dort (C: Mhm) helfen. Auch da ist es wieder so ein Thema, was die beiden unbedingt hervor- nach oben gespielt haben. Ich habe meine alten Kollegen empfohlen. Jetzt haben sich BEIDE nicht richtig drum gekümmert. Und jetzt ist die Verantwortung bei mir. Mir wird das angelastet. Ich kriege nen schwarzen Fleck dafür so, dass dieses Projekt ins- nicht gelaufen ist. Und jetzt ist es ein total unangenehmes Gefühl für mich. Meine alten Kollegen sind auf mich sauer, weil- weil so nach dem Motto, was habt- hast denn du uns da für nen Auftrag vermittelt, weil sie da nichts mehr dran verdienen, weil meine Chefs permanent andere- andere Dinge verlangen, auch Dinge, die nicht im Auftrag drin stehen, verlangen sie von ihnen, weil es angeblich abgesprochen wäre, also auch da eine Vertrags- TOTAL verrückte Vertragsgestaltung. Ich war dort nicht eingebunden. Die beiden haben einfach was gemacht. Na ja, nun ist das Kind in den Brunnen gefallen. Und jetzt werde ich verantwortlich gemacht äh dafür, dass//

C Von wem? Von wem?

K Ja, von meinem Chef so, ja. Ich-

C Also der M[redacted] wieder?

K Ja, ich hab da auch nen Fehler gemacht letzte Woche, weil wir hatten eben, wie gesagt, ein Meeting dort bei [redacted]. Das ist schon so'n- das war'n völlig unterschiedlicher Anspruch. Wir haben nen Vertrag gemacht. Die waren der Meinung- die Berater waren der Meinung, der Ab- der Berat- der Vertrag ist abgeschlossen, stellten ne Rechnung. Und daraufhin sind meine Chefs angekommen, haben gesagt „Nee, nee, nee, nee, nee. Wir sind doch noch nicht mal- wir haben ja noch nicht mal die Hälfte des Auftrags erfüllt (C: lacht laut)." Also VÖLLIG unterschiedliche Erwartungshaltung von beiden Seiten, „Nee, nee, so geht das nicht." Und: „Wir müssen das alles noch mal grundweg aufarbeiten." Und daraufhin haben dann die Anderen noch mal was nachgelegt. Wir haben uns bei denen getroffen. Und das war für mich ein sehr sehr starkes Meeting, fand ich (C: Mhm), glaube ich, auch von den Anderen, aber auch durchaus- also ich hab da ne Führungsrolle, glaube ich, übernommen, hab sogar meine Chef da- Chefs da also über- einfach dann auch mal abgewürgt und gesagt, „So, das gehört jetzt hier wirklich nicht hierher" (C: Hä, gut). Wir- lasst uns jetzt mal (C: SEHR gut.), lasst uns jetzt hier mal äh in der Struktur bleiben und nicht immer abweichen von den Themen so.

C Wie haben Sie das geschafft, Mensch? Das ist doch #gut.# (S. 4, 33 bis S. 5, 28)

*6.5.3 Coachreflexion |**Fall 3***

Der Coach beschreibt die Sitzung wie folgt:

> „Immer wieder Jammern über Chefs der Pionierorganisation, dann aber gutes selbstbewusstes Agieren, ich ermuntere ihn mehrfach, sich an seine Führungsstärke zu erinnern." (Quelle: Reflexionsprotokoll Fall 3)

Der Coach identifiziert rückblickend drei signifikante Momente, nach circa zehn, dreißig und sechzig Minuten. Die Tabellen 20 bis 22 zeigen die entsprechenden Ausschnitte aus dem Reflexionsprotokoll mit den Originalformulierungen. Der erste signifikante Moment liegt im ersten Drittel des Gesprächs und wird vom Coach über die Körperhaltung des Klienten wahrgenommen. Im Bericht über die gute Vorbereitung und Kompetenzausstrahlung in einem Meeting richtet sich der

Klient im Sessel auf und macht auf den Coach einen selbstbewussten Eindruck. Der Dialog zu dieser Geste enthält folgende Gesprächszüge:

K Wenn die Themen- ich hatte neulich nen SEHR starken Auftritt, fand ich. Wir hatten ne Geschäftsleitungssitzung. Es hieß, wir sollen vorher uns Agendapunkte überlegen. Ich hatte etliche Agendapunkte eingebracht (C: MHM). Und ich hatte zu allen was vorbereitet. ALLE Anderen hatten NICHTS vorbereitet. Ich hab deswegen diese- diese Sitzung klar dem- dominiert (C: Ja toll), hab den Leuten Unterlagen um die Ohren gehauen (C: lacht), dass die sich GEWUNDERT haben, ja, so.

C Wer war denn dabei? Wer war denn dabei?

K Na ja, unsere beiden Geschäftsführer und alle anderen Abteilungsleiter.

C Ach ja.

K Und – und ich hab- ich hab die links überholt sozusagen (C: Mhm). Die haben sich irgendwie so'n bisschen was vorgestellt. Und ich hab denen immer ne Liste gelegt- hingelegt. Und dann mein einer Chef, der also- nicht mein direkter, sondern der andere, der neigt ja auch immer sehr zu Kritik, der meinte auch, „Das ist doch schon ganz gut. Ja, ich vermisse jetzt nur noch eine Sache: Ja, da fehlt jetzt das und so-" Meine ich: „Ach so, das, okay, ja. Hier haben wir ne andere Liste so."

C Haben Sie die aus'm Hut gezogen, ja?

K Die hab ich aus'm Hut gezogen. Das war- da war ein Supertermin, ja. Und die beiden, okay, da waren sie, glaube ich schon ziemlich- einigermaßen beeindruckt, so, ja. Und dann hieß es auch „Okay, dann machen wir das jetzt gleich mal zum Standard. Dann macht ihr alle anderen das jetzt auch so." Das war echt'n guter Termin, ja. Aber es ist halt- JA (seufzend) doch immer wieder- also auch da wieder- Ich finde, die beiden haben selbst- selbst große Schwierigkeiten mit der Führung, finde ich. (S. 2, 26 bis S. 3, 7)

Tabelle 20: Ausschnitt signifikanter Moment I aus dem Reflexionsprotokoll Fall 3

SIGNIFIKANTER MOMENT I		
Ca. Zeitpunkt im Gespräch:	**Thema der Gesprächsstelle:**	**Kennzeichnendes Stichwort („Titel") für diese Stelle:**
Nach ca. 10 Min.	*Keine Angaben*	*Keine Angaben*
Bitte beschreiben Sie die Gesprächsstelle I und erläutern die Signifikanz dieses Gesprächsabschnitts: Die Stelle ist interessant, weil… *Klient berichtet, wie er seinen Chef in einem Meeting mit seiner Kompetenz und Vorbereitung überrascht hat. Jetzt strafft er sich im Sessel selbstbewusst.*		

Den zweiten signifikanten Moment macht der Coach ebenfalls an der Körperhaltung des Klienten fest, als dieser über Beschuldigungen seines Chefs berichtet und in sich zusammensackt. Die entsprechende Textstelle hierzu enthält den folgenden Monolog:

K Genau, „Ja, also- ja, das war ja also wirklich ein- wir hatten letzte Woche ein Meeting, das war- (ja?) katastrophal. Die haben- wie Sekretärinnen saßen die. Und- die haben ja GAR nichts geliefert. Dann haben die GAR nichts gebracht.“ Und ich hab dann zu M[redacted] in dieser Sitzung gesagt, „Du M[redacted], ich fühle mich richtig schuldig, wenn du das so sagst.“ Und dann sagte er „Das ist auch gut so. Das ist auch richtig so“, meinte er so zu mir, „dass du dich da verantwortlich fühlst.“ Äh, und da dachte ich so, okay, das phhhh- ich wollte das nicht vor der Truppe dort äh ausdiskutieren. Aber für ihn bin ich dort verantwortlich in dem Thema. Und ich weiß nicht, wie er GENAU das meinte, ob ich sozusagen SCHULDIG bin, oder ob ich nur verantwortlich dafür bin, dass das jetzt alles gra- richtig gemacht wird, aber- (S. 7, 9–18)

Tabelle 21: Ausschnitt signifikanter Moment II aus dem Reflexionsprotokoll Fall 3

SIGNIFIKANTER MOMENT II		
Ca. Zeitpunkt im Gespräch:	**Thema der Gesprächsstelle:**	**Kennzeichnendes Stichwort („Titel“) für diese Stelle:**
Nach ca. 30 Min.	*Keine Angaben*	*Keine Angaben*
Bitte beschreiben Sie die Gesprächsstelle II und erläutern die Signifikanz dieses Gesprächsabschnitts: *Die Stelle ist interessant, weil…* *Er sackt in sich zusammen und erzählt, wie unverschämt der andere Chef S[redacted] agiert, wie er unversehens beschuldigt wird, dass die Berater von der Beratungsfirma wenig gebracht haben, bloß weil er sie (als alte Kollegen) empfohlen hat.*		

Als Drittes verweist der Coach auf die Stelle im Gespräch, an der der Klient von seiner anmaßenden Sekretärin berichtet. Er führt diese Situation später als Beispiel noch einmal an und bittet den Coach um Rat, wie man sich gegenüber solchen Mitarbeiter(inne)n verhalten soll. Zwei Textstellen repräsentieren das Beschriebene:

Textstelle 1:

K Also sage ich mal, selbst die Sekretärin, gerade gestern hatte ich auch ne ähnliche Situation, als die eine mich anfährt, dass doch bei mir drei Kaffeetassen auf'm Tisch stehn, so, so nach dem Motto „[redacted], na typisch mal wieder bei dir“, äh wo ich mich auch wundere, dass die- wie die überhaupt dazu kommen, ja (C: Mhm). Ich meine, die hat sowieso ne große Klappe, auch den beiden (C: auch (3 Silben unverständlich), ja) Geschäftsführern auch gegenüber, wo ich auch mich schon gewundert habe, was die sich so raus nimmt, ja (C: Hmhm). Ähm (2) aber eigentlich ist es schon erstaunlich, ja, wo ich echt denke, Mensch, ich gehe mit denen sehr fair um, und äh dass das- wie- wie- wie BÖSE die teilweise reagieren, muss ich sagen, also auch gerade heute die Frage nach dem Arbeits- nach dem eingerichteten Arbeitsplatz für morgen so, warum ich denn da jetzt erst um die Zeit kommen würde.

C Ist so pampig, ja.

K Total pampig irgendwie so, diese Art (C: Mhm). Immer dann sofort gefolgt, „Also nimm’s nicht persönlich“ und so, ne (C: lacht) und so und- und-

C Aha, habt ihr-

K „Ist nicht so gemeint jetzt gewesen so“, aber irgendwie so.

C Ah so.

K Finde ich schon.

C Äh also schrecklich entformalisiert geht man da um.

K Ja, finde ich schon. Also es ist so’n- schon eigentlich ziemlich erstaunlich, ja. Ich äh- es ist erstaunlich, dass die Männer untereinander höflicher miteinander umgehen, muss ich ehrlich sagen, ne also, obwohl wir durchaus ja auch Leute haben, die irgendwie- der eine kommt vom Bau so, ja (C: Ja ja). Und äh der kann auch durchaus Ellenbogen einsetzen, ja. Der geht deutlich höflicher miteinander um- äh mit den Anderen um also. Ja ja. Aber woher kommt das? Also wie verhält man sich da? Soll ich meine Kolleginnen mal drauf ansprechen, warum sie meinem Chef so was sagt?

C Ja, würde ich mal machen. (1) Ja, warum nicht? (S. 33, 4–30)

Textstelle 2:

C Diese- diese- ich glaube also, der- das Wichtige wird sein, dass Sie sich in diesem wabbeligen, entformalisierten, tendenziell entformalisierten Rahmen immer wieder neu positionieren müssen. Das ist das Anstrengende auch. Ich glaube, dass man sich da ständig neu positionieren muss. Und das strengt so an.

K Wie- wie verhalte ich mich denn gegenüber so ner Sekretärin, wenn die mich so anpflaumt?

C Ja phhh-

K Ich hab gestern zu der einen gesagt, mit diesen drei Tassen, als die da so ankam (C: (ach so, das jetzt, ja?)), habe ich gesagt, „Also ehrlich, (2 Silben unv.) ich finde das ein bisschen übertrieben, die Reaktion. Das war- (C: Ja) das war jetzt alles dazu, oder?

C Genau. Genau. Oder: Was soll denn das jetzt werden. (S. 35, 1–11)

Tabelle 22: Ausschnitt signifikanter Moment III aus dem Reflexionsprotokoll Fall 3

SIGNIFIKANTER MOMENT III		
Ca. Zeitpunkt im Gespräch:	**Thema der Gesprächsstelle:**	**Kennzeichnendes Stichwort („Titel") für diese Stelle:**
Nach 60 Min.	*Keine Angaben*	*Keine Angaben*
Bitte beschreiben Sie die Gesprächsstelle III und erläutern die Signifikanz dieses Gesprächsabschnitts: Die Stelle ist interessant, weil… *Klient berichtet von einer aufbrausenden Sekretärin. Er fragt sich, wie kommt es zu solchen Interaktionen.*		

*6.5.4 Sequenzanalyse |**Fall 3***

In der auditiven Auswertung sind in diesem Fall 3 einige spezifische Gesprächsmerkmale aufgefallen, die die Ausdrucksweise und Interaktion im Allgemeinen charakterisieren. Daneben ist auch ein signifikanter Moment bestimmt worden, der wiederum diese Spezifität des Interaktionsstils widerspiegelt. Die drei vom Coach ausgewählten Szenen handeln von Stolz und Enttäuschung des Klienten, seinem entsprechenden Ausdruck der Gefühle, der für den Coach körperlich sichtbar wird. Einer der Momente beinhaltet die Thematisierung der Schuldzuweisung durch den Chef, die Leseanalyse fokussiert ebenfalls einen Gesprächsabschnitt zur Thematisierung der Schuldgefühle des Klienten. Insgesamt drei Textbereiche innerhalb der Explorationsphase des Gesprächs erfassen diese Thematik von Schuldzuweisung und Schuldgefühlen. Alle drei Gesprächsabschnitte sollen der Reihe nach sequenzanalytisch betrachtet werden.

Sequenzbestimmung 3a:

K Ich hatte- ich hatte mehrere Meetings, ziemlich gute Meetings auch in der Zwischenzeit (C: Ja). Und neulich hatten wir bei- wir haben so ein Beratungsteam, [redacted], nen alten Kollegen dort eingeschaltet, die uns bei ner Organisationsi beratung dort (C: Mhm) helfen. Auch da ist es wieder so ein Thema, was die beiden unbedingt hervor- nach oben gespielt haben. Ich habe meine alten Kollegen empfohlen. Jetzt haben sich BEIDE nicht richtig drum gekümmert. Und jetzt ist die Verantwortung bei mir. Mir wird das angelastet. Ich kriege nen schwarzen Fleck dafür so, dass dieses Projekt ins- nicht gelaufen ist. Und jetzt ist es ein total unangenehmes Gefühl für mich. Meine alten Kollegen sind auf mich sauer, weil- weil so nach dem Motto, was habt- hast denn du uns da für nen Auftrag vermittelt, weil sie da nichts mehr dran verdienen, weil meine Chefs permanent andere- andere Dinge verlangen, auch Dinge, die nicht im Auftrag drin stehen, verlangen sie von ihnen, weil es angeblich abgesprochen wäre, also auch da eine Vertrags- TOTAL verrückte Vertragsgestaltung. Ich war dort nicht eingebunden. Die beiden haben einfach was gemacht. Na ja, nun ist das Kind in den Brunnen gefallen. Und jetzt werde ich verantwortlich gemacht äh dafür, dass//

C Von wem? Von wem? ii

K Ja, von meinem Chef so, ja. Ich-

C Also der M[redacted] wieder?

iii K Ja, ich hab da auch nen Fehler gemacht letzte Woche, weil wir hatten eben, wie gesagt, ein Meeting dort bei [redacted]. Das ist schon so’n- das war’n völlig unterschiedlicher Anspruch. Wir haben nen Vertrag gemacht. Die waren der Meinung- die Berater waren der Meinung, der Ab- der Berat- der Vertrag ist abgeschlossen, stellten ne Rechnung. Und daraufhin sind meine Chefs angekommen, haben gesagt „Nee, nee, nee, nee, nee. Wir sind doch noch nicht mal- wir haben ja noch nicht mal die Hälfte des Auftrags erfüllt (C: lacht laut).“ Also VÖLLIG unterschiedliche Erwartungshaltung von beiden Seiten, „Nee, nee, so geht das nicht.“ Und: „Wir müssen das alles noch mal grundweg aufarbeiten.“ Und daraufhin haben dann die Anderen noch mal was nachgelegt. Wir haben uns bei denen getroffen. Und das war für mich ein sehr sehr starkes Meeting, fand ich (C: Mhm), glaube ich, auch von den Anderen, aber auch durchaus- also ich hab da ne Führungsrolle, glaube ich, übernommen, hab sogar meine Chef da- Chefs da also über- einfach dann auch mal abgewürgt und gesagt, „So, das gehört jetzt hier wirklich nicht hierher“ (C: Hä, gut). Wir- lasst uns jetzt mal (C: SEHR gut.), lasst uns jetzt hier mal äh in der Struktur bleiben und nicht immer abweichen von den Themen so.

C Wie haben Sie das geschafft, Mensch? Das ist doch #gut.#
(S. 4, 33 bis S. 5, 28)

In Sequenzabschnitt 3a lassen sich drei Paarsequenzen wie folgt bestimmen: Zuerst trifft der Klient mit seiner Narration Aussagen, abschließend zusammengefasst mit der Aussage „Und jetzt werde ich verantwortlich gemacht äh dafür, dass//“ (S. 5, 7–8). Der Coach antwortet mit einer inhaltlichen Nachfrage (i: Sequenz *Aussage--Nachfrage*). Auf die Nachfrage reagiert der Klient mit einer Antwort (ii: Sequenz *Frage--Antwort*). Der Coach unterbricht die Antwort mit einer weiteren inhaltlichen Nachfrage (Zwischensequenz). Der Klient setzt seine Antwort in einer ausführlichen Erzählung fort. Auf die letzten Aussagen der Narration reagiert der Coach mit einer indirekten Frage und einer lobenden Aussage. Die Sequenz kann umschrieben werden als Sequenz *Aussage--Emotionen verstärkende Reaktion auf Aussage* (iii).

Sequenzbestimmung 3b:

i
K Haben sie auf mich gehört. Und wie gesagt, was mich halt dann nur ärgerte im Nachhinein, dass die beiden das selbst so sagten, ähm „Ja, so ein Mist hier.“ Und „diese Idioten hier, die haben wir hier eingeschaltet.“ Und ich stehe daneben und fühle mich schuldig und denke so (mit sich überschlagender Stimme), „Verdammt, ich hab die rein gebracht“ (C: Ja, ja). Und ich hab das geäußert gegenüber meinem Chef im Gespräch, weil er das auch noch mal vor versammelter Runde gesagt hat, vor meinen Mitarbeitern- Auch DAS fand ich wieder so ne Sache, wo ich dachte, ha//
C Was hat der gesagt? Dass die Quatsch gemacht haben?

ii
K Genau, „Ja, also- ja, das war ja also wirklich ein- wir hatten letzte Woche ein Meeting, das war- (ja?) katastrophal. Die haben- wie Sekretärinnen saßen die. Und- die haben ja GAR nichts geliefert. Dann haben die GAR nichts gebracht.“ Und ich hab dann zu M[redacted] in dieser Sitzung gesagt, „Du M[redacted], ich fühle mich richtig schuldig, wenn du das so sagst.“ Und dann sagte er, „Das ist auch gut so. Das ist auch richtig so“, meinte er so zu mir, „dass du dich da verantwortlich fühlst.“ Äh, und da dachte ich so, okay, das phhhh- ich wollte das nicht vor der Truppe dort äh ausdiskutieren. Aber für ihn bin ich dort verantwortlich in dem Thema. Und ich weiß nicht, wie er GENAU das meinte, ob ich sozusagen

> SCHULDIG bin, oder ob ich nur verantwortlich dafür bin dass das jetzt alles gra- richtig gemacht wird, aber- (S. 7, 1–16)

Sequenzschnitt 3b enthält zwei Paarsequenzen, die sich wie folgt beschreiben lassen: Der Klient beschreibt in seiner Erzählung eine Situation und schließt mit einer halb offenen Aussage. Der Coach stellt eine Nachfrage (i: Sequenz <u>*Aussage--Nachfrage*</u>). Der Klient antwortet auf die Frage wieder ausführlich (ii: Sequenz <u>*Frage--Antwort*</u>).

Sequenzbestimmung 3c:

i	K	Ja, das Projekt ist noch nicht abgeschlossen. Und ich sage mal, das wird ein schwarzer Fleck sein, der bei mir auf der Weste klebt. Da wird's heißen, ja dieses [redacted]-Ding, das hat der doch ja gemacht, ja (C: Mhm). Das wird bei mir hängen bleiben. Das- dieser Misserfolg, der wird nen Namen tragen, ja (C: Ja ha (lacht kurz)). Das ist unfair. Und aber okay, das- so ist das halt, ja, Chefs- Chefs haben immer recht.	
	C	Aber das andere, also wo Sie- wo Sie eigentlich schon übernommen haben und äh dem M[redacted] gesagt, also so- so und so geht's- Was hat denn der S[redacted] dazu gesagt?	
	K	Ja, das war beim S[redacted] so. Ich hab den S[redacted] unterbrochen, was dann auch erstaunliche (C: Ach so), was ihn sogar noch wortloser gemacht hat also, ja, das war gut (stolz). Nee, das war- das war gut, das-	ii
	C	Wie ist es Ihnen dabei gegangen?	
iii	K	Gut.	
	C	Gut. (S. 10, 1–13)	

Der Sequenzabschnitt 3c besteht aus vier gepaarten Folgeäußerungen. Mit dem ersten Gesprächsschritt resümiert der Klient die Konsequenzen einer Schuldzuweisung, formuliert dies sehr emotional, und beendet seinen Redezug schließlich mit einer negativ selbstbewertenden Aussage. Der Coach antwortet mit einer Frage, die den Fokus auf ein positives Erlebnis lenkt. Diese Paarsequenz ist eine Folge von Sequenzen <u>*Aussage--Frage*</u>, kann aber aufgrund der lenkenden Funktion als Sequenz <u>*negativ selbstbewertende Aussage--Emotionen lenkende Frage*</u> (i) beschrieben werden. Die Frage beantwortet der Klient prompt und formuliert dabei eine positive Selbstbewertung. Der Coach fragt daraufhin nach, erkundigt sich nach den Gefühlen während der Situation (ii: Sequenz *positiv selbstbewertende Aussage --Emotionen verstärkende Nachfrage*). Diese Nachfrage beantwortet der Klient wiederum mit „Gut“ (S. 10, 12) (iii: Sequenz *Nachfrage—Antwort*) und der Coach wiederholt diese Bewertung bestätigend: „Gut.“ (S. 10, 13)

Aus sequenzanalytischer Perspektive erscheinen die Sequenzbestimmung 3a und 3c interessant, da mit ihnen neue Sequenzpaare beschrieben wurden. In der weiteren Analyse sollen daher beide Abschnitte berücksichtigt werden.

*6.5.5 Bestimmung des kommunikativen Zwecks |**Fall 3***

Die übergeordneten Aufgaben im Beratungs- beziehungsweise Coachinggespräch sind in Abschnitt 6.2.1 erläutert worden.

Neben dem sind folgende Aspekte zu beachten: Das Coaching ist als Begleitung und Unterstützung einer jungen Führungskraft im Rahmen von Personalentwicklung angelegt. Der gesamte Coachingprozess erfolgt vor dem Hintergrund eines sogenannten Dreieckskontrakts[57]: Auftraggeber ist der Vorgesetzte, der damit gleichzeitig einen Einfluss auf Zielvorgaben für das Führungscoaching hat. Das Gespräch verfolgt damit übergeordnet die Entwicklung und Stärkung des Klienten in seiner Führungsrolle. Daher ist die kommunikative Aufgabe für den Coach, im Coaching positive Erlebnisse, Erfolge und Stärken des Klienten zu festigen, ebenso wie die Reflexion und Evaluation von kritischen Ereignissen und individuellen Entwicklungsthemen. In den beiden Gesprächsausschnitten wird dies wie folgt sichtbar:

Der Sequenzabschnitt 3a ist innerhalb der Explorationsphase des Coachinggesprächs zu verorten. Die spezifischen kommunikativen Aufgaben in dieser Gesprächsphase sind, das Anliegen in seiner Tiefe zu erschließen und den Klienten zu ermutigen, neue Optionen und Perspektiven zu durchdenken. Dies geschieht in dieser Sitzung über die Erörterung von Führungsthemen und -situationen des Klienten. Bezogen auf den Gesprächsausschnitt exploriert der Coach die Situation beziehungsweise die beteiligten Personen und verschafft sich damit die notwendigen Informationen, um die Konstellation nachvollziehen zu können. Nachdem der Klient im Verlauf seiner Erzählung positive Aspekte resümiert, greift der Coach diese auf und verstärkt das positive Empfinden, den Stolz des Klienten, durch ein anerkennendes Lob.

57 Dreieckskontrakt: Aus der Supervision übernommene Bezeichnung für die Arbeitsvereinbarung zwischen Coach, Klient/in und Auftraggeber/in. Auftraggeber/in und Klient/in sind nicht personenidentisch. (vgl. DGSv regional, o. J.)

Der Sequenzabschnitt 3c spiegelt ebenfalls eine Gesprächsstrecke innerhalb der Explorationsphase wider. Der Klient fasst in seiner Aussage den Misserfolg im Beratungserfolg und die persönlichen Konsequenzen zusammen. Der Coach reagiert mit einer fokusverschiebenden Nachfrage und lenkt damit die Reflexion auf ein positives Erlebnis im Sinne der oben dargestellten Stärkung des Klienten.

*6.5.6 Analyse kognitiv-emotionaler Prozesse |**Fall 3***

Auch die Beschreibung der kognitiv-emotionalen Prozesse soll für beide ausgewählten Gesprächsausschnitte erfolgen.

Im ersten Gesprächsausschnitt (Sequenzabschnitt 3a) muss der Coach die Bewertungen des Klienten empathisch nachvollziehen. Um die geschilderte Situation durchdringen zu können, erfragt sie die beteiligten Personen und verschafft sich damit das notwendige Faktenwissen. Die erste Frage wird vom Klienten noch nicht greifbar beantwortet („Ja, von meinem Chef so, ja.“ S. 5, 10), weshalb der Coach den konkreten Namen erfragt. Der dann folgenden Schilderung muss der Coach kognitiv in den Fakten sowie emotional bezogen den Bewertungen des Klienten folgen. Das Verständnis für die Details der Erzählung wird vom Coach durch Lachen, bestätigende Lautäußerungen und Spontanbewertungen („Sehr gut“, S. 5, 26) signalisiert. Die Wichtigkeit der positiven Selbsteinschätzung des Klienten erfasst der Coach über Empathie und die Interpretation von Körpersignalen, wie im Reflexionsprotokoll festgehalten (siehe auch 6.5.3). Die kognitiv-emotionalen Prozesse beziehen sich neben dem geistigen Durchdringen von Fakten also hier eindeutig auf empathische, intuitive und auf Erfahrungswissen basierende Ausdeutungen von Emotionen.

Im zweiten Gesprächsausschnitt (Sequenzabschnitt 3c) muss der Coach wie im vorangegangenen Beispiel die Bewertungen ihres Klienten empathisch nachvollziehen. Gleichzeitig muss der Coach in der Lage sein, das nüchtern wirkende Resümee des Klienten „Und aber okay, das so ist das halt, ja, Chefs haben immer recht“ (S. 10, 5) zu deuten. Signalisierend ist in diesem Zusammenhang schon das Lachen des Coachs kurz zuvor. Es deutet daraufhin, dass der Coach keine gefühlsmäßige Belastung des Klienten interpretiert, die vertiefend bearbeitet werden müsste. Der Coach verfolgt das Ziel, den Klienten positiv zu stärken, und nimmt so die resümierenden Worte zum Anlass, das Thema umzulenken. Der Klient reagiert prompt auf den Trigger[58] und antwortet stolz. Diese positive

58 Trigger (engl.) Auslöser, Auslöseimpuls. In der Psychologie meint Trigger den eine Erinnerung oder starke emotionale Reaktion auslösenden Schlüsselreiz.

Emotion des Klienten erkennt der Coach und setzt hier verstärkend mit einer Nachfrage an. Der Klient ist in der Lage, eine unwillkürliche Bewertung abzurufen, die positiv ist. Der Coach wiederholt dieses „Gut" (S. 10, 13): eine Verstärkung im doppelten Sinne, zum einen durch den Widerhall der Klientenaussage, zum anderen als Bewertung und damit wieder Verstärkung durch den Coach.

*6.5.7 Musterrekonstruktion |**Fall 3***

Die anhand der identifizierten Sequenzen gefundenen Dynamiken sollen hier als minimale Rekonstruktionen veranschaulicht werden. Es gelten die in Abschnitt 6.2.2 vorangestellten Bedingungen für die Musterrekonstruktion.

Fünfte Musterrekonstruktion zur Sequenzbestimmung $3a_{kurz}$:

K Ja, ich hab da auch nen Fehler gemacht letzte Woche, weil wir hatten eben, wie gesagt, ein Meeting dort bei [redacted]. Das ist schon so'n- das war'n völlig unterschiedlicher Anspruch. Wir haben nen Vertrag gemacht. Die waren der Meinung- die Berater waren der Meinung, der Ab- der Berat- der Vertrag ist abgeschlossen, stellten ne Rechnung. Und daraufhin sind meine Chefs angekommen, haben gesagt „Nee, nee, nee, nee, nee. Wir sind doch noch nicht mal- wir haben ja noch nicht mal die Hälfte des Auftrags erfüllt (C: lacht laut)." Also VÖLLIG unterschiedliche Erwartungshaltung von beiden Seiten, „Nee, nee, so geht das nicht." Und: „Wir müssen das alles noch mal grundweg aufarbeiten." Und daraufhin haben dann die Anderen noch mal was nachgelegt. Wir haben uns bei denen getroffen. Und das war für mich ein sehr sehr starkes Meeting, fand ich (C: Mhm), glaube ich, auch von den Anderen, aber auch durchaus- also ich hab da ne Führungsrolle, glaube ich, übernommen, hab sogar meine Chef da- Chefs da also über- einfach dann auch mal abgewürgt und gesagt, „So, das gehört jetzt hier wirklich nicht hierher" (C: Hä, gut). Wir- lasst uns jetzt mal (C: SEHR gut.), lasst uns jetzt hier mal äh in der Struktur bleiben und nicht immer abweichen von den Themen so.

C Wie haben Sie das geschafft, Mensch? Das ist doch #gut.# (S. 5, 12–28)

Positive Emotionsverstärkung – Muster E

Das einfache Muster E bildet sich mit den nachfolgend erläuterten Konstituenten E1 bis E4 aus der Sequenz *Aussage--Emotionen verstärkende Reaktion auf Aussage:*

E1: Die Klientin/der Klient trifft eine Aussage.

E2: Die Aussage schließt positive Selbstbewertungen ein.

E3: Der Coach bewertet die Klientensicht mit einer Aussage in lobender Weise.

E4: Die Aussage ist positiv verstärkend angelegt, das heißt, sie bekräftigt die positiven Gefühle oder subjektiven Bewertungen.

Das Gesprächsmuster wird als „Positive Emotionsverstärkung“ benannt, weil das Interaktionsmuster einen Positivkreislauf abbildet: Die positive Selbstbewertung wird durch ein positives Feedback verstärkt und löst weitere positive Bewertungen aus. Dabei bildet die Klientenaussage den Ausgangspunkt für die Interaktion, die verstärkende Reaktion durch den Coach ist aber als das Muster konstituierende Element zu sehen.

Sechste Musterrekonstruktion zur Sequenzbestimmung 3c:

K Ja, das Projekt ist noch nicht abgeschlossen. Und ich sage mal, das wird ein schwarzer Fleck sein, der bei mir auf der Weste klebt. Da wird's heißen, ja dieses [redacted]-Ding, das hat der doch ja gemacht, ja (C: Mhm). Das wird bei mir hängen bleiben. Das- dieser Misserfolg, der wird nen Namen tragen, ja (C: Ja ha (lacht kurz)). Das ist unfair. Und aber okay, das- so ist das halt, ja, Chefs- Chefs haben immer recht.

C Aber das andere, also wo Sie- wo Sie eigentlich schon übernommen haben und äh dem M[redacted] gesagt, also so- so und so geht's- Was hat denn der S[redacted] dazu gesagt?

K Ja, das war beim S[redacted] so. Ich hab den S[redacted] unterbrochen, was dann auch erstaunliche (C: Ach so), was ihn sogar noch wortloser gemacht hat also, ja, das war gut (stolz). Nee, das war- das war gut, das-

C Wie ist es Ihnen dabei gegangen?

K Gut. (S. 10, 1–12)

Interaktionale Emotionsverschiebung – Muster F

Das komplexere Muster F bildet sich mit den nachfolgend erläuterten Konstituenten F1 bis F8 (ergänzend F9) aus der Sequenz *negativ selbstbewertende Aussage--Emotionen lenkende Frage* und der Sequenz *positiv selbstbewertende Aussage--Emotionen verstärkende Nachfrage*:

F1: Die Klientin/der Klient trifft eine Aussage.

F2: Die Aussage schließt subjektive Bewertungen ein und hat die Tendenz einer negativen Selbstbewertung oder einen negativen Bewertung der persönlichen Situation.

F3: Der Coach reagiert mit einer Frage.

F4: Die Frage bezieht sich nicht auf die vorherige Aussage der Klientin/des Klienten, sondern lenkt von deren Inhalt und Bewertung weg auf einen „Nebenschauplatz".

F5: Das neu Thematisierte ist positiv assoziiert.

F6: Die Klientin/der Klient reagiert auf die Positivassoziation mit positiven Aussagen.

F7: Der Coach stellt eine Nachfrage.

F8: Die Nachfrage verstärkt die positive Emotion.

(F9: Die Klientin/der Klient beantwortet die Nachfrage positiv selbstbewertend.)

Das Gesprächsmuster wird als „Interaktionale Emotionsverschiebung" benannt, mit der der Fokus von negativen Emotionen hin zu positiven Emotionen verschoben wird. Dabei erzeugt die komplexe Verbindung zweier Sequenzpaare die Interaktion der Gesprächspartner/innen. Das Zusammenspiel dieser wechselseitigen Kommunikation ist neben der aktiven Positivlenkung durch den Coach konstitutiv für das Zustandekommen dieses Musters.

*6.5.8 Musterprüfung |**Fall 3***

Nachfolgend werden beide Muster E und F überprüft. In den anderen Falltranskripten (Fall 1, Fall 2, Fall 4, Fall 5 und Fall 6) finden sich keine vergleichbaren Dialogstellen, so dass die Muster ausschließlich am selben Fall geprüft werden können.

Prüfung von Muster E Positive Emotionsverstärkung in Fall 3

Das Muster der *Positiven Emotionsverstärkung* enthält die Sequenz *Aussage--Emotionen verstärkende Reaktion auf Aussage*, die in der nachfolgenden Textstelle identifiziert wurde.

K Ich finde- ich- ich finde eigentlich äh, wenn ich's jetzt so rüberbringe, ich glaub, das waren ein paar gute Wochen. Ich hab da, glaube ich, ein paar Mal gute- (C: Ja, schön) wirklich gut mal- gut reagiert. Ich glaube, ich hab das angenommen, die- diese Position.

C Prima. (S.23, 4–8)

E1: *Die Klientin/der Klient trifft eine Aussage.*

E2: *Die Aussage schließt positive Selbstbewertungen ein.*

E3: *Der Coach bewertet die Klientensicht mit einer Aussage in lobender Weise.*

E4: *Die Aussage ist positiv verstärkend angelegt, das heißt, sie bekräftigt die positiven Gefühle oder subjektiven Bewertungen.*

Ergebnis der Musterprüfung: Das Muster E konnte am Textausschnitt repliziert werden.

Prüfung von Muster F Interaktionale Emotionsverschiebung in Fall 3

Für die Musterprüfung der *Interaktionalen Emotionsverschiebung* war es äußerst schwierig, eine infrage kommende Textstelle zu finden. Entsprechend erfolgt die Prüfung an einer annähernd ähnlichen Sequenzfolge.

K Offensichtlich. Also irgendjemand- also meine Kollegin hat's ja offensichtlich irgendwie gepetzt, hat ja gesagt, der O[redacted] scheint ja gar nicht zu wissen, was der morgen machen soll. Finde ich schon mal erstaunlich, also finde ich schon irgendwie- wie- bin ich immer wieder erstaunt also und äh die- die Reaktion von der anderen, von der Sekretärin, auch in so ner pampigen Art und Weise, muss ich auch sagen, fand ich auch erstaunlich, ja. Und dann diese- diese Art, hierdrauf so zu reagieren, so-

C Na ja, aber, pass mal auf, ich äh- Herr [redacted] ich fürchte, Sie rutschen jetzt wieder zurück ins so'n Jammern- Jam- (K: Ah, okay) sich Beschweren über, Sie wissen, was ich meine (K: Ah), sich Beschweren über die Eine, die Andere und ihn und so.

K Gut.

C Und dann, na ja, nee, wie- wie passiert das? Wie passiert das?

K Ja, ich weiß- weiß es- das weiß ich eben auch nicht. Wie kommt das? (S. 15, 26–38)

F1: *Die Klientin/der Klient trifft eine Aussage.*

F2: *Die Aussage schließt subjektive Bewertungen ein und hat die Tendenz einer negativen Selbstbewertung oder einen negativen Bewertung der persönlichen Situation.*

~~*F3: Der Coach reagiert mit einer Frage.*~~

~~*F4: Die Frage bezieht sich nicht auf die vorherige Aussage der Klientin/des Klienten, sondern lenkt von deren Inhalt und Bewertung weg auf einen „Nebenschauplatz".*~~

~~*F5: Das neu Thematisierte ist positiv assoziiert.*~~

~~*F6: Die Klientin/der Klient reagiert auf die Positivassoziation mit positiven Aussagen.*~~

F7: Der Coach stellt eine Nachfrage.

~~*F8: Die Nachfrage verstärkt die positive Emotion.*~~

~~*F9: Die Klientin/der Klient beantwortet die Nachfrage positiv selbstbewertend.*~~

Ergebnis der Musterprüfung: Das Muster F konnte am Textausschnitt nicht repliziert werden, da die Bedingungen für die einzelnen Sequenzen nicht erfüllt werden: Der Coach reagiert auf die erste Aussage des Klienten nicht mit einer Frage, sondern mit einer Aussage. Die Aussage thematisiert keine Positivassoziationen, sie ist eher disziplinierend angelegt. Entsprechend reagiert der Klient nicht mit Positivassoziationen, aber immerhin mit einer neutralen bis positiven anerkennenden Antwort. Die Nachfrage des Coachs verstärkt keine positiven Emotionen, sondern verfolgt die Informationsaufnahme. Die abschließende Aussage im gewählten Abschnitt ist nicht positiv-selbstbewertend.

*6.5.9 Resümee der Gesprächsanalyse |**Fall 3***

Der weibliche Coach beschreibt ihren persönlichen Stil als dialogorientiert und greift in ihrer Arbeit auf Methoden der Gestalttherapie und Klientenzentrierten Beratung beziehungsweise Gesprächsführung sowie auf Ansätze aus dem Psychodrama zurück. Vor dem Hintergrund psychologischer, psychotherapeutischer und supervisorischer Qualifikationen arbeitet die promovierte Diplompsychologin seit 30 Jahren als Coach. Für ihre Vorgehensweise im Coaching erachtet sie eine saubere Analyse der Führungskraft im System (Organisations- und sozialwissenschaftliche Analyse) für zentral. Der Coach schildert im offenen Interview den eigenen Stil als direktiv und konfrontativ, gleichzeitig als persönlich und nah am Menschen, „sehr variabel zwischen Konfrontation und Support" (Quelle: Interview Coach 2).

Die Analyse dieses Coachinggesprächs mit einer neu ernannten Führungskraft offenbart das beschriebene Vorgehen entlang eines organisationssystemischen und manageriell orientierten Beratungskonzepts. Im Zentrum der Interaktion steht die Stärkung des Klienten in seiner Rolle als Führungskraft. Immer wieder erfolgt die Einordnung der Phänomene in Organisations- und Managementtheorien sowie Rollenkonzepte. Zum Ende des Gesprächs erfolgen überdies diagnostische Einordnungen durch den Coach (z. B. Habitus von Entrepreneurs, entformalisierte Organisationsstruktur).

Interessant erscheint es, dass der Coach im Reflexionsprotokoll signifikante Momente anhand der körperlichen Reaktionen des Klienten festmacht, also wenn dieser sichtlich bewegt war. Der Fokus auf Körpersprache mag auf therapeutisches Hintergrundwissen zurückzuführen sein. In jedem Fall sprechen die Zuordnungen für eine Aufmerksamkeitsfokussierung des Coachs auf Körpersprache beziehungsweise die Gesamtgestalt des Klienten.

Der kommunikative Stil des Coachs zeichnet sich insgesamt durch eine ermutigende Art aus. Die in diesem Fall rekonstruierten Muster der *Positiven Emotionsverstärkung* und *Interaktionalen Emotionsverschiebung* bilden diese Haltung methodisch ab: Der Coach verstärkt generell positive Emotionen und bestätigt den Klienten in seinen guten Leistungen. Dies findet sowohl in Momenten der positiven Selbstbewertung (*Positive Emotionsverstärkung*) statt, als auch als gesteuerte Intervention bei negativer Selbstbewertung (*Interaktionale Emotionsverschiebung*). Auffällig erscheint, dass der Coach die deutlichen oder intensiveren Gefühlskundgaben des Klienten in keinem Fall in explorierender, verstärkender Weise bearbeitet. Dabei zeigen die Analysen in Fall 6, dass die empathische Arbeit an Emotionen offenkundig auch zum Repertoire dieses Coachs zählt.

Alle Interaktionsmuster werden in Kapitel 6.9 noch einmal nebeneinander abgebildet und in ihren Bezügen zueinander dargestellt.

Die Ergebnisse der Evaluation der Sitzung anhand des „Fragebogens vor dem Coaching“ und des „Fragebogens nach dem Coaching“ zeigen einen leichten Hinweis auf eine veränderte Akzeptanz eigener Emotionen (Skalen zum Erleben von Emotionen (SEE) nach Behr & Becker 2004, vgl. Unterkapitel 5.7) bei dem Coachee. Dem Item 55 hat er in der Nachher-Befragung um den Wert 2 stärker zugestimmt als vorher:

- Item 55 „Ich stehe zu allen meinen Empfindungen.“

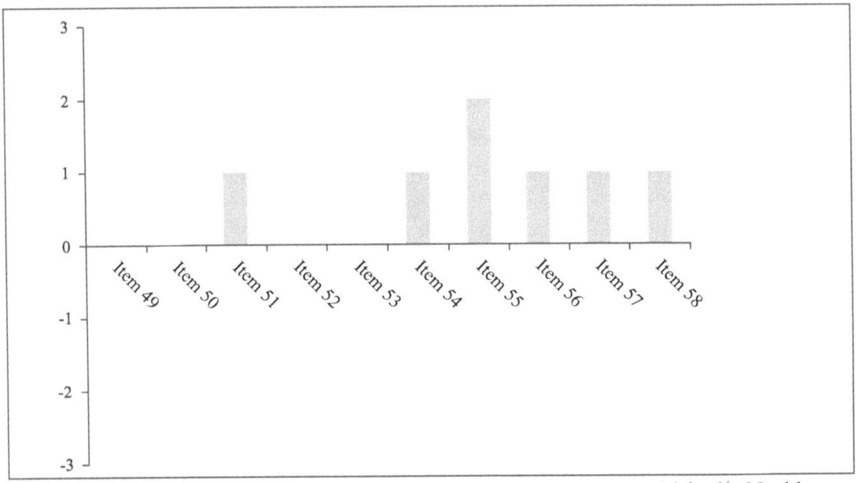

Hinweis: Items 49–58 in der Vorher-Befragung entsprechen Items 1–10 in der Nachher-Befragung.

Abbildung 18: Vorher-Nachher-Abweichung in Fall 3

Obwohl diese Abweichungen in ihrer Signifikanz mangels weiterer statistischer Kennzahlen nicht belegt werden können, deutet die veränderte Antwort auf diese Frage an, dass der Coachee nach dem Coaching eine stärkere Akzeptanz für seine eigenen Emotionen hatte beziehungsweise in der Lage war, ein größeres Verständnis für seine Empfindungen auszudrücken. Für alle anderen Items konnten keine auffälligen oder gar keine Abweichungen festgestellt werden. Abbildung 18 zeigt alle Abweichungen der Vorher-Nachher-Befragung.

6.6 *Fall 4* „Ich bin ja auch mutterseelenallein da.“

Das Gespräch ist die zehnte Sitzung aus dem fortlaufenden Coachingprozess einer weiblichen Führungskraft. Die Klientin und ihr weiblicher Coach sind einander daher gut bekannt und in ihrer professionellen Rollenverteilung vertraut. Die Klientin formuliert als Ziele für die knapp 80-minütige Sitzung:

> „Konfliktsituationen im Umgang mit Angestellten zu verstehen und neue Perspektiven zu erkennen und Handlungsoptionen zu erschließen" (Quelle: Fragebogen nach dem Coaching Fall 4)

Gleich mit Beginn des Gesprächs weist die Klientin darauf hin, dass sie ein paar Probleme hätte, was als übergeordnetes Anliegen der Klientin verstanden werden kann, über diese verschiedenen Probleme zu reflektieren. In der Klärungsphase informiert die Klientin ihren Coach über den Fortgang der Kontaktvermittlung eines anderen Konfliktcoachs, woran sich der Bericht über einen ungelösten Konflikt in einem ihrer Teams anschließt. In der ersten Exploration stehen dieser Konflikt und eine schwierige Mitarbeiterin, an der sich alles „entzündet" (S. 3, 12) hat, im Mittelpunkt der Erkundungen. Der Coach deckt dabei weitere Ursachen des Konflikts auf, was die Interaktionsbedürfnisse der Mitarbeiter/innen in den Fokus rückt. Die Klientin formuliert ihre Aggressionen und Widerstände. In deren Reflexion werden die mögliche Strenge, Disziplin und Härte der Klientin aufgeklärt. In dieser Bewertungsphase des Gesprächs wird auch eine Analogie zur Mutter-Tochter-Beziehung hergestellt. Der Coach spricht daneben die private Balance der Klientin an und richtet den Blick auf Ausgleichsmöglichkeiten zur selbstauferlegten Disziplin. Die eigenen Bedürfnisse der Klientin und die an sie herangetragenen Bedürfnisse der Mitarbeiter/innen werden weiter reflektiert. Am Ende dieser Rollenreflexion als Führungskraft steht die Auffassung einer hohen Sensibilität der Organisationsmitglieder, die von Coach und Klientin am Beispiel eines konfliktären Vorfalls diagnostiziert wird. Es werden dann verschiedene Maßnahmen zur Deeskalation der Konflikte beschlossen, beispielsweise das Vorgehen der Stellvertretersuche und ein lockereres Zu- und Eingehen auf die Teammitglieder. Mit dem Abschluss des Gesprächs erklärt die Klientin, dass sie durch den Austausch mit ihrem Coach besänftigt (S. 40, 2) sei, ihre Gefühle ein bisschen ordnen konnte.

Die einzelnen Gesprächsphasen und -inhalte sind ausführlich im Gesprächsinventar zu Fall 4 im Anhang dargestellt.

*6.6.1 Auditive Analyse |**Fall 4***

In der rein auditiven Wahrnehmung dieses Coachingdialogs fällt schnell auf, wie eingespielt die Interaktionspartnerinnen miteinander sind. Der Zuhörer spürt eine vertrauensvolle Beziehung, getragen von einer klaren, professionellen Rollenverteilung:

Beispiel 1:

K Ich hab dann auch gesagt, SIE sind mein Coach. „Aha, ach soooo“, hat sie dann gleich gesagt, ah ja. (S. 1, 7–8)

Beispiel 2:

K Ne, und wenn ich heute zum Beispiel zu Ihnen fahre, habe mich sehr gefreut auf den Termin heute. Und da hab ich so gedacht, ach heute, komme ich mal richtig angejammert bei Ihnen (C: Aha), ne, das ist ja auch so was, da hatte ich- ich hatte heute auch so was #Regressives#

C #Darf doch aber sein#

K (lacht kurz) Ne.

C Also mich macht das nicht ärgerlich.

K Ne, aber so ha- innerlich hab ich so gedacht, ach ja Mensch, ach Frau S[redacted] muss jetzt mal hier'n bissen meine Wunden streicheln, ne.

C Ja, klar, ja klar. (S. 21, 22–31)

Emotionen werden in dem Gespräch viel thematisiert und reflektiert, mit Referenz zu unterschiedlichen Personen und Situationen. Dabei teilen Coach und Klientin psychologisches und therapeutisches Hintergrundwissen und interagieren mit diesem Verständnis auf einem hohen metaperspektivischen Reflexionsniveau. In der auditiven Ermittlung signifikanter Dialogstellen erwecken zwei Aussagen durch den Coach besonderes Interesse, die Thematisierung der Mutter-Tochter-Beziehung und Analogiebildung zur Führungsrolle und die bildsymbolische Verbalisierung der nach der Klientin „greifenden“ Mitarbeiter/innen:

Textstelle 1:

C Gut, ja. Kann das sein, dass Sie damals natürlich auch jetzt als alleinerziehende Mutter natürlich da ein ganz hohes Maß an Disziplin aufbringen mussten (K: Ja, musste) ja auch, das und mit dem Kind (K: Ja). Und ich glaube, das ist jetzt auch'n bisschen so, dass Sie jetzt auch (K: Ja) in der neuen Führungsposition auch ein hohes Maß an Disziplin aufbringen müssen, dass das alles gut funktionieren (K: Ja), dass sie die nicht ZU nah an sich ran lassen, da die Mitarbeiter auch und so, ne.

K Ja/ (C: Also) ich bin ja auch mutterseelenALLEIN da, ja.

C 'türlich.

K Also da da- äh weil Sie das sagen. Ich glaube, das ist das Thema. Das stimmt, da haben Sie recht. Das ist so, ne, da komme ich gleich noch zu, zu dem nächsten Thema, was ich auch noch #mitgebracht hab# (S. 18, 25–35)

Textstelle 2:

C Das ist das- das ist- Und das spüren die auch natürlich und greifen- wollen jetzt nach Ihnen GREIFEN. Ist das so was?

K Ja, ja ja, so was- so was, glaube ich, ist das. Mhm. Oh, ist mir ganz unangenehm, wenn wir darüber reden.

C Was ist unangenehm.

K Dass Sie so greifen (lacht kurz), weil Sie das so sagen (lacht) (C: Ja, ja) so, ja. (S. 19, 8–13)

*6.6.2 Leseanalyse |**Fall 4***

Mit dem Lesen des Transkripts werden insgesamt drei Gesprächsabschnitte als signifikant im Sinne emotionaler Bewegtheit erkannt. Zum einen tritt in der Leseanalyse der Gesprächsabschnitt hervor, in dem die Klientin von der Kränkung einer Teamkoordinatorin durch das Team erzählt. Die Coachfrage „Was geht Ihnen noch so nach?“ (S. 9, 30) deutet darauf hin, dass der Coach das emotionale Berührtsein der Klientin wahrnimmt und sie daher zum Ausdruck ihrer Gefühle anregt:

C Na gut. Ich meine äh, es- was ist- was geht Ihnen noch so nach?

K (Seufzt) Na ja, mir geht so'n bisschen nach, dass äh- also die Teamkoordinatorin, ich mein, das- DA merke ich, das ist meine persönliche Beziehung dann auch zu ihr. Die tut mir auch'n bisschen leid, muss ich sagen, ne, also weil die ist wirklich absolut fleißig, fachlich KOMPETENT, wirklich, die ist fachlich richtig (C: ja ja) kompetent. Und die hat da so viel- die macht da- hat da so viel gemacht, ne, und äh sich da so engagiert. Und äh- und die haben sie offensichtlich- die hat mir das natürlich nicht erzählt, was die ihr da alles so gesagt haben. Aber die müssen sie sehr gekränkt haben, also-

C Sie hatten den Eindruck, dass sie ganz gekränkt war davon?

K Ja, ja. Tief- tief getroffen also (C: Genau), von dieser Supervision. (S. 9, 30–40)

Des Weiteren fällt mit dem Lesen des Gesprächs ein sehr langer Dialogabschnitt ins Auge, der sich von der erstmaligen Thematisierung der Strenge („Ich bin so kalt." S. 14, 36) über acht Transkriptseiten (S. 14–22) mit den Nähebedürfnissen der Mitarbeiter/innen sowie der Mutterrolle und den eigenen persönlichen Bedürfnissen der Klientin auseinandersetzt. Mehrere Sequenzen in diesem langen Abschnitt scheinen sehr interessant für eine weitere Analyse, zum Beispiel diese beiden kurzen Passagen, die die Reaktionen der Klientin auf die Formulierung der Mitarbeiterbedürfnisse und ihre eigenen Regressionswünsche enthalten:

Textstelle 1:

C Also so'n BISSCHEN- also ich SPÜRE so'n bisschen, dass die Leute äh einfach mehr Wärme und mehr Interesse, mehr Anerkennung, aber auch mehr- mehr Wärme erzwingen wollen bei Ihnen jetzt.

K Ja.

C So was.

K Ja, das. Also das halte ich gut für möglich, dass es so ist, mhm.

C Ich meine, das ist natürlich- so was kann man ja nicht zaubern, oder so was kann- also wenn Sie nicht- denen das nicht geben wollen, Schluss aus, dann nicht.

K Ich reagiere da also grundsätzlich unan- ich ähm ähm, also mich berührt so was grundsätzlich unangenehm (C: Ja), wenn Menschen um mein- da so was von mir haben wollen (C: Das-), was ich nicht einfach aus freien Stücken geb. (S. 17, 22–32)

Textstelle 2:

K Und da musste ich über mich selber lachen und hab gedacht, ah ja, ich hab auch so ne regressiven Wünsche einfach, ne (C: Ach erl-),

C Und/

K dass Sie sagen, „Ach Mensch, ist doch nicht so schlimm."

C Erlauben Sie sich das (K: Ja). Erlauben Sie sich doch ruhig.

K Ja?

C Ja, klar.

K Ich musste da über mich selber lachen.

C Nee, ist doch nett, dürfen Sie doch. (S. 21, 33–40)

Eine hinweisreiche Aussage beinhaltet außerdem die Schlussphase des Gesprächs: Die Klientin resümiert die Wirkung der Sitzung und gibt ihrem Coach dies als direktes Feedback:

C Wollen wir's so lassen?

K Ja, dann bin ich jetzt besänftigt.

C (Sind?) besänftigt?

K (lacht) Ich bin besänftigt.

C Besänftigt (K: Ja). Was heißt'n das jetzt, besänftigt?

K Na ja, doch- na, ich hab also so, so meine Gefühle sind ein bisschen geordneter. Und äh ähm- und vielleicht ist, also ist viel dran, denke ich, dass ich vielleicht da'n bisschen überzieh- (S. 40, 1–8)

*6.6.3 Coachreflexion |**Fall 4***

Der Coach beschreibt die zurückliegende Sitzung im Reflexionsprotokoll wie folgt:

> „Klientin war genervt von einem der drei Teams, die sie zu leiten hat. Eine Frau (Borderlinerin) verstieß immer wieder gegen ihre Direktiven. Jetzt hat sie sogar das Team auf ihrer Seite und intrigiert gegen Klientin.“ (Quelle: Reflexionsprotokoll Fall 4)

In der Reflexion über die Sitzung werden zwei signifikante Momente beschrieben. Die erste wichtige Gesprächsstelle macht der Coach im letzten Drittel der Sitzung unter dem Stichwort „Strenge“ aus. Inhaltlich geht es um die Thematisierung der eigenen Einsamkeit der Führungskraft, ihren Umgang damit und die Reaktionen der Mitarbeiter/innen auf die vom Coach interpretierte Strenge der Klientin. Die zusammenfassende Beschreibung dieses Abschnitts enthält Tabelle 23.

Tabelle 23: Ausschnitt signifikanter Moment I aus dem Reflexionsprotokoll Fall 4

SIGNIFIKANTER MOMENT I		
Ca. Zeitpunkt im Gespräch:	**Thema der Gesprächsstelle:**	**Kennzeichnendes Stichwort („Titel“) für diese Stelle:**
Im letzten Drittel nach ca. 40 Min.	*Eigene Einsamkeit*	*Strenge*

Bitte beschreiben Sie die Gesprächsstelle I und erläutern die Signifikanz dieses Gesprächsabschnitts:
Die Stelle ist interessant, weil…
Klientin erlebt in diesem Team, dass sie als zu streng wahrgenommen wird.
Erlebt, dass die Mitarbeiter regredieren ihr gegenüber, das findet sie grauenhaft und reagiert mit Strenge und Sturheit.
Die eigene Tochter kommt ins Spiel.

Die zu der beschriebenen Gesprächspassage gehörenden Transkriptabschnitte erstrecken sich über mehrere Seiten, beginnend mit der Thematisierung der Strenge auf Seite 14 über die Spiegelung der Mitarbeiterbedürfnisse durch den Coach auf den Folgeseiten bis hin zur Reflexion der Mutter-Tochter-Beziehung auf den Seiten 17 und 18. Die signifikanten Anfangs- und Endpassagen des vier Seiten umfassenden Abschnitts seien hier stellvertretend aufgeführt:

Beispiel Anfangspassage:

K Na ja, ich glaube, dass das so- was sie mir zu der Mitarbeiterin, zu dieser Frau S[redacted] gesagt haben, dass- ich soll die Gute sein, ich soll diese gute Therapeutin, die sie immer versteht, also diesen Wunsch sehe ich da im ganzen Team, also so zugewandt und nicht so leiten und nicht so stark und mache mir da nicht so ernsthafte Sorgen.

C Und auch nicht so streng sein? (K: Ja, ja) Dass die-

K „Wie DU geworden bist, A[redacted].“

C Ach so, sagen die?

K Ja, „wie du geworden bist“.

C Ach so, das heißt, die werfen Ihnen vor, „Du hast Dich verändert“?

K Ja.

C „Du hast dich negativ verändert (K: Ja), seit du äh Leitung bist.“

K Ja.

C So?

K Ja. Ja ja. Ich bin so kalt.

C Sagen die?

K JA. (1) (leise) Bin so kalt.

C Wer hat das gesagt in der Gruppe? Wer?

K Na, diese Frau S[redacted] hat das gesagt und in Anklängen auch zwei andere Kolleginnen, zwei Frauen, mhm.

C Was macht denn das?

K Da muss ich lachen.

C Ehrlich?

K Ja. Ist ja- was wollen die von mir jetzt hier? Ich kann das nicht verstehen, wirklich nicht, weiß nicht, was die von mir wollen.

C Wirklich nicht? Also ich- ich- ich (K: Ich nicht) ich spüre das deutlich.

K Ja, was wollen die von mir?

C Die wollen- Sie sollen'n bissel mehr kuscheln.

K Äh ich will aber nicht kuscheln. Ich hab gar keine Zeit zum Kuscheln. (lacht kurz) Ja, ich WILL nicht, also ich-

C Die wollen mehr- die wollen mehr äh- mehr in Ihrem Interesseblick sein, also in Ihrem Blick sein. Die äh, die glau- äh ich glaube, die wollen nicht äh, so wie Sie das jetzt sagen, „die können doch jederzeit zur mir kommen“ und so. Nee, die wollen, dass Sie da HINkommen und sagen „Leute, ich bin interessiert an euch. Ich finde, dass ihr ne schwere Arbeit habt, erzählt doch mal.“

K So, ja?

C Kann doch sein. Ich weiß es nicht.

K Tja, (lacht auf) ich glaube schon, dass Sie recht haben. (S. 14, 22 bis S. 15, 20)

Beispiel Endpassage:

C Gut, ja. Kann das sein, dass Sie damals natürlich auch jetzt als alleinerziehende Mutter natürlich da ein ganz hohes Maß an Disziplin aufbringen mussten (K: Ja, musste) ja auch, das und mit dem Kind (K: Ja). Und ich glaube, das ist jetzt auch'n bisschen so, dass Sie jetzt auch (K: Ja) in der neuen Führungsposition auch ein hohes Maß an Disziplin aufbringen müssen, dass das alles gut funktionieren (K: Ja), dass sie die nicht ZU nah an sich ran lassen, da die Mitarbeiter auch und so, ne.

K Ja/ (C: Also) ich bin ja auch mutterseelenALLEIN da, ja.

C 'türlich.

K Also da da- äh weil Sie das sagen. Ich glaube, das ist das Thema. Das stimmt, da haben Sie recht. Das ist so, ne, da komme ich gleich noch zu, zu dem nächsten Thema, was ich auch noch #mitgebracht hab# (S. 18, 25–35)

Der zweite vom Coach hervorgehobene Gesprächsabschnitt thematisiert Entlastung für die Klientin als Führungskraft unter dem Titelstichwort „Loslassen können“. Eine Strategie für die Auswahl einer Stellvertreterin oder eines Stellvertreters wird am Ende des Gesprächs erörtert und setzt sich mit dem Konkurrenzempfinden unter Frauen und dem Problem, einen männlichen Stellvertreter zu finden, auseinander. Die Aufzeichnungen hierzu zeigt der Auszug aus dem Reflexionsprotokoll mit der Tabelle 24.

Tabelle 24: Ausschnitt signifikanter Moment II aus dem Reflexionsprotokoll Fall 4

SIGNIFIKANTER MOMENT II		
Ca. Zeitpunkt im Gespräch:	**Thema der Gesprächsstelle:**	**Kennzeichnendes Stichwort („Titel") für diese Stelle:**
Am Ende	*Entlastung*	*Loslassen können*
Bitte beschreiben Sie die Gesprächsstelle II und erläutern die Signifikanz dieses Gesprächsabschnitts: Die Stelle ist interessant, weil… *Auswahl einer Stellvertreterin; Rivalität unter Frauen; Auswahlproblem mit Männern*		

Als relevante Textstelle wurde für diesen zweiten signifikanten Moment wieder ein mehrseitiger Auszug aus dem Transkript bestimmt (S. 23 bis S. 30). Ein Teilabschnitt, in dem die Angst vor Konkurrenz insbesondere durch eine Stellvertreterin aufgeworfen wird, umfasst ungefähr eine Seite (S. 25, 21 bis S. 26, 34). Die Anfangssequenzen lauten wie folgt:

C Aber dann sind Sie erst mal skeptisch?

K Mhm. Ich weiß nicht, warum. Ich kann Ihnen das nicht sagen. Ich weiß es nicht, warum. Ich hab auch gedacht, hä, was hab ich denn jetzt-

C Na ja gut, ich meine, wa- kann sein, dass das ne gute Bekannte ist, dass die sich da gewissermaßen eine- einen Spion da rein setzen, so was würde ich jetzt vermuten.

K Ach so. Nee, wissen Sie, wovor ich, glaube ich, Angst hab? (C: Hm) Ich hab vor Konkurrenz Angst (C: Ja, ja, hmhm), weil das hatte ich ja mit M[redacted] massiv, ne.

C Ja, ja.

K Und das ist ja auch von mir aus gegangen. Das ist ja nicht also das nur von M[redacted], ne.

C Ja, ja.

K Wir hatten ja ne schwere Konkurrenzsituation beide. Und ich hab einfach Angst, Mensch, also wenn die mir gegenüber nicht loyal ist, ich da jetzt noch anfangen muss, da zu rödeln, ah DAS ist mir ja wirklich- (S. 25, 21–33)

6.6.4 *Sequenzanalyse |**Fall 4***

Jede der drei analytischen Perspektiven hat in der kurzen Behandlung der Mutter-Tochter-Beziehung einen signifikanten Moment erkannt. Die Ausführungen der Leseanalyse stellen dabei die Bezüge zu den Nähebedürfnissen der Mitarbeiter/innen und den widerständigen Empfindungen und Reaktionen der Klientin her. Ebenso beschreibt der Coach den ersten aufgedeckten signifikanten Moment mit der Verknüpfung von Mitarbeiterreaktionen, Strenge und Sturheit der Klientin und Thematisierung der Tochter. In der Sequenzanalyse soll daher dieser Dialogabschnitt betrachtet werden:

Sequenzbestimmung 4:

i	C	Gut, ja. Kann das sein, dass Sie damals natürlich auch jetzt als alleinerziehende Mutter natürlich da ein ganz hohes Maß an Disziplin aufbringen mussten (K: Ja, musste) ja auch, das und mit dem Kind (K: Ja). Und ich glaube, das ist jetzt auch'n bisschen so, dass Sie jetzt auch (K: Ja) in der neuen Führungsposition auch ein hohes Maß an Disziplin aufbringen müssen, dass das alles gut funktionieren (K: Ja), dass sie die nicht ZU nah an sich ran lassen, da die Mitarbeiter auch und so, ne.	
	K	Ja/ (C: Also) ich bin ja auch mutterseelenALLEIN da, ja.	ii
iii	C	'türlich.	ii
iii	K	Also da da- äh weil Sie das sagen. Ich glaube, das ist das Thema. Das stimmt, da haben Sie recht. Das ist so, ne, da komme ich gleich noch zu, zu dem nächsten Thema, was ich auch noch #mitgebracht hab# (S. 18, 25–35)	

Die erste Paarsequenz dieses Abschnitts besteht aus der Aufeinanderfolge zweier Aussagen. Bei der Aussage durch den Coach handelt es sich um eine Art Resümee, das in einer Hypothese oder Diagnose mündet, die der Spiegelung des Phänomens an die Klientin dient. Diese spiegelnde Aussage transportiert den emotionalen Zustand der Klientin, „[…] die nicht zu nah an sich ran lassen […]“ (S. 18, 30). Sie wird gleichzeitig auch von der Klientin so verstanden und durch eine bejahende Aussage verstärkt. Da beide Aussagen, von Coach und Klientin, miteinander in Beziehung stehen, greift die Bestimmung *Aussage folgt auf Aussage* hier zu kurz. Vielmehr kann die Paarsequenz als *Folge von Hypothese und Bestätigung* charakterisiert werden (i: Sequenz *Hypothese formulierende Aussa-*

ge--Hypothese bestätigende Aussage). Die bestätigende Aussage der Klientin wird wiederum von dem Coach anerkennend bestätigt und verstärkt. Daran anschließend wird die Hypothese von der Klientin noch einmal dreifach beglaubigt: „Ich glaube, das ist das Thema. Das stimmt, da haben Sie recht. Das ist so [...]" (S. 18, 33–34). Es reihen sich hier wieder Aussage und Aussage aneinander (iii: Sequenz *bestätigende Aussage--bestätigende Aussage*).

6.6.5 *Bestimmung des kommunikativen Zwecks |**Fall 4***

Die übergeordneten Aufgaben im Beratungs- beziehungsweise Coachinggespräch sind bereits in Abschnitt 6.2.1 erläutert worden.

Das Coaching ist wie in Fall 3 als Begleitung und Unterstützung einer Führungskraft angelegt. Das Gespräch verfolgt damit übergeordnet die Entwicklung und Stärkung der Klientin in ihrer Führungsrolle. Daher ist die kommunikative Aufgabe für den Coach, im Beratungsverlauf positive Erlebnisse, Erfolge und Stärken der Klientin zu festigen, ebenso wie die Reflexion und Evaluation von kritischen Ereignissen und individuellen Entwicklungsthemen. In dem gewählten Gesprächsausschnitt wird dies deutlich:

Die Dialogstrecke ereignet sich innerhalb der Explorationsphase, am Übergang zur Bewertungsphase. Die wesentliche kommunikative Aufgabe in dieser Phase der Exploration besteht unter anderem darin, die Perspektiven der Klientin zu erweitern. Anschließende Bewertungen in der Evaluationsphase bewirken dann, Widersprüche herauszufordern, für- und gegensprechende Argumente für verschiedene Optionen zu finden und letztlich Optionen gemeinsam zu priorisieren. Der Coach stellt mit der Analogiebildung zwischen den Erfahrungen in der Mutterrolle und der gelebten Führungsrolle zwar keinen plakativen Widerspruch in den Vordergrund. Dennoch weist diese Darstellung auf eine Diskrepanz hin, die die Klientin in ihrem Führungsverhalten zeigt: Dass sie nämlich keine Nähe zulässt, obwohl sie doch zu Beginn des Gesprächs ihre Rolle mit genau dieser Eigenschaft identifizieren möchte, für die Teammitarbeiter/innen da zu sein („Und äh mein Job ist, mich um euch zu kümmern [...]" S. 19, 29–30). Mit der Bestätigung der Hypothese, streng und wenig nahbar zu sein, bekräftigt die Klientin außerdem die Möglichkeit, dass diese Gegebenheit für die Klagen der Mitarbeiter/innen ursächlich ist und erkennt daneben den individuellen Entstehungsrahmen für sich. Sie nimmt eine neue Perspektive auf das Phänomen ein. Die kommunikative Aufgabe für den Coach liegt in diesem Fall besonders darin, die eigenen Schlüsse und inneren Resonanzen zu spiegeln und damit deren Richtigkeit in der Wirklichkeitskonstruktion der Klientin zu prüfen.

6.6.6 *Analyse kognitiv-emotionaler Prozesse* |***Fall 4***

Der Coach hat bereits im Verlauf des Gesprächs begonnen, mental ein Ursachenmodell für das fokussierte Problem sowie ein Klientenmodell mit persönlichkeitsbezogenen Charakteristika und Systeminformationen (Organisationssystem, Teamsystem und Familiensystem) zu bilden. Vor dem Hintergrund der bereits bekannten Informationen und dem neu hinzugewonnenen anliegenspezifischen Faktenwissen konstruiert der Coach Annahmen über Zusammenhänge, die daneben auch intuitiv durch Erfahrungswissen und emotionale Wahrnehmungen des Coachs gefestigt werden. Die Wiedergabe einer Hypothese, die sich aus diesen komplexen Gedankengängen und emotionalen Resonanzen bilden, entspricht einer Spiegelung. Zwar bildet der Coach die Idee in sich, verarbeitet aber in der Hauptsache die Informationen der Klientin, weshalb das Wahrgenommene und Aufgefangene in neu geordneter Weise als Konstrukt zurückgespiegelt wird. Um diese Spiegelung aufnehmen zu können, ist die notwendige Bedingung auf Seiten der Klientin eine Offenheit, ein Sich-Öffnen für eine neue Perspektive auf das Phänomen. Dann muss die Klientin in der Lage sein, die kognitiven und emotionalen Bewertungen ihres Coachs nachzuvollziehen, um ihre eigene Resonanz darauf spüren zu können und die Hypothese entsprechend zu bewerten. Dieses Sich-Öffnen für ein „Es könnte auch *so* sein" ist ein komplexer kognitiv-emotionaler Prozess, in dem einerseits kognitiv neue Verbindungen hergestellt und andererseits emotionale Bewertungen infrage gestellt werden müssen.

6.6.7 *Musterrekonstruktion* |***Fall 4***

In den eingehenden Beschreibungen der vorangegangenen Analyseschritte wurden bereits erste Abfolgelogiken nachgebildet. An dieser Stelle erfolgt eine Zusammenfassung der unverzichtbaren Elemente für das jeweils angenommene Muster. Es gelten die in Abschnitt 6.2.2 vorangestellten Bedingungen für die Musterrekonstruktion.

Siebte Musterrekonstruktion zur Sequenzbestimmung 4:

C Gut, ja. Kann das sein, dass Sie damals natürlich auch jetzt als alleinerziehende Mutter natürlich da ein ganz hohes Maß an Disziplin aufbringen mussten (K: Ja, musste) ja auch, das und mit dem Kind (K: Ja). Und ich glaube, das ist jetzt auch'n bisschen so, dass Sie jetzt auch (K: Ja) in der neuen Führungsposition auch ein hohes Maß an Disziplin aufbringen müssen, dass das alles gut funktionieren (K: Ja), dass sie die nicht ZU nah an sich ran lassen, da die Mitarbeiter auch und so, ne.

K Ja/ (C: Also) ich bin ja auch mutterseelenALLEIN da, ja. (S. 18, 25–31)

Systemisches Emotionsspiegeln – Muster G

Das einfache Muster G bildet sich mit den nachfolgend erläuterten Konstituenten G1 bis G4 aus der Sequenz _Hypothese formulierende Aussage--Hypothese bestätigende Aussage_:

G1: Der Coach trifft eine Aussage.

G2: Mit der Aussage wird eine Annahme, eine Hypothese formuliert, die neben faktischen Zusammenhängen emotionale Bezüge des Klienten spiegelt.

G3: Der Klient beantwortet die Aussage in bestätigender Weise.

G4: Die Aussage ist bejahend oder positiv verstärkend angelegt, das heißt, sie bekräftigt die aufgestellte Hypothese und das damit verbundene Emotionserleben.

Das Gesprächsmuster wird als „Systemisches Emotionsspiegeln" benannt, weil mit dem Aufstellen einer Hypothese die systemischen Zusammenhänge der Klientin/des Klienten mit deren/dessen Emotionen in Beziehung gebracht werden. Die Formulierung der Hypothese durch den Coach bildet die Basis für das Muster, dessen interaktive Erzeugung jedoch von der Bekräftigung durch die Klientin/den Klienten abhängig ist.

*6.6.8 Musterprüfung |**Fall 4***

Prüfung von Muster E Positive Emotionsverstärkung in Fall 4

Die im Muster E zentrale Sequenz _Aussage--Emotionen verstärkende Reaktion auf Aussage_ wird an einem Dialogausschnitt des vierten Fallgesprächs überprüft:

K Und das, das war, also muss ich sagen, das war genau das Richtige. Also anders wär's nicht gegangen. Wenn ich da jetzt emotional reagiert hätte, das wäre schwierig geworden. Und das war- das ist gut, dass Sie mir das immer sagen. Das ist total wichtig für mich, weil ich ja doch auch so'n impulsiver Typ bin, (C: Na ja) ja.

C Nee, prima, gut gut gut. (S. 5, 35–39)

E1: Die Klientin/der Klient trifft eine Aussage.

E2: Die Aussage schließt positive Selbstbewertungen ein.

E3: Der Coach bewertet die Klientensicht mit einer Aussage in lobender Weise.

E4: Die Aussage ist positiv verstärkend angelegt, das heißt, sie bekräftigt die positiven Gefühle oder subjektiven Bewertungen.

Ergebnis der Musterprüfung: Das Muster E konnte am Textausschnitt repliziert werden.

*6.6.9 Resümee der Gesprächsanalyse |**Fall 4***

Auf den Gebrauch psychologischen und therapeutischen Vokabulars und den Rückgriff auf Fachwissen ist bereits mit der Beschreibung des Interaktionsstils der Gesprächspartnerinnen hingewiesen worden. Dass der weibliche Coach dabei auf Theorie- und Konzeptwissen aus Gestalttherapie, Psychodrama und Supervision zurückgreift, zeigt sich in dieser Beschreibung. Mit dem genannten Schwerpunkt Konfliktcoaching fällt dieser Fall 4 in den Kernkompetenzbereich der erfahrenen Diplompsychologin: Die Stärkung der Führungskraft, die Diagnose von Gruppen- und Organisationsphänomenen sowie die Bearbeitung von Konflikten sind die strategischen Ansatzpunkte in diesem Coachinggespräch.

Das an diesem Fall abgeleitete Muster des *Systemischen Emotionsspiegelns* repräsentiert die genannten Aspekte, ohne dabei aber als fallspezifisches Muster zu gelten. Im *Systemischen Emotionsspiegeln* verbinden sich Situationsanalyse (systemische Diagnose) und empathisches Verstehen der Klientin. Diese öffnet sich für die Hypothesen ihres Coachs und erhält dadurch einen Zugang zu ihrem vollständigen Emotionserleben. Die Klientin berichtet bereits zu Gesprächsbeginn von ihren inneren Widerständen und ihrem Bedürfnis nach Abgrenzung im Sinne eines professionellen Rollenverständnisses. Im Verlauf des Gesprächs verhelfen ihr die gruppen- und organisationsbezogenen Analysen ebenso wie der analytische Blick auf private Parallelen, um aus dem Repertoire an Handlungsmöglichkeiten schöpfen zu können.

Alle Interaktionsmuster werden in Kapitel 6.9 noch einmal nebeneinander abgebildet und in ihren Bezügen zueinander dargestellt.

Die Evaluationsergebnisse der Sitzung anhand des „Fragebogens vor dem Coaching“ und des „Fragebogens nach dem Coaching“ deuten auf eine veränderte Selbstwahrnehmung der Coachee in Bezug auf das Erleben der eigenen Emotionsregulation (Skalen zum Erleben von Emotionen (SEE) nach Behr & Becker 2004, vgl. Unterkapitel 5.7) hin. Auffällig ist, dass dem Item 53 nach dem Coaching um den Wert 2 weniger zugestimmt wurde als vorher:

- Item 53 „Wenn ich aufgeregt bin, weiß ich meist, wie ich mich beruhigen kann."

Obwohl diese Abweichung in ihrer Signifikanz mangels weiterer statistischer Kennzahlen nicht belegt werden kann, deutet die veränderte Antwort auf diese Frage darauf hin, dass die Coachee sich nach dem Coaching nicht mehr so sicher fühlt in ihrer Fähigkeit, sich bei Aufregung selbst zu beruhigen. Für die Mehrzahl der anderen Items konnten hingegen gar keine Abweichungen festgestellt werden, für zwei weitere Items leichte, aber nicht auffällige Veränderungen der Vorher-Nachher-Bewertung. Abbildung 19 enthält ein Diagramm aller Abweichungen.

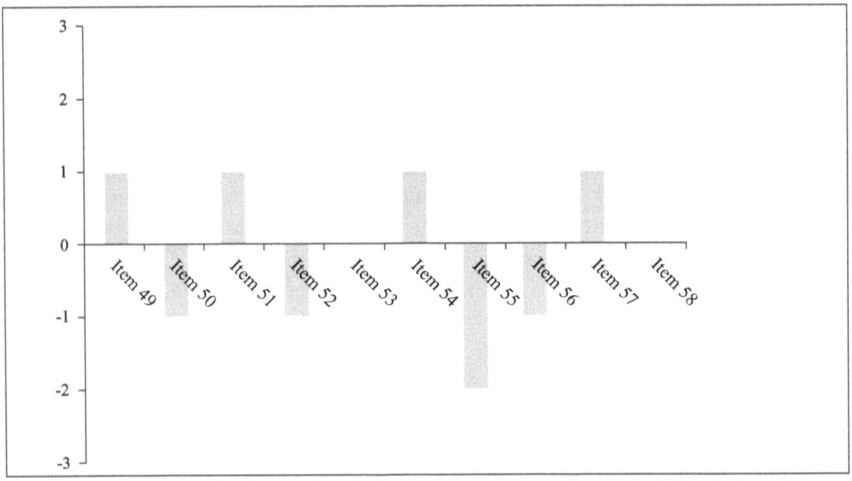

Hinweis: Items 49–58 in der Vorher-Befragung entsprechen Items 1–10 in der Nachher-Befragung.

Abbildung 19: Vorher-Nachher-Abweichung in Fall 4

6.7 *Fall 5* „Wie es sich anfühlen soll, das weiß ich schon.“

Das Gespräch ist das erste von insgesamt zwei Coachingsitzungen im Rahmen eines fotografiegestützten[59] Coachings. Der männliche Coach und die weibliche Klientin sind sich aus einem ersten Coachingprozess, der ein paar Jahre zurückliegt, bereits bekannt. Die Klientin formuliert als Ziel für die gut einstündige fotogestützte Coachingsitzung:

> „Jobwechsel; Work-Life-Balance; Prioritäten setzen.“ (Quelle: Fragebogen nach dem Coaching Fall 5)

Zu Beginn der Sitzung instruiert der Coach die Klientin ausführlich, er erklärt das Vorgehen im Photocoaching® und seine Prinzipien von Vertrauen und Wohlfühlen. In der Klärungsphase des Gesprächs fordert der Coach seine Klientin auf, ein berufliches und ein privates Ziel zu formulieren, wobei sie die berufliche Situation fokussiert und ihr Ziel zusammenfassend formuliert: „Einen neuen Job suchen, der zu mir passt.“ (S. 2, 7/9). Die Klientin formuliert anschließend schon konkrete Aspekte, die sie mit einer neuen beruflichen Aufgabe verstärkt integriert wissen möchte. Auch positioniert sie sich zu Dingen, von denen sie sich gern distanzieren würde. Der Coach bietet an, über die Kreativität als Ressource seiner Klientin zu reflektieren und gibt die Rückmeldung einer assoziativen positiven Ausstrahlung, die er fotografisch festhält. Es folgt eine Intervention durch den Coach, in der er die Klientin bittet, ihre Zukunft räumlich-visuell zu verorten und sie an einen Ort oder ein Objekt im Raum zu binden. Die Klientin bindet einen positiven Zustand an das ausgewählte Objekt, das im weiteren Verlauf exploriert und symbolisch immer wieder herangezogen wird (erste Explorationsphase).

In die weitläufige Exploration dieses Coachinggesprächs ist die Reflexion möglicher Maßnahmen für die Stellensuche früh integriert, erste strategische Handlungsmöglichkeiten werden gesammelt (Maßnahmenplanung I). Über den Aspekt „Warten auf das Richtige“ stellt der Coach den Transfer zum Privaten her und exploriert gemeinsam mit der Klientin den privaten Ausgleich sowie die Beziehungen zum Partner und zu Freund(inn)en (zweite Explorationsphase). Anschließend werden Ressourcen für die Klientin identifiziert, die sie strategisch (Frauennetzwerk) und mental (Ruhe finden im Urlaub) für ihre Stellensuche einsetzen kann. Erneut wird ein Bild als Assoziationsfläche für positive Kraft

59 Die in der Sitzung entstehenden Fotos sind Gegenstand der zweiten Sitzung und stehen für diese Gesprächsanalyse nicht zur Verfügung.

herangezogen. Hieran anschließend thematisiert die Klientin die Leistungsorientierung ihres Vaters und spricht über ihren Loslösungsprozess von den Fremdvorstellungen der Eltern. Der Coach leitet später den Abschluss der Sitzung ein und gibt einen Ausblick auf die zweite Sitzung mit Auswertung der entstandenen Fotos. Die Klientin bittet ihren Coach schließlich noch um einen Ratschlag, was sie weiterhin machen könnte. Er ermutigt sie, in den folgenden Tagen bis zur zweiten Sitzung schon einmal etwas auszuprobieren (Maßnahmenplanung II).

Die vollständige Zuordnung der Phasen im Coachinggespräch zu einzelnen Gesprächsabschnitten kann dem Gesprächsinventar zu Fall 5 im Anhang entnommen werden.

*6.7.1 Auditive Analyse |**Fall 5***

Das Gespräch, in der rein auditiven Wahrnehmung genommen, unterscheidet sich von den bisherigen Aufnahmen durch das hin und wieder hörbare, sanfte Klicken des Fotoapparats. Mal tritt es sanft in den Vordergrund, meistens mischt sich das Geräusch aber unter den sprachlichen Dialog von Coach und Klientin. Dass die Kamera auch visuell Bestandteil der Sitzung ist, bemerkt der Coach zur Einstimmung der Klientin auf die Coachingsituation gleich zu Beginn:

C „[…] Das Ganze ist ja ein Photocoaching®, das heißt, es passieren Fotos während der gesamten- ja, Session, um das in Richtung Fotographie zu sagen. Das heißt, am Anfang wird es so sein, dass du vielleicht'n (BISSCHEN) verwundert bist, wenn ich den Fotoapparat hochhebe, dann ist mein Gesichtsfeld so wie jetzt halt mal kurz weg. Dann mache ich das Foto. Und dann verschwindet die Kamera auch. […]." (S. 1, 12–18)

Für die Coachingsitzung liegt neben der visuellen Unterstützung durch die Fotoaufnahmen ein allgemeiner Schwerpunkt auf Visualisierungen. Der Coach regt mit seinen Interventionen und hypothetischen Fragestellungen stets mentale Visualisierungen[60] an, weshalb das Coachinggespräch durch eine bildhafte Spra-

60 Es fällt in diesem Zusammenhang der Begriff „visueller Anker": Im Neurolinguistischen Programmieren (NLP) ist ein Anker „[…] eine beliebige Repräsentation (intern oder extern erzeugt), die eine andere Repräsentation oder eine Serie von Repräsentationen oder eine Strategie auslöst. Grundlage beim Ankern ist die Annahme, dass alle Erfahrungen als ‚Gestalten' sinnlicher Information repräsentiert werden. Immer, wenn ein Teil einer gewissen Erfahrung wieder eingeführt wird, werden auch andere Teile dieser Erfahrung in einem gewissen Maß reproduziert. Jeder beliebige Teil einer Erfahrung kann also als Anker benutzt werden, um einen anderen Teil dieser Erfahrung auszulösen." (Dilts, Grinder & Bandler 1994, S. 134)

che und Symbolisierungen geprägt ist. Entsprechend erklärt der Coach in einem Nebensatz seinen methodischen Fokus:

C Also ich hab die jetzt nur mal angesprochen, weil die sind ja auch unterwegs (K: Ja, mhm). Und auch ein Headhunter kann zum Beispiel ein Angebot haben, wobei wir jetzt noch gar nicht dran denken, zum Beispiel, könnte auch sein (K: Mhm). Aber ich möchte ganz gerne mal auf dieses- **du weißt ja, bei mir geht alles über's Visuelle, du hast mir eben gerad ein wunderbares Bild rüber gegeben**, nämlich ähm diese vielen Leute, die du fragst (K: Mhm) und diese Tür. Die Tür ist zu, ne. (2) Also- oder ist sie- ist sie schon sichtbar, oder ist sie noch zu? (S. 13, 5–11)

Daneben fällt mit dem Zuhören das leichte, aber frequente Lachen des Coachs auf, das etwas Wohlwollendes und manchmal in der Sache Zurücknehmendes hat. Gleichzeitig erwidert auch die Klientin häufig ein Lachen, was sich so teilweise zu einem Synchronismus entwickelt. Ähnliches wird später in der Leseanalyse auffällig, in der eine Synchronisierung der Sprache beobachtet wird:

Beispiel Synchronisierung der Sprache:

C Es gibt so Türen. (lacht leicht)

K J-ja durchaus, ja. (beide lachen) (S. 13, 13–14)

Die im Hörprotokoll festgehaltene signifikante Gesprächsstelle entspricht dem Moment, in dem der erste visuelle Anker festgemacht wird: Die Klientin wurde gerade gebeten, im Raum einen fiktiven Platz für ihre Zukunft zu bestimmen, wählt einen Orchideentopf und assoziiert diesen anschließend mit den Adjektiven ruhig, friedlich, in sich ruhend, mit sich zufrieden, schön und zart (S. 8, 16–18 und 30). Die gesamte Gesprächsstelle erstreckt sich im Transkript über eine knappe Seite (S. 7, 34 bis S. 8, 34). Der folgende Ausschnitt repräsentiert die Fundstelle:

C Ähm wenn du Richtung Blumentopf guckst, Richtung Zukunft, stelle dir doch schon mal vor, du hättest das jetzt schon, du hättest das erreicht (K: Hmhm). Gibt es da in- in (DEM) Bereich schon etwas, was du vielleicht riechen, schmecken, hören, sehen kannst?

K (6) Hm. (8)

C Ein paar Sachen hast du schon gesagt (lacht), also da ist so ne Ruhe drin, vielleicht so-

K Genau, mhm.

C Und auch was Schönes?

K Was Schönes, was äh Zartes. (S. 8, 22–30)

*6.7.2 Leseanalyse |**Fall 5***

Wie bereits im vorherigen Abschnitt erwähnt, ist mit der transkriptbasierten Auswertung des Gesprächs eine Synchronisierung der Sprache augenfällig geworden. Beispielsweise gibt der Coach in seinen einleitenden Vorbemerkungen an, dass ihm für die gemeinsame Arbeit im Coaching das Wohlfühlen wichtig sei:

C [...] Alles das, was hier gesprochen wird, bleibt im Raum (UND), was ich auch sehr angenehm und wichtig finde, das ist ne Arbeit, wo wir uns auch **wohlfühlen** wollen. Das heißt, wenn an (IRGEND)einer Stelle du oder ich, wenn wir uns irgendwo **(NICHT) ganz wohlfühlen**, sagen wir, verändern es. [...] (S. 1, 7–11)

Diese Vorgabe scheint die Klientin zu übernehmen und stellt in der nachfolgenden Anliegenklärung ihr berufliches Ziel insbesondere unter dem Aspekt des Sich-Wohlfühlen-Wollens dar:

K Das Ge- Geschäftliche. Privat **fühle ich mich wohl**, ist alles wunderbar mit Mann und Wohnung und (C: (lacht leicht) schön) Stadt und im Grunde auch mit mir (SELBER), soweit alles (GUT) (C: JA). Und (zur Zeit gilt?) die Überlegung: Will ich diesen Job, den ich jetzt mache, weitermachen? Ähm ich merke, dass es irgendwie nicht so (GUT) tut, dass **ich mich nicht wirklich wohlfühle** und dass ich mir auch nicht vorstellen kann, das noch so Jahre lang weiter zu machen. Äh das heißt, ich frage jetzt: Was kann ich ändern? Was wäre das Richtige für mich? **Wo würde ich mich wohler fühlen?** (S. 1, 26–32)

Zwei weitere Ausschnitte aus dem Text illustrieren die Art und Weise, in der die sprachlichen Formulierungen von Interaktantin und Interaktant zusammenlaufen. Die Beispiele zeigen jeweils, wie der Coach einen emotionalen Zustand begrifflich fasst und der Begriff dann von der Klientin direkt übernommen wird:

Beispiel 2 Synchronisierung der Sprache:

C #Das war nicht über's Knie# (K: Mhm (zustimmend)), sondern du hast abgewartet, er vielleicht auch. Und dann war's so, wie es ist. Ist das (?); das war für dich doch, also wie ich das seinerzeit mitbekommen habe, einfach auch **wunderschön**.

K Es war wunderschön. (S. 14, 22–25)

Beispiel 3 Synchronisierung der Sprache:

C Und auch **was Schönes**?

K **Was Schönes**, was äh Zartes. (S. 8, 29–30)

Neben diesen generellen Gesprächsmerkmalen treten in der Betrachtung des Transkripts zwei Gesprächsinhalte hervor, die hier als signifikante Momente eingeordnet werden können. Die erste Textstelle enthält eine visuelle Verankerung, die die Klientin selbst initiiert:

Textstelle 1a:

C Also wir sind jetzt auf dem Weg Richtung Greifen (K: Mhm). Und du hast ja, ich sag mal, die Zukunft da hinter mir (K: Hmhm) schon mal platziert auf der Fensterbank, diese schöne Blume mit all dem Drumherum und Integriertem, was du so gesehen hast und mir rüber gegeben hast. Ähm wenn du da noch mal hinschaust, was würde jetzt noch fehlen? (2) Gibt's da'n Element, wo du sagen würdest, so wie du jetzt gerade- das ist da noch nicht so, dass ich den Frauen das so, da fehlt irgendwie noch was, bevor ich das, ich nehme lieber die Einzelnen und frage die mal. Auf dem Weg dahin, gibt es noch was Kreatives, was dir jetzt so einfällt? Ich meine, du bist ja kreativ, während du etwas gestaltest, ein Bild malst oder so, fällt dir vielleicht noch ne Farbe ein, die du noch gar nicht (GENOMMEN) hast?

K (6) Einfach mal nur Zeit zu haben, also ich hab demnächst auch Urlaub. Und dann sind wir #zwei Wochen#

C #Was heißt demnächst?# Also jetzt zum-

K Ende Juni, ja (C: Okay). Das wird dann Kanada sein, in ganz einsamer, schöner Natur. Ähm, nur mein Mann und ich-

C Man riecht das schon (lacht).

K Der schwimmt dann da so rum und ist weg. Und dann ist da so ein Steg, der in den See führt. Und dann sehe ich mich da eigentlich schon sitzen und mal wirklich in mich reinhorchen und reinfühlen, in dieser ganzen Hektik, die ich so weitgehend hab, (KOMME) ich einfach nicht dazu.

C Ich zeig dir ein einziges Bild (JETZT) schon mal (K: lacht), auf dem Weg, schau mal! Wenn du (SO) von Kanada redest. Jetzt (lacht) – das ist schon-

K Das ist für mich so ein- ja (C: Ja, aber), ein Ort #der Ruhe, des Friedens-#

C #Aber- aber du siehst es sofort#, ne?

K Ja, ja, klar. (S. 22, 16–39)

Die Überlegungen zum Urlaub und die Erarbeitung der Ressource „Steg am See" erstreckt sich über insgesamt zwei Seiten (S. 22, 16 bis S. 24, 12), wobei der letzte Abschnitt mit Blick auf eine spätere Analyse der Sequenzen repräsentativ erscheint:

Textstelle 1b:

C Zwei (lacht). Ähm- wenn ihr nach den zwei Wochen dann sozusagen wiederkommt, ähm (3), was könntest du mitbringen- für dich in deinem Job von da?

K Ruhe und Kraft und ein bisschen Abstand. Wie lange das alles hält, weiß man nicht, ne, so, aber hm-

C Ein bisschen Abstand.

K Hm?

C Ein wenig Abstand, ne? Okay. Das hättest du sozusagen in deinem Rückreisegepäck?

K (zustimmend) Mhm.

C Dann gehst du wieder mit deinem Mann Richtung Flieger. Reicht das schon, was im Gepäck ist?

K Na, das kann nur so die- die Basis sein, mhm.

C Aber die wäre sozusagen schon mal einzupacken und mitzunehmen?

K Möglichst natürlich schon etwas mehr Klarheit auch, ne.

C Hm, was du dann sozusagen mit in dem Berufsalltag (K: genau) rettest. (S. 23, 38 bis S. 24, 12)

Das zweite Emotionen transportierende Thema des Gesprächs ist die Beziehung zum Vater, über die die Klientin direkt im Anschluss an die Reflexionen zu Steg, Ruhe und Frieden, berichtet:

Textstelle 2:

K Ja, ist ja immer so die- die Frage, was ist einem wirklich wichtig. Also alles, ja, alles geht nicht im Leben. Man muss irgendwann sagen, also das ist mir wichtiger als das, irgendwann (C: Mhm (zustimmend)). Wenn man über vierzig ist, fängt man sowieso an zu überlegen, sich seine eigenen Ziele auch zu suchen und nicht #die von Eltern und-#

C #Also intensiver#?

K Ja, schon, wenn ich also von meinen Eltern, zum Beispiel bei meinem Vater, der war sehr leistungsorientiert. Und der wollte sicherlich immer, ne, dass aus seiner Tochter was wird und hat ja auch immer gesagt „Studium und so, du bist klug und mach, und jetzt mach was draus“ und „Power und Führungskraft“. Also der wäre sicherlich stolz auf das, was ich (JETZT) bin. Er ist ja nicht mehr da leider.

C Aber er hat das noch mitbekommen?

K Ja. (3 Silben unverständlich)

C So deinen Weg?

K Das (SCHON). Und er war auch stolz darauf ähm-

C Bis zu welchem Punkt hat er's mitgekriegt?

K Bis vor vier Jahren-

C Also hat er das mit deinem Doktortitel alles mitbekommen?

K Na ja (beschwichtigend), das alles, mhm.

C Wie ging's ihm damit?-

K (JA), also-

C als leistungsorientierter Vater? (lacht)

K Genau, war superstolz darauf, ne. Und aber ich hatte irgendwann auch mal zu ihm gesagt, da hatte ich auch ne sehr hektische Zeit in- (C: Mhm) in der Agentur, „Ja, also das äh kann nicht alles sein“, also so auf Dauer, also ich würde nicht mein Leben und meine äh Gesundheit und meine Freizeit und alles andere opfern nur irgendwie für die Arbeit und um irgendwie eine Macht- oder Führungsposition zu haben. Das ist mir nicht so wichtig, habe ich damals so gesagt. Und da hat er mir paar Jahre später gesagt, ja, das hätte ihn damals sehr enttäuscht, wo ich auch dachte, hoppla, da sieht man einfach, ne, dass er so ist-

C Die- ne andere Ansicht hat.

K Nachkriegsgeneration, auch andere- ist, glaube ich, auch anders, wenn man in so ner Aufbauphase und Aufbauzeit irgendwie positiv mitwirkt und ne- also dass er tatsächlich da auch ne andere Einstellung hat und #dass (ich da?)#-

C #Was hat das mit# dir gemacht, also das?

K Na, spätestens da wurde mir klar, dass ich irgendwann, also dass ich ihm das nicht VORWERFE, er ist, wie er ist. Für (C: Okay)- für ihn ist das alles gut, aber eben, dass man wirklich äh seinen eigenen Weg finden muss und seine eigenen Ziele setzen und selber raus finden, was einem wichtig ist. Da kann einem auch niemand helfen, und dass man sich, wie gesagt, spätestens in der zweiten Hälfte des Lebens auch von den Fremdvorstellungen auch lösen muss. (S. 24, 13 bis S. 25, 13)

6.7.3 *Coachreflexion* |***Fall 5***

Der Coach beschreibt die Sitzung im Reflexionsprotokoll anschließend als „freundschaftlich, offen, spontan, lösungsorientiert“ und identifiziert eine signifikante Stelle in der Gesprächsmitte, der er den Titel „Blumentopf“ gibt (dargestellt in Tabelle 25). Thematisch geht es um den fiktiven neuen Arbeitsplatz und neue Kolleg(inn)en und Mitarbeiter/innen beziehungsweise um gewünschte Eigenschaften der neuen Arbeitsstelle, die die Klientin mit Bezug zur Blume assoziiert. Der Coach hebt diesen Gesprächsmoment hervor, da die Klientin hier eine visuelle Zielfokussierung vornimmt und mithilfe der Visualisierung Emotionen erarbeitet und verankert. Gleichzeitig weist der Coach darauf hin, dass, nachdem das Tonband ausgeschaltet war, die Klientin darum bat, genau diese Blume noch einmal in einem Foto festzuhalten. Dies zeigt die Wichtigkeit des Objekts beziehungsweise seiner Visualisierung und Verankerung im Coachingprozess.

Tabelle 25: Ausschnitt signifikanter Moment I aus dem Reflexionsprotokoll Fall 5

<table>
<tr><td colspan="3">SIGNIFIKANTER MOMENT I</td></tr>
<tr><td>Ca. Zeitpunkt im Gespräch:</td><td>Thema der Gesprächsstelle:</td><td>Kennzeichnendes Stichwort („Titel“) für diese Stelle:</td></tr>
<tr><td>Mitte bis letztes Drittel</td><td>Neuer Arbeitsplatz – neue Mitarbeiter</td><td>„Blumentopf“</td></tr>
<tr><td colspan="3">Bitte beschreiben Sie die Gesprächsstelle I und erläutern die Signifikanz dieses Gesprächsabschnitts:
Die Stelle ist interessant, weil…
die Coachee eine eigene visuelle Zielfokussierung entdeckte.
- Blumentopf mit Orchidee -
– Eigenschaften der neuen Arbeitsstelle in Bezug auf die Blume.
– Visualisierung und emotionale Verknüpfung.
Nachdem die Tonaufnahme beendet war, entstand noch ein plötzliches „Glücksmoment“ bei der Coachee. „Ich muss unbedingt ein Photo von der Blume haben – kannst Du es mir bitte aus meiner Perspektive dem Sessel aufnehmen.“ – Visueller Anker Abgrenzung</td></tr>
</table>

Die beschriebene Gesprächsstelle kann vermutlich mit dem folgenden Transkriptabschnitt am besten erfasst werden:

C Du hast jetzt gesagt, das Blümchen. Und ich hatte gesagt, der Blumentopf (K: Hmhm). Und gehört beides zusammen (K: Mhm). Und geh jetzt noch mal in diese

Richtung Abwarten-Können. Was hast du noch gesagt? Das fand ich ganz interessant. Also es wird schon sich entwickeln. Ist das richtig? Sag es mal mit deinen Worten noch mal. Also wenn du jetzt auf diese- auf den Blumentopf, auf die Blume guckst und es- es wird sich schon entwickeln. Ähm diese Blume wird wahrscheinlich, das ist ne Orchidee (K: Mhm), die wird nicht (IMMER) diese viele Knospen gehabt haben. Die hat vielleicht erst mal nackt dagestanden. Muss man auch'n bisschen abwarten, ne.

K Genau, das ist auch völlig okay auch-

C Was würdest du mit so ner Blume machen?

K Sie pflegen, hegen, gießen.

C Düngen.

K Genau, dass sie raus gucken kann, Sonne bekommt.

C Sonne bekommt.

K Sich wohlfühlt, Zuspruch bekommt (C: lacht), wächst und gedeiht.

C Ich finde das schön, dass du die eben gewählt hast, weil all das, was du jetzt gesagt hast, die Blume und deinem Ziel gegenüber ist genau das, was du vorhin auch schon geäußert hast, was dir eigentlich auch noch im jetzigen Job (FEHLT) (K: Mhm (zustimmend)), Zuspruch, Hege, Pflege, Sehen, Sonne (K: Ja) (lacht). Äh ich sehe das gerade in deinem Gesicht (1), also wenn du zu deiner, ich sag mal zu deiner Blume, zu deiner Zukunft rüber guckst, wie sich dein, ja, wie sich die Emotionen noch verändern, dass es dir gut tut, sagen wir mal, auch wenn du noch nicht genau weißt-

K Genau, aber-

C welcher Job, welche Firma. Aber du weißt ja, wie sich-

K Wie sich- wie es sich anfühlen soll, das weiß ich schon (C: Mhm), und wo das sein wird, weiß ich noch nicht. Aber ich glaube, das (KOMMT) schon, mhm.

C Da sind ne Menge Blüten dran.

K Und die fühlen sich wohl miteinander, ne. (S. 15, 22 bis S. 16, 9)

6.7.4 *Sequenzanalyse |**Fall 5***

Im Vorangegangenen wurden aus dem Gespräch insbesondere die Szenen der Visualisierungsarbeit beschrieben. In der auditiven Analyse wie in der Wahrnehmung des Coachs erschienen vor allem die Dialogmomente der Explorationsphase interessant, in der die Blume als visueller Anker definiert und ausgedeutet wurde. Mit der Leseanalyse wurden signifikante Momente eher zum Gesprächsende hin ausgemacht, zum Beispiel mit der zweiten Visualisierungsarbeit oder der Thematisierung der Vater-Tochter-Beziehung. Da für dieses fotogestützte Coaching der Visualisierungsfokus spezifisch ist, soll ein hierfür repräsentativer Gesprächsausschnitt sequenzanalytisch betrachtet werden:

Sequenzbestimmung 5:

i	C	Was würdest du mit so ner Blume machen?	
i	K	Sie pflegen, hegen, gießen.	
	C	Düngen.	ii
	K	Genau, dass sie raus gucken kann, Sonne bekommt.	ii
iii	C	Sonne bekommt.	
iii	K	Sich wohlfühlt, Zuspruch bekommt (C: lacht), wächst und gedeiht.	iv
	C	Ich finde das schön, dass du die eben gewählt hast, weil all das, was du jetzt gesagt hast, die Blume und deinem Ziel gegenüber ist genau das, was du vorhin auch schon geäußert hast, was dir eigentlich auch noch im jetzigen Job (FEHLT) (K: Mhm (zustimmend)), Zuspruch, Hege, Pflege, Sehen, Sonne (K: Ja) (lacht). Äh ich sehe das gerade in deinem Gesicht (1), also wenn du zu deiner, ich sag mal zu deiner Blume, zu deiner Zukunft rüber guckst, wie sich dein, ja, wie sich die Emotionen noch verändern, dass es dir gut tut, sagen wir mal, auch wenn du noch nicht genau weißt- (S. 15, 31 bis S. 16, 3)	iv

Nachdem der Blumentopf an früherer Stelle als visueller Ort der fiktiven Zukunft der Klientin bestimmt wurde (S. 8, 1–3), greift der Coach dieses entworfene Bild wieder auf und erbittet von der Klientin eine metaphorische Beschreibung. Die Klientin antwortet darauf mit einer Aufzählung (i: Sequenz *metaphorische Frage-—Metapherbestätigende Antwort*). Der Coach ergänzt diese Liste mit einem Stichwort, das sequenzanalytisch als Aussage verstanden werden kann. Die Klientin erwidert diese bestätigend und ergänzt die Aussage gleichnishaft: „Genau, dass sie raus gucken kann, Sonne bekommt." (S. 15, 34) (ii: Sequenz *metaphorische Aussage--Metapher verstärkende Aussage*). Der Coach greift durch eine Wortwiederholung das von der Klientin verstärkte Bild auf (Metapher verstärkende Aussage), woraufhin die Klientin weitere sinnbildliche Charakteristika assoziiert: „Sich wohlfühlt, Zuspruch bekommt […], wächst und gedeiht." (S. 15, 36). An dieser Stelle wird der mittels Gleichnis übertragene

Sinn deutlich, „sich wohlfühlen" und „Zuspruch bekommen" sind eher menschliche Bedürfnisse. Schon das eingeschobene Lachen des Coachs deutet an dieser Stelle das Erkennen der gewünschten Übertragung an, die die emotionalen Bedürfnisse der Klientin widerspiegelt (iii: Sequenz *Metapher verstärkende Aussage--Emotionen übertragende Aussage*). Auf diesen Emotionsausdruck der Klientin reagiert der Coach in dreifacher Weise: Er gibt eine positive Rückmeldung („Ich finde das schön ..." S. 15, 37), deutet und erklärt gleichzeitig den metaphorischen Zusammenhang und dessen Effekte („...dass es dir gut tut..." S. 16, 3) und meldet der Klientin seine visuelle Wahrnehmung ihrer sichtbaren emotionalen Reaktion zurück („Äh ich sehe das gerade in deinem Gesicht..." S. 15, 40 bis S. 16, 1) (iv: Sequenz *Emotionen übertragende Aussage--Emotionen konservierende Aussage*.

6.7.5 Bestimmung des kommunikativen Zwecks |**Fall 5**

Die übergeordneten Aufgaben im Beratungs- beziehungsweise Coachinggespräch sind in Abschnitt 6.2.1 erläutert worden. Für dieses spezifische Coachinggespräch ist daneben Folgendes zu berücksichtigen:

Das untersuchte Gespräch ist der erste von insgesamt zwei Terminen und dient der Erzeugung von Porträtaufnahmen der Klientin, die in einer zweiten, zeitlich entfernten Sitzung ausgewertet werden. Die Fotos entstehen dabei in einem dialogorientierten Coachinggespräch, in dem sich Coach und Klientin vis-à-vis gegenübersitzen. Die Aufgabe für den Coach liegt neben der kommunikativen Erfüllung der Beratung auch in der professionellen Fotografie. Es geht dem Coach darum, interessante Mimiken und Gestiken der Klientin bildlich festzuhalten und diese so für eine spätere Reflexion zugänglich zu machen. Der Coach führt den Dialog voraussichtlich mit der Intention, die Expression der Klientin zu fördern. In dem vorliegenden Gespräch tritt dies an verschiedenen Stellen in Erscheinung, zum Beispiel, wenn der Coach der Klientin ein entsprechendes Feedback gibt:

C „Ich zeig dir ein einziges Bild (JETZT) schon mal (K: lacht), auf dem Weg, schau mal! Wenn du (SO) von Kanada redest. Jetzt (lacht) – das ist schon." (S. 22, 35–36)

Der kommunikative Zweck des Gesprächs kann als solcher beschrieben werden, die entsprechenden Bedingungen für das Entstehen der Fotos kommunikativ zu gestalten. Neben dem gelten für den Coachingdialog dieselben Rahmenbedingungen wie für die bereits untersuchten Gespräche (siehe Abschnitt 6.2.1), da im Photocoaching® zu einem zukunftsorientierten Anliegen beraten wird. Den

Rahmen hierfür gibt der Coach vor, indem er darum bittet, ein privates und ein berufliches Ziel zu formulieren (S. 1, 23–25). In der Exploration der Ziele ist die Visualisierungsarbeit ein weiteres Charakteristikum dieses Gesprächs: Die Klientin wird mithilfe von symbolischen Objekten, mentalen Bildern, Bildmetaphern oder sogenannten visuellen Ankern[61] angeleitet, Ressourcen und deren Bezugspunkte aufzuspüren (zum Beispiel „Blumentopf", S. 8, „Steg in den See", S. 22). Die kommunikative Aufgabe liegt für den Coach insofern darin, die Entstehung solcher Bilder zu arrangieren, als Grundlage für die Arbeit entlang dieser Visualisierungen.

*6.7.6 Analyse kognitiv-emotionaler Prozesse |**Fall 5***

Wie im Vorangegangenen erwähnt, arbeitet der Coach mit einer starken visuellen Orientierung. Das Ziel in diesem Coachingprozess ist einerseits, repräsentative Momente der Personen fotografisch zu fassen. Andererseits geht es immer wieder um die Arbeit mit mentalen Bildern, die der Coach anleitet. In dem gewählten Gesprächsausschnitt hat der Coach den Fokus auf die Blume gelenkt (bereits ab S. 15, 17), was das Wiederaufrufen der im Vorfeld kreierten Bildmetapher (S. 8, 1–33) bei Coach und Klientin verlangt. Die hypothetische Frage „Was würdest du mit so ner Blume machen" (S. 15, 31) erfordert dann von der Klientin zweierlei Reflexionsvermögen: Diese Frage zu verstehen, setzt voraus, sich auf eine Fortsetzung der objektbezogenen metaphorischen Ebene einzulassen, und gleichzeitig eine in die Zukunft gerichtete Fiktion zu konstruieren. Der Coach wiederum muss die Stichwörter („Sie pflegen, hegen, gießen.", S. 15, 32) der Klientin einordnen können, gleichzeitig sein mentales Bild demgemäß anpassen, um mit Adjektivergänzungen reagieren zu können. Mit dem Prozess der geteilten Metaphernbildung schaffen Interaktantin und Interaktant so jeweils mentale Repräsentationen dieses Blumen-Bildes. Der Prozess verläuft solange, bis der Coach die Transferreflexion einleitet und den Bezug zur persönlichen Situation seiner Klientin herstellt.

---

61 Siehe Definition S. 160.

6.7.7 *Musterrekonstruktion |**Fall 5***

Nachfolgend werden die unverzichtbaren Elemente für das jeweils angenommene Muster zusammengefasst. Es gelten die in Abschnitt 6.2.2 vorangestellten Bedingungen für die Musterrekonstruktion.

Achte Musterrekonstruktion zur Sequenzbestimmung 5:

C Was würdest du mit so ner Blume machen?

K Sie pflegen, hegen, gießen.

C Düngen.

K Genau, dass sie raus gucken kann, Sonne bekommt.

C Sonne bekommt.

K Sich wohlfühlt, Zuspruch bekommt (C: lacht), wächst und gedeiht.

C Ich finde das schön, dass du die eben gewählt hast, weil all das, was du jetzt gesagt hast, die Blume und deinem Ziel gegenüber ist genau das, was du vorhin auch schon geäußert hast, was dir eigentlich auch noch im jetzigen Job (FEHLT) (K: Mhm (zustimmend)), Zuspruch, Hege, Pflege, Sehen, Sonne (K: Ja) (lacht). Äh ich sehe das gerade in deinem Gesicht (1), also wenn du zu deiner, ich sag mal zu deiner Blume, zu deiner Zukunft rüber guckst, wie sich dein, ja, wie sich die Emotionen noch verändern, dass es dir gut tut, sagen wir mal, auch wenn du noch nicht genau weißt- (S. 15, 31 bis S. 16, 3)

Metaphorisches Verbalisieren – Muster H

Das komplexere Muster H bildet sich mit den nachfolgend erläuterten Konstituenten H1 bis H5. Die Vorbedingung für die nachstehend beschriebene Abfolge des *Metaphorischen Verbalisierens* ist, dass ein Bild beziehungsweise Objekt bereits visuell verankert ist, die Metapher muss zuvor im Handlungsverlauf erzeugt worden sein. Das Muster H kann dann in zwei kommunikative Handlungsschritte eingeteilt werden: In einem ersten Schritt wird die Metapher herangezogen und ausgedeutet, das heißt, das Bild wird mit Assoziationen belegt. Im zweiten Schritt wird dann der Sinngehalt der Metapher und damit die emotionale Bedeutung für die persönliche Situation übertragen.

Schritt 1 Metapher ausdeuten: Bild mit Assoziationen belegen:
Sequenz *metaphorische Frage--Metapher bestätigende Antwort* und Sequenz *metaphorische Aussage--Metapher verstärkende Aussage*

Schritt 2 Metapher übertragen: Emotionale Bedeutung übertragen:
Sequenz Metapher verstärkende Aussage--Emotionen übertragende Aussage und Sequenz *Emotionen übertragende Aussage--Emotionen konservierende Aussage*

H1: Der Coach stellt eine metaphorische Frage.

H2: Die Klientin/der Klient beantwortet die Frage und bestätigt damit die Metapher.

H3: Der Coach ergänzt die metaphorischen Aussagen und verstärkt die Metapher damit ebenfalls.

H4: Die Klientin/der Klient (oder der Coach) ergänzt die metaphorische Aussage ein weiteres Mal und stellt dabei bereits Bezüge zu eigenen Situation her. Die Klientin/der Klient (oder der Coach) überträgt mit der erweiterten Aussage innerhalb der Metapher die eigenen Emotionen (die Emotionen der Klientin/des Klienten).

H5: Der Coach greift diesen Bezug auf und veranschaulicht das Gleichnis. Die durch die Klientin ausgedrückten Emotionen (durch den Coach herausgearbeiteten Emotionen) werden dadurch verbalisiert und konserviert.

Das Gesprächsmuster wird als „Metaphorisches Verbalisieren" benannt, weil mithilfe einer Metapher Emotionen kommunikativ bearbeitet werden. Es ist dabei anzunehmen, dass durch die zunächst kontextfremde Übertragung der Emotionen innerhalb einer Metapher der affektive Ausdruck erleichtert wird. Neben dem vermittelnden Einbringen der Metapher stellt die Auflösung derselben durch die Gegenüberstellung der Realsituation der Klientin/des Klienten den wichtigen kommunikativen Handlungsschritt dar.

*6.7.8 Musterprüfung |**Fall 5***

An diesem Fall werden keine Musterprüfungen vorgenommen. Zum Zeitpunkt der Fallanalyse 5 waren die Muster A bis D bereits hinreichend bestätigt. Für die Muster E bis G wurden keine geeigneten Textstellen gefunden. Das mit diesem Fall 5 rekonstruierte Muster H wird wiederum an Fall 6 geprüft.

6.7.9 *Resümee der Gesprächsanalyse* |***Fall 5***

Die zentralen Elemente des fotografiegestützten Coachings sind die Arbeit mit Visualisierungen im Allgemeinen sowie im Speziellen das Entstehen einer Vielzahl von Fotos im Verlauf der Sitzung. Das Photocoaching® ist damit ein spezifisches Format, das kommunikative Beratung und Porträtfotografie verbindet. Der systemisch ausgebildete Coach arbeitet vorwiegend im Bereich der Managementberatung und bringt in seinem Coachingformat verschiedene erlernte neurolinguistische Verfahren zur Anwendung. Im Mittelpunkt seines Photocoaching®-Konzepts steht, „Perspektive und Wahlmöglichkeiten auf[zu]zeigen, und zwar über die eigene Visualität" (Quelle: Interview Coach 3). Seinen Coachingstil versteht der Coach dabei als grundlegend individuumszentriert.

Diese methodischen und strukturellen Hinweise können als generische Vorbedingungen für das am Fall abgeleitete Interaktionsmuster *Metaphorisches Verbalisieren* gesehen werden, auf das sich die Klientin nach einer kurzen Gewöhnungsphase sehr gut einlassen kann. Dies zeigt sich insbesondere zum Ende der Coachingsitzung, als die Klientin selbst beginnt, in ihren Antworten bildhaft zu assoziieren (Beispiel „Steg am See"). Auch der schriftliche Vermerk im Reflexionsprotokoll stützt diese These: Die Klientin bat ihren Coach am Ende, den gewählten visuellen Anker „Blumentopf" aus ihrer Sitzposition heraus zu fotografieren.

Daneben zeigt die Synchronisierung der Sprache von Coach und Klientin bereits zu Beginn der Sitzung, wie sich die Interaktionspartner/innen aufeinander einlassen.

Die Ergebnisse der Sitzungsevaluation anhand des „Fragebogens vor dem Coaching" und des „Fragebogens nach dem Coaching" zeigen eine auffällige Veränderung in Bezug auf das Erleben von Emotionsregulation (Skalen zum Erleben von Emotionen (SEE) nach Behr & Becker 2004, vgl. Unterkapitel 5.7). Die Coachee hat dem Item 51 nach dem Coaching eine um den Wert 2 stärkere Zustimmung gegeben als vor dem Coaching:

- Item 51 „Wenn ich will, kann ich meine Emotionen durchaus manipulieren."

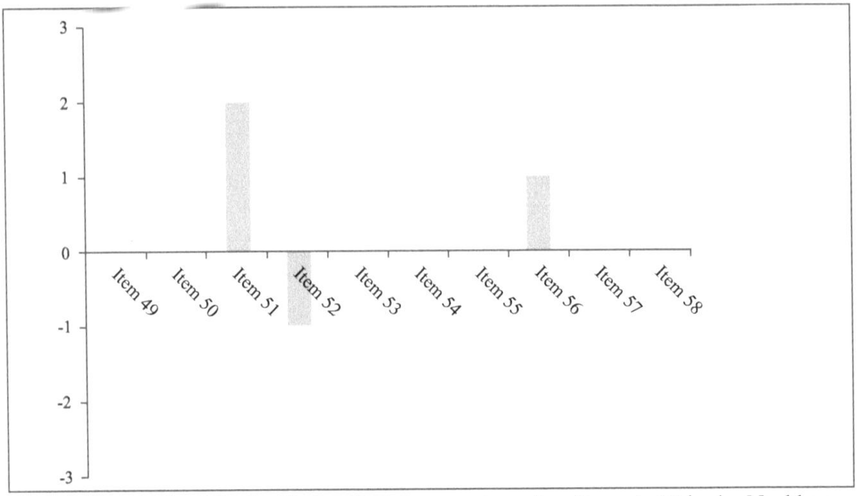

Hinweis: Items 49–58 in der Vorher-Befragung entsprechen Items 1–10 in der Nachher-Befragung.

Abbildung 20: Vorher-Nachher-Abweichung in Fall 5

Diese Abweichung deutet darauf hin, dass die Coachee in der Nachher-Befragung die eigenen Möglichkeiten der Emotionsregulation als weitreichender empfindet. Mindestens anzunehmen ist, dass die Probandin direkt nach dem Coaching mehr in der Lage ist, ihre Möglichkeiten der Manipulation eigener Emotionen auszudrücken. Neben dem zeigt das Item 52 eine leicht negative Abweichung, Item 56 eine leicht positive Abweichung. Beide Werte sind ebenso wie alle anderen unveränderten Werte neutral zu betrachten. Abbildung 20 zeigt die erwähnten Veränderungswerte der Nachher-Befragung zur Vorher-Befragung.

6.8 *Fall 6* „Manchmal will ich ja auch nicht nett sein."

Das Gespräch ist das erste von insgesamt zwei Coachingsitzungen im Rahmen eines fotografiegestützten[62] Einzelcoachings. Der männliche Coach und die weibliche Klientin sind sich aus einem ersten Coachingprozess, der ein paar

62 Die in der Sitzung entstehenden Fotos sind Gegenstand der zweiten Sitzung und werden für diese Gesprächsanalyse nicht genutzt.

Jahre zurückliegt, bereits bekannt. Die Klientin formuliert als Ziel für die fast achtzigminütige Photocoaching®-Sitzung:

> „Work-Life-Balance stärken; Autorität/Abgrenzung im Beruflichen stärken.“ (Quelle: Fragebogen nach dem Coaching Fall 6)

Die Klientin berichtet gleich zu Beginn von ihrer Beförderung zur stellvertretenden Abteilungsleiterin und knüpft ihr Anliegen an diese neue berufliche Rolle (Klärungsphase). Im Folgenden formuliert die Klientin ihren Wunsch nach Abgrenzung und natürlicher Autorität. Gemeinsam mit dem Coach reflektiert sie ihre Rolle als einzige Frau unter männlichen Kollegen und die an sie gerichteten Erwartungen. Dabei geht es ihr vor allem um Akzeptanz und darum, gehört zu werden. Ihre fachliche Kompetenz und Anerkennung in der Führungsrolle sieht sie aufgrund ihrer allzu „netten“ Umgangsformen gefährdet. Der Coach rät seiner Klientin, ihre Freundlichkeit und ihren Charme zielgerichtet einzusetzen (Maßnahmenvorschlag). Der Coach greift in der weiteren Exploration den Begriff „Spielwiese“ von seiner Klientin auf und stellt die Teamsituation metaphorisch dar: „Wenn ihr da im Sandkasten seid, wer hat die Förmchen?“ (S. 11, 39). Im weiteren Verlauf wird die Arbeitsbeziehung zum Vorgesetzten thematisiert (fortgesetzte Explorationsphase). Der Coach leitet die Klientin daraufhin zu einer Balanceübung an, anhand derer sie eine Gewichtung ihrer Abgrenzung zu den Kolleg(inn)en und zum Chef vornehmen soll. Die Klientin formuliert ihr Bedürfnis, nicht immer die Nette sein zu wollen, woraufhin der Umgang mit Ärger und dessen Ausdruck gegenüber Beteiligten zum Thema werden (Bewertungsphase). Zum Ende der Sitzung hebt der Coach die noch „frische“ Position als Chance hervor, die Spielregeln mitzugestalten, und motiviert die Klientin nochmals, sich über ihren naturgegebenen Charme und ihre Freundlichkeit zu positionieren. Die Klientin greift diesen Vorschlag auf und betont ihre große Begeisterungsfähigkeit, ihre Freude an der Arbeit an sich. Sie schildert zudem ihre Partizipationswünsche bei Personalentscheidungen und reflektiert abermals ihre besondere Rolle als weibliche Führungskraft in dem Team (Maßnahmenplanung). Abschließend verweist der Coach auf den zweiten Teil des Coachings, in dem die Ressourcen der Klientin über die visuelle Arbeit mit den Fotos verfügbar gemacht werden sollen (Schlussphase).

Die Zusammenfassung der Gesprächsphasen bildet ein Gesprächsinventar ab, das im Anhang einsehbar ist.

6.8.1 *Auditive Analyse* |***Fall6***

Ähnlich wie im vorangegangenen Fall 5 ist auch dieses Coachinggespräch von merklicher Freundlichkeit geprägt. Neben der wohlwollenden Heiterkeit des Coachs fällt auch die Klientin durch häufiges Lachen auf, so dass beide in ihrer Grundstimmung zusammentreffen:

Beispiel:

K Nee (C: **lacht**), wir siezen uns bisher. Den anderen beiden Stellvertretern, mit denen duze ich mich (C: Okay). Und mit ihm habe ich ein ganz seltsames Verhältnis, weil wir uns siezen, aber immer in Anwesenheit Dritter, wenn- wenn der andere nicht da ist, immer von dem Anderen mit Vornamen reden.

C Ist ja'n bisschen schwierig.

K Hm. Eigentlich (**beide lachen**) fühle ich mich damit gar nicht so unwohl, ich bin ja ein (laut) leidenschaftlicher (**lacht**) Siezer. (S. 10, 19–25)

Neben der geteilten Ausgelassenheit begegnen sich Coach und Klientin auch in ihrer jeweils ruhigen Gesprächsart. Der Zuhörerin fällt die ausgeprägt ruhige Rede der Klientin auf, wie auch ihre schöpferischen Formulierungen:

Beispiel:

K (1) Hm (zögernd), ich glaube, es gibt Schnellere. Ich bin jetzt nicht besonders langsam, aber ich bin auch nicht an der Speerspitze der Geschwindigkeit. (S. 6, 38–39)

Mit Aufmerksamkeit für bedeutungsvolle Elemente im Gespräch fallen der Zuhörerin zwei Momente besonders ins Gehör: die Unterhaltung über den Vorgesetzten etwa in der Gesprächsmitte und die kurz darauf folgende Intervention durch den Coach, in der er die Klientin zu einer mentalen Balanceübung anleitet.

Zum erstgenannten Zeitpunkt schildert die Klientin ihrem Coach auf Nachfrage die Charakterzüge und das Erscheinungsbild ihres Chefs. Im Verlauf erfährt der Coach auch einige Details über die Arbeitsbeziehung der beiden, gegenseitige Sympathien und die Führungspraxis des Vorgesetzten (S. 13, 6 bis S. 15, 33). Von besonderer Bedeutung scheint der Abschnitt, in dem die Klientin von dem Sympathiegeständnis ihres Vorgesetzten berichtet. Die Klientin spricht in auffallend heiterer Stimmung von diesem Ereignis. Während der Coach kommunikativ den Schritt macht zu strukturieren und den Fokus auf Abgrenzungsmöglichkeiten zu lenken, setzt die Klientin zu weiteren Details an:

C Also um auf diese- dieses- diese Ebene des Miteinanderredens und Schwingens sozusagen, um darauf noch stärker einzugehen, würde ich gerne noch mal den Punkt der Abgrenzung-

K Ich glaube übrigens, darf ich noch eben da was sagen, glaube ich (C: Ja), dass er unheimlich verklemmt gegenüber Frauen ist, das kommt irgendwie auch noch hinzu, dass das natürlich jetzt so-

C Bist du jetzt so als die Neue (K: lacht kurz), bist du zu forsch?

K Nee, also wir hatten eigentlich immer so über die Jahre ein ganz gutes Verhältnis. Aber so insgesamt beobachte ich, dass er sich mit Frauen schwer tut. Entweder schüchtern die ihn ein, oder er findet die irgendwie schnell zickig oder blöd, oder- Er hat mal, da hatte er sich im Anschluss an eine Feier (SCHRECKLICH) betrunken. Und dann hat er mit mir (3 Silben unverständlich) wirklich so zehn Wodka getrunken (C: Oh (lacht)), dann irgendwie gestanden und ja eigentlich irgendwie, ja, so mal irgendwie ne Art Traumfrau für ihn bin. Aber das #konnte er-#

C #Er hat (lacht) sich'n bisschen Mut angetrunken (lacht).

K Ein (BISSCHEN) ist gut, ja, ist-

C Wodka (stöhnt), na gut.

K Das war dann immer so, dass er die Flasche hielt und sich wunderte, dass da nichts (RAUS) kam und äh gar nicht mehr mitbekam, dass er den Deckel nicht abgeschraubt hatte.

C Äh, da war's schon ziemlich weit (lacht).

K Da war's ziemlich weit. (S. 15. 9–39)

Der zweite signifikante Moment schließt direkt an die oben beschriebenen Erzählungen an. Der Coach möchte in Erfahrung bringen, gegenüber wem seine Klientin sich eher abgrenzen möchte, gegenüber den Kolleg(inn)en oder gegenüber dem Chef. Hierfür schlägt er eine kurze Übung in Symbolisierung einer Handwaage vor und erfragt die Gewichtung zu dieser Fragestellung (S. 17, 8 bis S. 18, 12). Interessant wird es, als die Klientin gebeten wird, gedanklich ihre „Nettigkeit" mit in die Waagschalen zu legen:

C Dazu (lacht) (K: Mhm). Pack mal die Nettigkeit der Frau F[redacted], also deine Nettigkeit noch mit rein. Ich sehe schon ne ganze Menge (lacht) im Gesicht (K: lacht auf), toll. Ja, ist auf beiden Seiten jetzt die Nettigkeit vertreten?

K (2) Glaub schon, ja.

C Und was ist das (JETZT) für'n Gefühl?

K Na ja, irgendwie ein volleres, so ein runderes Gefühl, (würde ich mal sagen?).

C Ich sag dir, was ich von hier aus (SEHE) (K: Mhm). Vorhin waren deine Hände komplett in Bewegung (lacht), weil du so unterschiedlich rein gingst. Jetzt sind die beide ruhig und (SEHR) ausgeglichen (K: Mhm). Könnte das sein, dass die (NETTE) Frau F[redacted] sehr ausgeglichen wirkt auf alle Beteiligten?

K Das kann durchaus sein (lacht). Aber das ist mitunter sehr anstrengend (lacht) für die nette Frau F[redacted].

C Du darfst nun auch die Augen aufmachen, weil ich merke gerade, wie das anstrengend in deinen Armen wird (K: lacht). Es ist anstrengend, ne? Es hat-

K Also weißte immer-

C möchtest du das?

K Weißte, so immer integrieren und- manchmal (WILL) ich ja auch nicht nett sein, mhm. (S. 17, 35 bis S. 18, 12)

*6.8.2 Leseanalyse |**Fall6***

Im Rezipieren des Transkripts richtet sich die Aufmerksamkeit auf Passagen, in denen Gefühle angesprochen werden. Dabei fällt auf, dass der Coach seine Klientin mehrfach zu ihren Gefühlen befragt, vornehmlich in der Gesprächsmitte (zum Beispiel Seite 17, Seite 20 und Seite 24). Auch entrollt der Coach an einer Stelle die Funktion von Gefühlen als Signalgeber des eigenen Gleichgewichts:

C […] Das hat ja was mit unseren Gefühlen zu tun. Wenn ich aus der- aus- aus diesem Gleichgewicht komme, dann macht das in mir ein Gefühl (K: Mhm). Wenn das ein tolles Gefühl wäre, würde ich mich dauernd aus der Balance bringen lassen (K: Mhm). Aber weil es ja Dinge sind, die uns nicht (GUT) tun, darum geht es, da Abhilfe zu schaffen (K: Mhm) und da mal hinzugucken. […] (S. 20, 14–18)

Als signifikante Stelle erscheint die Sequenz, in der die Klientin innerhalb der Balanceübung zu einer Bewertung angeleitet wird:

C Und was ist das (JETZT) für'n Gefühl?

K Na ja, irgendwie ein volleres, so ein runderes Gefühl, würde ich mal sagen.

C Ich sag dir, was ich von hier aus (SEHE) (K: Mhm). Vorhin waren deine Hände komplett in Bewegung (lacht), weil du so unterschiedlich rein gingst. Jetzt sind die beide ruhig und (SEHR) ausgeglichen (K: Mhm). Könnte das sein, dass die (NETTE) Frau F[redacted] sehr ausgeglichen wirkt auf alle Beteiligten?

K Das kann durchaus sein (lacht). Aber das ist mitunter sehr anstrengend (lacht) für die nette Frau F[redacted].

C Du darfst nun auch die Augen aufmachen, weil ich merke gerade, wie das anstrengend in deinen Armen wird (K: lacht). Es ist anstrengend, ne? Es hat-

K Also weißte immer-

C möchtest du das?

K Weißte, so immer integrieren und- manchmal (WILL) ich ja auch nicht nett sein, mhm. (S. 17, 39 bis S. 18, 12)

Des Weiteren bemerkt man beim Lesen des Gesprächs die auffallend langen Redebeiträge des Coachs (Seiten 7–8, Seiten 15–16, Seiten 19–20, Seiten 21–22 und Seite 26). Es handelt sich dabei um Gesprächszüge des Coachs, in denen er Argumente sammelt und neue Perspektiven anzuregen versucht (S. 7, 28 bis S. 8, 12) oder Zusammenfassungen vornimmt. So finden sich Zusammenfassungen mit dem Ziel der Gesprächsstrukturierung und -lenkung (S. 15, 32 bis S. 16, 7) und Zusammenfassungen durch Situationsdeutungen mit dem Ziel der Rückmeldung an die Klientin (S. 21, 12 bis S. 22, 2). Nachfolgend ein Beispiel, das auch die jeweils vorangegangenen und nachfolgenden Sequenzen mit abbildet:

K Na ja, das Feedback, was- was du mir jetzt gibst, ist ja eigentlich, dass es nicht rüberkommt, dass ich da insofern zu unklar bin.

C Nein, das ist das, was du jetzt raushörst (K: Mhm). Also was ich rübergeben wollte, ist, dass bei mir nicht ankommt, dass eine C[redacted] offenbar mit der Stimme so rüberkommen kann, dass man's auch wirklich (HÖRT), dass das nicht in Ordnung war. Und das Andere, brauchst du dir garantiert keine Sorgen zu machen (K: Mhm), weil das, was du mir alles geschildert hast, wie ähm, und was ich ja auch weiß in gewisser Hinsicht, wie (EXAKT) und (ORDENTLICH) du arbeitest (K: Mhm), da würde ich mir überhaupt gar keine Gedanken machen. Nur wenn so etwas passiert, wie du's rübergibst, dann sitzt da so kein Pfeffer bei hinter. Das ist also so wie- (K: Mhm) das ist ja auch eigentlich egal. Du, also ich, wenn ich dein Kollege wäre, würde dir höchstwahrscheinlich vor'm Urlaub sagen, das läuft, weil ich weiß, erst mal wenn's (NICHT) läuft, du kümmerst dich. Und wenn ich wiederkomme, dann kriege ich vielleicht nen Einlauf, aber der ist so'n süßes kleines plätscherndes Wässerchen, da komme ich mit klar, da sage ich, „Du, das tut mir leid“, und es ist in Ordnung (K: Mhm, mhm). Ist das so richtig? Ich sag es nur mal aus mei- das was bei mir ankommt (K: Mhm), weil es geht ja darum, diese Zuordnung, die kriegst du ja nicht einfach nur so (K: Mhm), dass da eine nette Frau F[redacted] äh im Unternehmen unterwegs ist. Es geht ja auch nicht darum, dass das (FALSCH) ist, es geht nur darum, dass es dir bewusst ist (K: Mhm), wie nett du bist (K: Mhm, mhm) (3). Und vor allen Dingen, ob es ne andere Möglichkeit gibt, weil es kein- also du bist ja immer in dieser- in diesem Bereich bleiben, weil das für dich in Ordnung ist (K: Mhm), weil du vielleicht auch andere Dinge nur nicht ausprobiert hast. Es geht ja auch darum, dass es heute hier eine Möglichkeit für dich gibt, etwas auszuprobieren, um dann zu sagen, warum ich das vorher nicht ausprobiert habe. Das ist ja spannend (K: Mhm). Das ist ja vor allen Dingen: Also ich vergebe mir da nichts (K: Mhm), aber die Wirkung ist irgendwie klasse (K: Mhm). Ich bleibe in der Balance, denn das, was du- wo du aus der Balance kommst oder so, das heißt (für mich?) einfach nur, dass wir irgendwo in irgend'ne Richtung tendieren. Das hat ja was mit unseren Gefühlen zu tun. Wenn ich aus der- aus- aus diesem Gleichgewicht komme, dann macht das in mir ein Gefühl (K: Mhm). Wenn das ein tolles Gefühl wäre, würde ich mich dauernd aus der Balance bringen lassen (K: Mhm). Aber weil es ja Dinge sind, die uns nicht (GUT) tun, darum geht es, da Abhilfe zu schaffen (K: Mhm) und da mal hinzugucken. Und darum noch mal meine Frage: Gibt es vielleicht auch im Privaten- gibt es eine Situation, wo du mal (NICHT) die Nette warst, also (WIRKLICH) nicht die Nette? (1) Vielleicht fällt dir ja eine ein. Du musst es nicht unbedingt hier sozusagen öffentlich machen. Aber vielleicht fällt dir (nur?) eine ein, wo du wirklich gesagt hast, „Oh, das war viel zu viel, also da habe ich- oh hätte ich mal lieber nicht. Da bin ich mal richtig explodiert" (K: Mhm), nur mal zu überlegen, gab es schon mal so was.

K Also gab's schon. Das kommt selten vor, #aber#

C #Und wie-# wie- Wenn so was vorkommt, (SELTEN) (K: Mhm), wie war denn das Gefühl währenddessen und hinterher?

K Also in der Situation, die ich jetzt im Büro vor Augen habe, war es so, dass ich da (GAR) nicht mehr- also das war s- da kam der (ÄRGER) so aus dem (BAUCH) hoch nach oben (C: Ja, das meine ich), dass ich da auch gar nichts mehr regeln konnte (lacht), sondern es (GESCHAH) einfach. (S. 19, 26 bis S. 20, 31)

*6.8.3 Coachreflexion |**Fall6***

Der Coach beschreibt die Sitzung im Anschluss als „ruhig, angenehm, zielorientiert, emotional, klar" (Quelle: Reflexionsprotokoll Fall 6) und beschreibt drei signifikante Momente im zurückliegenden Gespräch. Die erste bedeutsame Stelle ereignet sich in der Wahrnehmung des Coachs gleich zu Beginn des Gesprächs mit der Thematisierung des Nettseins. Für den Coach werden in der Erzählung Emotionen sichtbar, gleichzeitig werden die Schwierigkeiten der Abgrenzung gegenüber den Kolleg(inn)en und dem Vorgesetzten deutlich. Die Originalnotizen werden mit Tabelle 26 abgebildet.

Tabelle 26: Ausschnitt signifikanter Moment I aus dem Reflexionsprotokoll Fall 6

SIGNIFIKANTER MOMENT I		
Ca. Zeitpunkt im Gespräch:	**Thema der Gesprächsstelle:**	**Kennzeichnendes Stichwort („Titel“) für diese Stelle:**
Zu Beginn	*Die Nette*	*Abgrenzung*
Bitte beschreiben Sie die Gesprächsstelle I und erläutern die Signifikanz dieses Gesprächsabschnitts: Die Stelle ist interessant, weil… *die Emotion sofort sichtbar wurde. Nett sein tut ihr gut – macht aber große Schwierigkeiten mit der Abgrenzung den Kolleg/innen und dem Vorgesetzten gegenüber.*		

Der entsprechende Ausschnitt aus dem Transkript lässt sich nahezu über die ganze Seite 2 (Zeile 3 bis 39) abbilden:

K Nein. Und ähm ja, jetzt habe ich mir überlegt, als ähm privates Thema so, dass was man Work-Life-Balance (C: Ja) nennt, also das irgendwie- ich bin eigentlich jemand, der (GERNE) arbeitet und auch sich da gerne engagiert, (aber?) dass ich so nicht dieses- dieses Gleichgewicht aus den Augen verlieren und ja, irgendwie mich da auch an den Stellen äh, wo es für mich wichtig ist, abgrenze und auch mal sagen, nee, jetzt äh- also so jetzt hat mal mein Privatleben Vorrang (C: Mhm), weil ich schon merke, dass das äh, ja, tendenziell deutlich ausufernder- ausufernder noch mal ist als- als bisher meine Arbeit. So und das berufliche Thema ähm wäre, dass ich äh eigentlich (AUCH) ein bisschen im Zusammenhang mit dieser äh Beförderung (1) hm das Thema Autorität, also dass ich so denke, hm, es gibt so'n bisschen diese Tendenz, dass dann ähm, ja, Kollegen oder Vorgesetzte denken, na ja, die- die ist so (NETT) und das dann irgendwie gleichsetzen mit „nicht unbedingt ernst zu nehmen“ (C: Mhm). Will nicht sagen, dass ich da ein richtiges Problem habe, aber ich (SEHE) so'n bisschen diese- also hier und da diese also hier und da-

C Dieses eher Nichternstnehmen oder vielleicht eher äh mehr- mehr zu (FORDERN) und mehr zu verlangen?

K Hmhm, na ja, wahrscheinlich ist das ne Mischung aus allem, ne, muss man- #(6 Silben unv.) so denken.#

C #Die kennen dich ja auch alle schon ein paar Jahre, ne?#

K Ja, klar kennen sie mich und-

C Und die ist nett (beide lachen).

K (3 Silben unverständlich) Also so, dass das nicht mit, jaaaa, mit Nachgiebigkeit oder Konzilianz in der (SACHE) verwechselt wird, ja, sondern einfach nur, ja, so'n- wie ich da Wege finde, klar zu machen, dass das irgendwie halt mein (STIL) ist.

C Gibt's da jetzt schon was, dass das jetzt schon versucht wird, also dass-

K Na ja, das kenne ich aus der Vergangenheit einfach, ne, #dass dann meinetwegen#

C #Ja, aber jetzt hast du ja wesentlich mehr Verantwortung#

K ja aber zum Beispiel in der [redacted] bin ich sechs Jahre lang saß, wo es dann immer hieß, „Frau F[redacted] ist das menschliche Antlitz des Gremiums sozusagen" (lacht).

C Ohhhhh (lacht).

K Wo man denkt, Mensch, scheiße (beide lachen).

C (unverständlich)

K Also das ist genau das, was du als Frau in so nem Gremium eigentlich (NICHT) als Image haben willst, weißt du? Also #natürlich willst du#

C #Du hast ja dann gerne-#

K menschlich rüber kommen. Aber ähm das ist- irgendwie willst du ja eher, dass die Leute sagen, „Ja, die ist fachlich kompetent" oder #(3 Silben unverständlich)# (S. 2, 3–39)

Den zweiten signifikanten Moment beschreibt der Coach mit dem Stichwort „Punkten": Um die Gesprächsmitte herum wird wieder das Problem der Abgrenzung thematisiert, wie der Ausschnitt aus dem Reflexionsprotokoll in Tabelle 27 beschreibt.

Tabelle 27: Ausschnitt signifikanter Moment II aus dem Reflexionsprotokoll Fall 6

SIGNIFIKANTER MOMENT II		
Ca. Zeitpunkt im Gespräch:	**Thema der Gesprächsstelle:**	**Kennzeichnendes Stichwort („Titel") für diese Stelle:**
In der Mitte	*Anerkennung*	*„Punkten"*
Bitte beschreiben Sie die Gesprächsstelle II und erläutern die Signifikanz dieses Gesprächsabschnitts: Die Stelle ist interessant, weil… *auch hier in der Physiognomie sofort sichtbar wurde, wie gut ihr Anerkennung (die Nette) tut. Sie versucht in allen Richtungen zu „punkten" – wobei sie die Schwierigkeit erkennt, nicht BEIDES verwirklichen zu können. Nett sein und sich abgrenzen können.* *Sichtbarkeit und Vertiefung für die Coachee in Teil II*		

Die Gesprächsstelle zu diesem zweiten im Reflexionsprotokoll beschriebenen Zeitpunkt ist nicht eindeutig bestimmbar. Stellvertretend wird ein Ausschnitt gewählt, in dem über die vielbesprochene „Nettigkeit" reflektiert wird:

C Dazu (lacht) (K: Mhm). Pack mal die Nettigkeit der Frau F[redacted], also deine Nettigkeit noch mit rein. Ich sehe schon ne ganze Menge (lacht) im Gesicht (K: lacht auf), toll. Ja, ist auf beiden Seiten jetzt die Nettigkeit vertreten?

K (2) Glaub schon, ja.

C Und was ist das (JETZT) für'n Gefühl?

K Na ja, irgendwie ein volleres, so ein runderes Gefühl, (würde ich mal sagen?).

C Ich sag dir, was ich von hier aus (SEHE) (K: Mhm). Vorhin waren deine Hände komplett in Bewegung (lacht), weil du so unterschiedlich rein gingst. Jetzt sind die beide ruhig und (SEHR) ausgeglichen (K: Mhm). Könnte das sein, dass die (NETTE) Frau F[redacted] sehr ausgeglichen wirkt auf alle Beteiligten?

K Das kann durchaus sein (lacht). Aber das ist mitunter sehr anstrengend (lacht) für die nette Frau F[redacted].

C Du darfst nun auch die Augen aufmachen, weil ich merke gerade, wie das anstrengend in deinen Armen wird.(K: lacht). Es ist anstrengend, ne? Es hat-

K Also weißte immer-

C möchtest du das?

K Weißte, so immer integrieren und- manchmal (WILL) ich ja auch nicht nett sein, mhm. (S. 17, 35 bis S. 18, 12)

An dritter Stelle wird ein Gesprächsmoment beschrieben, der zwei Gesprächsgegenstände miteinander vermengt (dargestellt in Tabelle 28).

Tabelle 28: Ausschnitt signifikanter Moment III aus dem Reflexionsprotokoll Fall 6

SIGNIFIKANTER MOMENT III		
Ca. Zeitpunkt im Gespräch:	**Thema der Gesprächsstelle:**	**Kennzeichnendes Stichwort („Titel“) für diese Stelle:**
Im letzten Drittel	*Förmchen*	*„Waage“*
Bitte beschreiben Sie die Gesprächsstelle III und erläutern die Signifikanz dieses Gesprächsabschnitts: Die Stelle ist interessant, weil… *es hier um das Ungleichgewicht in der „Runde“ geht. Einzige Frau – teilweise oberflächliche Themen. Chef intellektuell auf ihrem Niveau. Durchsetzung ihrer Ziele – wenn möglich nett. Angebot eines Bildes: „Förmchen“. Dieses hat sie gern angenommen und „weitergespielt“. Das Ungleichgewicht der Männerrunde haben wir mit dem Bild einer/ihrer Waage über ihr Gefühl sichtbar gemacht.*		

Der Coach erinnert sich rückblickend an die metaphorische Bildentwicklung der „Förmchen“ im Zusammenhang mit der mentalen Balanceübung „Waage“. Beide Gesprächsgegenstände tauchen zwischen dem ersten und zweiten Gesprächsdrittel auf. Während die metaphorische Reflexion über das Förmchen-Bild sich der erweiterten Explorationsphase zuordnen lässt, repräsentiert die mentale Balanceübung die Bewertungsphase des Gesprächs.

Textstelle 1:

C Weißt du, weil das ist ja so'n Punkt: Wenn man in ner gewissen Position ist (K: Mhm), also ich kenne das aus vielen Männerdomänen, dann wird erst mal gezeigt, dann werden die Muskeln spielen lassen und man guckt erst mal, wie weit man gehen kann (K: Mhm). Also kann ich jetzt mal wirklich den Chef hier oder die Vorgesetzte raushängen lassen oder nicht? (K: Mhm) Und deswegen sp- spring ich gerad auf deine Spielwiese an. Also wenn du da auf der Wiese bist, hast du die Förmchen oder die Anderen? (lacht)

K Du meinst jetzt von diesen drei Andern?

C Wenn ihr da im Sandkasten seid, wer hat die Förmchen?

K Ja, also ne gute (FRAGE). Also ich sehe nur, dass die (ANDEREN) beiden Stellvertreter, dass die sich ständig die Förmchen wegnehmen lassen vom (C: Ooookay) vom Chef. Und hm ich hab so das Gefühl (lacht), ich möchte eigentlich meine Förmchen gerne behalten.

C Jetzt- das ist jetzt ganz wichtig (K: lacht). Wie- was denkst du, wie du die behalten kannst? Weil du bist ja jetzt ne Frau (K: Mhm). Die Anderen, die kriegen die schon dauernd weggenommen (K: Mhm). So und das ist so diese typische Männerrangelei. Also ich nehme dir ein Förmchen weg, und du darfst noch nicht mal schreien (K: Mhm), sondern das ist weg, und du hier jetzt in die Ecke, Punkt.

K Ja, und das- nicht nur will ich meine Förmchen behalten, sondern ich will eigentlich auch das eine oder andere Förmchen von meinem (lacht) Chef haben. (S. 11, 31 bis S. 12,11)

Textstelle 2:

C Vielleicht können wir's ja mal so machen, dass du mal- dass du mal die beiden Hände so nimmst, weil es hat ja was mit der Balance zu tun (K: Mhm) und einmal dir hier deinen Chef, den Vorgesetzten, reinvisualisierst und hier die Kollegen (K: Mhm) und mal die Augen zumachst und einfach mal so reinspürst, wo ist da mehr Gewicht und wo ist weniger. (17)

K Hm, ja ich- (1) da ist so unterschiedliches Gewicht.

C (lacht) Ja.

K Hm also #schon auch so-#

C #Erklär's mal#, mhm.

K die Kollegen. Ich denke, dass- ähm, da bin ich dann aus so einem Loyalitätsgefühl heraus eben denke ich, man muss den Anspruch haben irgendwie, auf der Arbeitsebene auch genauso ähm dasselbe zu leisten wie die Anderen. Dann muss ich vielleicht lernen, die einfach auch mehr zu delegieren. Und bei meinem Chef ist es mehr so die qualitative Abgrenzung: Wenn der jetzt vehement eine Position vertritt und ich das aber anders sehe, ich mich da von dieser Vehemenz nicht so (C: Mhm) einschüchtern lasse, weißt du.

C Also es war schon deutlich zu spüren, ne, so dieses, weil du sagtest, so unterschiedlich (K: Mhm). Das ist ja auch- auch ganz spannend, darum ging's ja jetzt gerade, dass man auch gerad mal ein Gefühl entwickelt für das, wo die Balance vielleicht (NICHT) so ist (K: Mhm), wo das mehr hier oder mehr da gewichtet ist. Und du meinst schon, dass es dann sehr (UNTERSCHIEDLICH) ist (K: Mhm) (1). Ähm ich möchte noch mal auf dieses Unterschiedliche, weil das Unterschiedliche, du hast vorhin so was- so was Nettes gesagt über dich, also was die Anderen über dich sagen, „So die Frau F[redacted] ist ja so ne Nette“ (K: Mhm). Und mach das noch mal, mach noch mal die Augen zu und nimm jetzt noch mal d- auf- auf beide Seiten die nette Frau F[redacted] dazu.

K Mhm. (DAZU)?

C Dazu (lacht) (K: Mhm). Pack mal die Nettigkeit der Frau F[redacted], also deine Nettigkeit noch mit rein. Ich sehe schon ne ganze Menge (lacht) im Gesicht (K: lacht auf), toll. Ja, ist auf beiden Seiten jetzt die Nettigkeit vertreten?

K (2) Glaub schon, ja.

C Und was ist das (JETZT) für'n Gefühl?

K Na ja, irgendwie ein volleres, so ein runderes Gefühl, (würde ich mal sagen?).

C Ich sag dir, was ich von hier aus (SEHE) (K: Mhm). Vorhin waren deine Hände komplett in Bewegung (lacht), weil du so unterschiedlich rein gingst. Jetzt sind die beide ruhig und (SEHR) ausgeglichen (K: Mhm). Könnte das sein, dass die (NETTE) Frau F[redacted] sehr ausgeglichen wirkt auf alle Beteiligten?

K Das kann durchaus sein (lacht). Aber das ist mitunter sehr anstrengend (lacht) für die nette Frau F[redacted].

C Du darfst nun auch die Augen aufmachen, weil ich merke gerade, wie das anstrengend in deinen Armen wird (K: lacht). Es ist anstrengend, ne? Es hat-

K Also weißte immer-

C möchtest du das?

K Weißte, so immer integrieren und- manchmal (WILL) ich ja auch nicht nett sein, mhm. (S. 17, 8 bis S. 18, 12)

6.8.4 *Sequenzanalyse |**Fall6***

Während die auditive Analyse zwei wichtige Gesprächspassagen identifizierte, in denen der Chef der Klientin und deren Abgrenzungsprobleme thematisiert wurden, hat die Leseanalyse sich auf Textstellen konzentriert, in denen Gefühle angesprochen oder erfragt wurden. Mit beiden Analyseperspektiven wurde dabei der gleiche Gesprächsmoment der Bewertungsphase erfasst, in dem der Coach seine Klientin zu einer Balanceübung („Waage") anleitet. Diese Situation hat auch der Coach zweifach als signifikanten Moment benannt, und zwar mit dem Fokus auf die ausgewiesene „Nettigkeit" der Klientin. Diese kommunikative Intervention mittels Symbolisierung einer Waage soll daher in ihren Sequenzen analysiert werden. Zunächst wird hier noch einmal der vollständige Dialogausschnitt abgebildet:

Sequenzabschnitt 6:

C Vielleicht können wir's ja mal so machen, dass du mal- dass du mal die beiden Hände so nimmst, weil es hat ja was mit der Balance zu tun (K: Mhm) und einmal dir hier deinen Chef, den Vorgesetzten reinvisualisierst und hier die Kollegen (K: Mhm) und mal die Augen zumachst und einfach mal so reinspürst, wo ist da mehr Gewicht und wo ist weniger. (17)

K Hm, ja ich- (1) da ist so unterschiedliches Gewicht.

C (lacht) Ja.

K Hm also #schon auch so-#

C #Erklär's mal#, mhm.

K die Kollegen. Ich denke, dass- ähm, da bin ich dann aus so einem Loyalitätsgefühl heraus eben denke ich, man muss den Anspruch haben irgendwie, auf der Arbeitsebene auch genauso ähm dasselbe zu leisten wie die Anderen. Dann muss ich vielleicht lernen, die einfach auch mehr zu delegieren. Und bei meinem Chef ist es mehr so die qualitative Abgrenzung: Wenn der jetzt vehement eine Position vertritt und ich das aber anders sehe, ich mich da von dieser Vehemenz nicht so (C: Mhm) einschüchtern lasse, weißt du.

C Also es war schon deutlich zu spüren, ne, so dieses, weil du sagtest, so unterschiedlich. (K: Mhm). Das ist ja auch- auch ganz spannend, darum ging's ja jetzt gerade, dass man auch gerad mal ein Gefühl entwickelt für das, wo die Balance vielleicht (NICHT) so ist (K: Mhm), wo das mehr hier oder mehr da gewichtet ist. Und du meinst schon, dass es dann sehr (UNTERSCHIEDLICH) ist (K: Mhm) (1). Ähm ich möchte noch mal auf dieses Unterschiedliche, weil das Unterschiedliche, du hast vorhin so was- so was Nettes gesagt über dich, also was die Anderen über dich sagen, „So die Frau F[redacted] ist ja so ne Nette“ (K: Mhm). Und mach das noch mal, mach noch mal die Augen zu und nimm jetzt noch mal d- auf- auf beide Seiten die nette Frau F[redacted] dazu.

K Mhm. (DAZU)?

C Dazu (lacht) (K: Mhm). Pack mal die Nettigkeit der Frau F[redacted], also deine Nettigkeit noch mit rein. Ich sehe schon ne ganze Menge (lacht) im Gesicht (K: lacht auf), toll. Ja, ist auf beiden Seiten jetzt die Nettigkeit vertreten?

K (2) Glaub schon, ja.

C Und was ist das (JETZT) für'n Gefühl?

K Na ja, irgendwie ein volleres, so ein runderes Gefühl, würde ich mal sagen.

C Ich sag dir, was ich von hier aus (SEHE) (K: Mhm). Vorhin waren deine Hände komplett in Bewegung (lacht), weil du so unterschiedlich rein gingst. Jetzt sind die beide ruhig und (SEHR) ausgeglichen (K: Mhm). Könnte das sein, dass die (NETTE) Frau F[redacted] sehr ausgeglichen wirkt auf alle Beteiligten?

K Das kann durchaus sein (lacht). Aber das ist mitunter sehr anstrengend (lacht) für die nette Frau F[redacted].

C Du darfst nun auch die Augen aufmachen, weil ich merke gerade, wie das anstrengend in deinen Armen wird (K: lacht). Es ist anstrengend, ne? Es hat-

K Also weißte immer-

C möchtest du das?

K Weißte, so immer integrieren und- manchmal (WILL) ich ja auch nicht nett sein, mhm. (S. 17, 8 bis S. 18, 12)

Sequenzanalytisch betrachtet werden soll im Folgenden das letzte Drittel dieses Passus, das durch die Coachfrage zu den Gefühlen der Klientin eingeleitet wird:

Sequenzbestimmung 6_{kurz}:

i	C	Und was ist das (JETZT) für'n Gefühl?	
i	K	Na ja, irgendwie ein volleres, so ein runderes Gefühl, würde ich mal sagen.	ii
iii	C	Ich sag dir, was ich von hier aus (SEHE) (K: Mhm). Vorhin waren deine Hände komplett in Bewegung (lacht), weil du so unterschiedlich rein gingst. Jetzt sind die beide ruhig und (SEHR) ausgeglichen (K: Mhm). Könnte das sein, dass die (NETTE) Frau F[redacted] sehr ausgeglichen wirkt auf alle Beteiligten?	ii

	K	Das kann durchaus sein (lacht). Aber das ist mitunter sehr anstrengend (lacht) für die nette Frau F[redacted].	iv
	C	Du darfst nun auch die Augen aufmachen, weil ich merke gerade, wie das anstrengend in deinen Armen wird (K: lacht). Es ist anstrengend, ne? Es hat-	
v	K	Also weißte immer-	
	C	möchtest du das?	vi
	K	Weißte, so immer integrieren und- manchmal (WILL) ich ja auch nicht nett sein, mhm. (S. 17, 40 bis S. 18, 12)	

Zu Beginn dieses Abschnitts steht diese Nachfrage des Coachs, die von der Klientin direkt beantwortet wird (i: Sequenz *Nachfrage--Antwort*). Die damit getroffene Aussage der Klientin erwidert der Coach durch ein Feedback und eine Frage an die Klientin (ii: Sequenz *Aussage--Feedback und Frage*). Diese als suggestive Frage formulierte Aussage wird von der Klientin bestätigt und bewertet (iii: Sequenz *Frage--Antwort und Aussage*). Auf die Aussage reagiert der Coach, indem er diese nicht nur symbolisch deutet, sondern sich inhaltlich auch auf die Anstrengung der Übung bezieht. Gleichzeitig formuliert er diese Wahrnehmung als verstärkende Nachfrage (iv: Sequenz *Aussage--Reaktion auf Aussage und verstärkende Nachfrage*). Es folgt eine Zwischensequenz der Klientin, die ihre letzte Antwort einleitet (v: Zwischensequenz). Der Coach fragt die Klientin noch einmal direkt, diese formuliert ihre Antwort in Form einer bewertenden Aussage (vi: Sequenz *Frage--Antwort*).

*6.8.5 Bestimmung des kommunikativen Zwecks |**Fall6***

Die übergeordneten Aufgaben im Beratungs- beziehungsweise Coachinggespräch sind in Abschnitt 6.2.1 erläutert worden.

Wie in Fall 5 dient diese erste Sitzung von insgesamt zwei Terminen neben der Beratung ebenso den Fotoaufnahmen von der Klientin, welche in der späteren zweiten Sitzung ausgewertet werden. Der kommunikative Zweck des Gesprächs besteht unter anderem darin, die entsprechenden Bedingungen für das Entstehen der Fotos kommunikativ zu gestalten. Den Rahmen für die Anliegenklärung gibt wieder der Coach vor, indem er seine Klientin darum bittet, ein privates und ein berufliches Ziel zu formulieren (S. 1, 1–4). In der Exploration der Ziele setzt der Coach wiederkehrend Visualisierungen ein, in Referenz zum vorangegangenen Fall 5 allerdings vergleichsweise wenig. Es werden zwar ebenfalls mentale Bilder erzeugt („Förmchen“ S. 11, „Waage“ S. 17), sie werden aber eher symbolisch genutzt und nicht als visuelle Anker besetzt. Dennoch besteht der Eindruck, dass die kommunikative Aufgabe für den Coach unter anderem darin liegt, die Entstehung solcher Bilder zu arrangieren, da die Visualisierungen ausschließlich Vorschläge des Coachs sind. Neben dem liegt der Fokus in diesem Gespräch verstärkt darauf, die Voraussetzungen für gegenseitiges Verstehen zu schaffen und den vertrauensvollen Rahmen für die Interna der Klientin zu versichern.

Die kommunikative Aufgabe bezogen auf den zu analysierenden Moment lässt sich wie folgt beschreiben: Die Dialogstelle befindet sich in der Bewertungsphase des Gesamtgesprächs, in der gemeinhin das Ziel darin besteht, Widersprüche herauszufordern und für- und gegensprechende Argumente für verschiedene Optionen zu finden. Vorangegangen ist eine ausführliche Exploration zum Wunsch nach Autorität als stellvertretende Abteilungsleiterin, mit der Ausarbeitung der Arbeitsbeziehung zum Vorgesetzten und zu den männlichen Kollegen. In diesem Teil des Gesprächs geht es darum herauszufinden, worin der Abgrenzungswunsch der Klientin genau besteht, beziehungsweise welche Positionierung ihre neue Rolle erfordert (S. 16, 34 bis S. 17, 8). Der Coach hat sich offensichtlich für eine Intervention entschieden, da die Klientin über seine zunächst kognitionsorientierte Fragestellung keinen Zugang bekommen konnte. Statt einer rein theoretisch-sprachlichen Bewertung regt der Coach durch die Intervention einen körperorientierten Zugang unter Einsatz einer Metapher an. Der nachstehende Auszug zeigt die Gesprächszüge, die der gewählten Analysestelle direkt vorausgehen:

Sequenzabschnitt 6b:

C Aber Abgrenzung hat ja auch damit was zu tun, wenn du jemandem nen Draht hast (K: Mhm). Und was ich jetzt so raus gehört habe, dass das zum Vorgesetzten ja ganz gut läuft (K: Mhm). Dann ist es- ist es (NICHT) so schwierig, sich da abzugrenzen, also in der Richtung wie „den kann ich ja noch mal ansprechen“ als zu jemandem, der irgendwie in so ner Runde dicht macht und- und innen drin lacht (K: Mhm) und sagt, ja, jetzt lassen wir sie mal zappeln oder wie auch immer (K: Mhm). Darum meine Frage noch mal: in welche Richtung, wo möchtest du das gerne?

K (14) Ja, weiß ich jetzt nicht so recht, so wie du das fragst, vielleicht eher gegenüber den Kollegen.

C Vielleicht können wir's ja mal so machen, dass du mal- dass du mal die beiden Hände so nimmst, weil es hat ja was mit der Balance zu tun (K: Mhm) und einmal dir hier deinen Chef, den Vorgesetzten reinvisualisierst und hier die Kollegen (K:

Mhm) und mal die Augen zumachst und einfach mal so reinspürst, wo ist da mehr Gewicht und wo ist weniger. (17) (S. 15, bis S. 16, 12)

*6.8.6 Analyse kognitiv-emotionaler Prozesse |**Fall6***

Die gewählte Gesprächsstelle verkörpert die bekannte visuelle Orientierung des Coachs. Der zu analysierende Dialog entfaltet sich im Rahmen einer mentalen, metaphergeleiteten Übung. Der Coach hat die Klientin angeleitet, beide Hände symbolisch als Waagschalen zu denken und in Gedanken die Balance beziehungsweise das Gewicht der beiden Seiten abzuwägen. Im Verlauf der Übung erfragt der Coach dann „Und was ist das JETZT für'n Gefühl?“ (S. 17, 39) Die Klientin muss die Frage nach ihren eigenen Gefühlen durch ihren Coach zunächst verstehen und akzeptieren. Um ihre Antwort zu formulieren, muss sie auch in der Lage sein, die Erfahrungen in der Übung zu bewerten und in Worte fassen. Dies setzt gleichzeitig ihre Bereitschaft voraus, über ihre Gefühle zu sprechen. Der Coach, der die Antwort seiner Klientin kognitiv verarbeitet, möchte der Klientin seine stellvertretend objektiven Wahrnehmungen schildern. Er formuliert in dem Zuge auch seine Interpretation des Wahrgenommenen als eine Interpretationseinladung, die er in Frageform an die Klientin richtet. Um die Frage beziehungsweise Auslegung des Coachs zu verstehen, muss die Klientin eine spontane Bewertung zulassen und sich für eine Selbstreflexion öffnen. Dies tut sie und formuliert ihre Bewertung in eigenen Worten: „[…] Aber das ist mitunter sehr anstrengend für die nette Frau F[redacted].“ (S. 18, 6–7) Der Coach muss diese Antwort wieder kognitiv verarbeiten, das heißt, die Wahrnehmungen, Bewertungen und Entscheidungen seiner Klientin in sein Klientenmodell eingliedern. Gleichzeitig interpretiert der Coach die Aussage der Klientin auf zwei Ebenen, einmal im Rahmen der angeleiteten Symbolik und außerdem mit Transfer zur Anstrengung in der Realsituation („Du darfst nun auch die Augen aufmachen, weil ich merke gerade, wie das anstrengend in deinen Armen wird […]“, S. 18, 8–9). Auf dieser Ebene bleibt der Coach, als er dann direkt nachfragt „[…] Es ist anstrengend, ne? […]“ (S. 18, 8). Die anschließende Nachfrage, ob seine Klientin das wolle, führt bei ihr dann zu einer Bewertung ihrer Situation als nette Kollegin. Das vorher formulierte „mitunter sehr anstrengend“ (S. 18, 6) erhält eine bestimmende Wertung: „Weißte, so immer integrieren und- manchmal (WILL) ich ja auch nicht nett sein, mhm.“ (S. 18, 11–12)

*6.8.7 Musterrekonstruktion |**Fall6***

Die folgenden fünf Sequenzen konnten im ausgewählten Textabschnitt identifiziert werden: Sequenz *Nachfrage--Antwort*, Sequenz *Aussage--Feedback plus Frage*, Sequenz *Frage--Antwort plus Aussage*, Sequenz *Aussage--Reaktion auf Aussage plus verstärkende Nachfrage* und Sequenz *Frage--Antwort*.

Für die vorgefundenen Sequenzen kann kein neues Muster interpretiert werden. Ein Vergleich mit den bereits bekannten Mustern A bis H zeigt, dass der Dialogausschnitt die Muster A und B repliziert, weshalb die Rekonstruktion hierfür im Rahmen nachstehender Musterprüfung erfolgt (siehe Abschnitt 6.8.8).

*6.8.8 Musterprüfung |**Fall6***

Im Folgenden werden bereits rekonstruierte Muster der Fälle 1 bis 5 an Textstellen aus Fall 6 geprüft.

Prüfung von Muster A Emotionen thematisierendes Fragen in Fall 6

Die erste Sequenz *Frage--Antwort* repräsentiert sogleich das *Emotionen thematisierende Fragen* des Musters A, das in Fall 1 rekonstruiert wurde:

C	Und was ist das (JETZT) für'n Gefühl?
K	Na ja, irgendwie ein volleres, so ein runderes Gefühl, würde ich mal sagen. (S. 17, 39–40)
A1:	*Fragender ist der Coach.*
A2:	*Die Frage ist affektiv angelegt, das heißt, sie fragt explizit nach Gefühlen oder einer subjektiven Bewertung, oder sie verstärkt den Ausdruck oder die Intensität einer Emotion.*
A3:	*Antwortende ist die Klientin.*
A4:	*Die Frage wird als Frage nach Emotionen verstanden, Emotionen beziehungsweise Bewertungen sind bei der Antwortgebenden abrufbar, und die Bereitschaft der Verbalisierung ist vorhanden.*

Ergebnis der Musterprüfung: Das Muster A konnte am Textausschnitt repliziert werden.

Prüfung von Muster B: Emotionsfokussierende Interaktion in Fall 6

Das *Emotionen thematisierende Fragen* wurde in Fall 1 als einfaches Muster rekonstruiert und bildet als *Emotionsfokussierende Interaktion* das komplexere Muster B, das in diesem Gesprächsausschnitt ebenfalls abgeleitet werden kann. Zwar kombiniert das Muster B eine Sequenz *Frage--Antwort* mit einer Sequenz *Paraphrase--Antwort*, das Feedback, das der Coach gibt, entspricht aber im weiteren Sinne einer Paraphrase von der Aussage der Klientin. Mit der suggestiven Frage „Könnte das sein, dass die (NETTE) Frau F[redacted] sehr ausgeglichen wirkt auf alle Beteiligten?" (S. 18, 3–4) greift der Coach die Aussage der Klientin „Na ja, irgendwie ein volleres, so ein runderes Gefühl, würde ich mal sagen" (S. 17, 40) in eigenen Worten auf und deutet das Gefühl im Gesamtkontext der Fragestellung. Nachfolgend wird der Textausschnitt, der für das Auslesen von Muster B relevant ist, wiederholt:

C Und was ist das (JETZT) für'n Gefühl?

K Na ja, irgendwie ein volleres, so ein runderes Gefühl, würde ich mal sagen.

C Ich sag dir, was ich von hier aus (SEHE) (K: Mhm). Vorhin waren deine Hände komplett in Bewegung (lacht), weil du so unterschiedlich rein gingst. Jetzt sind die beide ruhig und (SEHR) ausgeglichen (K: Mhm). Könnte das sein, dass die (NETTE) Frau F[redacted] sehr ausgeglichen wirkt auf alle Beteiligten?

K Das kann durchaus sein (lacht). Aber das ist mitunter sehr anstrengend (lacht) für die nette Frau F[redacted]. (S. 17, 39 bis S. 18, 6)

B1: *Fragender ist der Coach.*

B2: *Die Frage ist affektiv angelegt, das heißt, sie fragt explizit nach Gefühlen oder einer subjektiven Bewertung, oder sie verstärkt den Ausdruck oder die Intensität einer Emotion.*

B3: *Antwortende ist die Klientin.*

B4: *Die Frage wird als Frage nach Emotionen verstanden, Emotionen beziehungsweise Bewertungen sind bei der Antwortgebenden abrufbar, und die Bereitschaft der Verbalisierung ist vorhanden.*

B5: *Der Gesprächsschritt der Paraphrase erfolgt spontan durch den Coach.*

B6: *Der Inhalt der Antwort wird paraphrasiert. Der emotionale Gehalt wird dadurch verstärkt und initiiert eine Antwort.*

B7: Die Klientin gibt in der Paarsequenz die direkt folgende Antwort auf die Paraphrase.

B8: Mit der Antwort wird die Aussage bejaht. Sie wird durch weitere Ausführungen verstärkt.

Ergebnis der Musterprüfung: Das Muster B konnte am Textausschnitt repliziert werden.

Prüfung von Muster H Metaphorisches Verbalisieren in Fall 6

Das in Fall 5 rekonstruierte Muster H des *Metaphorischen Verbalisierens* soll an einer Textpassage aus dem vorliegenden Fall 6 geprüft werden. Der nachfolgende Ausschnitt ereignet sich im zweiten Drittel des Gesprächs im Verlauf der fortgeschrittenen Explorationsphase. Inhaltlich geht es darum, die Rolle der Klientin als einzige Frau in einer Männerrunde sowie eigene und fremde Erwartungen zu reflektieren. Der Coach greift kurz zuvor den Begriff „Spielwiese“ seiner Klientin auf und schmückt dieses Bild weiter aus:

C	Wenn ihr da im Sandkasten seid, wer hat die Förmchen?
K	Ja, also ne gute (FRAGE). Also ich sehe nur, dass die (ANDEREN) beiden Stellvertreter, dass die sich ständig die Förmchen wegnehmen lassen vom (C: Ooookay) vom Chef. Und hm ich hab so das Gefühl (lacht), ich möchte eigentlich meine Förmchen gerne behalten.
C	Jetzt- das ist jetzt ganz wichtig (K: lacht). Wie- was denkst du, wie du die behalten kannst? Weil du bist ja jetzt ne Frau (K: Mhm). Die Anderen, die kriegen die schon dauernd weggenommen (K: Mhm). So und das ist so diese typische Männerrangelei. Also ich nehme dir ein Förmchen weg, und du darfst noch nicht mal schreien (K: Mhm), sondern das ist weg, und du hier jetzt in die Ecke, Punkt.
K	Ja, und das- nicht nur will ich meine Förmchen behalten, sondern ich will eigentlich auch das eine oder andere Förmchen von meinem (lacht) Chef haben.
C	Vom Chef, genau. Genau. Und das ist hier jetzt die Frage (K: Mhm), äh die Frage, äh die Frage ist, wie kommst du da dran (K: Mhm), und zwar ohne selbst Schaden zu nehmen (K: Mhm). Das (GEHT) ja gerad da rum, also du willst die Förmchen haben (K: Mhm), weil du weißt, du brauchst die, Punkt, es tut dir gut (K: Mhm). Dann bleibst du in der

> Balance, so. Wenn der die dir nicht gibt, ist es das erste Mal, dass du aus dem- aus der Balance raus gehst. Das heißt, dass die ganz kippt, die Balance (K: Mhm). Das heißt ja nur, die ist etwas gestört. Und wie das im Job ist, ist dann ein Geben und Nehmen, damit das- die Balance hält. So, wenn du dir die aber wegnehmen lässt, dann- dann ist das Gewicht auf der anderen Seite ja zu stark (K: Mhm), zu schwer (K: Mhm), dann- dann ist das gestört (K: Mhm). Und deswegen ist es ja unglaublich wichtig, dass wir uns mal überlegen im Vorfeld, wie kriegst du die Förmchen, beziehungsweise wie behältst du die, und zwar so, dass der Andere dir gar nicht richtig böse ist (K: Mhm), sondern dass er vielleicht sogar ganz (FROH), dass die bei Frau F[redacted] sind, weil die macht das ja gut mit den Förmchen. (S. 11, 39 bis S. 12, 25)

H1: *Der Coach stellt eine metaphorische Frage.*

H2: *Die Klientin beantwortet die Frage und bestätigt damit die Metapher.*

H3: *Der Coach ergänzt die metaphorischen Aussagen und verstärkt die Metapher damit ebenfalls.*

H4: *Die Klientin ergänzt die metaphorische Aussage ein weiteres Mal und stellt dabei weitere Bezüge zur eigenen Situation her.*

H5 *verkürzt: Der Coach greift diesen Bezug auf und veranschaulicht ein Gleichnis. Der Coach überträgt die emotionale Bedeutung aus der Metapher und verbalisiert die emotionale Bedeutung für die Klientin.*

Ergebnis der Musterprüfung: Das Muster H konnte am Textausschnitt weitgehend repliziert werden. Die nachstehenden Erläuterungen erläutern die komplexe Musterprüfung und klären über Abweichungen vom originären Muster H auf.

Die Metapher ist im Handlungsverlauf direkt zuvor erzeugt worden (S. 11, 24–37). Schritt 1 und 2 des Metaphorischen Verbalisierens können rekonstruiert werden: Der Coach stellt eine metaphorische Frage. Mit ihrer Antwort nimmt die Klientin die Bildsprache auf und bestätigt damit die Metapher (Sequenz *metaphorische Frage--Metapher bestätigende Antwort*). Sie trifft damit gleichzeitig eine Aussage im Rahmen der Metapher, die der Coach verstärkt, indem er auf die Wichtigkeit des Aspekts hinweist und die Szenerie ausschmückt: „[…] und du darfst noch nicht mal schreien […]“ (S. 12, 8) (Sequenz *Aussage--Metapher verstärkende Aussage*). Die Metapher wird so zunächst ausgedeutet, das Bild der „Förmchen“ im Sandkasten beziehungsweise auf der „Spielweise“ wird mit Assoziationen belegt (Schritt 1). Anschließend wird die Metapher in ihrem weiteren Sinne übertragen und die emotionale Bedeutung wird herausgearbeitet und konserviert (Schritt 2): Die Klientin ergänzt Argumente, verstärkt damit die Metapher und stellt die ihr wichtigen Bezüge heraus. Der Coach greift dies auf und stellt ein Gleichnis dar, anhand dessen er die emotionale Bedeutung für die Klientin herausarbeitet (Sequenz *Metapher verstärkende Aussage--Emotionen übertragende Aussage*). Die letzte für das Muster H konstitutive Gesprächsschrittabfolge, die Sequenz *Emotionen übertragende Aussage--Emotionen konservierende Sequenz*, kann in diesem Beispiel nicht klar abgeleitet werden. In einem weiteren Sinne kann aber der anschließenden Fortsetzung des Dialogs eine Emotionen konservierende Eigenschaft unterstellt werden, indem das „Gutsein“ als Aspekt im Zusammenhang dargestellt wird:

K Na ja, das ist das Stichwort schon für (EINE) Teilantwort (C: Mhm), (GUT) zu sein (C: Ja- okay) und die Dinge einfach gut zu machen.

C Bist du gut?

K Ich glaub schon, ja, also den Dingen, auf der Spielwiese, auf der ich mich bisher getummelt habe.

C Und das ist jetzt ganz wichtig, dass wir das schon mal festhalten, dass du das wirklich weißt (K: Mhm). Das weißt du? (K: Mhm (bestätigend)) Gut, super. Es gibt ganz viele, die wissen das nicht (K: Mhm) und wundern sich, warum dauernd die Förmchen weg sind (lacht). Das ist die erste Möglichkeit, an das vergoldete Förmchen zu kommen, wenn man da- das wollen sie ja (ALLE) haben (K: Mhm). So, und- den Punkt haben wir abgehakt (K: Mhm). (DU) bist gut (K: Mhm). Jetzt geht's darum, wenn man gut ist, das mit in die Waagschale wegen der Balance reinzulegen (K: Mhm). Lass uns mal bei deinem Chef bleiben. Das ist ja der Wichtigste, ne. Die Anderen sind ja sozusagen nicht höher oder so als du auch.

K Nee, genau. (S. 12, 26–40)

6.8.9 Resümee der Gesprächsanalyse |***Fall6***

Das Photocoaching® ist ein Beratungsformat, das individuumszentrierte Beratung und Porträtfotografie verbindet. Der systemisch ausgebildete Coach arbeitet vorwiegend im Bereich der Managementberatung und bringt in seiner Coachingarbeit verschiedene erlernte neurolinguistische Verfahren zur Anwendung (Quelle: Interview Coach 3).

Die im Experteninterview in Erfahrung gebrachten Profilinformationen spiegeln sich in der Realität des Coachingdialogs wider: Die gesprächsbegleitende Fotografie stellt die Klientin visuell in den Mittelpunkt. Neben dem offenbart sich in dem Gespräch „Die Freude, mit Menschen umzugehen" (ebd.): Der Umgang zwischen Coach und Klientin ist sehr freundlich, streckenweise geradezu heiter. Mit dem Ziel „Perspektive und Wahlmöglichkeiten aufzeigen" (ebd.), deutet und erklärt der Coach Phänomene ausführlich.

Die Selektionen signifikanter Momente über drei Analyseperspektiven gleichen einander im Großen und Ganzen, in der Auslegung der Szenen unterscheiden sie sich dennoch. Der Coach hält rückblickend drei Gesprächspassagen für bedeutungsvoll und interpretiert diese insbesondere auf der Grundlage seiner visuellen Eindrücke und fotografischen Belege.

In der Analyse des Gesprächs fiel es der Forscherin wiederum nicht leicht, emotional ausgeprägte Momente zu entdecken. Der Emotionsausdruck der Klientin ist vergleichsweise zurückhaltend, im Rahmen des Anliegens aber zweifelsohne nachvollziehbar. Eine emotionale Wortwahl wählt in diesem Gespräch vor allem der Coach, der Reflexionen über Gefühle und emotionale Zusammenhänge an verschiedenen Stellen einbringt.

Mit dem Fall 6 wurde kein neues Muster entdeckt, es konnten aber drei Muster am Textmaterial abgeleitet werden: Die in Fall 1 rekonstruierten Muster des *Emotionen thematisierenden Fragens* (Muster A) und der *Emotionsfokussierenden Interaktion* (Muster B) konnten repliziert werden, ebenso das in Fall 5 gefundene *Metaphorische Verbalisieren* (Muster H). Alle Interaktionsmuster werden in Kapitel 6.9 noch einmal nebeneinander abgebildet und in ihren Bezügen zueinander dargestellt.

Die Evaluationsergebnisse der Sitzung anhand des „Fragebogens vor dem Coaching" und des „Fragebogens nach dem Coaching" zeigen vier Items negative Abweichungen der Nachher-Bewertung zur Vorher-Bewertung. Darunter das Item 55, das mit einer Abweichung von -2 einen auffälligen Veränderungswert anzeigt:

- Item 55 „Ich stehe zu allen meinen Empfindungen.“

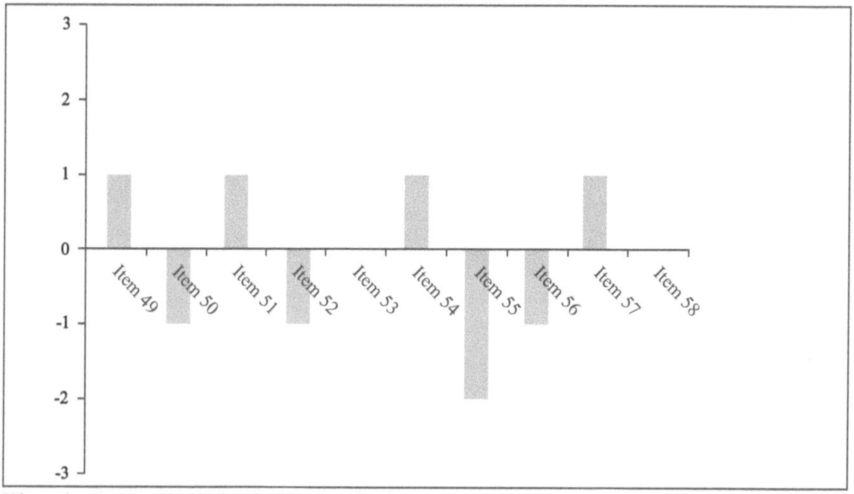

Hinweis: Items 49–58 in der Vorher-Befragung entsprechen Items 1–10 in der Nachher-Befragung.

Abbildung 21: Vorher-Nachher-Abweichung in Fall 6

Die geminderte Zustimmung zu dieser Frage deutet auf eine geringere Akzeptanz eigener Emotionen (Skalen zum Erleben von Emotionen (SEE) nach Behr & Becker 2004, vgl. Unterkapitel 5.7) in der Nachher-Befragung hin. Wenngleich diese Abweichung in ihrer Signifikanz mangels weiterer statistischer Kennzahlen nicht belegt werden kann, lässt dies eine mögliche Interpretation zu. Es ist möglich, dass die Coachee im Anschluss an das Coaching nicht mehr so sicher ist, ob sie zu allen eigenen Empfindungen steht, oder aber sie hat durch das Coaching ihre Selbsteinschätzung angepasst. In jedem Fall verneint sie die Aussage in der zweiten Befragung eher, während sie sie in der ersten Befragung ziemlich stark bestätigt hat. Neben den drei bereits erwähnten leichten Negativabweichungen zeigt die nachstehende Abbildung 21 vier leicht positive Abweichungen und zwei unveränderte Itembeantwortungen.

6.9 Interaktionsmuster kommunikativer Emotionsregulation

Die Gesprächsanalysen der sechs Coachingfälle haben insgesamt acht Gesprächsmuster hervorgebracht, mit denen Emotionen in der Kommunikation zwischen Coach und Klient/in bearbeitet werden. Die Muster A bis D (Tabelle 29) und E bis H (Tabelle 30) werden mit den nachfolgenden Tabellen noch einmal zusammenfassend abgebildet. Die ausführlichen Portraits der einzelnen Muster mit illustrierten Zitaten sind dem Anhang zu entnehmen.

Tabelle 29: Kurzdarstellung der Muster A bis D unter Zuordnung von Komplexität, Sequenzen, Gesprächsphasen und Belegstellen der Quellen und Prüfungen

	A	*B*	*C*	*D*
	Emotionen thematisierendes Fragen	**Emotionsfokussierende Interaktion**	**Emotionen verstärkendes Nachfragen**	**Subjektives Emotionsspiegeln**
Sequenz/en	Sequenz *Frage--Antwort*	Sequenz *Frage--Antwort* + Sequenz Paraphrase--Antwort	Sequenz *Aussage--Nachfrage*	Sequenz *Subjektive Aussage--subjektiv-objektive Reaktion auf Aussage* + Sequenz *Subjektiv-objektive Aussage--bestätigende Reaktion auf Aussage*
Gesprächsphase	Bewertungsphase	Bewertungsphase	Bewertungsphase	Bewertungsphase
Quelle	Fall 1	Fall 1	Fall 2	Fall 2
Prüfung	Fall1 ☑, Fall 2 ☑, Fall 6 ☑	Fall 6 ☑	Fall1 ☑, Fall 2 ⃠	Fall 2 ☑

Tabelle 29 zeigt vier Gesprächsmuster (A bis D), die allesamt innerhalb der Bewertungsphasen der Coachinggespräche identifiziert wurden. Das einfachste Muster A *Emotionen thematisierendes Fragen* konnte an drei Fällen geprüft werden und könnte bei weiterer Prüfung höchstwahrscheinlich in allen Fällen nachgewiesen werden. Ähnliches gilt für das Muster C *Emotionen verstärkendes Nachfragen*, das zwar in einer Einzelprüfung an Fall 2 nicht abgeleitet werden konnte, sicherlich aber zahlreich an anderen Transkriptstellen durchgespielt werden könnte. Die Muster C *Emotionen verstärkendes Nachfragen* und D *Subjektives Emotionsspiegeln* wurden nur an den Fällen 1 und 2 getestet, folglich sind sie bisher nur in der Kommunikation eines einzigen Coachs (mit zwei unterschiedlichen Klientinnen) dokumentiert.

Mit Tabelle 30 werden auf der nachfolgenden Seite vier weitere Gesprächsmuster (E bis H) abgebildet, die alle an Textstellen aus Explorationsphasen rekonstruiert und geprüft wurden. Die Muster E *Positive Emotionsverstärkung* und F *Interaktionale Emotionsverschiebung* wurden ebenso lediglich innerhalb zweier Fallgespräche bei einem Coach interpretiert. Während das Muster E *Positive Emotionsverstärkung* an einem zweiten Fall überprüft werden konnte, wurde zur Testung des Musters F keine geeignete Textstelle in den anderen fünf Transkripten gefunden. Dies könnte ein Hinweis dafür sein, dass das Gesprächsmuster der *Interaktionalen Emotionsverschiebung* seltenen Einsatz in Coachinggesprächen findet. Dafür spräche auch die psychotherapeutische Qualifikation des Coachs, vor dessen methodischen Hintergrund das Interaktionsmuster dem Anschein nach zu sehen ist.

Weiterhin sind Fall 5 und Fall 6 zu erwähnen: An Fall 5 wurde zwar das Muster H *Metaphorisches Verbalisieren* rekonstruiert, jedoch wurde an dem Fall keines der anderen Muster getestet. An Fall 6 wiederum wurde kein neues Muster identifiziert, dafür konnte das Muster H hier ratifiziert werden.

Tabelle 30: Kurzdarstellung der Muster E bis H unter Zuordnung von Komplexität, Sequenzen, Gesprächsphasen und Belegstellen der Quellen und Prüfungen

	E	*F*	*G*	*H*
	Positive Emotions-verstärkung	**Interaktionale Emotions-verschiebung**	**Systemisches Emotions-spiegeln**	**Meta-phorisches Verbalisieren**
Sequenz/en	Sequenz *Aussage-- Emotionen verstärkende Reaktion auf Aussage*	Sequenz *negativ selbst-bewertende Aussage-- Emotionen lenkende Frage* + Sequenz *positiv selbst-bewertende Aussage-- Emotionen verstärkende Nachfrage*	Sequenz *Hypothese formulierende Aussage-- Hypothese bestätigende Aussage*	Sequenz *metaphorische Frage-- Metapher bestätigende Antwort* + Sequenz *Aussage-- Metapher verstärkende Aussage* + Sequenz *Metapher verstärkende Aussage-- Emotionen übertragende Aussage* + Sequenz *Emotionen übertragende Aussage-- Emotionen konservierende Sequenz*
Gesprächs-phase	Explorations-phase	Explorations-phase	Explorations-phase	Explorations-phase
Quelle	Fall 3	Fall 3	Fall 4	Fall 5
Prüfung	Fall 3, Fall 4 ☑	Fall 3 ⦸	Fall 2 ☑	Fall 6 ☑

Zur Pragmatik kommunikativer Emotionsregulation im Coaching:

Die einzelnen Muster beschreiben jeweils nur minimale Ausschnitte der Dialoge und repräsentieren daher nie das Gespräch oder den Interaktionsstil im Ganzen. Sie beschreiben stattdessen kleine Handlungseinheiten der Beratungs- beziehungsweise Coachingkommunikation und repräsentieren die didaktischen Lösungen für die in Erscheinung tretenden kommunikativen Aufgaben.

Die Analysen der Gesprächssequenzen zeigen, dass die Steuerung der Didaktik immer durch den Coach erfolgt. Zwar entsteht das Handlungsmuster nur in der Wechselbeziehung mit dem Klienten/der Klientin als Interaktionspartner/in, der Coach ist jedoch initiierende/r Sprecher/in im Sinne der für das spezifische Muster ausschlaggebenden Aktion oder Reaktion. Die im folgenden Schaubild enthaltenen Handlungseinheiten können somit als Coachdidaktik gelesen werden. Das mit Abbildung 22 skizzierte Strukturdiagramm kommunikativer Emotionsregulation zeigt die alternativen Handlungsschritte, die die Coachs der vorliegenden Studie als kommunikative „Werkzeuge" eingesetzt haben. Das Flussdiagramm soll deutlich machen, dass verschiedene Möglichkeiten im Umgang mit Emotionen im Coachinggespräch existieren und worin sich bestimmte Handlungsoptionen unterscheiden.

Aus Perspektive des Coachs gibt es grundsätzlich die Möglichkeit, auf Gefühlszustände, verbalisierte oder noch verdeckte Emotionen einzugehen, oder auch nicht. Beachtet ein Coach Emotionen, so wird vordringlich zu entscheiden sein, ob der Emotionsausdruck beim Klienten/bei der Klientin grundsätzlich gefördert oder eher kontrolliert werden muss. Für diese Entscheidung ist unter anderem der Affektstil der Klient(inn)en ausschlaggebend: Werden keine Emotionen ausgedrückt oder nur wenige gezeigt, so wird der Emotionsausdruck eher gefördert werden. Das heißt, offenkundige Emotionen müssen strukturiert werden. Mögliche Handlungsmuster sind die folgenden: *Emotionsfokussierende Interaktion*, *Emotionen verstärkendes Nachfragen* und *Metaphorisches Verbalisieren*. Scheint die emotionale Öffnung adäquat und hilfreich, bei gleichzeitig kaum oder nicht vorhandenem Emotionsausdruck der Klientin/des Klienten, so stimuliert der Coach den Ausdruck von Emotionen. Dies geschieht beispielsweise über das *Emotionen thematisierende Fragen* oder über das *Subjektive* oder *Systemische Emotionsspiegeln*.

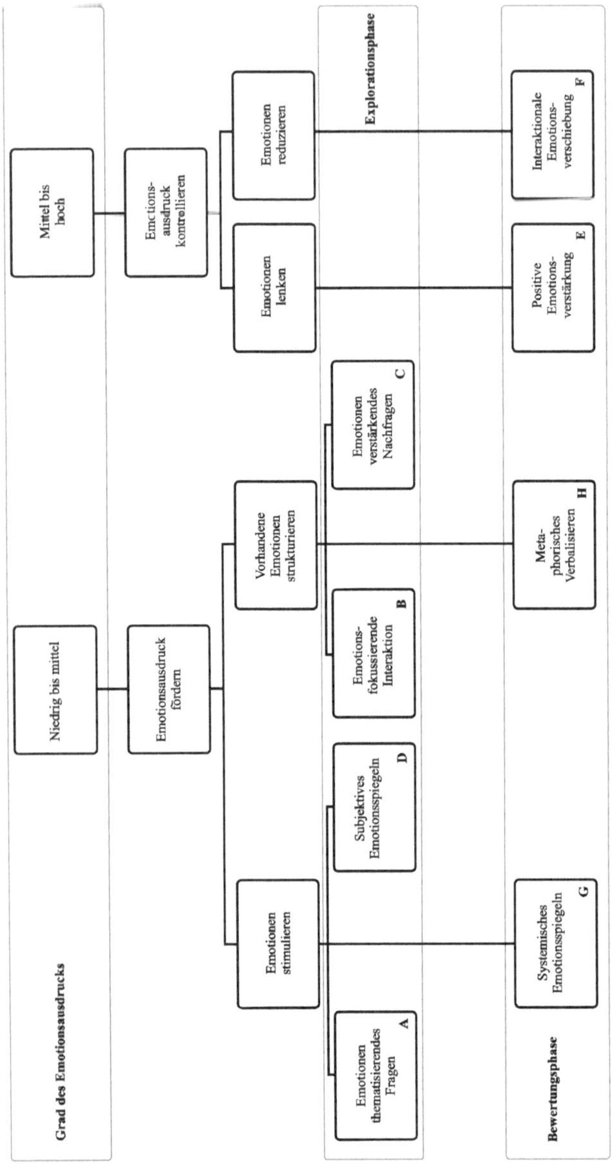

Abbildung 22: Strukturdiagramm kommunikativer Emotionsregulation im Coaching

Agiert der Klient/die Klient bereits sehr emotionsbezogen oder formuliert von sich aus vorrangig Gefühle und Bewertungen, ist vom Coach zu entscheiden, ob der Emotionsausdruck in der Kommunikation aktiv kontrolliert werden sollte. Dabei gibt es die Möglichkeit, Emotionen zu lenken (*Positive Emotionsverstärkung*) oder zu reduzieren (*Interaktionale Emotionsverschiebung*). Mit dem Muster der *Positiven Emotionsverstärkung* werden die gezeigten positiven Emotionen nicht nur weiterhin positiv gelenkt, sondern sie werden durch die Verstärkung gleichzeitig auch ausgedehnt. Die Reduktion negativer Emotionen durch Verschiebung auf positive Emotionen ist im Grunde genommen ebenfalls ein lenkendes Handeln. Da die Minimierung negativer Emotionen hier jedoch im Vordergrund steht, wird dies, übergeordnet betrachtet, als Handlungsschritt der Reduktion beschrieben.

Die Realisierung einzelner Handlungsmuster orientiert sich grundsätzlich an den übergeordneten und situativen kommunikative Aufgaben im Coachinggespräch. Diese sind abhängig von der Ausrichtung des Coachingformats (z. B. Managementcoaching oder Photocoaching®), dem formulierten Anliegen (z. B. Zielvorgaben), der Lage im Gesamtberatungsprozess (bei mehreren Sitzungen) sowie dem Stadium innerhalb eines Gesprächs (Gesprächsphase). Ebenso beeinflussen die persönlichen und methodischen Neigungen beider Interaktionspartner/innen (Coach z. B. Coachingphilosophie und Methodenrepertoire, Klient/in z. B. Interaktionsstil und Grad der Selbstreflexion) die Wahl der kommunikativen „Werkzeuge" zur Emotionsregulation.

Zusammenfassend lässt sich feststellen, dass mindestens zwei Arten emotionsbezogener Didaktik im Coaching existieren. Diese zwei Hauptstränge stehen entweder wie beschrieben im Zusammenhang mit der Entscheidung, ob der Emotionsausdruck gefördert oder kontrolliert werden muss. Gleichzeitig können damit aber zwei Stile kommunikativer Emotionsregulation beschrieben werden. Wie mit der linken Seite des Praxeogramms abgebildet, zeichnet sich der eine Stil durch das Eingehen auf Emotionen aus: Aktualisierte Emotionen werden bearbeitet und emotionsbezogene Reflexionen angeregt. Die Coachs nutzen das Fragen, Nachfragen, Verbalisieren und Spiegeln dafür und stellen zuweilen Hypothesen oder Metaphern auf, um Emotionen zu stimulieren oder zu strukturieren. Im Zentrum dessen stehen Empathie, das Erleben und Nacherleben, und das Verstehen von Emotionen.

Den zweiten Stil kommunikativer Emotionsregulation kennzeichnet das Nicht-Eingehen auf Emotionen. Auf der rechten Seite des Praxeogramms sind die Charakteristika dieses Stils teilweise abgebildet: Die Verstärkung positiver Emotionen bei gleichzeitigem Nicht-Eingehen auf negative Gefühle mündet ebenso wie die Fokusverschiebung von negativen hin zu positiven Emotionen in der Entscheidung, bestimmte aktualisierte Emotionen nicht zu bearbeiten. Die Coachs setzen dies mithilfe von positiven Verstärkern (Anerkennung, Lob und Motivation), durch Themenwechsel oder über rhetorische Mittel („Ach wirklich“, „Ehrlich“, „Ist nicht wahr“) um. Das Ziel dieses professionellen Handelns könnte darin begründet sein, die dekonstruktiven (negativen) Emotionen nicht weiter zu verstärken, sondern stattdessen förderliche Ressourcen in der Person zu aktivieren.

Die Reflexion dieses zweiten Stils vor dem Hintergrund des ersten Handlungstyps wirft natürlich die Frage auf, wie sich die Nichtbeachtung von Emotionen oder die Unterdrückung des Emotionsausdrucks auf die Interaktion und für die bedürfnisgesteuerten Klient(inn)en auswirkt. Gleichzeitig macht ein ebensolches Gegensteuern dann Sinn, wenn sich die Emotionen auf nicht-veränderbare Welten (Frey 2006) beziehen, oder aber, wenn ein Klient/eine Klientin die Coachingsituation mit Emotionen überlädt. Wenngleich der emotionale Status Gegenstand des Coachings sein sollte, kann in diesem Rahmen nicht jede einzelne Emotion bearbeitet werden.

6.10 Befragungsergebnisse

An dieser Stelle werden überblicksartig die Ergebnisse der Sitzungsevaluation berichtet. Die nachfolgenden Tabellen 31 und 32 zeigen die statistischen Werte der Items 49 bis 58 für den „Fragebogen vor dem Coaching“ sowie für die Items 1 bis 10 aus dem „Fragebogen nach dem Coaching“. Die Items sind jeweils identisch und aufgrund unterschiedlicher Platzierung in den beiden Fragekatalogen verschieden nummeriert.

Tabelle 31 zeigt die Antworten der sechs Befragungsteilnehmenden auf die Items 49 bis 58 und die sich ergebenden Mittelwerte, Standardabweichungen sowie Mediane für die einzelnen Items. Die Standardabweichung ist ein gebräuchliches statistisches Maß für die Variabilität einer Verteilung (Bortz 2005, S. 42). Die Standardabweichung gibt Auskunft darüber, wie groß die durchschnittliche Entfernung der gemessenen Ausprägungen eines Merkmals zum Mittelwert der Verteilung ist. Werte von Standardabweichungen eines Items, die größer als 1,00 sind, zeigen eine deutliche Streuung der Antworten an. Für das Item 52 der Tabelle 30 wurde zum Beispiel eine Standardabweichung von 1,10 berechnet. In den einzelnen Antworten ist zu sehen, dass die Proband(inn)en das Item recht unterschiedlich beantwortet haben, nämlich die eine Hälfte mit einem

Wert von 3 („trifft teilweise zu"), die andere Hälfte mit einem Wert von 5 („trifft voll und ganz zu").

Tabelle 31: Ergebnisse der Vorher-Befragung (Fragebogen vor dem Coaching) Items 49–58

	Item									
Versuchsperson	*49*	*50*	*51*	*52*	*53*	*54*	*55*	*56*	*57*	*58*
1	3	4	3	3	2	3	3	k.A.	3	3
2	3	2	2	3	4	2	2	1	3	1
3	3	4	2	3	2	2	2	3	2	2
4	4	4	3	5	4	4	4	5	4	5
5	5	4	2	5	4	4	4	4	5	4
6	3	5	3	5	3	3	4	4	3	4
Mittelwert	3,50	3,83	2,50	4,00	3,17	3,00	3,17	3,40	3,33	3,17
Standardabweichung	0,84	0,98	0,55	1,10	0,98	0,89	0,98	1,52	1,03	1,47
Median	3	4	2,5	4	3,5	3	3,5	4	3	3,5

Hinweis: Items 49–58 in der Vorher-Befragung entsprechen Items 1–10 in der Nachher-Befragung.

Die nachfolgenden vier Frageformulierungen der Items 52, 56, 57 und 58 können als Fragen mit auffälliger Streuung im Antwortverhalten der einzelnen Coachees identifiziert werden:

- Item 52 „Ich fühle, was ich fühle, und das ist ok."
- Items 56 „Es ist für mich keine Frage, dass ich ein Recht auf alle meine Gefühle habe."
- Item 57 „Ich kenne schon Möglichkeiten, wie ich meinen Gefühlszustand steuern kann."
- Item 58 „Alle meine Gefühle dürfen genauso sein, wie sie sind."

Die Items 56 und 58 besitzen dabei die größte Varianz[63] in dieser Aufstellung und fallen überdies durch ihr verabsolutierendes Wesen auf, mit dem Proband(inn)en gegebenenfalls sehr unterschiedlich umgehen. Gleiches trifft auf das Item 52 zu, für das Antwortende kognitiv eventuell zwei Interpretationsebenen bemühen: Zum einen die Aussage, dass man in der Lage sei zu fühlen, was man fühle, zum anderen die Bewertung, ob dieses ok sei. Bei dem Item 57 handelt es sich um ein umgekehrt gepoltes Item. Mit der Beantwortung einer positiven

63 Die Varianz wird ebenfalls als statistisches Maß für die „Unterschiedlichkeit der einzelnen Werte einer Verteilung" (Bortz 2005, S. 42) definiert und ähnelt in ihrem Aussagecharakter der Standardabweichung.

Verneinung einer Aussage haben Proband(inn)en in der Regel Schwierigkeiten, was ein unterschiedliches Antwortverhalten begründen könnte.

Tabelle 32 zeigt die Antworten der sechs Versuchspersonen auf die Items 1 bis 10 und die sich ergebenden Mittelwerte, Standardabweichungen sowie Mediane für die einzelnen Items. Mit Blick auf die Standardabweichungen fällt in dieser Nachher-Befragung das Item 7 auf:

- Item 7 „Ich stehe zu allen meinen Empfindungen.“

Die Streuung der Antworten für Item 7 ist über alle Proband(inn)en nach dem Coaching etwas höher als vor dem Coaching (Vergleichswert Item 55: Streuung 0,98). Die Repräsentativität dieser Augenfälligkeit könnte durch eine weitergehende statistische Analyse ermittelt werden.

Tabelle 32: Ergebnisse der Nachher-Befragung (Fragebogen nach dem Coaching) Items 1–10

	Item									
Versuchsperson	*1*	*2*	*3*	*4*	*5*	*6*	*7*	*8*	*9*	*10*
1	3	5	4	3	3	3	4	4	3	4
2	4	3	3	3	4	2	2	4	4	4
3	3	4	3	3	2	3	4	4	3	3
4	4	4	4	5	2	4	5	5	4	5
5	5	4	4	4	4	4	4	5	5	4
6	4	4	4	4	3	4	2	3	4	4
Mittelwert	3,83	4,00	3,67	3,67	3,00	3,33	3,50	4,17	3,83	4,00
Standardabweichung	0,75	0,63	0,52	0,82	0,89	0,82	1,22	0,75	0,75	0,63
Median	4	4	4	4	3	4	4	4	4	4

Hinweis: Items 1–10 in der Nachher-Befragung entsprechen Items 49–58 in der Vorher-Befragung.

Alle weiteren Informationen und relevanten Befragungsergebnisse wurden direkt in die Fallanalysen eingearbeitet (siehe Kapitel 6). Die vollständigen Datenübersichten der Befragungen sind den Anhängen II bis VIII beigefügt. Die jeweiligen Zuordnungen sind der nachstehenden Tabelle 33 zu entnehmen.

Tabelle 33: Zuordnung von Bezugsquellen aller Befragungsergebnisse

Befragungszweck	*Befragungsinstrument*	*Ergebnisdokumentation*	*Anhang*
Befragung der Coachs zu Coachingansatz und -methoden	Experteninterviews	Coachprofile	☑
Sitzungsevaluation durch Coachs und Reflexion signifikanter Momente	Reflexionsprotokolle	Reflexionsprotokolle	☑
Sitzungsevaluation durch die Klient(inn)en	Fragebogen vor dem Coaching	Statistische Auswertung Fragebogendiagnostik	
Sitzungsevaluation durch die Klient(inn)en	Fragebogen nach dem Coaching	Statistische Auswertung Fragebogendiagnostik	

6.11 Bewertung der Forschungsfragen

Die Ausgangsfrage der Arbeit lautete: „Werden im Coaching Gefühle thematisiert und wird mit beziehungsweise an den Emotionen der Coachees gearbeitet?" Zu Beginn des Forschungsprozesses wurden daran vier wissenschaftliche Fragestellungen abgeleitet und für einen methodischen Zugang zum Forschungsgegenstand operationalisiert. An dieser Stelle werden die generativen Fragen noch einmal abgebildet und entlang der Forschungsergebnisse rekapituliert.

Forschungsfrage 1:
Sind Emotionen Gegenstand der sprachlichen Coachinginteraktion?

Diese Frage bezieht sich auf die Analyseebene der Kommunikation und Interaktion zwischen Coach und Klient/in. Die Frage kann bereits aus dem Forschungsprozess heraus bejaht werden. Insbesondere die emotionalen Markierungen in der auditiven und der Leseanalyse weisen hierauf hin: Im Rahmen der auditiven Analyse wurden emotional auffällige Gesprächsmomente protokolliert (Hörprotokolle). Mit der Leseanalyse wurden in den Transkripten alle emotionskonnotierten Begriffe sowie Gefühlsäußerungen und subjektiven Bewertungen markiert (Transkriptmarkierungen). Als Ergebnis lässt sich daher feststellen, dass Emotionen – mal mehr, mal weniger – Gegenstand der sprachlichen Coachinginteraktion sind.

Forschungsfrage 2:
Hat Emotionsarbeit einen Interventionscharakter?

Diese Frage bezieht sich ebenfalls auf die Analyseebene der Kommunikation und Interaktion zwischen Coach und Klient/in und kann anhand der interpretierten Ergebnisse der Untersuchung ebenfalls tendenziell bejaht werden. Eine genauere Betrachtung der gefundenen Gesprächsmuster kommunikativer Emotionsregulation deutet an, dass die Didaktik aktiv vom Coach gesteuert wird. Es ist davon auszugehen, dass Emotionen nicht aus reiner Höflichkeit gegenüber den Klient(inn)en Gegenstand des Gesprächs werden, sondern aktiv erarbeitet und bearbeitet werden. Im Sinne einer für den Coachingprozess intendierten Handlung ist dem dann ein Interventionscharakter zuzusprechen.

Forschungsfrage 3:
Lassen sich Muster einer interpersonalen Emotionsregulation identifizieren?

Diese Frage der Analyseebene von Interaktion und Emotionsregulation kann ebenfalls zustimmend beantwortet werden: Die Gesprächsanalysen haben acht Muster der interpersonalen Emotionsregulation hervorgebracht, die allerdings weiter verifiziert werden müssen. So erfüllt die Anzahl von acht Mustern keinen Anspruch auf Vollständigkeit, und auch die Interpretation ihrer Funktionen und Verknüpfungen untereinander müsste anhand anderer Daten überprüft werden. In jedem Fall kann der Prozess der Emotionsregulation anhand der Gesprächsmuster als Produkt der Interaktion interpretiert werden. Keines der Muster würde ohne die Interaktion zwischen Coach und Klient/in entstehen. Im Gegenteil – der Coach ist als Initiator abhängig davon, dass ihm/ihr „der Ball zurückgespielt" wird.

Forschungsfrage 4:
Ist die Regulation von Emotionen ein Ergebnis des Coachinggesprächs?

Diese Frage bezieht sich ebenfalls auf die zweite Analyseebene von Interaktion und Emotionsregulation. Die Frage ist schwer zu beantworten, da Resultate kurz-, mittel- und langfristig beurteilt werden müssten. Die vorliegenden Forschungsergebnisse lassen die Frage nach mittel- und langfristigen Wirkungen durch das Forschungsdesign vollständig offen. Auch die Frage nach kurzfristigen Effekten, ob im Rahmen eines Coachinggesprächs Emotionen reguliert werden, kann auf Grundlage der Daten nicht zufriedenstellend beantwortet werden.

Rein phänomenologisch betrachtet weist die Identifikation von acht Mustern kommunikativer Emotionsregulation aus, dass während der Gespräche Emotionsarbeit stattfindet: In der Kommunikation zwischen Klient und Coach werden Gefühle der Klient(inn)en reflektiert, auch finden nachweislich Bewertungsprozesse statt. Ob die Klient(inn)en ihre Emotionen aber auch nachhaltig intrapersonal regulieren und dies als Ergebnis des Gesprächs zu werten ist – diese Frage muss weitestgehend offen bleiben.

Die Daten der Sitzungsevaluationen deuten darauf hin, dass die Coachingsitzungen einen leichten Einfluss auf die Akzeptanz eigener Emotionen und das Erleben der Emotionsregulation haben können (vgl. Resümees der Fallanalysen 1 bis 6). Um gesicherte Aussagen treffen zu können, bräuchte es eine weitere und stärker standardisierte Diagnostik zur individuellen Emotionsregulation, die überdies zu verschiedenen Messzeitpunkten durchgeführt werden sollte. Das heißt, zusätzlich zu den zwei Messungen vor und nach dem Coaching bräuchte es auch mindestens eine Messung mit zeitlichem Abstand zur Sitzung.

7 Kritische Würdigung

Die kritische Auseinandersetzung mit der vorliegenden Arbeit wird an dieser Stelle anhand von drei übergeordneten Gesichtspunkten gefasst: Zum einen sollen die Planung und Durchführung der qualitativen Untersuchung rückblickend bewertet werden. Als zweiter Punkt wird die Anwendung linguistischer Auswertungsmethoden kritisch reflektiert, und an dritter Stelle findet sich eine differenzierte Betrachtung der Untersuchungsergebnisse.

Zur Realisierung einer qualitativen Beobachtungsstudie:

In der Konstruktion des Forschungsprozesses (Kapitel 5) wurde viel Aufmerksamkeit auf das sorgfältige wissenschaftstheoretische Herleiten und ein hinreichendes und transparentes Forschungsdesign zur Durchführung der explorativen Studie gerichtet. Hiermit wurden gleichzeitig Qualitätsaspekte qualitativer Forschung verfolgt. Legewie (1998/99c, S. 12) unterscheidet hier die konzeptionelle Qualität, die Strukturqualität, die Prozessqualität und die Ergebnisqualität. Die drei Qualitätsaspekte werden nachfolgend eingeschätzt:

So erfüllt das Forschungskonzept beispielsweise Aspekte *konzeptioneller Qualität*, indem es auf einem begründeten theoretischen Hintergrund aufbaut (Unterkapitel 5.3), sinnvolle und möglichst eindeutige Fragestellungen formuliert (Unterkapitel 5.2) und mit gegenstandsangemessenen Methoden (Unterkapitel 5.4) operiert.

Die *Strukturqualität* des Forschungsprozesses wird gewissermaßen über das theoretische wie praktische Kontextwissen getragen (siehe z. B. Kapitel 1). Mit Blick auf die Struktursicherung der Untersuchung lässt sich festhalten, dass zwar ein Training der Untersuchungsleiterin im engeren Sinne nicht stattgefunden hat, Probedurchläufe der Audioaufnahmen haben aber die Möglichkeit gegeben, die Untersuchungssituation zu optimieren (siehe Unterkapitel 5.6). Während die organisatorischen Rahmenbedingungen über die ausgedehnte Zeitspanne nicht flexibel gestaltet werden konnten, wurde eine angemessene Partizipation der Untersuchungsteilnehmer/innen sichergestellt (siehe Kapitel 5, insbesondere

Abschnitt 5.7.3). Über die laufende Selbstreflexion im Forschungsprozess und den Austausch mit der Dissertationsbetreuerin hinaus konnten mangels Zeit- und finanzieller Ressourcen keine weiteren Qualitätssicherungsmaßnahmen (z. B. Supervision) getroffen werden.

Eine gute *Prozessqualität* wird über die professionelle Planung und Durchführung (Kapitel 5), über angezeigte Dokumentationen (siehe Anhang), angemessene Interpretationen und Urteilsbildungen (Kapitel 6) verfolgt. Darüber hinaus wurde auf die Einhaltung ethischer Grundsätze und adäquater situativer Bedingungen (z. B. Information der Untersuchungsteilnehmer/innen und räumliche Situation) geachtet. Gleichzeitig wurde jedoch die natürliche Beratungssituation nicht im Detail kontrolliert (im Vergleich zu einer experimentellen Laborsituation).

Mit Bezug zur Prozessqualität kritisch zu bewerten, ist eine unzulängliche Selbstreflexion, die sich beispielsweise in nicht reflektierten Gegenübertragungen und anderen stark subjektivierten Einflüssen durch die Interessen der Forscherin ergeben haben könnten. Insgesamt ist das Ideal reflektierter Subjektivität immer als eigendynamisches Konstrukt zwischen der Erfordernis von Kompetenz und Vertrautheit mit dem Gegenstand und dem Wunsch nach Offenheit für überraschende Strukturen zu sehen (vgl. Kallmeyer 1988, S. 1102, zitiert nach Becker-Mrotzek 2002, S. 23).

Das zentrale Kriterium zur Beurteilung einer qualitativen Untersuchung ist die Frage nach der inhaltlichen Qualität der Ergebnisse. Eine gute *Ergebnisqualität* kann durch die Einhaltung sogenannter qualitativer Gütekriterien gewährleistet werden. Die in der quantitativen Forschung etablierten klassischen Gütekriterien bestehen in der qualitativen Forschung in modifizierter Form und fragen nach der Intersubjektivität, Replizierbarkeit und Validität.

Das praktisch wichtigste Gütekriterium ist dabei die *externe Validität* oder Gültigkeit, mit der Aussagen zur Realitätshaltigkeit und Übertragbarkeit der Forschungsergebnissen getroffen werden sollen (Legewie 1998/99c, S. 10): „Externe Validität liegt vor, wenn das in einer Untersuchung gefundene Ergebnis zu Phänomen A auch jenseits der Untersuchungssituation Aussagen über A erlaubt."

Mittels systematischer Einzelfallanalysen und Fallvergleiche wurde im Rahmen der Musteranalyse versucht, die externe Validität für die Ergebnisse der Gesprächsanalysen zu maximieren: Die am Einzelfall rekonstruierten Muster wurden hierfür an Textstellen anderer Einzelfälle geprüft (siehe Kapitel 6). Die Musterprüfungen sind im Rahmen der vorliegenden Auswertung jedoch nicht erschöpfend erfolgt. Es wäre äußerst förderlich, eine Vielzahl weiterer Musterprüfungen zu erarbeiten, um einzelne Gesprächsmuster zu validieren, und auch, um Mustergrenzen und Variationen zu erschließen. Um die externe Validität der Ergebnisse zu prüfen und gegebenenfalls zu erhöhen, wären weitere Musterprüfungen und Evaluationen am selben Material sowie an neuen Samples angezeigt.

Insgesamt stellt sich die Frage, ob die Ergebnisse der Gesprächsanalysen auch außerhalb der vorhandenen Untersuchung repliziert werden könnten. Die Frage nach der *Reproduzierbarkeit* von Forschungsergebnissen kann dabei nur über die tatsächliche Wiederholung des selbigen beziehungsweise durch ähnlich gelagerte Forschungsprojekte beantwortet werden.

Zur Güte qualitativer Forschungsergebnisse trägt daneben eine absichtsvolle Intersubjektivität bei. „Die systematische Reflexion der Subjektivität der beteiligten Menschen und ihrer Deutungen sozialer Wirklichkeit trägt zur Qualität und Nachvollziehbarkeit qualitativer Forschungsergebnisse bei." (ebd., S. 7 f.) Innerhalb von Forschergruppen können beispielsweise kommunikative Reflexionsprozesse die Forderung nach Intersubjektivität einlösen. Auch die Arbeit in sogenannten Forschungswerkstätten ermöglicht diese Form von Reflexion, die in die vorliegende Forschungsarbeit leider nicht einfließen konnte.

Neben der Einschätzung von Qualitäts- und Gütekriterien werden an dieser Stelle noch drei aus der Untersuchungsdurchführung hervorgegangene Kritikpunkte berichtet:

Erstens stellt sich die Frage, inwieweit das Untersuchungsmaterial von den jeweiligen Teilnehmer(inne)n als Störfaktor wahrgenommen wurde. Beispielsweise waren die Erfahrungen mit Begleitungsforschung und technischen Hilfsmitteln unter den teilnehmenden Coachs sehr unterschiedlich. Neben der atmosphärischen Anwesenheit des Aufnahmegerätes wurde die natürliche Coachingsituation durch die mündliche Instruktion, das Informations- und Instruktionsmaterial sowie die Evaluationsfragebögen beeinflusst. Hier stellt sich, wie für jede offene Beobachtungsstudie, die Frage nach möglichen Störeffekten, das heißt, Störungen der natürlichen Situation und dadurch Beeinflussung der natürlichen Interaktion. Hierüber können jedoch keine Aussagen getroffen werden, da eben die gewählte Form der Beobachtung allen Partizipierenden bewusst war. Da die Forscherin während der Aufnahmesituation nicht persönlich anwesend war, können auch keine Aussagen über die unmittelbaren Momente vor dem Einschalten und nach dem Ausschalten des Geräts getroffen werden. Um außergewöhnliche Ereignisse vor, während oder nach der Sitzung zu erfassen, enthält das Protokoll zur Reflexion der Coachs eine entsprechende Frage nach Störungen und Auffälligkeiten (siehe Abschnitt 5.7.3). Auch die Zeitpunkte und Rahmenbedingungen, zu denen das Evaluationsmaterial (Fragebögen und Reflexionsprotokolle) bearbeitet wurde, konnten nur minimal durch vorherige Instruktion des Coachs standardisiert werden (siehe Unterkapitel 5.7).

Zur Anwendung linguistischer Auswertungsmethoden:

Dic Wahl einer disziplinfremden Auswertungsmethode stellte vor dem Hintergrund fehlender Expertise in der Linguistik und Gesprächsforschung ein Wagnis dar. Unter der Prämisse, ein gegenstandsangemessenes Vorgehen zur Analyse der Coachingkommunikation zu wählen, schienen die Möglichkeiten und Herausforderungen der Diskursforschung gleichsam hoch. Mit dem Resultat von acht Gesprächsmustern kommunikativer Emotionsregulation liegt ein greifbares Ergebnis vor, das für weitere Betrachtungen anschlussfähig scheint und zuvorderst den Stellenwert von Emotionen für Kommunikation und Sprache unterstreicht. Doch es bleibt auch im Nachhinein die Frage, wie gut die Forscherin die zunächst gänzlich neuen Analysetechniken anwenden konnte. Trotz der Affinität zu kommunikativen Phänomenen und reflexiven Analysen mag es an der ein oder anderen Stelle pragmatischere oder der linguistischen Anschauung nähere Ansätze und Lösungen gegeben haben als die gewählten. Dies betrifft die Wahl des Transkriptionssystems und die freien Ergänzungen der Methode der Musteranalyse durch vorgeschaltete Analyseschritte wie ebenfalls einzelne Urteilsbildungen in der Interpretation kommunikativer Zwecke und mentaler Prozesse. Diese beiden letztgenannten Aspekte der Musteranalyse haben durch die Forscherin gewiss psychologische Ergänzungen erfahren.

Zum Horizont der Untersuchungsergebnisse:

Den Hebel am richtigen Punkt anzusetzen, danach streben Forschungsideen. Für das mit dieser Arbeit umgesetzte Projekt stellte sich mit der methodischen Operationalisierung die Frage nach dem richtigen Ausschnitt, der passenden Stelle und dem richtigen Moment zur Fokussierung. Mit der Formulierung signifikanter Momente wurde ein Ansatz gewählt, mit dem diese Entscheidung ex post getroffen wird. Die signifikanten Momente wurden von den Coachs und der Forscherin im Nachhinein ausgewählt und interpretiert. Die signifikanten Textstellen in den Musteranalysen repräsentieren Gesprächsabschnitte, in denen nach Einschätzung der Expert(inn)en etwas Relevantes passiert. Gleichzeitig hat sich für die Forscherin aber der Eindruck ergeben, dass ganze Beratungsgespräche wie „aus einem Guss“ erscheinen. So könnten die identifizierten Momente der

Veränderung auf sehr lange Hinführungen im Gespräch zurückzuführen sein. Für die Frage nach Schlüsselmomenten im Beratungsgespräch könnten neben den interpretierten Momentaufnahmen ganze Musterfolgen oder bestimmte Kombinationen von Mustern konstituierend sein.

Mit dem Fokus auf Emotionen wurden andere Aufsichten auf das Phänomen der Coachingkommunikation vollständig vernachlässigt. Ein und dieselbe Textstelle eines Transkripts könnte mit einem anders gewählten Fokus möglicherweise ungleich ausgelegt werden. Auch dass ausschließlich diejenigen Textstellen in die Analyse eingingen, die als signifikante Momente erkannt wurden, führt zu einem engen Interpretationsrahmen der Interaktion. Es sind nie die Gespräche in ihrem Gesamtverlauf analysiert worden, wenngleich die Gesprächsphasen und deren Inhalte mitreflektiert wurden.

Ein weiterer Aspekt, der in der Reflexion der Untersuchungsergebnisse nicht außer Acht gelassen werden darf, sind die schwer kontrollierbaren Effekte des Coachingstils. Jeder Coach greift auf Grundlage seiner/ihrer Qualifikationen und Erfahrungen auf unterschiedliche interpretative und methodische Ansätze zurück. Bezogen auf die Arbeit mit und an Emotionen spielen methodische Schwerpunkte, Schulenzugehörigkeiten und Erfahrungswissen der Coachs eine große Rolle. So unterscheiden sich Berater/innen und Coachs in ihrem professionellen Habitus zuweilen stark voneinander, beispielsweise in den persönlichen Neigungen und Möglichkeiten, mit den Klient(inn)en Phänomene in der Tiefe zu erschließen. Während über die Experteninterviews versucht wurde, diese individuellen Hintergründe der Coachs in Erfahrung zu bringen (siehe Unterkapitel 5.5) und transparent zu machen (siehe Fallportraits in Kapitel 6), sind Aussagen mit Bezug zur Umsetzung in der Praxis weitgehend offen geblieben. Beispielsweise fiel im Verlauf der Gesprächsanalysen auf, dass sich die Coachs in der Art ihrer Redebeiträge stark voneinander unterscheiden – zum Beispiel in der Anzahl der gestellten Fragen, in der Häufung der bestätigenden Lautäußerungen („Mhm“), und natürlich auch in der Quantität und Gestalt der emotionsbezogenen Fragestellungen und Äußerungen.

Abschließend ist ein Kritikpunkt zur Auswertung der quantitativen Befragungsergebnisse anzubringen. In der Konzeption des Forschungsdesigns erschien es aus prozessbezogenen Gründen sinnvoll, die beim Kooperationspartner vorhandenen Evaluationsbögen in die Untersuchung einzubeziehen, unter Integration von zehn Items zur Diagnostik der Akzeptanz von Emotionen und der Emotionsregulation. Dabei konnten testtheoretische Entwicklungs- und Gütekriterien jedoch nicht hinreichend Beachtung finden. Jeder neu zusammengestellte Fragebogen müsste zunächst an einer ausreichend großen Stichprobe getestet und validiert werden. Mit der Hinzugabe neuer Items verändert sich die Zusammensetzung eines Tests möglicherweise, so dass sich ohne Prüfung keine gesicherten Aussagen mehr darüber treffen lassen, was dieser im Einzelnen trennscharf misst. So ist es vorstellbar, dass die neu hinzugefügten Fragen mit den bereits vorhandenen Fragen eine „Gemengelage“ bilden: Items aus den Skalen der Emotionsregulation könnten auf Faktoren der anderen Skalen laden, so dass diagnostisch keine Aussagen über die Testwerte einer Versuchsperson mehr getroffen werden können. Um den Test auf Basis der Aussagen für einzelne Proband(inn)en einsetzen zu können, müsste der neue Fragebogen entlang der testtheoretischen Gütekriterien überarbeitet werden. Neben einer faktorenanalytischen Prüfung könnte so ebenfalls die Qualität der quantitativen Datenerhebung (d. h. bezogen auf die Fragebogenerhebung) entlang der Kriterien der Objektivität, Reliabilität und Validität gesichert werden.

In der Betrachtung des Methodenspektrums ex post kann der methodologischen Triangulation qualitativer und quantitativer Verfahren kein Erkenntnisgewinn zugesprochen werden. Der analytische Nutzen der Fragebogenerhebung hat hinsichtlich der Forschungsfragen und Gewinnung der Gesprächsmuster keine weiteren Erkenntnisse hervorgebracht. Im Gegenteil stellt sich die Frage, ob eine Konzentration auf das gesprächsanalytische Vorgehen die Erkenntnisse der Arbeit noch weiter vorangetrieben hätte.

8 Fazit und Ausblick

Die aufgezeigten Möglichkeiten der Gesprächsanalyse von Beratungskommunikation stärken die These, dass beraterisches Handeln in erster Linie kommunikatives Handeln ist. Dialogorientierte Berater/innen und Coachs bedienen sich hierzu Gesprächstechniken, die für die Klient(inn)en Interventionscharakter haben. Mit der Entdeckung der Gesprächsmuster kommunikativer Emotionsregulation wurden die für Beratungstheorie und -praxis geläufigen Gesprächstechniken vor dem Hintergrund linguistischer Pragmatik quasi-empirisch nachgewiesen: Die Paarsequenzen setzen sich zu großen Teilen aus Fragen, Paraphrasen, Verbalisierungen und spiegelnden Aussagen zusammen (vgl. Kapitel 4). Die am authentischen Datenmaterial vollzogenen sequentiellen Analysen einzelner Gesprächsschritte wurden transparent hergeleitet, so dass der Aufbau einzelner Dialogmuster nachvollziehbar geworden ist sowie auch deren emotionsregulative Funktion. So wurden belastbare Kategorien zur Beschreibung der professionellen Gefühlsarbeit in Beratungssettings identifiziert, die vermutlich über den Rahmen des Coachings hinaus reichen. Für anschließende Forschung wäre die Analyse von Gesprächsdaten anderer Beratungstypen bereichernd (z. B. Biographische Bildungsberatung, Sozialberatung).

Auch das von Theorie und Praxis geteilte Verständnis über die Aufgabe der Gesprächsstrukturierung durch den Berater beziehungsweise Coach wird mit den Musterstudien untermauert. Zwar wird in den Musterrekonstruktionen die unentbehrliche Wechselbeziehung zwischen den Gesprächsbeteiligten deutlich, trotzdem zeigen sich die Gesprächsschritte der Coachs als bedeutsam für die Genese bestimmter Gesprächsmuster. Für eine weiterführende Forschung scheint es gleichwohl sinnvoll, die sequenziellen Sprachhandlungen einmal aus Perspektive der Coachees zu analysieren. Möglicherweise ließen sich genauso Ausgangspunkte des Dialogs finden, mit denen eine Didaktik der Coachees aufgestellt werden könnte.

Um die Frage nach Interaktionsprinzipien weiter zu erhellen, wären beispielsweise Vergleiche von typischen Musterverläufen mit atypischen Musterverläufen beziehungsweise abgebrochenen Gesprächsmustern sehr relevant. Von Interesse wäre hier zum Beispiel, welche Rolle unterschiedliche

Reaktionen der Klient(inn)en spielen, wenn ein Klient/eine Klientin beispielsweise nicht auf eine emotionenverstärkende Frage antwortet. Wird das Muster dann abgebrochen und es beginnt ein neuer Aufbau? Verläuft es einfach anders und kann dann entsprechend different charakterisiert und benannt werden? Oder versucht der Coach einen zweiten Anlauf und initiiert dasselbe Muster noch einmal? Welche Wirkungen haben bestimmte Muster im Gesprächsverlauf? Mit Antworten auf diese Fragen könnten dann vollständige Praxeogramme erstellt werden, die alle möglichen Sprechhandlungsalternativen der Aktant(inn)en wiedergeben. Denn in einem Praxeogramm werden sämtliche möglichen Abfolgen von Handlungen für ein bestimmtes Handlungsmuster beschrieben (Spiegel & Spranz-Fogasy 2001, S. 7) und in einen systematischen Zusammenhang gebracht (Weber & Becker-Mrotzek 2012, S. 5). Hierzu gehören auch die Sprecherwechsel, die Wiederholbarkeit von einzelnen Musterpositionen oder eventuelle vorzeitige Abbrüche (ebd.).

Aus linguistischer Perspektive bleibt die übergeordnete Frage weiterhin offen: Was passiert genau in der Kommunikation zwischen Coach und Klient? Wie kommen die Interaktant(inn)en wohin? Was passiert als Folge für welchen Auslöser? Die Beratungskommunikation ist ähnlich wie die Kommunikation von Ärztinnen/Ärzten und ihren Patient(inn)en ein gern untersuchtes Feld der Gesprächsforschung geworden (z. B. Fiehler 2005). Aktuelle gesprächswissenschaftliche Analysen entstehen in der Strömung des allgegenwärtigen Beratungsdiskurses und versuchen, sich dabei interdisziplinär zu nähren. Eine gemeinsame Perspektive der Gesprächs-, Human- und Sozialwissenschaften ist erstrebenswert.

Insbesondere für die mit dieser Arbeit aufgeworfene Frage der Verbindung von Sprache und Emotion sind disziplinenübergreifende Forschungsdesigns wünschenswert. Im Rahmen einer interdisziplinären Emotionsforschung wäre zum Beispiel denkbar, dass ein Team aus Neurowissenschaftler(inne)n, Gesprächswissenschaftler(inne)n, Beratungspsycholog(inn)en und -pädagog(inn)en sowie Beratungspraktiker(inne)n ein Beratungsgespräch unter Einsatz neurologischer Diagnostik (bildgebende Verfahren) live beobachtet und ex post über die Triangulation der zur Verfügung stehenden Methoden analysiert – getrennt voneinander und in gemeinsamer Reflexion und Supervision. Ersten Ansätzen hierzu gehen die Forscher/innen des Exzellenzclusters *Languages of Emotion* nach: Am interdisziplinären Forschungszentrum der Freien Universität Berlin forschen Wissenschaftler/innen aus über 20 Disziplinen an den Beziehungen zwischen Emotionen und Sprache, Kunst, Kultur und Gesellschaft.

Als ebenso wertvoll erweist sich gewiss eine Genderphänomene berücksichtigende Perspektive auf die Praktiken der kommunikativen Emotionsregulation. Zwar können die Ergebnisse der Einzelfallanalysen hier keineswegs als repräsentativ gelten. Vielleicht ist es aber auch kein Zufall, dass der Umgang mit den Gefühlsäußerungen des einzigen männlichen Klienten in dieser Studie prinzipiell über die positive Verstärkung von Emotionen verlaufen ist.

Dass Emotionspraktiken als Gegenstand der Coachingkommunikation weiter untersucht werden sollten, zeigen unter anderem die bestätigenden Ergebnisse dieser Arbeit. So konnte über die Genese der Gesprächsmuster nachvollzogen werden, über welche sprachlichen Verknüpfungen beispielsweise affektive Fragen und Verbalisierungen emotionaler Gesprächsinhalte emotionsfokussierend wirken. Einen geradezu universellen Charakter scheinen dabei die affektiven Fragen zu haben: Die Gesprächsmuster des Emotionen thematisierenden Fragens und des Emotionen verstärkenden Nachfragens konnten sich zahlreich nachweisen lassen und sind womöglich Bestandteil nahezu jeder emotionsfokussierenden Gesprächsphase. Dies stützt die in der Beratungspraxis geläufige und von der Forscherin geteilte These, dass das Fragen in der dialogorientierten Beratung ein wichtiges Instrument mit erheblichem Interventionscharakter darstellt. So könnte auch mit der Untersuchung der Rolle affektiver Fragen in Beratungsgesprächen eine interessante neue Forschungsfrage formuliert werden. Für die Erforschung der kommunikativen Praxis in der Personenberatung scheint die Idee einer „emotiven Beraterdidaktik“ insgesamt ein anschlussfähiger Ansatz zu sein, dem sich durch weitere Untersuchungen in unterschiedlichen Beratungssettings einen Weg bahnen könnte.

Mit der Diskussion einer Lerntheorie der Emotionen in Kapitel 3 wurde die Idee aufgeworfen, affektive Reflexionsmomente in der Beratung allgemein als „Probebühne“ für Neudeutungen und Veränderungen zu sehen. Dies setzt an der Vorstellung eines Lernprozesses an, der sich in Bezug auf die Interaktant(inn)en zwar gegenwärtig am besten unter Zuhilfenahme psychotherapeutischen und psychologischen Wissens stützen lässt, sich von dem Therapiesetting aber emanzipieren muss.

Zu guter Letzt: Beratung sollte auf keinen Fall per se emotionalisiert werden. Die implizite und explizite Arbeit an und mit Emotionen muss jeweils dem Beratungsgegenstand angemessen sein. Dies lässt sich aber nicht anhand des Beratungsanliegens erschließen, sondern wird von kompetenten Berater(inne)n im Gesprächsprozess von Sequenz zu Sequenz entschieden. So ist es einerseits von den individuellen Regulationsbedürfnissen der Klient(inn)en und anderseits von den geschulten und an Erfahrung und Intuition gewachsenen Handlungskompetenzen der Berater/innen abhängig, wie durchdringend und passgenau emotionsfokussierende Gesprächstechniken zum Einsatz kommen.

Literaturverzeichnis

Ali, L. & Graham, B. (1996): Counselling Approach to Careers Guidance. Florence: Routledge.

Allen, T. D. & Eby, L. T. (2003): Relationship effectiveness for mentors: Factors associated with learning and quality. Journal of Management, 29, 465–486.

Arnold, R. (1985): Deutungsmuster und pädagogisches Handeln in der Erwachsenenbildung. Bad Heilbrunn/Obb.: Julius Klinkhardt.

Arnold, R. (2005): Die emotionale Konstruktion der Wirklichkeit. Beiträge zu einer emotionspädagogischen Erwachsenenbildung. (Grundlagen der Berufs- und Erwachsenenbildung Bd. 44). Baltmannsweiler: Schneider.

Aurin, K. (1984): Beratung als pädagogische Aufgabe im Spannungsfeld zwischen pädagogischer und psychologischer Theorie und Praxis. In: K. Aurin (Hrsg.), Beratung als pädagogische Aufgabe (13–30). Bad Heilbrunn/Obb.: Julius Klinkhardt.

Bechara, A. (2004): A Neural View of the Regulation of Complex Cognitive Functions by Emotion. In: P. Philippot, R. Feldman (Eds.), The regulation of emotion (3–32). New York: Lawrence Erlbaum Associates.

Beck, A. T. (1999): Kognitive Therapie der Depression. Weinheim, Basel: Beltz.

Beck, U. (2001): Eigenes Leben in einer entfesselten Welt: Individualisierung, Globalisierung und Politik. In: W. Hutton, A. Giddens (Hrsgg.), Die Zukunft des globalen Kapitalismus (197–212). Frankfurt am Main: Campus.

Becker, N. (2006): Die neurowissenschaftliche Herausforderung der Pädagogik. Bad Heilbrunn: Julius Klinkhardt.

Becker-Mrotzek & Meier, C. (2002): Arbeitsweisen und Standardverfahren der Angewandten Diskursforschung. In: G. Brünner, R. Fiehler, W. Kindt (Hrsgg.), Angewandte Diskursforschung. Band 1 Grundlagen und Beispielanalyse (18–45). Radolfzell: Verlag für Gesprächsforschung.

Behr, M. & Becker, M. (2004): Skalen zum Erleben von Emotionen (SEE). Göttingen: Hogrefe.

Belardi, N. (2004): Was ist sozialpädagogische Beratung? In: N. Belardi u. a. (Hrsgg.), Beratung. Eine sozialpädagogische Einführung (32–43). Weinheim: Juventa.

Benecke, C., Peham, D. & Bänninger-Huber, E. (2005): Nonverbal relationship regulation in psychotherapy. Psychotherapy Research, 15 (1–2), 81–90.

Benner, D. (2005): Allgemeine Pädagogik. Eine systematisch-problemgeschichtliche Einführung in die Grundstruktur pädagogischen Denkens und Handelns. Weinheim, München: Juventa.

Bergmann, J. R. (1981): Ethnomethodologische Konversationsanalyse. In: P. Schröder, H. Steger (Hrsgg.), Dialogforschung. Jahrbuch 1980 des Instituts für deutsche Sprache (9–51), Düsseldorf: Schwann.

Bergmann, J. R. (1985): Flüchtigkeit und methodische Fixierung sozialer Wirklichkeit: Aufzeichnungen als Daten der interpretativen Soziologie. In: W. Bonß , H. Hartmann (Hrsgg.), Entzauberte Wissenschaft. Zur Relativität und Geltung soziologischer Forschung (Sonderband 3 der Zeitschrift "Soziale Welt") (299–320), Göttingen: Schwarz.

Bergmann, J. R. (2009): Ethnomethodologie. In: U. Flick, E. v. Kardorff, I. Steinke (Hrsgg.), Qualitative Forschung. Ein Handbuch (118–135). Reinbek: Rowohlt.

Blickle, G., Kuhnert, B. & Rieck, S. (2003): Laufbahnförderung durch ein Unterstützungsnetzwerk: Ein neuer Mentoringansatz und seine empirische Unterstützung. Zeitschrift für Personalpsychologie, 2, 118–128.

Böning, U. (2005): Coaching: Der Siegeszug eines Personalentwicklungs-Instruments – Eine 15-Jahres-Bilanz. In: C. Rauen (Hrsg.), Handbuch Coaching (21–54). Dritte Auflage. Göttingen: Hogrefe.

Bortz, J. (1999): Statistik für Sozialwissenschaftler. Berlin: Springer.

Bortz, J. & Döring, N. (2005): Forschungsmethoden und Evaluation. Berlin: Springer.

Bower, G. H. (1981): Mood and memory. American Psychologist, 36 (2), 129–148. doi: 10.1037/0003-066X.36.2.129.

Bucka-Lassen, E. (2005): Das schwere Gespräch. Einschneidende Diagnosen menschlich vermitteln. Köln: Deutscher Ärzte-Verlag.

Bundesministerium für Bildung und Forschung (BMBF) (2004): Lebenslanges Lernen. Online im Internet: http://www.bmbf.de/de/411.php [Stand November 2004].

Bundesministerium für Bildung und Forschung (BMBF) (2013): Lernen im Lebenslauf. Online im Internet: http://www.bmbf.de/de/lebenslangeslernen.php [Zugriff 21.05.2013].

Campos, J. J. & Barrett, K. C. (1988): Toward a new understanding of emotions and their development. In: C. E. Izard, J. Kagan (Eds.), Emotions, cognition and behavior (229–263). New York: Cambridge University Press.

Capurro, R. (2006): Hermeneutik revisited. In: T. Pellegrini, A. Blumauer (Hrsgg.), Semantic Web. Wege zur vernetzten Wissensgesellschaft (527–533). Berlin: Springer.

Coaching-Lexikon (2013): Coaching. Online im Internet: http://www.coaching-lexikon.de/Coaching [Zugriff 29.5.2013].

Crisand, E. & Crisand, M. (2007): Psychologie der Gesprächsführung. Frankfurt a. M.: Verlag Recht und Wirtschaft.

Damásio, A. R. (1994): Descartes' Error: Emotion, Reason and the Human Brain. New York: Grosset/Putnam.

Damásio, A. R. (2004): Ich fühle, also bin ich. Die Entschlüsselung des Bewusstseins. Berlin: Ullstein.

Danner, H. (1994): Methoden geisteswissenschaftlicher Pädagogik. Einführung in Hermeneutik, Phänomenologie und Dialektik. München, Basel: E. Reinhardt.

Deppermann, A. (2008): Gespräche analysieren. Eine Einführung. Wiesbaden: VS/GWV Fachverlage GmbH.

Deppermann, A., Habescheid, S., Hartung, M. & Klemm, M. (2000): Editorial: Was ist und was will Gesprächsforschung? Eine neue Zeitschrift stellt sich vor. Gesprächsforschung 1, 1–8. Online im Internet: http://www.gespraechsforschung-ozs.de/heft2000/editorial.pdf [Zugriff 5.3.2013].

Descartes, R. (1993): Meditationen über die Grundlagen der Philosophie. Übersetzt von Artur Buchenau. Hamburg: Felix Meiner.

Deutscher Bundesverband Coaching (DBVC) e. V. (Hrsg.) (2012): Leitlinien und Empfehlungen für die Entwicklung von Coaching als Profession. Kompendium mit den Professionsstandards des DBVC. Osnabrück: Steinbacher.

Dietrich, G. (1991): Allgemeine Beratungspsychologie. Göttingen: Hogrefe.

Dilthey, W. (1990): Die geistige Welt. Einleitung in die Philosophie des Lebens. Erste Hälfte. Abhandlungen zur Grundlegung der Geisteswissenschaften. Stuttgart: Teubner Verlagsgesellschaft.

Dilthey, W. (1992): Der Aufbau der geschichtlichen Welt in den Geisteswissenschaften. Stuttgart: Teubner Verlagsgesellschaft.

Dilts, R. B., Grinder, J. & Bandler, R. u. a. (1994): Strukturen subjektiver Erfahrung. Ihre Erforschung und Veränderung durch NLP. Paderborn: Junfermann.

Drescher, M. (2003): Sprachliche Affektivität. Darstellung emotionaler Beteiligung am Beispiel von Gesprächen aus dem Französischen. Tübingen: Niemeyer.

Eckert, J. (2007): Gesprächspsychotherapie. In: C. Reimer, J. Eckert, M. Hautzinger, E. Wilke (Hrsgg.), Psychotherapie. Ein Lehrbuch für Ärzte und Psychologen (233–287). Berlin: Springer.

Egloff, B., Schmukle, S. C., Burns, L. R. & Schwerdtfeger, A. (2006): Spontaneous emotion regulation during evaluated speaking tasks: Associations with negative affect, anxiety expression, memory, and physiological responding. Emotion, 6, 356–366.

Ehlich, K. (1986): Funktional-pragmatische Kommunikationsanalyse: Ziele und Verfahren. In: L. Hoffmann (Hrsg.), Sprachwissenschaft. Ein Reader (211–226). Berlin: de Gruyter.

Ehlich, K. & Rehbein, J. (1972): Zur Konstitution pragmatischer Einheiten in einer Institution: Das Speiserestaurant. In: D. Wunderlich (Hrsg.): Linguistische Pragmatik (209–254), Frankfurt a.M.: Athenäum.

Ehlich, K. & Rehbein, J. (1986): Muster und Institution. Untersuchungen zur schulischen Kommunikation. Tübingen: Narr.

Elliott, R. (1984): A discovery-oriented approach to significant change events in psychotherapy: Interpersonal Process Recall and Comprehensive Process Analysis. In: L. N. Rice, L. S. Greenberg (Eds.), Patterns of Change: Intensive Analysis of Psychotherapy Process (124–137). New York: Guilford Press.

Ellis, A. (1977): Die rational-emotive Therapie: Das innere Selbstgespräch bei seelischen Veränderungen. München: Pfeiffer.

Elvers, B. (2006): Führungskulturen an der Universität: Feedbackinstrumente als Schlüssel zur Personalentwicklung. Organisationsberatung, Supervision, Coaching, 13 (4), 343–354.

Engel, F., Nestmann, F. & Sickendiek, U. (2004): „Beratung“ – Ein Selbstverständnis in Bewegung. In: F. Nestmann, F. Engel, U. Sickendiek (Hrsgg.), Das Handbuch der Beratung, Band I, Disziplinen und Zugänge (33–43). Tübingen: dgvt.

Fangauf, U. (2003): Zukunft der Psychotherapie: Unterstützung durch bildgebende Verfahren. Deutsches Ärzteblatt, PP2, 563. Online im Internet: http://www.aerzte blatt.de/archiv/39749/Zukunft-der-Psychotherapie-Unterstuetzung-durch-bildgebende-Verfahren [Zugriff 20.5.2013].

Feltham, C. (2000): An Introduction to Counselling and Psychotherapy. In S. Palmer (Ed.), Introduction to Counselling and Psychotherapy: The Essential Guide (3–18). London: Sage Publications.

Fiege, R., Muck, P. M. & Schuler, H. (2001): Mitarbeitergespräche. In: H. Schuler (Hrsg.), Lehrbuch der Personalpsychologie (433–480). Göttingen: Hogrefe.

Fiehler, R. (1990): Kommunikation und Emotion. Theoretische und empirische Untersuchungen zur Rolle von Emotionen in der verbalen Interaktion. Berlin, New York: de Gruyter.

Fiehler, R. (2005): Erleben und Emotionalität im Arzt-Patienten-Gespräch. In: M. Neises, S. Ditz, T. Spranz-Fogasy (Hrsgg.), Psychosomatische Gesprächsführung in der Frauenheilkunde – Ein interdisziplinärer Ansatz zur verbalen Intervention (120–136). Stuttgart: Wissenschaftliche Verlagsgesellschaft.

Fiehler, R. & Schmitt, R. (2004): Die Vermittlung kommunikativer Fähigkeiten als Kommunikation. Kommunikationstrainings als Gegenstand der Gesprächsanalyse. In: M. Becker-Mrotzek, G. Brünner (Hrsgg.), Analyse und Vermittlung von Gesprächskompetenz (113–135). Frankfurt a. M.: Lang.

Fisseni, H.J. (2004): Lehrbuch der psychologischen Diagnostik (3. Auflage). Göttingen: Hogrefe.

Flick, U. (2009): Design und Prozess qualitativer Forschung. In: U. Flick, E. v. Kardorff, I. Steinke (Hrsgg.), Qualitative Forschung. Ein Handbuch (252–265). Reinbek: Rowohlt.

Flick, U. (2010): Qualitative Sozialforschung. Eine Einführung. Reinbek: Rowohlt.

Flick, U., v. Kardorff, E. & Steinke, I. (2009): Was ist qualitative Forschung? In: U. Flick, E. v. Kardorff, I. Steinke (Hrsgg.), Qualitative Forschung. Ein Handbuch (13–29). Reinbek: Rowohlt.

Freud, S. (1959): Inhibitions, symptoms, anxiety. New York: Norton. (Originalarbeit 1926)

Frey, D. (2006): Ein Modell der Positiv-Negativ-Fokussierung. Unveröffentlichtes Manuskript, Ludwig-Maximilians-Universität München.

Frijda, N. H. (1986): The emotions. Cambridge: Cambridge University Press.

Gadamer, H.-G. (1990): Wahrheit und Methode. Grundzüge einer philosophischen Hermeneutik. Gesammelte Werke, Band 1, Hermeneutik I. Tübingen: Mohr Siebeck.

Galinksi, A. (2004): Zweierlei Perspektiven auf Gespräche: Ethnomethodologische Konversationsanalyse und Diskursanalyse im kontrastiven Vergleich. Essen: LINSE Linguistik Server Essen. Online im Internet: http://www.linse.uni-due.de/linse/esel/pdf/konversation_diskurs.pdf [Zugriff 2.6.2011].

Garfinkel, H. (1967): Studies in Ethnomethodology. Englewood Cliffs: Prentice Hall.

Geißler, H. (Hrsg.) (2008): E-Coaching. Baltmannsweiler: Schneider.

Gieseke, W. (1995): Emotionalität in Bildungsprozessen Erwachsener. REPORT, 35, 38 ff.

Gieseke, W. (2000): Beratung in der Weiterbildung – Ausdifferenzierung der Beratungsbedarfe. REPORT Literatur- und Forschungsreport Weiterbildung, Nr. 46, 10–17.

Gieseke, W. (2007): Lebenslanges Lernen und Emotionen. Wirkungen von Emotionen auf Bildungsprozesse aus beziehungstheoretischer Perspektive. Bielefeld: Bertelsmann.

Gieseke W. (2011): Die professionelle Praktik Beratung in der Weiterbildung. Folien zum Vortrag auf dem 2. LOCCS Symposium an der Ludwig-Maximilians-Universität München. Online im Internet: http://ebwb.hu-berlin.de/team/gieseke/downloads/LOCCS%20Keynotvortrag%20zur%20Beratung [Zugriff 30.01.2012].

Gieseke, W., Käpplinger, B. & Otto, S. (2007): Prozessverläufe in der Beratung analysieren – Ein Desiderat. Report 30 (1), 33–42.

Gieseke, W. & Opelt, K. (2004): Weiterbildungsberatung II. Studienbrief. Zentrum für Wissenschaftliche Weiterbildung. Kaiserslautern: Universität Kaiserslautern.

Goffman, E. (1980): Rahmen-Analyse. Ein Versuch über die Organisation von Alltagserfahrungen. Frankfurt am Main: Suhrkamp.

Gold, R. L. (1958): Roles in sociological field observations. Social forces 36, 217–223.

Grant, A. M., Franklin, J. & Langford, P. (2002): The Self-Reflection and Insight Scale: A new measure of private self-consciousness. Social Behavior & Personality: An International Journal, 30(8), 821–836.

Greenberg, L. S. (2006): Emotionsfokussierte Therapie: Lernen, mit den eigenen Gefühlen umzugehen. Tübingen: dgvt.

Greenberg, L. S. & Pascual-Leone, A. (2006): Emotion in Psychotherapy: A Practice-Friendly Research Review. Journal of Clinical Psychology, 62 (5), 611–630.

Greenson, R.R. (2000): Technik und Praxis der Psychoanalyse. 8. Auflage. Stuttgart: Klett-Cotta.

Greif, S. (2008): Coaching und ergebnisorientierte Selbstreflexion. Göttingen: Hogrefe.

Greif, S., Schmidt, F. & Thamm, A. (2012): Warum und wodurch wirkt Coaching. Ein Überblick zum Stand der Theorieentwicklung und Forschung über Wirkfaktoren. Organisationsberatung, Supervision, Coaching, 4, 375–390.

Gröning, K. (2006): Pädagogische Beratung. Konzepte und Positionen. Wiesbaden: VS.

Grondin, J. (2001): Einführung in die philosophische Hermeneutik. Darmstadt: Wissenschaftliche Buchgesellschaft.

Gross, J. J. (1998): The emerging field of emotion regulation: An integrative review. Review of General Psychology, 2, 271–299.

Gross, J. J. (2002): Emotion regulation: Affective, cognitive, and social consequences. Psychophysiology, 39, 281–291.

Gross, J. J. & John, O. P. (2003): Individual differences in two emotion regulation processes: Implications for affect, relationships, and well-being. Journal of Personality and Social Psychology, 85, 348–362.

Gross, P.-P. & Stephan, M. (2011): Coaching-Markt-Analyse 2011 – Ergebnisse der 2. Marburger Coaching-Studie. Osnabrück: DBVC.

Guthke, J. (1972): Zur Diagnostik der intellektuellen Lernfähigkeit. Berlin: Deutscher Verlag der Wissenschaften.

Hartung, M. (2004a): Gesprächsanalyse als Methode in Personal- und Organisationsentwicklung. Sozialwissenschaften und Berufspraxis (SuB) 27, 1, 35–49.

Hartung, M. (2004b): Wie lässt sich Gesprächskompetenz wirksam und nachhaltig vermitteln? Ein Erfahrungsbericht aus der Praxis. In: M. Becker-Mrotzek, G. Brünner (Hrsgg.), Analyse und Vermittlung von Gesprächskompetenz (47–66). Frankfurt: Peter Lang. (forum Angewandte Linguistik, 43)

Heller, A. (1981): Theorie der Gefühle. Hamburg: VSA.

Henke, K. (2010): A model for memory systems based on processing modes rather than consciousness. Nature Reviews Neuroscience, 11, 523–532.

Henne, H. & Rehbock, H. (1995): Einführung in die Gesprächsanalyse. 3. Auflage. Berlin: de Gruyter.

Hensel, T. (1996): Verbalisieren als empathisches Verstehen in der personzentrierten Kinderpsychotherapie. In: C. Boeck-Singelmann, B. Ehlers, T. Hensel (Hrsgg.), Personzentrierte Psychotherapie mit Kindern und Jugendlichen (217–244). Band 1. Göttingen, Bern, Toronto, Seattle: Hogrefe.

Herrmann, U. (Hrsg.) (2009): Neurodidaktik – Grundlagen und Vorschläge für gehirngerechtes Lehren und Lernen. Weinheim und Basel: Beltz.

Hochschild, A. R. (2006): Das gekaufte Herz. Die Kommerzialisierung der Gefühle. Frankfurt/M.: Campus.

Hoffmann-Riem, C. (1984): Das adoptierte Kind. Familienleben mit doppelter Elternschaft. München: Fink.

Holodynski, M. (mit Friedlmeier, W.) (Hrsgg.) (2006): Emotionen. Entwicklung und Regulation. Heidelberg: Springer.

Horx, M. (2005): Der Selfness Trend – Was kommt nach Wellness. Trendstudie der Zukunftsinstitut GmbH. Online im Internet: http://www.futura-zmu.com/up_sitetool/PDF/Studie_Selfness_low_auswahl.pdf [Zugriff 22.5.2013].

James, W. (1884): What is an emotion? Mind, 9, 185–205.

Jansen A., Mäthner, E. & Bachmann, T. (2004): Wirksamkeit von Coaching. Eine empirische Studie mit Coachs und Klienten. In: W. Bungard, B. Koop, C. Liebig (Hrsgg.), Psychologie und Wirtschaft leben. Aktuelle Themen der Wirtschaftspsychologie in Forschung und Praxis (226–231). München: Rainer Hampp.

Jüster, M., Hildebrand, C. D. & Petzold, H. G. (2005): Coaching in der Sicht von Führungskräften – eine empirische Untersuchung. In: C. Rauen (Hrsg.), Handbuch Coaching (77–98). 2. Auflage. Göttingen: Hogrefe.

Kallmeyer, W. (1985): Handlungskonstitution im Gespräch: Dupont und sein Experte führen ein Beratungsgespräch durch. In: E. Gülich, T. Kotschi (Hrsgg.), Grammatik, Konversation, Interaktion. Beiträge zum Romanistentag (81–122). Tübingen: Niemeyer.

Kallmeyer, W. (1988): Konversationsanalytische Beschreibung. In: U. Ammon, N. Dittmar, K. J. Mattheier (Hrsgg.), Soziolinguistik (1095–1108). Berlin: de Gruyter.

Kleist, H. v. (1805): Über die allmähliche Verfertigung der Gedanken beim Reden. Ebook amazon Kindle Edition. Online im Internet: http://www.amazon.de/allm%C3%A4hliche-Verfertigung-Gedanken-Reden-ebook/dp/B004SYA48W/ref=sr_1_1?ie=UTF8&qid=1326364099&sr=8-1 [Zugriff: 12.01.2012].

Kraimer, K. (2010): Narratives als Erkenntnisquelle. In: B. Friebertshäuser, B. Langer, A. Prengel (Hrsgg.): Handbuch qualitative Methoden in der Erziehungswissenschaft (845–856). Weinheim: Juventa.

Kraus, K. (2001): Lebenslanges Lernen – Karriere einer Leitidee. Bielefeld: Bertelsmann.

Krause, R. & Merten, J. (1999): Affects, Regulation of Relationship, Transference and Countertransference. International Forum of Psychoanalysis, 8, 103–114.

Krumboltz, J. D. (1966a): Behavioral goals for counseling. Journal of Counseling Psychology, 13, 153–159.

Krumboltz, J. D. (Ed.) (1966b): Promoting adaptive behavior: New answers to familiar questions. In: Revolution in counseling: Implications of behavioral science (3–26). Boston: Houghton Mifflin.

Laucken, U. (2003): Theoretische Psychologie. Denkformen und Sozialpraxen. Oldenburg: BIS-Verlag der Universität Oldenburg.

Lazarus, R. S. (1991): Emotion and adaption. New York, Oxford: Oxford University Press.

LeDoux, J. E. (1996): The Emotional Brain. New York: Simon and Schuster.

LeDoux, J. E. (2004): Das Netz der Gefühle. Wie Emotionen entstehen. München: Deutscher Taschenbuchverlag.

Legewie, H. (1998/99a): 1. Vorlesung: Was heißt qualitative Diagnostik? Skript zu Vorlesungen zur Qualitativen Diagnostik und Forschung an der Technischen Universität Berlin. Online im Internet: http://www.ztg.tu-berlin.de/download/legewie/Dokumente/Vorlesung_1.pdf [Zugriff 29.11.1999].

Legewie, H. (1998/99b): 3. Vorlesung: Qualitative Forschung und der Ansatz der Grounded Theory. Skript zu Vorlesungen zur Qualitativen Diagnostik und Forschung an der Technischen Universität Berlin. Online im Internet: http://www.ztg.tu-berlin.de/download/legewie/Dokumente/Vorlesung_3.pdf [Zugriff 26.2.2013].

Legewie, H. (1998/99c): 12. Vorlesung: Gütekriterien und Qualitätssicherung qualitativer Methoden. Skript zu Vorlesungen zur Qualitativen Diagnostik und Forschung an der Technischen Universität Berlin. Online im Internet: http://www.ztg.tu-berlin.de/download/legewie/Dokumente/Vorlesung_12.pdf [Zugriff 16.5.2013].

Lienert, G. A. & Raatz, U. (1998): Testaufbau und Testanalyse. Weinheim: Beltz PsychologieVerlagsUnion.

Lüschow, F. & Michel, G. (1996): Das Gespräch – ein Weg zum mündigen Lernen. München: Ehrenwirth.

Mader, W. (2001): Beratung. In: E. Nuissl, R. Arnold, S. Apolda (Hrsgg.), Handwörterbuch der Erwachsenenpädagogik (39–40). Bad Heilbrunn/Obb.: Julius Klinkhardt.

Mahrer, A., Dessaulles, A., Nadler, W., Gervaize, P., & Sterner, I. (1987): Good and very good moments in psychotherapy: Content, distribution, and facilitation. Psychotherapy, 24, 7–14.

Matejka, M., Kazzer, P., Seehausen, M, Bajbouj, M., Klann-Delius, G., Menninghaus, W, Jacobs, A. M., Heekeren, H. R. & Prehn, K. (2013): Talking about emotion: prosody and skin conductance indicate emotion regulation. Frontiers in Psychology, 4: 260. doi: 10.3389/fpsyg.2013.00260.

Mayer, J. D. & Salovey, P. (1997): What is Emotional Intelligence? In: P. Salovey. D. Sluyter (Eds.), Emotional development and emotional intelligence: Implications for educators (3–31). New York: Basic.

McLaughlin, C. (2000): The Emotional Challenge of Listening and Dialogue. Pastoral Care in Education, 18 (3), 16–21.

McLeod, J. (2003): Doing Counselling Research. London: Sage Publications.

Mees, U. (1999): Sprache, Gefühle und Handlungen. In: J. Straub, H. Werbik (Hrsgg.), Handlungstheorie. Begriff und Erklärung des Handelns im interdisziplinären Diskurs (287–319). Frankfurt, New York: Campus.

Mees, U. (2006): Zum Forschungsstand der Emotionspsychologie – eine Skizze. In: R. Schützeichel (Hrsg.), Emotionen und Sozialtheorie. Disziplinäre Ansätze (104–124). Frankfurt: Campus.

Mergenthaler, E. (1996): Emotion-Abstraction Patterns in verbatim protocols: A new way of describing psychotherapeutic processes. Journal of Consulting and Clinical Psychology, 64 (6), 1306–1315.

Merkens, H. (2009): Auswahlverfahren, Sampling, Fallkonstruktion. In: U. Flick, E. v. Kardorff, I. Steinke (Hrsgg.), Qualitative Forschung. Ein Handbuch (286–298). Reinbek: Rowohlt.

Möller, H. (2009): Quo vadis Beratungswissenschaft? In: H. Möller, B. Hausinger (Hrsgg.), Quo vadis Beratungswissenschaft? (7–17) Wiesbaden: VS.

Morris, W. N. (1989): Mood: The frame of mind. New York: Springer.

Nationales Forum Beratung in Bildung, Beruf und Beschäftigung (nfb)/Forschungsgruppe Beratungsqualität am Institut für Bildungswissenschaft der Ruprecht-Karls-Universität Heidelberg (Hrsg.) (2011): Qualitätsmerkmale guter Beratung. Erste Ergebnisse aus dem Verbundprojekt: Koordinierungsprozess Qualitätsentwicklung in der Beratung für Bildung, Beruf und Beschäftigung. Bielefeld: Bertelsmann.

Nationales Forum Beratung in Bildung, Beruf und Beschäftigung (nfb)/Forschungsgruppe Beratungsqualität am Institut für Bildungswissenschaft der Ruprecht-Karls-Universität Heidelberg (Hrsg.) (2012): Kompetenzprofil für Beratende. Ergebnis aus dem Verbundprojekt: Offener Koordinierungsprozess Qualitätsentwicklung in der Beratung für Bildung, Beruf und Beschäftigung. Bielefeld: Bertelsmann.

Noe, R. A. (1988): An investigation of the determinants of successful assigned mentoring relationships. Personnel Psychology, 41, 457–479.

Nothdurft, W., Reitemeier, U. & Schröder, P. (Hrsgg.) (1994): Beratungsgespräche. Analyse asymmetrischer Dialoge. Tübingen: Narr.

Ochsner, K. N., Bunge, S. A., Gross, J. J., & Gabrieli, J. D. E. (2002): Rethinking feelings: An fMRI study of the cognitive regulation of emotion. Journal of Cognitive Neuroscience, 14, 1215–1229.

Ochsner, K., Gross, J. J. (2005): The Cognitive Control of Emotion. Trends in Cognitive Sciences, 9, 242–249.

Oevermann, Ulrich u. a. (1979): Die Methodologie einer ‚objektiven Hermeneutik' und ihre allgemeine forschungslogische Bedeutung in den Sozialwissenschaften. In: H. Soeffner (Hrsg.), Interpretative Verfahren in den Sozial- und Textwissenschaften (352–434). Stuttgart: Metzler.

Oevermann, U. (1981): Fallrekonstruktionen und Strukturgeneralisierung als Beitrag der Objektiven Hermeneutik zur soziologisch-strukturtheoretischen Analyse. Unveröffentlichtes Manuskript.

Orlinsky, D. E. & Howard, K. I. (1986): Process and Outcome in Psychotherapy. In: S. L. Garfield, A. E. Bergin (Eds.), Handbook of Psychotherapy and Behavior Change (311–381). New York: Wiley.

Ortony, A., Clore, G. L., & Collins, A. (1988): The cognitive structure of emotions. New York: Cambridge University Press.

Papousek H. & Papousek, M. (1999): Symbolbildung, Emotionsregulation und soziale Interaktion. In: W. Friedlmeier, M. Holodynski (Hrsgg.), Emotionale Entwicklung. Funktion, Regulation und soziokultureller Kontext von Emotionen (135–155). Heidelberg, Berlin: Spektrum Akademischer Verlag.

Parkinson, B. (1995): Ideas and Realities of Emotion. Florence: Routledge.

Patrzek, A. (2008): Wer das Sagen hat, sollte reden können. Handbuch für die Kommunikation von Fach- und Führungskräften. Paderborn: Junfermann.

Pfister, H.-R. (2003): Qualitative Forschungsmethoden. Unveröffentlichte Folien zu einem Seminar an der Technischen Universität Berlin.

Philippot, P. & Feldman, R. S. (eds.) (2004): The Regulation of Emotion. New York: Lawrence Erlbaum.

Pinel, J. P. J. (1997): Biopsychologie. Eine Einführung. Heidelberg, Berlin: Spektrum Akademischer Verlag.

Quasthoff, U. M. (1980): Erzählen in Gesprächen. Linguistische Untersuchungen zu Strukturen und Funktionen am Beispiel einer Kommunikationsform des Alltags. Tübingen: Narr.

Ragins, B. R. & Cotton, J. L. (1999): Mentor functions and outcomes: a comparison of men and women in formal and informal mentoring relationships. Journal of Applied Psychology, 84, 529–550.

Rechtien, W. (1998): Beratung: Theorien, Modelle, Methoden. München, Wien: Profil.

Reichertz, J. (2009): Objektive Hermeneutik und hermeneutische Wissenssoziologie. In: U. Flick, E. von Kardorff, I. Steinke (Hrsgg.) Qualitative Sozialforschung (514–524). Reinbek: Rowohlt.

Richards, J. M., & Gross, J. J. (2000): Emotion regulation and memory: The cognitive costs of keeping one's cool. Journal of Personality and Social Psychology, 79, 410–424.

Riley S. & Wrench D. (1985): Mentoring among women lawyers. Journal of Applied Social Psychology,15, 374–86.

Rogers, C. R. (1959): A Theory of Therapy, Personality and Interpersonal Relationships, as developed in the Client-Centered Framework. In: S. Koch (Ed.), Psychology: The Study of a Science, Vol. 3 Formulations of the Person an the Social Context (184–256). New York: McGraw-Hill.

Rogers, C. R. (1963): The Concept of the Fully Functioning Person. Psychotherapy: Theory, Research and Practice, 1, 17–26.

Rogers, C. R. (1992): The Necessary and Sufficient Conditions of Therapeutic Personality Change. Journal of Consulting and Clinical Psychology, Vol 60 (6), 827–832.

Rogers, C. R. (2003): Die klientenzentrierte Gesprächspsychotherapie. 16. Auflage. Frankfurt a. M.: Fischer.

Rogers, C. R. (2010): Die nicht-direktive Beratung. 13. Auflage. Frankfurt a. M.: Fischer.

Rohrmann, B. (1978): Empirische Studien zur Entwicklung von Antwortskalen für die sozialwissenschaftliche Forschung. Zeitschrift für Sozialpsychologie, 9, 222–245.

Roth. G. (2001): Wie das Gehirn die Seele macht. Vorlesung im Rahmen der 51. Lindauer Psychotherapiewochen 2001. Online im Internet: http://www.lptw.de/archiv/vortrag/2001/roth_gerhard.pdf [Zugriff 27.2.2013].

Roth, G. (2004): Vernunft ohne jedes Gefühl? Abschied von einem Mythos. Personalführung, 4, 18–25.

Roth, G. (2006): Die Seele gehört nicht mir. DIE ZEIT (9) vom 28.02.2006.

Roth, G. (2011): Bildung braucht Persönlichkeit. Wie Lernen gelingt. Stuttgart: Klett-Cotta.

Roth G. (2012): Kann der Mensch sich ändern? Sichtweisen neurobiologischer Forschung zum Veränderungspotenzial von Menschen. Folien zum Vortrag Deutsche Gesellschaft für Systemaufstellungen. Online im Internet: http://www.familien aufstellung.org/files/folien_roth_veraenderbarkeit.pdf [Zugriff 23.5.2013].

Ryan, R. M., La Guardia, J. G., Butzel, J. S., Chirkov, V., & Kim, Y. (2005): On the interpersonal regulation of emotions: Emotional reliance across gender, relationships and cultures. Personal Relationships, 12, 145–163.

Ryff, C. D. (1989): Happiness is everything, or is it? Exploration on the meaning of psychological well-being. Journal of Personality and Social Psychology, 57, 1069–1081.

Saarni, C. (2002): Die Entwicklung von emotionaler Kompetenz in Beziehungen. In: M. von Salisch (Hrsg.), Emotionale Kompetenz entwickeln. Grundlagen in Kindheit und Jugend (3–30). Stuttgart: Kohlhammer.

Sacks, H., Schegloff, E. A. & Jefferson, G. (1974): A simplest systematics for the organisation of turn-taking for conversation. Language, 50, 696–735.

Sachse, R. (1996): Praxis der Zielorientierten Gesprächspsychotherapie. Göttingen: Hogrefe.

Sachse, R. (2001): Analytische Interventionen: Fragen. Folien Klärungsorientierte Psychotherapie 37. Institut für Psychologische Psychotherapie Bochum. Online im Internet: http://www.ipp-bochum.de/downloads/37_analytische-interventionen. pdf [Zugriff: 30.01.2012].

Salovey, P. & Mayer, J. D. (1990): Emotional Intelligence. Imagination, Cognition and Personality, 9, 185–211.

Sanders, R. (2004): Die Beziehung zwischen Ratsuchendem und Berater. In: F. Engel, F. Nestmann, U. Sickendiek (Hrsgg.), Das Handbuch der Beratung, Band II, Ansätze, Methoden und Felder (797–807). Tübingen: dgvt.

Sauer-Schiffer, U. (Hrsg.) (2004): Bildung und Beratung: Beratungskompetenz als neue Herausforderung für Weiterbildung und außerschulische Jugendbildung? Münster: Waxmann.

Schank, G. (1979): Zum Ablaufmuster von Kurzberatungen – Beschreibung einer Gesprächsstruktur. In: J. Dittmann (Hrsg.), Arbeiten zur Konversationsanalyse (176–197). Tübingen: Niemeyer.

Schegloff, E. A. & Sacks, H. (1973): Opening up Closings. Semiotica 8, 289-327.

Schelle, C. (2003): Politisch-historischer Unterricht hermeneutisch rekonstruiert. Von den Ansprüchen Jugendlicher, sich selbst und die Welt zu verstehen. Bad Heilbrunn: Julius Klinkhardt.

Scherer, K. (1984): On the nature and function of emotion: A component process approach. In: K. R. Scherer, P. E. Ekman (Eds.), Approaches to emotion (293–317). Hillsdale, NJ: Erlbaum.

Scherf, M. (2010): Strukturen der Organisationsberatungsinteraktion. Objektiv Hermeneutische Untersuchung zur Professionalisierungsbedürftigkeit der Organisationsberatung. Göttingen: Vandenhoeck & Ruprecht.

Schiersmann, C. (2011): Bildungs- und Berufsberatung neu denken. In: M. Hammerer, E. Kanelutti, I. Melter (Hrsgg.), Zukunftsfeld Bildungs- und Berufsberatung (81–97). Bielefeld: Bertelsmann.

Schiersmann, C. (2013): Ein Kompetenzprofil für Beratende – Resultat eines offenen Koordinierungsprozesses. In: B. Käpplinger, S. Robak, S. Schmidt-Lauff (Hrsgg.), Engagement für die Erwachsenenbildung – Ethische Bezugnahmen und demokratische Verantwortung. Festschrift für Wiltrud Gieseke (157–168). Wiesbaden: Springer.

Schiersmann, C., Bachmann, M., Dauner, A. & Weber, P. (2008): Qualität und Professionalität in Bildungs- und Berufsberatung. Bielefeld: Bertelsmann.

Schiersmann, C & Thiel, U. (Hrsgg.) (2012): Beratung als Förderung von Selbstorganisationsprozessen. Empirische Studien zur Beratung von Personen und Organisationen auf der Basis der Synergetik. Göttingen: Vandenhoeck & Ruprecht.

Schiessler, B. (2010): Coaching als Maßnahme der Personalentwicklung. Aktuelle Praxis, Analyse und wissenschaftlicher Ansatz für eine einheitliche Coachingmethodik. Wiesbaden: VS Research/Springer Fachmedien.

Schleiermacher, F. D. E. (1985): Die allgemeine Hermeneutik (1809/10). Hrsg. v. W. Virmond. In: K.-V. Selge (Hrsg.), Internationaler Schleiermacher-Kongreß. Berlin 1984. (1270–1310). Band 2. Berlin: de Gruyter.

Schlutz, E. (2001): Bildung. In: R. Arnold, S. Nolda & E. Nuissl, Wörterbuch Erwachsenenpädagogik (48–52). Bad Heilbrunn/Obb.: Julius Klinkhardt.

Schmidt-Lellek, C. (2001): Was heißt „Dialogische Beziehung" in berufsbezogener Beratung (Supervision und Coaching)? Das Modell des Sokratischen Dialogs. Organisationsberatung, Supervision, Coaching, 8, 199–212.

Schmidt-Lellek, C. & Buer, F. (Hrsgg.) (2011): Life-Coaching in der Praxis. Wie Coaches umfassend beraten. Göttingen: Vandenhoeck & Ruprecht.

Schmidt-Lellek, C. (2012): Die Entwicklung von Coaching als Profession. In: Deutscher Bundesverband Coaching e. V. (Hrsg.), Leitlinien und Empfehlungen für die Entwicklung von Coaching als Profession. Kompendium mit den Professionsstandards des DBVC (11–17). Osnabrück: Steinbacher.

Schreyögg, A. (2002): Konfliktcoaching. Anleitung für den Coach. Frankfurt/M.: Campus.

Schreyögg, A. (2003): Coaching. Eine Einführung für Praxis und Ausbildung. Frankfurt/M.: Campus.

Schreyögg, A. (2008): Die Lage der Führungskräfte heute. In F. Buer, C. Schmidt-Lellek (Hrsgg.), Life-Coaching: Über Sinn, Glück und Verantwortung in der Arbeit (55–69). Göttingen: Vandenhoeck & Ruprecht.

Schubert, T. (2003): Wissenstransfer im telefonischen Beratungsgespräch. Dissertation, Martin-Luther-Universität Halle-Wittenberg. Online im Internet: http://sundoc.bibliothek.uni-halle.de/diss-online/03/04H058/t3.pdf [Zugriff 21.01.2012].

Schütz, A. (1971): Gesammelte Aufsätze I: Das Problem der sozialen Wirklichkeit. Den Haag: Martinus Nijhoff.

Schütz, A. (2003): Strukturen der Lebenswelt. Konstanz: UVK Verlagsgesellschaft.

Schulz von Thun, F. (1981): Miteinander reden 1. Störungen und Klärungen. Reinbek: Rowohlt.

Schutz, P. A., Hong, J. Y., Cross, D. I. & Osbon, J. N. (2006): Reflections on Investigating Emotion in Educational Activity Settings. Educational Psychology Review, 18 (4), 343–360.

Sickendiek, U. (2007): Theorien und Konzepte beruflicher Beratung. In: U. Sickendiek, F. Nestmann, F. Engel, V. Bamler (Hrsgg.), Beratung in Bildung, Beruf und Beschäftigung (53–100). Tübingen: dgvt-Verlag.

Sickendiek, U., Engel, F. & Nestmann, F. (2008): Beratung. Eine Einführung in sozialpädagogische und psychosoziale Beratungsansätze. Weinheim, München: Juventa.

Spiegel, C. & Spranz-Fogasy, T. (2001): Aufbau und Abfolge von Gesprächsphasen. Online im Internet: http://www.gespraechsforschung.de/preprint/spranz.pdf [Zugriff 31.5.2013].

Erschienen In: K. Brinker, G. Antos, W. Heinemann, S.F. Sager (Hrsgg.), Text- und Gesprächslinguistik. Handbücher zur Sprach- und Kommunikationswissenschaft (1241–1252). Berlin, New York: de Gruyter.

Sroufe, L. A. (1996): Emotional development: The organization of emotional life in the early years. New York: Cambridge University Press.

Stanislawski, C. (1961): Die Arbeit des Schauspielers an sich selbst. Teil 1: Die Arbeit an sich selbst im schöpferischen Prozeß des Erlebens. Berlin: Henschel.

Staudinger, U. M. (1992): Psychological Well-Being Scales – Deutsche Übersetzung für Forschungszwecke. Max-Planck-Institut für Bildungsforschung, Forschungsbereich „Psychologie und Humanentwicklung".

Steinke, I. (1999): Kriterien qualitativer Forschung. Ansätze zur Bewertung qualitativ-empirischer Sozialforschung. Weinheim: Juventa.

Stern, D. N. (1985): The Interpersonal World of the Infant. A View from Psychoanalysis and Developmental Psychology. New York: Basic Books.

Strauss, A. L. (1998): Grundlagen qualitativer Sozialforschung. München: Fink.

Strauss, A., Fagerhaugh, S., Suczek, B. & Wiener, C. (1980): Gefühlsarbeit. Ein Beitrag zur Arbeits- und Berufssoziologie. In: Kölner Zeitschrift für Soziologie und Sozialpsychologie, 32, 629–651.

Tausch, R. & Tausch, A. M. (1990): Gesprächspsychotherapie. Hilfreiche Gruppen- und Einzelgespräche in Psychotherapie und alltäglichem Leben. 9. Auflage. Göttingen: Hogrefe.

Thiel, H.-U. (2003): Phasen des Beratungsprozesses. In: C. Krause, B. Fittkau, R. Fuhr, H.-U. Thiel (Hrsgg.): Pädagogische Beratung – Grundlagen und Praxisanwendung (73–84). Paderborn: Ferdinand Schöningh.

Thiersch, H. (2004): Sozialarbeit/Sozialpädagogik und Beratung. In: F. Engel, F. Nestmann, U. Sickendiek (Hrsgg.), Das Handbuch der Beratung, Band I, Disziplinen und Zugänge (115–124). Tübingen: dgvt.

Thomssen, W. (1980): Deutungsmuster – eine Kategorie der Analyse von gesellschaftlichem Bewusstsein. In: A. Weymann (Hrsg.), Handbuch für die Soziologie der Weiterbildung (358–373). Darmstadt, Neuwied: Luchterhand.

Tretter, F. (2011): Rezension zu Psychiatrische Erkenntnis – eine Grundlegung. Klaus Brücher. Journal für Philosophie & Psychiatrie, Mai 2011. Online im Internet: http://www.jfpp.org/81.html [Zugriff 25.02.2013].

Tronick, E. Z. (2001): Emotional Connections and Dyadic Consciousness in Infant-Mother and Patient-Therapist Interactions, Psychoanalytic Dialogues, 11, 187–194.

Tulving, E. (1983): Elements of episodic memory. Oxford: Clarendon.

Tulving, E. (1985): How many memory systems are there? American Psychologist, 40 (385–398).

Ungeheuer, G. (1983): Einführung in die Kommunikationstheorie. Hagen: Fernuniversität.

Watzlawick, P., Beavin, J. H. & Jackson, D. D. (1969): Menschliche Kommunikation. Bern, Stuttgart, Wien: Huber.

Weber, P. & Becker-Mrotzek, M. (2012): Funktional-pragmatische Diskursanalyse als Forschungs- und Interpretationsmethode. Online im Internet: http://www.fallarchiv.uni-kassel.de/wp-content/uploads/2012/07/weber_mrotzek_diskurs_ofas.pdf [Zugriff: 18.05.2012].

Wernet, A. (2009): Einführung in die Interpretationstechnik der Objektiven Hermeneutik. Opladen: Leske und Budrich.

Wilken, B. (2003): Methoden der Kognitiven Umstrukturierung. Stuttgart: Kohlhammer.

Wolff, U. (2002): Coaching im Umbruch. In: J. Graf (Hrsg.), Seminare 2002. Das Jahrbuch der Management-Weiterbildung (109–122). Bonn: managerSeminare.

Wunderlich, D. (1981): Ein Sequenzmuster für Ratschläge – Analyse eines Beispiels. In: D. Metzing (Hrsg.), Dialogmuster und Dialogprozesse (1–30). Hamburg: Buske.

Zech, E., Rimé, B., & Nils, F. (2004): Intrapersonal and interpersonal effects of social sharing of emotion. In: P. Philippot, R. Feldman (Eds.), The regulation of emotion (157–185). New York: Lawrence Erlbaum Associates.

Anhang

Anhang 1: Chronologie der Entwicklung der Forschungsfragen 2006 bis 2010

2006| Exposé Verschriftung, Arbeitstitel: „Der Einfluss von Emotionen in der Beratung“

Fragestellung: „[…] soll mit diesem Forschungsvorhaben die Frage aufgegriffen werden, wo und wie Beratungskonstellationen durch Emotionen erzeugt, begleitet, gelenkt oder in ihrer Wirkung befördert werden. Dabei geht es um die übergeordneten Fragen, welche Bedeutung die emotionalen Prozesse in der Beratung haben und welche Rolle Emotionen im Beratungsprozess spielen.“

2006| Sammlung eines Fragenkatalogs für den Forschungsprozess

Generative Fragen:	Abgeleitete Forschungsfragen:
a. Existiert eine „Intuitive Beraterdidaktik“? b. Warum ist Beratung „Emotionsarbeit“? c. Was ist das für ein emotionaler Regulationsprozess im Beratungsprozess? d. Sich in Beziehung setzen, sich auseinandersetzen benötigt Referenzsysteme und -strukturen: Ist die emotionale Spiegelung und Durchlässigkeit von Berater/innen ein solches Referenzsystem? e. Ist Beratung „Fühlen und Denken unter Anleitung“? f. Was ist das, was Berater/innen im Kommunikationsprozess auf allen Ebenen anleiten, veranschaulichen und übertragen? g. Wie kommt es dazu, dass jemand sich in einer Situation nicht mehr in Beziehung setzen kann? Keine Entscheidung	1. Werden Emotionen und emotionale Prozesse im Dialog zwischen Berater/in und Zu-Beratendem/r sichtbar? 2. An welchen Stellen im Gesprächsverlauf sind Emotionsausdruck (nonverbal) oder die (verbale) Thematisierung des Erlebens wahrnehmbar? 3. Wie lässt sich in Bezug auf die emotionalen Faktoren das professionelle Verhalten der Berater/innen charakterisieren (Kommunikation, Interaktion, methodische Intervention usw.)? 4. Lassen sich emotionale Regulationsprozesse als Ursache von Beratungserfolg identifizieren?

mehr treffen kann? Kein Ziel mehr formulieren kann? Was sind das für „Knoten“? Wie lassen sich diese neurophysiologisch erklären?

h. Wie lassen sich Lernstörungen emotionstheoretisch erklären? Wenn Emotionen fehlen, kann man sich nicht in Beziehung setzen. Blockieren emotionale Konflikte Gedächtnisprozesse?

i. Mit welchen Erwartungen kommen Klient(inn)en? Was ist das Essenzielle an der Beratung? „Emotionale Erste Hilfe“? Das Wiederdurchleben bzw. geleitete Durchleben emotionaler Konflikte?

j. Was meint die Erweiterung bzw. Veränderung von Denk- und Handlungsmustern?

k. Sind Übertragungsprozesse wirklich immer kontraproduktiv? Oder sind sie sogar Erfolgskriterium in Bezug auf die Reflexion und (Er-)Lösung emotionaler Muster?

l. Welche Beziehung wird zwischen Berater/in und Klient/in aufgebaut?

m. Was könnten „gefährliche“ Beziehungsmuster sein?

n. Welche Emotionen sind wichtig für die Herstellung und das Gelingen der Beziehung?

o. Welche emotionalen Prozesse beeinflussen den Beratungserfolg positiv, welche negativ?

p. Emotionen als intuitiver Zugang zur Wirklichkeit?

q. In welchem Zusammenhang stehen Emotionsregulation und Kognitionen? Und Emotionsregulation und Handlungsregulation?

5. Wie schätzen die Beteiligten die emotionale Komponente der Beratung ein?

6. Inwiefern lässt sich ein Zusammenhang zwischen Emotionsregulation und Handlungsregulation daraus ableiten?

2007| Projektbeschreibung zur Akquisition von Kooperationspartner(inne)n, Arbeitstitel: „Emotionsregulation in der Beratung. Eine empirische Untersuchung zur Interaktion in Beratungsgesprächen.“	
Leitende Fragestellung:	Fragestellungen und Operationalisierungen für die empirische Untersuchung:
„Mit dem Forschungsvorhaben soll überprüft werden, ob innerhalb eines Beratungsgespräches Emotionen und emotionale (Regulations-)Prozesse transportiert werden.“	[I] Fragestellungen zur Ebene der Kommunikationsformen und -inhalte: [Ia] Semantik und Phänomenologie: Wie werden Emotionen im Dialog hör- oder sichtbar? [Ib] Signifikante Momente: An welchen Stellen im Gesprächsverlauf treten Emotionsausdruck (nonverbal) oder die Thematisierung von Emotionen auf? [Ic] Dynamik des Dialoges: Wer thematisiert Emotionen? [II] Fragestellungen zur Ebene der Emotionsregulation: [IIa] Dynamik der interpersonalen Regulation: Lassen sich Muster in Bezug auf die emotionale Interaktion identifizieren und charakterisieren? [IIb] Intra- vs. interpersonal: Auf welcher Ebene arbeitet Emotionsregulation? [IIc] Lernprozess: Ist die Regulation der Emotion ein Produkt der Beratung?

2007| Präsentation für Prof. John D. Krumboltz, School of Education at Stanford University: „The influence of emotions in counseling“	
„…this study will consider where and how counselling constellations are created, accompanied, directed or promoted by emotions.“	[1] Questions relating to interaction and communications process: 1.1 Are emotions and emotional processes apparent in the dialogue between counsellor and client?

1.2 At what point in the dialogue are expressions of emotion (nonverbal) or the verbal treatment of the experience perceptible?
1.3 How can the professional behaviour of the counsellor be characterised with respect to the emotional factors (communication, interaction, methodological intervention, etc.)?

[2] Questions relating to forms of action of counselling:
2.1 Is it possible to identify emotional regulation processes as causes of success in counselling?
2.2 How do the participants assess the emotional components in the counselling?
2.3 To what extent is it possible to derive a link between emotion regulation and action regulation from this?

2009| Präsentation des Forschungskonzepts am LMU Center for Leadership and People Management der Ludwig-Maximilians-Universität München mit dem Ziel einer Kooperationspartnerschaft für die empirische Studie und der Verbindung mit möglichen Praxisprojekten

Titel der Präsentation: „Bewertungs- und Regulationsprozesse im Coaching“

sowie

2010| Präsentation des Dissertationsprojekts im Doktorandenkolloquium des LMU Center for Leadership and People Management der LMU zur fachlichen Reflexion

Titel der Präsentation: „Bewertung und Regulation im Coachinggespräch“

Ausgangsfragen zur Leitidee:

- Was passiert beim Beraten?
- Wenn Emotionen nichts anderes als Bewertungsprozesse sind, warum spricht man dann primär von der Veränderung des Deutens, Denkens, Handelns?
- Welche Rolle spielen Emotionen in der Beratung?
- Lassen sich Charakter, Wirkung oder gar Erfolg von Beratung durch eine Per-

spektive auf Bewertungs- und Regulationsprozesse begreiflich machen?

2010| Präsentation des Dissertationsprojekts auf dem 1. LOCCS-Symposium „Sprach | Wissenschaft trifft Coaching, Beratung und Supervision“ an der Ludwig-Maximilians-Universität mit dem Ziel der Konzeptprüfung und fachlichen Reflexion in der Sprachwissenschaft Titel des Vortrags: „Bewertung und Regulation im Coachinggespräch“

Generative Fragen:

- Wenn Personenberatung mittels Kommunikation stattfindet, wo liegen dann die Stärken und etwaigen Effekte des Gesprächs?
- Warum fühlen sich Coachees allein durch das Aussprechen und Reflektieren Ihrer Gedanken und Gefühle schon subjektiv erleichtert?
- Kommt Emotionen im Coaching eine zentrale Rolle zu?
- Lassen sich Strukturen, Muster, Dynamiken oder Zusammenhänge von Bewertungen und emotionalen Regulationsprozessen im Coachinggespräch erkennen?

Anhang 2: Instruktion für den Coach

Arbeitstitel der Studie: Der Verlauf von Coachinggesprächen

Ziel der Studie:

Die Studie beschäftigt sich im Rahmen der Dissertation von Dipl. Psych. Bettina Schreyögg mit der Erforschung der spezifischen Kommunikation zwischen Coach und ihren Coachees. Im Rahmen der Untersuchung geht es hierbei vor allem um den Prozess des Coachinggesprächs, das heißt, um den Verlauf und die Dynamik der Kommunikation. **Gerne können Sie Ihren Coachees versichern, dass eine inhaltliche Bewertung der besprochenen Themen nicht Gegenstand der Studie sein wird.**

Wichtige Informationen im Dienste des gegenseitigen Vertrauens:

- Die Teilnahme an der Untersuchung ist absolut freiwillig.
- Sollte sich ein/e Teilnehmer/in während der Studie entscheiden, nicht länger teilnehmen zu wollen, wird er/sie nach Mitteilung umgehend aus dem Projekt entlassen.
- Das Einverständnis zur Teilnahme an der Studie geben die Teilnehmer/innen durch Kenntnisnahme, Verständnis und Unterschrift der Einverständniserklärung. **Bitte lassen Sie die Einverständniserklärung unbedingt von den Teilnehmer(inne)n unterschreiben. Ohne diese Zustimmung ist die Aufzeichnung leider nicht nutzbar für die Studie.**

Das Vorgehen Schritt für Schritt:

1. Bitte erzählen Sie der/dem Coachee vor Beginn der Sitzung und noch vor Ausfüllen des „Vorher-Fragebogens" von der Möglichkeit der Teilnahme an der Untersuchung. Bitte informieren Sie Ihre/n Coachee mündlich über die wichtigsten Details des Vorgehens, die zugesicherte Anonymität und die Teilnahmebedingungen.
2. **Bei Zustimmung zur Teilnahme lassen Sie Ihre/n Coachee bitte die Einverständniserklärung lesen und zweifach unterschreiben.** Eine Ausfertigung händigen Sie bitte dem/der Coachee aus.
3. Bitte teilen Sie im Anschluss außerdem das Informationsblatt zur Untersuchung aus, sollten Sie das Schriftstück nicht schon im ersten Schritt (siehe 1.) herangezogen haben.
4. Die Coachingsitzungen werden mit einem Audiogerät (digitales Tonbandgerät) aufgezeichnet:

Bitte schalten Sie nun das Aufnahmegerät ein:

➔ **Lösen Sie hierzu die Taste „HOLD"** an der linken Seite des Aufnahmegeräts und

➔ **drücken im Anschluss den Aufnahmeknopf „REC" (rote Schrift)** oben rechts auf dem Gerät. Die Aufnahme beginnt nun, was Sie an der im Display laufenden Sekundenanzeige ablesen können.

5. Bitte schalten Sie das Gerät ab, wenn Sie das Coachinggespräch beenden (bspw. mit Austeilen des „Nachher-Fragebogens").

Die wichtigsten Informationen zur Verwertung der Daten:

- Die eingereichten Aufnahmen werden numerisch kodiert, so dass ein Wiedererkennen ausgeschlossen ist.
- Die Audioaufzeichnungen werden nur für die Verschriftung verwendet, sie werden **unter keinen Umständen von Personen außerhalb der Forschungsgruppe genutzt**.
- Die aufgezeichneten Sitzungen werden detailgetreu transkribiert und alle enthaltenen Informationen anonymisiert: **Namen von Personen, Orten, Organisationen oder Gegenständen sowie jegliche Details über organisationsinterne Verfahren werden in den Daten unkenntlich gemacht.**
- Die anonymisierten Daten werden in einem sprachwissenschaftlichen Korpus zusammen mit anonymisierten Daten anderer Studienteilnehmer/innen archiviert.

CHECKLISTE:

Sie erhalten die folgenden Dokumente zur Aushändigung und Bearbeitung im Rahmen der Untersuchung:

- Informationsblatt für den COACH
- Informationsblatt für den/die Coachee
- Instruktion für den COACH
- Einverständniserklärung COACH (2-fach)
- Einverständniserklärung Coachee (2-fach)
- Evaluationsfragebogen Coachee „VORHER“
- Evaluationsfragebogen Coachee „NACHHER“
- Reflexionsfragebogen COACH „NACHHER“

Bei Fragen wenden Sie sich bitte an:

Dipl.-Psych. Bettina Schreyögg

Anhang 3: Interview Leitfaden zu Coachingansatz und -methoden

A Coach Profil

Alter:	
Geschlecht:	
Coachingtätigkeit seit:	
Schwerpunkt der Coaching-ausbildung:	

Die meisten meiner Coachees stammen aus der Branche (***Mehrfachnennung möglich***):

☐ Banken und Versicherung
☐ Dienstleistung
☐ Medien und IT
☐ Gesundheit und Soziales
☐ Bildung
☐ Handel und Vertrieb
☐ Verwaltung und Öffentlicher Dienst
☐ Industrie
☐ Sonstige:

B Coachingphilosophie

Meine Coachingphilosophie lässt sich mit folgenden Stichworten beschreiben:

C Coachingmethoden

Die Grundlagen meiner Beratungsarbeit basieren auf den methodischen Ansätzen (***Bitte max. 3)***:

	Analytische Psychotherapie (z. B. Psychoanalyse)		Konfliktberatung/Mediation		Psychodrama
	Emotionsfokussierte/s Coaching/Beratung/ Therapie		Körperorientierte Verfahren		Ressourcenorientiertes Coaching
	Gesprächspsychotherapie		Lösungsorientierte/s Coaching/Beratung		Supervision
	Gestalttherapie		Managementberatung		Systemische/s Coaching/Beratung/ Therapie
	Gesundheitscoaching		Neuroimaginative Methoden		Tiefenpsychologische Psychotherapie
	Klientenzentrierte Beratung bzw. Gesprächsführung		Neurolinguistische Verfahren		Verhaltenstherapie
	Kognitiv-behavioristische Beratung		Organisationsberatung		Andere: Medien, Familientherapie

D Persönlicher Stil

Ich würde meinen Coachingstil am ehesten so beschreiben (Bitte 1 auswählen):

☐ Beziehungsorientiert
☐ Erfolgsorientiert
☐ Körperorientiert
☐ Partnerschaftlich
☐ Dialogorientiert
☐ Individuumszentriert
☐ Lösungsorientiert
☐ Zielorientiert

E Sonstige Anmerkungen, Offene Frage und Notizen

Anhang 4: Reflexionsprotokoll Coach >nach dem Coaching<

Was ist das Reflexionsprotokoll?

Dieses Kurzprotokoll wird im Rahmen der Untersuchung „Der Verlauf von Coachinggesprächen“ erhoben und soll die Auswertung des aufgezeichneten Gesprächs unterstützen. Mit Ihrer professionellen Einschätzung als Coach und Beteiligte/r der Interaktion helfen Sie uns, die Rahmenbedingungen, die Dynamik und die Besonderheiten des zurückliegenden Dialogs besser einschätzen zu können.

Wir bitten Sie darum, dass Sie sich direkt im Anschluss an die Coachingsitzung 5–10 Minuten Zeit nehmen, um die folgenden Fragen zu beantworten. Zunächst bitten wir Sie im Teil A um Angaben zu Ihrem Coachprofil. Anschließend beantworten Sie bitte die vier offenen Fragen in Teil B.

A Coachprofil:

Alter:	
Geschlecht:	
Coachingtätigkeit seit:	
Schwerpunkt als Coach	
Titel bzw. Fokus der Coaching-/Beratungsausbildung:	

B Fragen an den Coach:

1. Bitte beschreiben Sie die zurückliegende Sitzung anhand einiger selbst gewählter Adjektive. Sammeln Sie die Stichwörter möglichst spontan.

2. Gab es Störungen innerhalb oder außerhalb der Sitzung, die deren Verlauf maßgeblich beeinflusst haben? Wenn ja, nennen und beschreiben Sie diese bitte.

C Signifikante Momente

Bitte notieren Sie *eine oder mehrere* Stellen des Coachinggesprächs, die Sie für signifikant halten. Es geht hierbei darum, sogenannte „signifikante Momente“ im Gesprächsverlauf zu erfassen, die einen Einfluss auf Dynamik, Erkenntnis und Ergebnis im Gespräch haben. Bitte wählen Sie diese Stellen nach Ihrer persönlichen freien Einschätzung aus.

<table>
<tr><td colspan="3">SIGNIFIKANTER MOMENT</td></tr>
<tr><td>Ca. Zeitpunkt im Gespräch[64]:</td><td>Thema der Gesprächsstelle:</td><td>Kennzeichnendes Stichwort („Titel“) für diese Stelle:</td></tr>
<tr><td></td><td></td><td></td></tr>
<tr><td colspan="3">Bitte beschreiben Sie die Gesprächsstelle und erläutern die Signifikanz dieses Gesprächsabschnitts:
Die Stelle ist interessant, weil...</td></tr>
</table>

64 Bitte wählen Sie zwischen: „zu Beginn“, „im ersten Drittel“, „in der Mitte“, „im letzten Drittel“, „am Ende“.

Anhang 5: Coachprofile

Profil Coach 1

A Coachprofil

Alter:	*31 (2010)*
Geschlecht:	*W*
Coachingtätigkeit seit:	*2005*
Schwerpunkt/Titel der Coachingausbildung:	*VT + Gestalt; Mediation, Systemisch, Psychodynamisches Coaching + Supervision*

Die meisten meiner Coachees stammen aus der Branche:

☐ Banken und Versicherung
☐ Dienstleistung
☐ Medien und IT
☐ Gesundheit und Soziales
☒ Bildung (*Universität*)
☐ Handel und Vertrieb
☒ Verwaltung und Öffentlicher Dienst
☒ Industrie
☐ Sonstige:

B Coachingphilosophie

Meine Coachingphilosophie lässt sich mit folgenden Stichworten beschreiben:

Strukturierte Anleitung zur Selbstreflexion; humanistisches Menschenbild;
Erweiterung der Handlungsspielräume;
bewusste, reflektierte Entscheidungen treffen

C Coachingmethoden

Die Grundlagen meiner Beratungsarbeit basieren auf den methodischen Ansätzen (***Bitte max. 3 auswählen***):

	Analytische Psychotherapie (z. B. Psychoanalyse)		Konfliktberatung/ Mediation		Psychodrama
	Emotionsfokussierte/s Coaching/Beratung/Therapie		Körperorientierte Verfahren		Ressourcenorientiertes Coaching
	Gesprächspsychotherapie		Lösungs-orientierte/s Coaching/Beratung		Supervision
x	Gestalttherapie		Management-beratung	x	Systemische/s Coaching/ Beratung/ Therapie
	Gesundheitscoaching		Neuroimaginative Methoden	x	Tiefenpsychologische Psychotherapie
	Klientenzentrierte Beratung bzw. Gesprächsführung		Neurolinguistische Verfahren		Verhaltenstherapie
	Kognitiv-behavioristische Beratung		Organisations-beratung		Andere: Medien, Familienthe-rapie

D Persönlicher Stil

Ich würde meinen Coachingstil am ehesten so beschreiben (***Bitte 1 auswählen***):

☒ Lösungsorientiert

Profil Coach 2

A Coachprofil

Alter:	*65 (2011)*
Geschlecht:	*w*
Coachingtätigkeit seit:	*1982*
Schwerpunkt/Titel der Coachingausbildung:	*„Coaching der neu ernannten Führungskraft": Konfliktpotentiale von der Organisation/vom System her betrachtet*

Die meisten meiner Coachees stammen aus der Branche:

☒ Banken und Versicherung
☐ Dienstleistung
☐ Medien und IT
☐ Gesundheit und Soziales
☐ Bildung
☐ Handel und Vertrieb
☐ Verwaltung und Öffentlicher Dienst
☒ Industrie (Zusatz: metallverarbeitende)
☐ Sonstige:

B Coachingphilosophie

Meine Coachingphilosophie lässt sich mit folgenden Stichworten beschreiben:

Integrationsmodell; saubere Analyse der Führungskraft im System;
Organisationsanalyse, sozialwissenschaftliche Analyse,
laufende Problementwicklung, reflektieren mit Coachee;
lasse mich immer wieder auf neue Fragen etc. ein;
Dialogprozess mit verschiedenen Arbeitsformen

C Coachingmethoden

Die Grundlagen meiner Beratungsarbeit basieren auf den methodischen Ansätzen (***Bitte max. 3 auswählen***):

	Analytische Psychotherapie (z. B. Psychoanalyse)		Konfliktberatung/ Mediation	x	Psychodrama
	Emotionsfokussierte/s Coaching/Beratung/ Therapie		Körperorientierte Verfahren		Ressourcenorientiertes Coaching
	Gesprächspsychotherapie		Lösungsorientierte/s Coaching/Beratung		Supervision
x	Gestalttherapie		Managementberatung		Systemische/s Coaching/Beratung/ Therapie
	Gesundheitscoaching		Neuroimaginative Methoden		Tiefenpsychologische Psychotherapie
x	Klientenzentrierte Beratung bzw. Gesprächsführung		Neurolinguistische Verfahren		Verhaltenstherapie
	Kognitiv-behavioristische Beratung		Organisationsberatung		Andere: Medien, Familientherapie

D Persönlicher Stil

Ich würde meinen Coachingstil am ehesten so beschreiben (***Bitte 1 auswählen***):

☒ Dialogorientiert

Profil Coach 3

A Coachprofil

Alter:	*54 Jahre (geb. 1958)*
Geschlecht:	*M*
Coachingtätigkeit seit:	*2002*
Schwerpunkt/Titel der Coachingausbildung:	*NLP Master; Systemischer Coach (Martina Schmidt-Tanger, Thies Stahl)*

Die meisten meiner Coachees stammen aus der Branche:

☒ Banken und Versicherung
☐ Dienstleistung
☒ Medien und IT
☐ Gesundheit und Soziales
☒ Bildung
☐ Handel und Vertrieb
☐ Verwaltung und Öffentlicher Dienst
☒ Industrie
☐ Sonstige:

B Coachingphilosophie

Meine Coachingphilosophie lässt sich mit folgenden Stichworten beschreiben:

„Die Freude, mit Menschen umzugehen. Ich mag Menschen."

„Perspektive und Wahlmöglichkeiten aufzeigen, und zwar über die eigene Visualität." („Das ist das Außergewöhnliche.")

C Coachingmethoden

Die Grundlagen meiner Beratungsarbeit basieren auf den methodischen Ansätzen (***Bitte max. 3 auswählen***):

	Analytische Psychotherapie (z. B. Psychoanalyse)		Konfliktberatung/ Mediation		Psychodrama
	Emotionsfokussierte/s Coaching/Beratung/ Therapie		Körperorientierte Verfahren		Ressourcenorientiertes Coaching
	Gesprächspsychotherapie		Lösungsorientierte/s Coaching/Beratung		Supervision
	Gestalttherapie	x	Managementberatung	x	Systemische/s Coaching/Beratung/ Therapie
x	Gesundheitscoaching		Neuroimaginative Methoden		Tiefenpsychologische Psychotherapie
	Klientenzentrierte Beratung bzw. Gesprächsführung	x	Neurolinguistische Verfahren		Verhaltenstherapie
	Kognitiv-behavioristische Beratung		Organisationsberatung		Andere: Medien, Familientherapie

D Persönlicher Stil

Ich würde meinen Coachingstil am ehesten so beschreiben (***Bitte 1 auswählen***):

☒ Individuumszentriert

Anhang 6: Gesprächsinventare Fall 1 bis Fall 6

Gesprächsinventar Fall 1

Gesprächstyp:	Coachinggespräch
Datum der Aufnahme:	08.07.2010
Ort der Aufnahme:	München
Dauer der Aufnahme:	01:23:57 (Std.:Min.:Sek.)
Situationsbeschreibung:	Zweite Coachingsitzung im Rahmen eines Karriereförderprogramms
Geschlecht Coach:	Weiblich
Geschlecht Coachee:	Weiblich
Anmerkungen:	Keine

Gesprächsphase	*Phase Beratungsprozess*	*Transkriptstelle von-bis*	*Sprecher/in*	*Zusammenfassung der Gesprächshandlung*	*Beispiel Emotionssprache/ Thematisierung von Emotionen*	*Anliegen*
Kontaktphase	Klärung	S.1, 1 – S. 1, 20	C	Coach nimmt Kontakt auf und initiiert einen Rückblick, erfragt Ereignisse seit der letzten Sitzung, formuliert damit ein Anliegen	„Wie ging's Ihnen nach der letzten Sitzung?“	Anliegen 1: Rückblick auf Umsetzung der geplanten Maßnahmen und selbst initiierte Veränderungen
			K	Klientin berichtet über ihre Einführung von Teamtreffen		
			C	Coach startet das Beratungsgespräch und baut eine Brücke von der letzten zur gegenwärtigen Sitzung		
Informationsphase	Exploration	S.1, 21 – S. 4, 37	C	Coach informiert sich durch Nachfragen	„[…] LÖSEN sich da auch so'n paar Knoten?“	
			K	Klientin berichtet über weitere Veränderungen der Teamzusammenarbeit		
		S. 1, 21 – S. 2, 22	C	Coach exploriert zu Anliegen 1 durch Nachfragen		
	Bewertung	S. 2, 23 – S. 3, 19	C	Coach bewertet, stellt Widersprüche heraus sowie das Pro und Contra für die Entscheidung		
	Klärung	S. 3, 20	C	Coach schlägt vor, die „Seite vom Chef“ zu betrachten	„Also ist das spürbar für Sie, oder?!“	Anliegen 2: Durchsetzung gegenüber

Gesprächs-phase	*Phase Beratungs-prozess*	*Trans-kript-stelle von-bis*	*Spre-cher/in*	*Zusammenfassung der Gesprächshandlung*	*Beispiel Emoti-onssprache/ Thematisierung von Emotionen*	*Anliegen*
	Exploration	S. 3, 20 – S. 11, 11	C	Coach erkundigt sich nach Kommunikation und Abgrenzung gegenüber dem Chef bzw. den delegierten Aufgaben, Coach erfragt Idealzustand der Zeiteinteilung über Prozentzahlen	„Also das stelle ich mir jetzt auch erst mal ne ganz schöne Bruchsituation vor."	dem Chef und seinen Delegationen
			K	Klientin berichtet über Negativfeedback durch ihren Chef, ihre empfundene Arbeitsbelastung und Kontrolle durch den Vorgesetzten sowie ihr Verantwortungsbewusstsein in der Wahrnehmung ihrer Aufgaben	„Also ich war stinksauer." „Aber so innerlich fühlt sich's schon so'n bisschen kontrolliert an."	
Argumentations-phase	Bewertung	S. 11, 12 – S. 22, 35	C	Coach macht den Lösungsvorschlag, Administratives abzugeben, betont die notwendige Zeit für Forschungsarbeit und weist auf Widersprüche bzw. Vor- und Nachteile im Verhaltensmuster „Kompromissangebote" der Klientin hin	„Wie würde sich das anfühlen?"	
			K	Klientin berichtet ihre Lösungsstrategien in Bezug auf die Arbeitsbelastung, über Strategien eines Kollegen und beschreibt den Kreislauf, wie dessen Arbeit auf sie zurückfällt	„Also ich bin SCHON am Rand der Überforderung"	
			K	Klientin benennt ihre Ängste in Bezug auf einen möglichen Verlust der „Rückendeckung" durch ihren Chef	„Also wirklich klar NEIN zu sagen, ich glaub, da hätte ich Angst."	
			C	Coach macht eine Intervention und schlägt ein „kleines Experiment" vor: In einer Übung mit dem „leeren Stuhl" ermuntert der Coach zum Ausdruck von Gefühlen, zu deren Formulierung, erfragt situativ Bewertungen, insbesondere für zwei	„Also wie geht's Ihnen dann, ja. Wie geht's Ihnen hier auf dieser Seite?"	

Gesprächs-phase	*Phase Beratungs-prozess*	*Trans-kript-stelle von-bis*	*Spre-cher/in*	*Zusammenfassung der Gesprächshandlung*	*Beispiel Emoti-onssprache/ Thematisierung von Emotionen*	*Anliegen*
				extreme Haltungen		
			K	Klientin versetzt sich in zwei „Pole" und beschreibt ihre Emotionen aus der jeweiligen Position heraus, sie entdeckt dabei eine für sie wichtige Ressource (auf sich stolz sein können), sie beschreibt ihre Herausforderung als Führungskraft	„Ähm, ich hab das Gefühl, dass ich ähm mich selbst zurückstelle."	
Beschluss-phase	Maß-nahmenplanung	S. 22, 36 – S. 29, 10	C	Coach beendet die Intervention und regt zur Reflektion über die Übung an	„Wie WAR's für Sie, also jetzt sozusagen so mal die zwei Seiten so gegenüber zu setzen?"	
			K	Klientin hält ihre Erkenntnis aus der Übung fest	„Interessant. Interessant und GUT, weil man sich wirklich – weil's diese beiden Seiten GIBT und die ganz unterschiedliche Gefühle auslösen."	
			C	Coach schlägt als Maßnahme vor, mit dem Chef ein Gespräch aufzusuchen, um über das Arbeitspensum/die Aufgabenverteilung zu sprechen	„Also sozusagen das EINE ist ja, das auch so gefühlsmäßig für sich so präsenter zu haben […]."	
			C	Coach regt an, den Chef um mehr Mitsprache bei neuen Kooperationsaufträgen zu bitten		
			K	Klientin greift ein Thema aus vorheriger Sitzung auf, das störungsfreie Arbeiten, und hält die Notwendigkeit „fester Termine" für Besprechungen fest	„Und die nimmt mir meine Kraft."	
			C	Coach weist auf die Möglichkeit hin, dass die Klientin ihren Veränderungsprozess		

Gesprächs-phase	*Phase Beratungs-prozess*	*Trans-kript-stelle von-bis*	*Spre-cher/in*	*Zusammenfassung der Gesprächshandlung*	*Beispiel Emoti-onssprache/ Thematisierung von Emotionen*	*Anliegen*
				für die Kolleg(inn)en transparent macht	„[…] Befürch-tungen der Mitarbeiter […]“	
Abschluss-phase		S. 29, 11 – S. 30, 25	C	Coach bestimmt den Schluss der Sitzung, fasst besproche-ne Maßnahmen zusammen und macht eine Ausblick auf mögliche weitere Themen und eine dritte Sitzung	„Mit was für nem Gefühl gehen Sie raus? Mit was für Gedanken gehen Sie raus?“	
			K	Klientin resümiert die Sitzung und ihre neuen Handlungsziele	„Ähm, ja, mit nem sehr guten Gefühl.“	

Gesprächsinventar Fall 2

Gesprächstyp:	Coachinggespräch
Datum der Aufnahme:	28.07.2010
Ort der Aufnahme:	München
Dauer der Aufnahme:	01:23:35 (Std.:Min.:Sek.)
Situationsbeschreibung:	Zweite Coachingsitzung im Rahmen eines Karriereförderprogramms
Geschlecht Coach:	Weiblich
Geschlecht Coachee:	Weiblich
Anmerkungen:	Klient/in spricht mit spanischem Akzent, akzentbedingte Eigenheiten wurden eins zu eins übernommen.

Gesprächs-phase	*Phase Bera-tungs-prozess*	*Trans-kript-stelle von - bis*	*Spre-cher/in*	*Zusammenfas-sung der Ge-sprächshandlung*	*Emotionssprache/ Thematisierung von Emotionen*	*Anliegen*
Kontakt-phase	Klärung	S. 1, 1–7	C	Der Coach stellt den Kontakt über einen Rückblick her und fragt nach aktuellen Ereignissen.	„Ähm jetzt sagen Sie, es sind aber wieder Dinge passiert, die's durcheinandergewirbelt haben."	Erst formuliertes Anliegen: Schuldgefühle, Soziale und gesellschaftliche Verantwortung
Informationsphase	Klärung	S. 1, 1 – S. 4, 24	K	Die Klientin berichtet über Drogengewalt in ihrer Heimat M[redacted] als Auslöser ihrer emotionalen Verfassung."	„Und jetzt ist es irgendwie wieder hochgekommen." „Also das ist jetzt einfach so auf emotionaler Ebene."	
		S. 1, 1 – S. 3, 13	C	Der Coach klärt das Anliegen durch Nachfragen.	„Jetzt haben Sie gerade gesagt, Sie fühlen sich auch schuldig, dass Sie hier sind."	
	Exploration	S. 3, 14 – S. 4, 23	C	Privilegiertheit und Egoismus werden als Beweggründe der Kernproblematik identifiziert.	„[…] dass Sie das Gefühl haben, Sie können vielleicht sogar noch MEHR auch M[redacted] geben […]."	
Argumentationsphase	Bewertung	S. 4, 24 – S. 13, 32	K	Die Klientin reagiert auf die provozierende Nachfrage ihres Coachs, ob sie jetzt nicht	„[…] Superfrage (lacht), […] irgendwie habe ich's bis jetzt nicht geschafft, so zu integrieren."	

Gesprächs-phase	*Phase Bera-tungs-prozess*	*Trans-kript-stelle von - bis*	*Spre-cher/in*	*Zusammenfas-sung der Ge-sprächshandlung*	*Emotionssprache/ Thematisierung von Emotionen*	*Anliegen*
				aufhören müsste zu habilitieren, weil es zu egoistisch sei.		
			C	In der Klientin liegende konkur-rierende Kräfte werden themati-siert.		Anliegen-explikation: Konflikt innere Stimme (Zweifel, Blockade)
			C	Der Coach thematisiert die Bauchebene.	„[…] und gleichzeitig gibt's sozusagen die tiefer – die Bauchebe-nem die jetzt wieder rein kommt […].“	
			K	Die Klientin stellt ihr Grunddilem-ma dar, Kopfent-scheidungen getroffen zu haben, die sie trotzdem nicht umsetzen kann.	„Aber das ist nie runtergekommen, also als ob ich mich inner-lich nicht GANZ entschieden habe […].“	
			C	Der Coach stellt eine interventive Frage.	Was BRÄUCHTE Ihr Bauch also sozusagen […]?“	
			K	Die Klientin beschreibt die Folgen ihrer Arbeitsblocka-den.	„Ich fühlte mich so wie eine Versagerin.“	
			C	Der Coach verbalisiert die emotionale Betroffenheit der Klientin und formuliert deren Belastung.	„Merke jetzt auch, dass Sie's betroffen macht und Sie – und möchte Ihnen ruhig den Raum geben, dass Sie's sozusagen – dass Sie da ruhig hinspüren […].“ „Das ist schon auch was, was ne ganz schöne BELASTUNG auch für Sie ist, ne?“	
			K	Die Klientin öffnet sich und gibt ihren emoti-onalen Reaktio-nen Raum.“	Weinend: „Ich weiß nicht, woher das kommt.“	
			C	Der Coach benennt Trauer und erarbeitet diese Thematik mit der Klientin.“	„[…] dass sich's für Sie nicht so anfühlt innerlich oder Sie, genau, so auf der Suche nach dieser	

Gesprächs-phase	*Phase Bera-tungs-prozess*	*Trans-kript-stelle von - bis*	*Spre-cher/in*	*Zusammenfas-sung der Ge-sprächshandlung*	*Emotionssprache/ Thematisierung von Emotionen*	*Anliegen*
					Trauer sind, oder?“	
			K	Die Klientin formuliert ihr Empfinden einer Unzulänglichkeit und ihr Bedürfnis nach Anerkennung und Liebe.	„Also ist es noch nicht so viel wert alles.“	Anliegen-explikation: Bedürfnis nach Anerkennung, Wertschätzung und Liebe und kulturelle Divergenz
			C	Coach und Klientin erarbeiten den Schmerz über kulturelle Anpassung bzw. Entbehrungen einer sehr professionellen Beziehungsgestaltung im Beruflichen. Coach und Klientin erarbeiten die kulturelle Divergenz in Bezug auf die professionelle Beziehungsgestaltung im Beruflichen.	„[…] das ist auch ganz schön SCHMERZhaft, wenn man das eigentlich nicht gewohnt ist, dass man das abschneiden muss […].“	
			K		„Wenn Sie das jetzt so sagen, es fühlt sich genau so an.“	
Beschluss-phase		S. 13, 33 – S. 25, 13	C	Der Coach greift die Formulierung „mir selbst schenken“ der Klientin wieder auf und regt damit die Reflexion über Ressourcen an.	„Was können Sie sich schenken?“	
	Maß-nahmen-planung		K	Die Klientin benennt Maßnahmen in Bezug auf das Zeitmanagement, den strukturellen Rahmen, soziale Kontakte und Freizeitsausgleic h für ihre Arbeit am Buchprojekt.	„Wo Sie sich gegenseitig mal'n bisschen auffangen können, ne, mit Hoch und Tief.“	
			C, K	Der Coach erarbeitet gemeinsam mit der	„Aber ich muss kämpfen, weil ich dieses Idealbild habe.“	

Gesprächs-phase	*Phase Bera-tungs-prozess*	*Trans-kript-stelle von - bis*	*Spre-cher/in*	*Zusammenfas-sung der Ge-sprächshandlung*	*Emotionssprache/ Thematisierung von Emotionen*	*Anliegen*
				Klientin einen strategischen Zeitplan und eine Gliederung für ihr Buchprojekt. Weitere struktu-rierende und zielführende Maßnahmen (z. B. Arbeitstitel wählen) werden besprochen.	„Aber es fühlt sich machbar an."	
Abschluss-phase		S. 13, 13 – Ende	C	Der Coach deutet auf das Ende der Sitzung hin und thematisiert Transfermögli-chen und präven-tive Maßnahmen.	„Was ist Ihre Alterna-tive, damit Sie nicht in totalen Stress kommen […]?" „Was machen Sie mit der inneren Stimme?"	
			K	Die Klientin thematisiert Ihre Ängste im Zusammenhang mit dem Besuch guter Freunde.	„Ich habe ein bisschen Angst oder ziemlich viel Angst[…]." „Ja, dass das wieder hochkommt sozusa-gen."	
			C	Der Coach erarbeitet mit der Klientin einen stärkenden „Anker" für ihr Vorhaben (Geschenk an sich selbst, rote Schleife).	„[…] was Sie stärken kann, auch wenn diese innere Stimme kommt […]."	
			K, C	Informationsfragen, Vereinbarung eines neuen Termins.		

Gesprächsinventar Fall 3

Gesprächstyp:	Coachinggespräch
Datum der Aufnahme:	31.08.2011
Ort der Aufnahme:	Berlin
Dauer der Aufnahme:	01:27:00 (Std.:Min.:Sek.)
Situationsbeschreibung:	Fünfte von insgesamt acht geplanten Sitzungen im Rahmen eines Führungskräftecoachings
Geschlecht Coach:	Weiblich
Geschlecht Coachee:	Männlich
Anmerkungen:	Klient/in spricht hochdeutsch, Coach ebenfalls hochdeutsch, etwas undeutlich, viele Überlappungen der Redebeiträge.

Gesprächsphase	*Phase Beratungsprozess*	*Transkriptstelle von-bis*	*Sprecher/in*	*Zusammenfassung der Gesprächshandlung*	*Emotionssprache/ Thematisierung von Emotionen*	*Anliegen*
Kontaktphase	Klärung	S. 1, 1–10	C	Der Coach nimmt Kontakt auf, erkundigt sich nach dem Befinden.	„Wie geht's Ihnen?"	Anliegen: Anforderungen der Führungsrolle: Erwartungen und Rahmenbedingungen
			K	Der Klient initiiert mit der Kontaktaufnahme einen Rückblick der letzten Wochen.		
			K	Der Klient erzählt, dass er hin und wieder daran gedacht hat, zu kündigen.		
Informationsphase	Klärung	S. 1, 11–S. 4, 31	K	Der Klient berichtet vom Ablauf der Meetings und seiner resultierenden Unzufriedenheit und Unklarheit, aber auch von einem „starken Auftritt", den er hatte.		Fokus 1: Ablauf von Meetings
			C	Der Coach hört zu und streut schon früh erste		

Gesprächsphase	*Phase Beratungsprozess*	*Transkriptstelle von-bis*	*Sprecher/in*	*Zusammenfassung der Gesprächshandlung*	*Emotionssprache/ Thematisierung von Emotionen*	*Anliegen*
				Vorschläge für Verhaltensoptionen ein.		
			C	Der Coach lobt den Klienten für den starken Auftritt als Führungskraft.		
	Exploration	S. 4, 32 – S. 15, 31	K, C	Das Anliegen wird exploriert, auf eine neue Situation ausgeweitet.		Fokus 2: Kritik wegen Vermittlung einer Beratungsfirma
			K	Der Klient berichtet von einem schwierigen Projekt, in dem er Kontakte vermittelt hat. Er verbalisiert sein Gefühl des Schuldigseins.		
	Exploration/ Bewertung		K	Der Klient berichtet von guten Meetings, für die er Anerkennung erhält und schlechten Meetings, in denen er sich über Detailthemen und den Delegationsstil seiner Chefs ärgert.		Fokus 3: Gute Meetings, schlechte Meetings
			C	Der Coach gibt die Rückmeldung eines souveränen Führungsverhaltens und initiiert eine kurze Zwischenevaluation.		
			C	Der Coach erkundigt sich nach der Feedbackkultur.		Fokus 4: Anerkennung durch Vorgesetztenfeedback
			K	Der Klient berichtet über die schwierige Führung seiner		Fokus 5: Gespräch mit den Mitarbeite-

Gesprächs-phase	*Phase Bera-tungs-prozess*	*Trans-kript-stelle von-bis*	*Spre-cher/in*	*Zusammenfas-sung der Ge-sprächshandlung*	*Emotionssprache/ Thematisierung von Emotionen*	*Anliegen*
				beiden Assisten-tinnen und deren wohl intrigantes Verhalten.		rinnen
Argumen-tationsphase	Bewer-tung	S. 15, 32 – S. 36, 38	C	Der Coach gibt ihrem Klienten ein persönliches Feedback und initiiert damit die Bewertung der Situationen und Verhaltensmus-ter: Die Dynamik auf der anderen Seite und das Gefühl des Überrolltwerdens auf der anderen Seite.		
			K	Der Klient berichtet über Situationen, in denen er sich von einem seiner Chefs bloßge-stellt fühlt, weil er Häme für einen nett gemeinten Kommentar erhält.		Fokus 6: Schamge-fühle
			K, C	Die Führung einzelner Mitar-beiter/innen wird besprochen.		Fokus 7: Führung einzelner Mitarbeiter
			C, K	Es werden Zukunftsperspek-tiven reflektiert: Was wäre, sollte sich einer der Chefs zurückzie-hen.		Fokus 8: Führungs-rolle und -verhalten allgemein
			C, K	Das Führungs-verhalten der Chefs wird eingeordnet: „Pioniere", „Verkäu-fer/Meinungsverk äufer.		
			K	Der Klient		

Gesprächs-phase	*Phase Bera-tungs-prozess*	*Trans-kript-stelle von-bis*	*Spre-cher/in*	*Zusammenfas-sung der Ge-sprächshandlung*	*Emotionssprache/ Thematisierung von Emotionen*	*Anliegen*
				formuliert seine Befürchtung, zu nett und zu fair zu sein und so nicht genügend Respekt zu erlangen.		
			C	Der Coach diagnostiziert eine Entformalisierung in der Organisation und erläutert den Zusammenhang zum Verhalten Einzelner.		
Beschluss-phase	Maß-nahmen-planung	S. 37, 1 – S. 38, 17	C	Der Coach empfiehlt, Verhaltensweisen auszuprobieren, zu schauen, was „bekömmlich" ist.		
			C	Der Coach fasst zusammen, dass es darum geht, Verantwortung für die Beziehungssteuerung zu übernehmen.		
			K	Der Klient resümiert und fasst unmittelbare Maßnahmen zusammen.		
			C	Der Coach lobt die Zusammenfassung und leitet damit den Abschluss ein.		

Gesprächsinventar Fall 4

Gesprächstyp:	Coachinggespräch
Datum der Aufnahme:	27.10.2011
Ort der Aufnahme:	Berlin
Dauer der Aufnahme:	01:16:26 (Std.:Min.:Sek.)
Situationsbeschreibung:	Zehnte Sitzung in einem fortlaufenden Coachingprozess einer Führungskraft
Geschlecht Coach:	Weiblich
Geschlecht Coachee:	Weiblich
Anmerkungen:	Klient/in spricht hochdeutsch, Coach ebenfalls hochdeutsch, etwas undeutlich, viele Überlappungen der Redebeiträge.

Gesprächsphase	*Phase Beratungsprozess*	*Transkriptstelle von-bis*	*Sprecher/in*	*Zusammenfassung der Gesprächshandlung*	*Anliegen*
Kontaktphase	Klärung	S. 1, 1–18	C, K	Coach und Klientin versichern sich über das Funktionieren des Aufnahmegeräts.	Übergeordnetes Anliegen: Beratung zu verschiedenen Problemen der Führungskraft
			K	Die Klientin äußert prompt, dass sie ein paar Probleme hätte.	
		S. 1, 1 – S. 3, 4	C	Der Coach stellt den Kontakt über die gleichzeitige Frage nach dem Befinden her.	
Informationsphase			C	Der Coach erkundigt sich, was aus ihrer Kontaktvermittlung geworden ist. Die Coachvermittlung.	Fokus1: Konflikt im Team und schwierige Mitarbeiterin
			K	Die Klientin berichtet über die Coachvermittlung und schildert den Konflikt in ihrem Team.	
	Exploration	S. 3, 5 – S. 14, 15	K	Die Klientin thematisiert eine schwierige Mitarbeiterin schildert die Probleme im Team, die zur Aufgabe der Teamkoordinatorin geführt haben.	Fokus 2: Interaktionsbedürfnisse der Mitarbeiter/innen und Aggressionen der Vorgesetzten
		S. 14, 16 – S. 19, 2	C	Der Coach wirft die Hypothese auf, dass die Teammitglieder sich mehr Kontakt zu ihrer Vorgesetzten wünschen.	
			K	Die Klientin schildert die Vorwürfe einzelner Teammitglieder an sie persönlich.	

Gesprächs-phase	*Phase Bera-tungs-prozess*	*Trans-kript-stelle von-bis*	*Spre-cher/in*	*Zusammenfassung der Gesprächs-handlung*	*Anliegen*
Argumenta-tionsphase			C	Der Coach erkundigt sich, was die Vorwürfe in der Klientin auslösen und spiegelt ihr die vermutlichen Bedürfnisse der Mitarbeiter/innen nach Kontakt, Wärme und Anerken-nung.	
	Bewer-tung	S. 19, 3 – S. 35, 14	K	Die Klientin verbalisiert die in ihr ausgelösten Aggressionen und Widerstände.	
			C	Der Coach äußert Vermutungen und thematisiert mögliche Strenge, Disziplin und Härte ihrer Klientin.	
			K	Die Klientin geht auf die Idee ein und schildert zwei Seiten ihrer Persönlichkeit und verweist auf Rückmeldungen durch ihre Tochter.	Fokus 3: Analogie Mutter-Tochter-Beziehung
			C	Der Coach exploriert den Aspekt der Mutter-Tochter-Beziehung und stellt anhand der jeweils notwendigen hohen Disziplin ein Gleichnis zur Führungsposition auf.	
			K	Die Klientin thematisiert sich in der Einsamkeit als Führungskraft und Überforderung.	Fokus 4: Bedürf-nisse der Mitar-beiter/innen und eigene Bedürfnis-se
			C, K	Coach und Klientin stellen Regres-sionsphänomene bei den Mitarbei-ter/innen fest und explorieren den Ärger und den Widerstand der Klientin daran.	
			K	Die Klientin berichtet über ihre eigenen regressiven Wünsche an den Coach und illustriert, wie sie über diese Selbsterkenntnis lachen muss.	
			C	Der Coach erkundigt sich nach privatem Ausgleich der Klientin.	
			K	Die Klientin berichtet von ihren ersten Versuchen, einen Stellvertre-ter für sich zu finden.	
			K	Die Klientin schildert einen Vorfall zwischen ihrer vertrauten Mitarbei-terin und dem Geschäftsführer, der sich während ihres Urlaubs ereignet hat.	Fokus 5: Diskriminieren-des Betragen einer Mitarbeite-rin und Sensibili-tät der Organisa-tionsmitglieder
			C, K	Coach und Klientin diagnostizieren empfindliche Menschen in der Organisation.	

Beschluss-phase		S. 34, 6 – S. 39,	K	Die Klientin hält fest, dass sie unbedingt einen Stellvertreter benötigt.	Maßnahmen zur Deeskalation der Konflikte
Gesprächs-phase	*Phase Bera-tungs-prozess*	*Trans-kript-stelle von-bis*	*Spre-cher/in*	*Zusammenfassung der Gesprächs-handlung*	*Anliegen*
	Maß-nahmen-planung	29	C	Der Coach empfiehlt, der Empfehlung einer Mitarbeiterin für die Position nachzugehen und diese kennenzulernen.	
		S. 35, 15 – S.	C	Der Coach wiederholt noch einmal ihre Hypothesen, dass die Mitarbeiter/innen sich einen lockeren Umgang und Wärme wünschen und dass die Klientin sich in ihrer Rolle als neu ernannte Führungskraft vielleicht zunächst zu sehr abgegrenzt hat.	
			C	Der Coach legt der Klientin nahe, nicht nur über Problemthemen und Konflikte mit dem Team zu sprechen, sondern zu loben, lockere Gespräche zu forcieren.	
			C, K	Coach und Klientin beschließen, dass die Betonung einer formalen Beziehung wichtig ist und die Klientin dies gegenüber dem Team noch einmal ganz klar formulieren soll.	
Abschluss-phase		S. 39, 30 – S. 40, 15	C	Der Coach wiederholt die Hauptmaßnahme, Spaß und Lockerheit zu initiieren und verweist auch auf die Nettigkeit des vermittelten Coachs zur Konfliktklärung im Team.	
			K	Die Klientin erklärt, dass sie durch das Gespräch besänftigt sei, dass sie ihre Gefühle dadurch ein bisschen ordnen konnte.	

Gesprächsinventar Fall 5

Gesprächstyp:	Coachinggespräch
Datum der Aufnahme:	09.06.2012
Ort der Aufnahme:	Hamburg
Dauer der Aufnahme:	01:08:10 (Std.:Min.:Sek.)
Situationsbeschreibung:	Erste Sitzung von insgesamt zwei Terminen eines fotographiegestützten Coachings (Photocoaching®)
Geschlecht Coach:	Männlich
Geschlecht Coachee:	Weiblich
Anmerkungen:	Keine

Gesprächsphase	*Phase Beratungsprozess*	*Transkriptstelle von-bis*	*Sprecher/in*	*Zusammenfassung der Gesprächshandlung*	*Anliegen*
Kontaktphase	Klärung	S. 1, 1 – S. 2, 9	C	Der Coach informiert die Klientin ausführlich über den Ablauf der Sitzung und erklärt die Besonderheiten im Photocoaching®.	Anliegen: Berufliche Veränderung: „Einen neuen Job suchen, der zu mir passt“
			C	Der Coach ermuntert die Klientin zwei Ziele zu formulieren, ein berufliches und ein privates.	
			K	Die Klientin fokussiert die berufliche Situation anhand einiger Reflexionsfragen und fasst ihr berufliches Ziel in einem Satz zusammen: „Einen neuen Job suchen, der zu mir passt.“	
Informationsphase	Exploration I	S. 2, 10 – S. 7, 33	C	Der Coach exploriert das Anliegen der Klientin und erfragt die Vorstellungen der Klientin zu ihrer Jobperspektive.	
Argumentationsphase			K	Die Klientin formuliert konkrete Aspekte, die sie mit einer neuen beruflichen Aufgabe verstärkt integriert wissen möchte, zum Beispiel selbstbestimmtes Arbeiten. Auch positioniert sie sich zu Dingen, von denen sie sich gern distanzieren würde, wie einer negativen Energie, Druck und Zeitstress und eine männliche Kultur im	

Gesprächs-phase	*Phase Beratungs-prozess*	*Transkript-stelle von-bis*	*Sprecher/in*	*Zusammenfassung der Gesprächshandlung*	*Anliegen*
				Unternehmen	
		S. 7, 34 – S. 10, 4	C	Der Coach bringt Kreativität als mögliche Ressource der Klientin ein, die in ihrer Freizeit künstlerisch aktiv ist. Er macht die Klientin auf ihre positive Ausstrahlung mit Erwähnung dieses Themas aufmerksam.	
			C	Der Coach initiiert eine kurze (NLP-)Intervention und bittet die Klientin, ihre Zukunft räumlich-visuell zu verorten und sie an einen Ort oder ein Objekt im Raum zu binden.	
			C, K	Coach und Klientin binden einen positiven Zustand als Ressource an das ausgewählte Objekt (NLP Technik).	
	Maßnahmen-planung I	S. 11, 29 – S. 14,1 2	C, K	Der Coach stellt eine in die Zukunft gerichtete hypothetische Frage und regt damit die Sammlung von möglichen Maßnahmen für die Jobsuche an: „Offen sein, die Antennen ausgefahren haben“, „Headhunter nutzen“, „Nichts überstürzen, sondern warten und durch die offene Tür gehen“.	
	Bewertung	S. 14, 13 – S. 15, 7	C	Der Coach stellt über den Aspekt „Warten auf das Richtige“ den Transfer zum Privaten her.	
	Exploration II	S. 15, 23 – S. 26, 24	C, K	Der Coach verknüpft noch einmal einen positiven Zustand der Klientin mit dem ausgewählten Objekt über die Frage, was die Klientin mit der Blume machen würde. Pflegen, hegen und gießen stellt er dem Zuspruch gegenüber, den die Klientin sich selbst beruflich wünscht.	

			C, K	Über die Exploration durch den Coach werden verschiedene persönliche Ressourcen der Klientin reflektiert, der private Ausgleich, Freunde, der Partner und damit Unterstützung und Rückhalt.	
			K	Ein Frauennetzwerk wird von der Klientin als weitere Ressource von Kontakten und Ansprechpartnerinnen für ihre Stellensuche genannt.	
			K	Als weiteren Ressourcenstifter nennt die Klientin den bevorstehenden Urlaub, sieht sich auf einem Steg an einem See, wo sie Ruhe, Kraft und Abstand und vielleicht auch Klarheit finden kann.	
			K	Die Klientin thematisiert die Leistungsorientierung ihres Vaters und spricht damit auch ihren Loslösungsprozess von den Fremdvorstellungen der Eltern an.	
Abschluss-phase Beschluss	Maßnahmen-planung II	S. 26, 25 – S. 27, 28	C	Der Coach leitet den Abschluss der Sitzung ein und gibt einen Ausblick auf die zweite Sitzung mit Auswertung der entstandenen Fotos.	
			K	Die Klientin fragt nach, bittet um einen Ratschlag des Coachs, was sie noch machen könnte.	
			C	Der Coach reflektiert die Struktur der ersten Sitzung, die erarbeiteten Perspektiven und verweist auf den zweiten Teil des Coachings, in dem die Ressourcen durch die visuelle Reflexion der Fotos greifbarer werden sollen. Er ermutigt die Klientin, in den folgenden Tagen bis zur zweiten Sitzung schon einmal etwas auszuprobieren.	

Gesprächsinventar Fall 6

Gesprächstyp:	Coachinggespräch
Datum der Aufnahme:	30.07.2012
Ort der Aufnahme:	Hamburg
Dauer der Aufnahme:	01:15:16 (Std.:Min.:Sek.)
Situationsbeschreibung:	Erste Sitzung von insgesamt zwei Terminen eines fotografiegestützten Coachings (Photocoaching®)
Geschlecht Coach:	Männlich
Geschlecht Coachee:	Weiblich
Anmerkungen:	Keine

Gesprächsphase	*Phase Beratungsprozess*	*Transkriptstelle von-bis*	*Sprecher/in*	*Zusammenfassung der Gesprächshandlung*	*Anliegen*
Kontaktphase	Klärung	S. 1, 1–31	C	Der Coach beginnt das Gespräch und erinnert an das Vorgehen im Photocoaching®. Er informiert die Klientin über die ihm wichtigen Bedingungen, die den Ablauf angenehm gestalten sollen.	Anliegen: Privates Gleichgewicht/Work-Life-Balance und Autorität als stellvertretende Abteilungsleiterin
		S. 1, 32 – S. 2, 26	C	Der Coach bittet die Klientin, ein privates und ein geschäftliches Ziele zu formulieren.	
			K	Die Klientin erzählt, dass sie kürzlich stellvertretende Abteilungsleiterin geworden ist. Sie formuliert als privates Thema Work-Life-Balance, als berufliches Thema möchte sie Autorität im Zusammenhang mit ihrer neuen Position fokussieren.	
			K	Die Klientin formuliert ihren Wunsch, ernst genommen zu werden.	
Informationsphase	Exploration	S. 2, 27 – S. 7, 10	C	Der Coach erkundigt sich, ob es aktuell bereits eine Situation gibt, in der der persönliche Stil seiner Klientin missverstanden wird.	
			K	Die Klientin berichtet über eine Zuschreibung aus der Vergangenheit, in der sie als „menschliches Antlitz des Gremiums" bezeichnet wurde und stellt dies kontrastierend zur fachlichen Kompetenz dar.	
Argumenta-			C	Der Coach erfragt die Bewertung	

Gesprächs-phase	*Phase Bera-tungs-prozess*	*Trans-kript-stelle von-bis*	*Spre-cher/in*	*Zusammenfassung der Ge-sprächshandlung*	*Anliegen*
tionsphase				seiner Klientin zu dieser Situation und befragt sie anschließend zu ihrer neuen Rolle als stellvertretende Abteilungsleiterin allgemein.	
		S. 7, 34 – S. 10, 4	K	Die Klientin berichtet von der neuen zusätzlichen zeitlichen Belastung und der empfundenen „Grauzone" dieser Doppelbelastung.	
			C, K	Coach und Klientin thematisieren Abgrenzung, natürliche Autorität und das Nicht- beziehungsweise Gehörtwerden in Teamsitzungen.	
	Maß-nahmen-planung I	S. 7, 11 – S. 9, 25	C	Der Coach schlägt erheiterndes Verhalten für solche Sitzungsmomente vor und betont die Wichtigkeit von Spaß und Fröhlichkeit für solche Situationen. Er empfiehlt seiner Klientin, ihren Charme einzusetzen, um gehört zu werden beziehungsweise die Kolleg(inn)en neugierig zu machen und neue Facetten zu zeigen.	
	Explora-tion Fortset-zung	S. 9, 26 – S. 17,8	C, K	Die Rolle als einzige Frau in einer Männerrunde wird thematisiert mit dem Fokus auf Erwartungen an die Klientin.	
			C	Der Coach greift den Begriff „Spielwiese" seiner Klientin auf und stellt die Abteilungssitzungssituation metaphorisch dar: „Wenn ihr da im Sandkasten seid, wer hat die Förmchen?"	
			K	Die Klientin geht auf die bildliche Beschreibung ein und schildert ihre Sicht der Situation.	
			C	Der Coach gibt seiner Klientin das Feedback, gut zu sein und befragt sie zum Selbstbewusstsein ihrer eigenen Kompetenzen.	
			C	Der Coach erkundigt sich nach dem Vorgesetzten seiner Klientin.	
			K	Die Klientin beschreibt ihren Vorgesetzten in seiner Führungsrolle und schildert ihre Arbeitsbeziehung mit ihm detailliert.	
			K	Die Klientin formuliert den Wunsch nach weiterer Selbstbehauptung und Abgrenzung für	

Gesprächs-phase	*Phase Bera-tungs-prozess*	*Trans-kript-stelle von-bis*	*Spre-cher/in*	*Zusammenfassung der Ge-sprächshandlung*	*Anliegen*
				sich.	
	Bewer-tung	S. 17, 9 – S. 22, 2	C	Der Coach instruiert seine Klientin zu einer mentalen Balanceübung, anhand derer sie eine Gewichtung ihrer Abgren-zung zu den Kolleg(ınn)en und zum Chef vornehmen soll.	
			K	Die Klientin formuliert ihr Bedürfnis, nicht immer die Nette sein zu wollen und berichtet über eine seltene Situation, in der sie sich sehr geärgert und entspre-chend harsch reagiert hat.	
			C	Der Coach gibt seiner Klientin das Feedback, das sie in seiner Wahrnehmung noch immer verhältnismäßig freundlich reagiert, insbesondere stimmlich.	
			C	Der Coach befragt die Klientin zu ihrer inneren gefühlsmäßigen Wahrnehmung des Ärgers.	
Abschluss-phase Beschluss	Maß-nahmen-planung II	S. 22, 3 – S. 27, 2	C	Der Coach hebt die noch „fri-sche“ Position der Klientin als neu ernannte Führungskraft als Chance hervor, Spielregeln noch mitzubestimmen.	
			K	Die Klientin schildert ihre idealen Vorstellungen der Partizipation als Stellvertreterin bei Personalentscheidungen und reflektiert nochmals ihre beson-dere Rolle als Frau.	
			C	Der Coach verweist auf den zweiten Teil des Coachings, in dem die Ressourcen der Klientin durch die visuelle Reflexion der Fotos verfügbar gemacht werden sollen. Er fasst seine zuvor formulierten Vorschläge zu-sammen, meldet seiner Klientin nochmals zurück, dass sie sich über das Charmante und die Freundlichkeit positionieren soll.	
			K	Die Klientin greift diesen Vorschlag auf und betont ihre große Begeisterungsfähigkeit, ihre Freude an der Arbeit an sich und formuliert ihr Ziel als Führungskraft.	

Anhang 7: Hörprotokolle Fall 1 bis Fall 6

Hörprotokoll Fall 1				
Gesprächsdauer: 01:23:57				
Lfd. Nr.	*Zeitspur*	*Stichwort/Satz*	*Sprecher*	*Notiz*
1	**00:03**	**"Wie GING es Ihnen..."**	**Coach**	**Direkte Einstiegsfrage nach dem Befinden**
2	**02:25**	**"Vertrauen zurück gewonnen..."**	**Coach**	**Starker Begriff, emotions-konnotiert**
3	**06:00**	**"Respekt..."**	**Coach**	**Starker Begriff, emotions-konnotiert**
4	**09:04**	**"Wie GINGS Ihnen da..."**	**Coach**	**Frage nach dem Befinden**
5	09:06	" Ich war stinksauer"	Klientin	Rückblick Situationsbeschreibung
6	12:17	"Innerlich fühlt es sich kontrolliert an."	Klientin	Bewertung
7	**12:27**	**"[...] ist es jetzt sozusagen ein Rückschritt..."**	**Coach**	**Interpretation/Bewertung/ Nachfrage**
8	**12:52**	**"Was Sie aber auch, wenn ich Sie jetzt richtig verstehe, als Möglichkeit zum Wachstum sehen..."**	**Coach**	**Interpretation**
9	**13:36**	**"Wo würden Sie sich gerne durchsetzen?"**	**Coach**	**Intervention**
10	14:24:00	"Einfach mal Nein sagen lernen"	Klientin	Wunsch/Ziel
11	38:00:00	"Das mir das zu viel ist..."	Klientin	Gefühlsäußerung
12	**40:45:00**	**"Dass Sie da sich überfordert fühlen oder dass es zu viel wird..."**	**Coach**	**Verbalisierung**
13	41:36:00	"Ja, das stimmt, vielleicht sage ich das nicht so klar."	Klientin	Erkenntnis
14	**41:20:00**	**"Sie sehen, zu was es führt, nämlich es führt Sie an den Rand der Überforderung."**	**Coach**	**Zusammenfassung, Verstärken der Emotion**

Hörprotokoll Fall 1				
Gesprächsdauer: 01:23:57				
Lfd. Nr.	*Zeitspur*	*Stichwort/Satz*	*Sprecher*	*Notiz*
15	**42:06:00**	**"Wie wäre das, wie würde sich das anfühlen?"**	**Coach**	**Affektive Frage**
16	42:08:00	"... ich glaub dann hätte ich Angst."	Klientin	Starke Emotion
17	**43:28:00**	**Reinspüren: "Wie geht es Ihnen...?"**	**Coach**	**Intervention ("Experiment")**
18	46:10:00	"Ich habe das Gefühl, dass ich mich selbst zurückstelle... und meine eigenen Ziele... verliere... ich fühle mich dadurch eher klein."	Klientin	Emotionsäußerung
19	**47:08:00**	**"Lassen Sie das einfach mal einen Moment so wirken, wie es Ihnen da auch so geht..."**	**Coach**	**Vertiefende/Verstärkende Intervention**
20	48:09:00	"Fühlt sich nicht so schön an."	Klientin	Emotionsäußerung
21	48:45:00	Ich kann nicht stolz auf mich selbst sein."	Klientin	Dicht am Glaubenssatz
22	**49:09:00**	**"Sie haben das für sich jetzt schön auf den Punkt gebracht..."**	**Coach**	**Paraphrase, Zusammenfassung**
23	50:22:00	"Angst 'n wenig, dass ich Unterstützung und Zusprechung verliere... Probleme, Konflikte kommen könnten."	Klientin	
24	**50:44:00**	**"Das wäre so ein bisschen was, was dazwischen wäre oder was zu dem anderen Stuhl gehören würde..."**	**Coach**	**Klärung**
25	**51:06:00**	**Angebot, Emotion auszudrücken**	**Coach**	**Intervention**
26	**51:19:00**	**"Versuchen Sie mal,**	**Coach**	

Hörprotokoll Fall 1				
Gesprächsdauer: 01:23:57				
Lfd. Nr.	*Zeitspur*	*Stichwort/Satz*	*Sprecher*	*Notiz*
		das in Ihren Worten zu sagen, ich verfolge meine Ziele..."		
27	51:33:00	"...weil ich weiß, ich bin gut... gute Wissenschaftlerin, gute Ideen..."	Klientin	
28	**52:14:00**	**"Das ist ganz schön beeindruckend kraftvoll, wie Sie das so sagen. Und wie fühlt sich das für Sie so an, fühlt es sich so an?"**	**Coach**	**Bewertung**
29	53:18:00	"Fühlt sich gut an."	Klientin	
30	**53:20:00**	**"Also es ist ein gutes Gefühl hier. Können Sie da stolz auf sich sein, in diesem Gefühl hier?"**	**Coach**	
31	**59:48:00**	**"Fühlt es sich auch überzeugend an für Sie?"**	**Coach**	
32	01:00:10	"Viel positiver...weil ich eigentlich weiß, dass es so ist..."	Klientin	
33	**01:02:05**	**"Wie war es für Sie, mal die zwei Seiten..."**	**Coach**	
34	01:02:10	"Interessant und gut...ganz unterschiedliche Gefühle auslösen..."	**Klientin**	
35	**01:03:00**	**"Da war auch sehr viel Kraft..."**	**Coach**	
36	**01:22:06**	**"Wie ist das Gefühl für Sie?"**	**Coach**	**Ausdifferenzierung: Wie fühlt sich das Gefühl an?**
37	**01:23:16**	**"Also Ihr gehobener Schatz, der beschützt Sie auch ..."**	**Coach**	**Bild**

Hörprotokoll Fall 2				
Gesprächsdauer: 01:23:35				
Lfd. Nr.	*Zeitspur*	*Schlagwort/Satz*	*Sprecher*	*Notiz*
1	00:44	"Naja, was will ich denn eigentlich"	Klientin	Selbstreflexion
2	00.54	"...Frage hochgekommen, will ich wirklich hier bleiben und so..."	Klientin	Coach lässt Klientin erzählen
3	01:45	"Ich habe mich hier so fast schuldig gefühlt wie ich hier so unglaublich sicher bin..."	Klientin	Coach lässt Klientin erzählen
4	01:56	"Das ist jetzt so auf emotionaler Ebene..."	Klientin	Coach lässt Klientin erzählen
5	**02:00**		**Coach**	**Paraphrasiert, fasst zusammen, interpretiert**
6	**02:32**	**"Sie merken, es ist motivierend, aber es gibt noch so eine andere Ebene..."**	**Coach**	
7	**02:42**	**"Dilemma zwischen Privat- und Berufsleben"**	**Coach**	**Wort**
8	03:13	"Ich merke, wie gut die Ruhe tut und dann passiert so etwas und dann ist die Ruhe weg"	Klientin	
9	**03:46**	**"Jetzt haben Sie grad so gesagt, Sie fühlen sich auch schuldig..."**	**Coach**	**Thema Schuld und Ideale, Berufsethos**
10	**10:30**	**"Was wären da Wege und Möglichkeiten..."**	**Coach**	
11	**10:45**	**"Ich darf nicht mehr... Ich sage das jetzt mal überspitzt..."**	**Coach**	
12	10:49	"Ja, ja, ja (leiser werdend)."	Klientin	
13	10:52	"Das ist glaub ich eine super Frage (lacht)"	Klientin	
14	12:03	"Dass es mich schon ziemlich dann ablenkt..."	Klientin	
15	**12:28**	**"Dass es zwei konkurrierende Kräfte sind..."**	**Coach**	

Hörprotokoll Fall 2				
Gesprächsdauer: 01:23:35				
Lfd. Nr.	*Zeitspur*	*Schlagwort/Satz*	*Sprecher*	*Notiz*
16	**15:02**	**"Und dennoch gibt es da wieder die Bauchebene..."**	**Coach**	
17	15:34	"...Als ob ich mich innerlich nicht ganz entschieden habe..."	Klientin	
18	**15:41**	**"Also nur im Kopf und so nicht auf der Gefühlsebene..."**	**Coach**	
19	**15:57**	**"Was bräuchte Ihr Bauch? ...Wenn Sie sich überlegen, Sie haben das schon geschafft...Was hätte Ihnen jetzt dabei geholfen?"**	**Coach**	**In die Zukunft gerichtete Frage**
20	17:39	"Tiefe Entscheidung getroffen, ja das will ich. Auch auf der Bauchebene getroffen..."	Klientin	
21	**17:53**	**"Wie war das da, als Sie das entschieden haben mit der Diss?"**	**Coach**	
22	**19:51**	**"Sie haben da was Interessantes gesagt...von einer Stimme gesprochen...Warum sagt die das, dass Sie das nicht schaffen?"**	**Coach**	
23	20:35	"Sie sagt, das ist schon so oft passiert"	Klientin	
24	21:08	"Also ich fühle mich schon so wie eine Versagerin"	Klientin	
25	21:43	"Das ist auch die gleiche Stimme, die dann etwas tut, damit ich es nicht schaffe..."	Klientin	
26	**22:05**	**"Ich merke jetzt auch, dass es Sie betroffen macht und ich möchte Ihnen auch den Raum geben, dass Sie da hinspüren..."**	**Coach**	
27	22:14	Stille. Weint.		

Hörprotokoll Fall 2				
Gesprächsdauer: 01:23:35				
Lfd. Nr.	*Zeitspur*	*Schlagwort/Satz*	*Sprecher*	*Notiz*
28	**22:48**	**"Es ist schon auch was, was ganz schön ne Belastung für Sie ist, ne?"**	**Coach**	**Verbalisierung**
29	22:50	"Ja (sehr leise)"	Klientin	
30	22:51	Weint.		
31	**23:12**	**"Reinspüren. Die Trauer, wo die kommt, was Ihnen für Gedanken durch den Kopf gehen…"**	**Coach**	
32	23:39	"Es geht mir oft so… Ich werde so berührt, wenn Leute mir sagen, was Du schon so geschafft hast…"	Klientin	
33	24:19	Anerkennung bekommen	Klientin	
34	**24:40**	**Stolz verbunden mit Trauer**	**Coach**	
35	24:52	"Die Trauer ist so, wieso ist es nicht genug, wieso ist es trotzdem so wenig…"	Klientin	
36	25:11	"Weil ich nicht genug bin, da muss ich viel erreichen."	Klientin	
37	**25:17**	**"Also es wär so eine Möglichkeit, dass Sie so von außen die Bestätigung brauchen, die Sie sich innerlich nicht so richtig geben können…?"**	**Coach**	**Interpretation/Bild**
38	**25:35**	**"Phantasie, die ich habe…dass Sie sich das nicht so richtig erlauben…"**	**Coach**	**Vorsichtige Interpretation**
39	25:56	Unterbrechung für Taschentücher		
40	**26:16**	**"Darf ich mir das erlauben, da so richtig stolz zu sein?"**	**Coach**	**Verbalisierung**
41	**27:12**	**"Zu verstehen sozusagen, wo Ihre Trauer herkommt."**	**Coach**	

Hörprotokoll Fall 2				
Gesprächsdauer: 01:23:35				
Lfd. Nr.	*Zeitspur*	*Schlagwort/Satz*	*Sprecher*	*Notiz*
42	28:07	"Du hast noch nicht geheiratet, also hast du noch nicht so viel geschafft…"	Klientin	
43	28:28	"Ich wollte… LIEBE und das ist nicht, was ich gefunden habe, nicht direkt."	Klientin	
44	29:48	"Ich hätte gerne einfach die Ganze, dass er mich voll anerkennt…"	Klientin	Halbe Stelle/ganze Stelle, ganze Anerkennung
45	31:15	"KULTUR. Dass die beruflichen Beziehungen hier distanzierter sind."	Klientin	
46	**31:16**	**"Abgegrenzter…"**	**Coach**	**Paraphrasiert/ verbalisiert**
47	**31:44**	**"Dass man da eigentlich ein Stück von sich abschneiden muss hier im Beruflichen…das ist auch ganz schön schmerzhaft, wenn man das nicht so gewohnt ist."**	**Coach**	
48	32:03	"Wenn Sie das jetzt so sagen, das fühlt sich genau so an." (Weint.)	Klientin	
49	**32:08**	**"Hier ist auch der Raum, dass Sie dem Raum geben können, ja."**	**Coach**	**Ermutigt zum Gefühlsausdruck**
50	31:14	Weint.		
51	**33:56**	**"Jetzt können wir gucken… Wie dieser Teil, der unterversorgt ist, wie Sie den versorgen können… Etwas ist, das für Sie persönlich ganz bedeutsam ist… Und natürlich auch wie Sie diese Stimme… im Zaum halten…"**	**Coach**	
52	**36:09**	**"Jetzt legt sich diese Stimme wieder aus…"**	**Coach**	

Hörprotokoll Fall 2				
Gesprächsdauer: 01:23:35				
Lfd. Nr.	*Zeitspur*	*Schlagwort/Satz*	*Sprecher*	*Notiz*
53	**36:22**	**"Sie sind so in nem Kampf mit dieser Stimme."**	**Coach**	
54	36:24	Lacht.	Klientin	
55	**34:58**	**"... Sozusagen mir selbst schenken, dass ich die Sachen mit mehr Ruhe machen kann."**	**Klientin**	
56	01:12:18	"Angst...Dass es mich infrage stellt."	Klientin	
57	**01:13:00**	**"Dass es Sie an eine Zeit erinnert..."**	**Coach**	**Paraphrasiert**

Hörprotokoll Fall 3				
Gesprächsdauer: 01:27:00				
Lfd. Nr.	***Zeitspur***	***Schlagwort/Satz***	***Sprecher***	***Notiz***
1	Start	"Tage gab, wo ich wieder mal an die Kündigung gedacht habe…"	Klient	Thema
2	**Start**	**"Ehrlich wahr…"**	**Coach**	
3	10:10	"Jetzt werde ich dafür verantwortlich gemacht…"	Klient	
4	14:07	"Und ich steh daneben und fühl mich schuldig…"	Klient	
5			**Coach**	**Geht nicht darauf ein.**
6		"Du, M[redacted], ich fühl mich richtig schuldig"	Klient	
7	**18:07**	**"Was haben Sie denn für einen Eindruck…"**	**Coach**	**Nachfrage**
8	19:53	"Und ich sag mal, das wird ein schwarzer Fleck sein, der bei mir auf der Weste klebt"	Klient	
9	20:05	"Der Misserfolg, der wird nen Namen tragen"	Klient	
10		Lacht.	**Coach**	**Lacht. Geht nicht darauf ein.**
11			**Coach**	**Geht nicht darauf ein. Themenwechsel**
12	**20:39**	**"Wie ist es Ihnen dabei gegangen?"**	**Coach**	
13	**20:49**	**"Prima…"**	**Coach**	**Positive Verstärkung**
14	**21:22**	**"Wie war das für Sie?"**	**Coach**	**Nachfrage**
15	21:23	"Ich hatte einfach tatsächlich den Eindruck, ich hab das Thema am besten im Griff"	Klient	
16	**21:26**	**"Prima. Is gut… Ist gut... Ist ja gut…"**	**Coach**	**Positive Verstärkung**
17	**21:35**	**"Ja dann ist aber doch schon viel vorwärts gegangen."**	**Coach**	**Lob**
18	21:37	"Ja, ich glaub schon. Ich hab schon den Eindruck, eigentlich funktioniert das ganz gut."	Klient	
19	21:45	"Es gibt dann halt Rückschläge, so wie heute eben…"	Klient	

Hörprotokoll Fall 3				
Gesprächsdauer: 01:27:00				
Lfd. Nr.	*Zeitspur*	*Schlagwort/Satz*	*Sprecher*	*Notiz*
20	**21:48**	**"(Stöhnt) Die Kabbeleien da bei diesem Meeting."**	**Coach**	
21	21:51	"Bei den Meetings ist das wirklich so, das nervt mich unglaublich."	Klient	
22	**23:25**	**"Und was machen Sie jetzt damit?"**	**Coach**	**Nachfrage**
23	24:50	"Das wird dann halt irgendwie einfach abgeworfen."	Klient	
24	**24:55**	**"Weg gekotzt."**	**Coach**	**Verbalisierung**
25	**25:03**	**"Ausspucken. Wegspucken..."**	**Coach**	**Verbalisierung**
26	**25:13**	**"Gut, aber dazwischen gibt es Situationen, wo Sie tatsächlich schon das Gefühl haben, souverän..."**	**Coach**	
27	25:35	"Ich finde da können die eigentlich zufrieden sein mit mir."	Klient	
28		**"Toll."**	**Coach**	**Lob**
29	**25:44**	**"Kriegen Sie Feedback von ihm? Wie? In welcher Form?"**	**Coach**	**Frage**
30	**25:58**	**"Wie? In welcher Form?"**	**Coach**	**Nachfrage**
31	**33:30**	**"Ja, was ist da alles schief gelaufen?"**	**Coach**	**Emotionen anregende Formulierung**
32	**33:41**	**"Also werden Sie gleich gepetzt, oder wie?"**	**Coach**	**Emotionen anregende Formulierung**
33	33:49	"Finde ich schon mal erstaunlich. Finde ich schon irgendwie... Bin ich schon irgendwie erstaunt."	Klient	
34	**34:14**	**"Naja, also pass mal auf. Herr... ich fürchte, Sie rutschen jetzt wieder zurück in so ein Jammern, sich beschweren über..."**	**Coach**	**Feedback mit dem Ziel der Emotionsregulation**
35	**34:44**	**"[...] Und auf der anderen Seite fühlen Sie sich wieder völlig überrollt. Wie passiert das?"**	**Coach**	

Hörprotokoll Fall 3				
Gesprächsdauer: 01:27:00				
Lfd. Nr.	*Zeitspur*	*Schlagwort/Satz*	*Sprecher*	*Notiz*
36	**34:51**	**"Da kippt doch immer was rum."**	**Coach**	**Bild**
37	35:40	"Mach ich da was falsch?"	Klient	
38	36:14	"Da bin ich ein bisschen ratlos, muss ich ehrlich sagen."	Klient	
39	**36:18**	**"Irgendwie steuern Sie diese Beziehungen offenbar so ein, dass die sich sowas rausnimmt. Das ist doch unverschämt, oder?"**	**Coach**	**Rhetorische Frage, Emotionen stimulierend**
40	**36:46**	**"Was machen Sie, dass die sich so viel rausnehmen?"**	**Coach**	
41	**37:01**	**"Vielleicht erzählen Sie noch mal von dem Gespräch vorhin, was da war."**	**Coach**	
42	39:35	"Also das, was die geäußert haben, finde ich ziemlich lächerlich."	Klient	
43	39:41	"Ich würde Ihnen nicht vertrauen."	Klient	
44	41:02	"Das schwächt einen dann."	Klient	
45	**41:13**	**"Wahnsinn. Wahnsinn, und Sie sind als Prokurist definiert, das muss man sich mal vorstellen. Das ist unglaublich."**	**Coach**	**Verbalisierendes Feedback**
46	41:30	"Ich hab mich da ziemlich auch drüber aufgeregt."	Klient	
47	**45:22**	**"Haben Sie denn zu Matthias gesagt, dass Sie das unmöglich finden, dass er sich das anhört…"**	**Coach**	
48	**46:30**	**"Die Grundlage ist doch so, dass diese beiden Chefs sich relativ hemmungslos verhalten, wenig diszipliniert führen. Und Ihnen da ständig in die Parade fahren…"**	**Coach**	**Zusammenfassung/ Interpretation**
49	**56:56**	**"Ja, sagen Sie ruhig."**	**Coach**	**Ermuntert zum Erzählen**

Hörprotokoll Fall 3				
Gesprächsdauer: 01:27:00				
Lfd. Nr.	*Zeitspur*	*Schlagwort/Satz*	*Sprecher*	*Notiz*
50	46:59	"Ja, hat mich jetzt so wahnsinnig zwei Mal geärgert…"	Klient	
51	48:14	"… sagt der vor allen Leuten, stellt der mich da so bloß. Irgendwie, ich fand…"	Klient	
52	**48:22**	**"Haben Sie ihm schon mal gesagt, dass Ihnen das missfällt?"**	**Coach**	
53	50:49	"…Ich hab da n paar mal glaub ich gut reagiert, ich hab das angenommen, diese Position…"	Klient	
54	**50:54**	**"Prima."**	**Coach**	
55	50:54	"Ich wunder mich halt nur, diese Sperrfeuer in den eigenen Reihen…"	Klient	
56	57:00	Lachszenen	Klient	
57	01:00:40	"Mir fällt es schwer, weil ich immer noch das Gefühl habe, ich habe sie nicht so richtig im Griff. Und was ich bedenklich finde…"	Klient	

Hörprotokoll Fall 4				
Gesprächsdauer: 01:16:26				
Lfd Nr.	***Zeitspur***	***Schlagwort/Satz***	***Sprecher/in***	***Notiz***
1	13:15	"Na, ich bin hier die Leiterin."	Klientin	
2	13:32	"Also, ich bin entsetzt, wirklich."	Klientin	
3	**13:35**	**"Na also gut, das hört sich ja an, als würden sie völlig unklare Vorstellungen haben von Hierarchie."**	**Coach**	Interpretation
4	24:24	"Ich soll die Gute sein"	Klientin	
5	**24:40**	**"Und auch nicht so streng sein..."**	**Coach**	
6	24:43	"Die Du geworden bist, Anke."	Klientin	
7	**24:45**	**"Ach so, das heißt, die werfen Ihnen vor..."**	**Coach**	
8	24:55	"Ich bin so kalt."	Klientin	
9	**25:00**	**"Wer hat das gesagt von der Gruppe, wer?"**	**Coach**	
10	**25:06**	**"Was macht denn das?"**	**Coach**	
11	25:10	"Dann muss ich lachen."	Klientin	
12	**25:12**	**"Ehrlich?"**	**Coach**	
13	25:17	"Ich weiß nicht, was die von mir wollen."	Klientin	
14	**25:20**	**"Ich spür das deutlich."**	**Coach**	
15	**25:24**	**"Die wollen, dass Sie ein bisschen mehr kuscheln."**	**Coach**	
16	25:29	"Ich will aber nicht kuscheln."	Klientin	
17	**25:37**	**"Die wollen mehr in Ihrem Interessenblick sein."**	**Coach**	**Alternative Formulierung**
18	26:29	"Ich bin doch nicht die Mutter."	Klientin	
19	**26:32**	**"Aber irgendwas ist doch. Irgendwas wollen die von Ihnen."**	**Coach**	**Intervention, Nachspüren**
20	26:40	"Was ich denen nicht geben will."	Klientin	
21	26:43	"Ich hab ja auch so was Aggressives."	Klientin	
22	26:54	"Ich hab was Aggressives denen gegenüber."	Klientin	

Hörprotokoll Fall 4				
Gesprächsdauer: 01:16:26				
Lfd Nr.	*Zeitspur*	*Schlagwort/Satz*	*Sprecher/in*	*Notiz*
23	26:54	"Die sind so an meinem Rockzipfel... Ich mag das nicht. Ich find das wenig erwachsen."	Klientin	
24	28:15	"Also, ich weiß, dass ich manchmal sehr hart bin..."	Klientin	
25	28:21	"Ich hab zwei Seiten..."	Klientin	
26	28:39	"Andererseits habe ich aber eine sehr harte Seite und distanzierte Seite..."	Klientin	
27	**30:26**	**"Ich spüre so ein bisschen, dass die Leute einfach mehr Wärme ... erzwingen wollen bei Ihnen."**	**Coach**	
28	30:43	"Ja, das halte ich gut für möglich."	Klientin	
29	30:59	"Mich berührt so etwas grundsätzlich unangenehm..."	Klientin	
30	**31:10**	**"Wie ist denn das mit der Tochter gewesen?"**	**Coach**	
31	31:18	"Mama, Du bist manchmal so hart..."	Klientin	
32	**31:31**	**"Und was machen Sie da?"**	**Coach**	
33	31:32	"Ja, dann bin ich total betroffen."	Klientin	
34	32:17	"Ich hab ja ne sehr melancholische Seite..."	Klientin	
35	32:32	"Ich war wirklich depressiv. Und da hat sie natürlich gefühlsmäßig etwas nicht von mir bekommen, meine Tochter..."	Klientin	
36	**32:40**	**"Kann das sein, dass Sie da damals... mit der Tochter ein hohes Maß an Disziplin bringen mussten?"**	**Coach**	
37	33:04	"Ich bin ja auch mutterseelenallein da."	Klientin	
38	33:19	"Ja, das ist mein Thema, einfach so dieses Alleinsein."	Klientin	
39	33:29	"Ich brauche eine ganz hohe Selbstdisziplin."	Klientin	

Hörprotokoll Fall 4				
Gesprächsdauer: 01:16:26				
Lfd Nr.	*Zeitspur*	*Schlagwort/Satz*	*Sprecher/in*	*Notiz*
40	**33:34**	**"Das heißt, Sie sind jetzt richtig mit der Einsamkeit der Führungskraft konfrontiert."**	**Coach**	**Paraphrase**
41	**33:43**	**"Und das spüren die auch und wollen jetzt nach Ihnen greifen."**	**Coach**	**Starkes Bild**
42	33:50	"Oh, das ist mir ganz unangenehm… Wenn sie so greifen, wenn Sie das sagen."	Klientin	
43	34:12	"Die haben mich so geärgert damals."	Klientin	
44	36:17	"Aber ich will das nicht. Ich will das nicht zulassen. Ich finde das nicht angemessen."	Klientin	
45	**36:43**	**"Und das ärgert Sie so."**	**Coach**	
46	36:45	"Ja, und ich weiß nicht warum."	Klientin	
47	**36:57**	**"… Das ist ja auch ein Sichgehenlassen. Ich glaub das können Sie nicht vertragen. Die lassen sich gehen."**	**Coach**	
48	37:25	"Und das darf man auch nicht zulassen bei denen. Nur zeitweise. Also das ist meine fachliche Haltung dazu."	Klientin	
49	**37:46**	**"Jetzt auch mal Gefühlsdisziplin und so, ne. Also ich versteh schon, dass heißt Sie haben aus fachlichen Gründen…"**	**Coach**	
50	38:30	"Ah ja, ich hab auch so ne regressiven Wünsche einfach…"	Klientin	
51	**38:35**	**"Erlauben Sie sich das. Erlauben Sie sich's doch ruhig."**	**Coach**	
52	38:47	"Ich kann mir das nicht zugestehen. Nicht gut. Da hab ich ein Problem mit offensichtlich."	Klientin	
53	**39:17**	**"[…] Kriegen Sie genug eigentlich von Privatem?"**	**Coach**	

Hörprotokoll Fall 4				
Gesprächsdauer: 01:16:26				
Lfd Nr.	*Zeitspur*	*Schlagwort/Satz*	*Sprecher/in*	*Notiz*
54	39:20	"Nee, ich hab ja keine Zeit. Ich hab das jetzt gemerkt im Urlaub. Ich bin zusammengekracht."	Klientin	
55	40:08	"Mir fehlt einfach wirklich ne Beziehung glaube ich."	Klientin	
56	40:15	"Ich möchte auch andere Dinge sprechen und hören."	Klientin	
57	41:00	"Ja und das andere Thema..."	Klientin	Themenwechsel
58	46:48	"Wissen Sie... Ich hab vor Konkurrenz Angst."	Klientin	
59	**47:10**	**"Also deswegen einen schwulen Mann."**	**Coach**	
60	**01:08:30**	**"Gehen wir noch mal zurück mit dieser Einsamkeit..."**	**Coach**	
61	01:08:31	"Tja Mensch... Ich bin es gewöhnt einsam zu sein."	Klientin	
62	01:15:55	"Ja, dann bin ich jetzt besänftigt."	Klientin	
63	**01:15:58**	**"Was heißt denn das?"**	**Coach**	
64	01:16:03	"Meine Gefühle sind ein bisschen sortierter."	Klientin	
65	01:16:04	"Da ist viel dran, denk ich, dass ich da vielleicht ein bisschen überziehe. Streng..."	Klientin	
66	**01:16:08**	**"Dass Sie ein bisschen streng sind. Oder werden als streng wahrgenommen."**	**Coach**	

Hörprotokoll Fall 5				
Gesprächsdauer: 01:08:16				
Lfd. Nr.	*Zeitspur*	*Schlagwort/Satz*	*Sprecher/in*	*Notiz*
1	05:00	"schmalspurig"	Klientin	Thematisierung der Sinnfrage
2	05:17	Thema: sich interessieren	Klientin	Vater
3	06:49	"...das mich stresst"	Klientin	Äußerung von Stressempfinden
4	**06:56**	**"Und was willst Du?"**	**Coach**	**Offene vertiefende Nachfrage nach Bedürfnissen/Anregung zur Bewertung**
5	**07:47**	**Thema: Lieblingskunde**	**Coach**	**Stimulierung**
6	**08:10**	**"Das macht Spaß", "Das war richtig gut"**	**Coach**	**Stimulierung**
7	10:10	Intervention Zielarbeit: "In der Firma kann ich es mir nicht vorstellen."	Klientin	Starke Bewertung/Entscheidung
8	**13:29**	**"Wie sieht das aus mit angenehm?"**	**Coach**	**Überleitung Teetrinken**
9	15:23	"Schlechte Chefs..."	Klientin	Vater
10	15:28	"Ja, das ist alles nicht gesund."	Klientin	Bewertung
11	**19:14**	**"..ist einiges verpufft."**	**Coach**	**Bewertung**
12	19:16	"Ja, also ich fühle mich auch sehr ausgelaugt."	Klientin	Äußerung über das Befinden
13	**20:53**	**"Ist es auch emotional anders gelagert?"**	**Coach**	**Frage nach emotionaler Bewertung**
14	21:09	Beschreibung der Blume: Ruhig, friedlich, in sich ruhend, mit sich zufrieden	Klientin	Hypothetische Zustandsbeschreibung
15	21:18	"Sowas hätte ich gern, so ein Lebensgefühl. Ein positives."	Klientin	Hypothetische Zustandsbeschreibung

Hörprotokoll Fall 5				
Gesprächsdauer: 01:08:16				
Lfd. Nr.	*Zeitspur*	*Schlagwort/Satz*	*Sprecher/in*	*Notiz*
16	22:15	"was Schönes, was Zartes"	Klientin	Vater
17	**15:15**	**"Wie sich die Emotionen verändern. Wie es dir gut tut…"**	**Coach**	**Feedback**
18	39:26:00	"Wie es sich anfühlen soll, das weiß ich."	Klientin	Bekundung
19	**55:22**	**"Es ist sichtbar, dass es dir gut tut…"**	**Coach**	**Feedback**
20	55:27	"Ja, ich muss dringend aus diesem Hamsterrad da raus. Weil ich merk auch, dass mich das krank macht, das mich das auslaugt…"	Klientin	Äußerung über das Befinden
21	**57:47**	**"Du strahlst Tolles aus, wenn du auf dem Steg bist."**	**Coach**	**Feedback**
22	58:46	"Ruhe, Kraft, und n bisschen Abstand"	Klientin	Hypothetische Zustandsbeschreibung
23	01:00:58	"Das hätte ihn damals sehr enttäuscht."	Klientin	Vater
24	**01:01:24**	**"Was hat das mit dir gemacht?"**	**Coach**	**Offene vertiefende Nachfrage**
25	01:02:05	"Was bin ich denn, was ist mir denn wichtig?"	Klientin	Reflexion, Bewertung

Hörprotokoll Fall 6				
Gesprächsdauer: 01:16:07				
Lfd. Nr.	*Zeitspur*	*Schlagwort/Satz*	*Sprecher/in*	*Notiz*
1	05:22	"Die ist so nett… Das dann irgendwie gleichzusetzen mit mich nicht unbedingt ernst zu nehmen…"	Klientin	
2	**05:28**	**"Ist es eher das Nichternstnehmen oder eher mehr fordern oder mehr zu verlangen?"**	**Coach**	**Nachfrage**
3	06:37	"Frau F[redacted] ist das menschliche Antlitz des Gremiums…"	Klientin	
4		Lachen.		
5	**07:03**	**"Wie ist das bei dir angekommen, als du das gehört hast, dieser Ausdruck?"**	**Coach**	
6	**08:16**	**"Wie ist denn die neue Rolle so für dich?"**	**Coach**	**Nachfrage**
7	**10:07**	**"Gibt's denn jetzt an irgendeiner Stelle schon so'n Ungleichgewicht? … So'ne Delle im Rad?…"**	**Coach**	**Bild**
8	10:50	"Vielleicht gehört es jetzt zu der neuen Funktion dazu, dass man das wegsteckt…"	Klientin	
9	11:22	"Muss ich irgendwie lernen"	Klientin	
10	**11:23**	**"Du hast vorhin etwas von Abgrenzung gesagt. Fällt die Abgrenzung schwer?"**	**Coach**	**Nachfrage**
11	11:28	"Sagen wir mal, ich hab da einen Lernprozess…"	Klientin	
12		Thema Chef		
13	41:04	"Ich glaube übrigens, dass er verklemmt ist gegenüber Frauen…"	Klientin	
14	41:35:00	Traumfrau Geständnis	Klientin	
15		**Lachen.**	**Coach**	**Geht nicht darauf ein.**
16	49:30	Intervention "Nettigkeit der Frau F[redacted]"		
17	**50:00**	**"Und was ist das jetzt für'n Gefühl?"**	**Coach**	
18	**50:48**	**"Wann möchtest du nicht nett sein, gelingt dir das überhaupt?", "Situation, wann dir der Kragen geplatzt ist"**	**Coach**	

Hörprotokoll Fall 6				
Gesprächsdauer: 01:16:07				
Lfd. Nr.	*Zeitspur*	*Schlagwort/Satz*	*Sprecher/in*	*Notiz*
19	**51:11**	**"Sag doch mal eine Begebenheit… dass dir wirklich der Geduldsfaden geplatzt ist."**	**Coach**	
20	52:26	"Das ist einfach super unprofessionell und über so was ärgere ich mich."	Klientin	
21	**52:55**	**"Das was ich gerade gehört habe, ist eine total nette [redacted]…"**	**Coach**	**Feedback**
22	**53:11**	**"Ich bin mir sehr sicher, dass in dir ganz andere Stürme getobt haben."**	**Coach**	**Bild**
23	**53:26**	**"Das kam nicht rüber."**	**Coach**	
24	**57:19**	**"Gibt es eine Situation, wo du mal nicht die Nette warst?"**	**Coach**	
25	**57:35**	**"…Wie war denn das Gefühl? Während dessen und hinterher?"**	**Coach**	**Frage nach Gefühlen**
26	57:50	"Da kam der Ärger so aus dem Bauch hoch…"	Klientin	
27		Thema Spielregeln mitbestimmen		
28	01:05:45	"Ich kann mir vorstellen, dass ich damit enorme Irritationen hervorrufe."	Klientin	

Anhang 8: Portraits der Muster A bis H

MUSTER A: EMOTIONEN THEMATISIERENDES FRAGEN

Sequenz		Dialogbeispiele	Bedingungen
Sequenz *Frage–Antwort*	C	*„(...) Wie würden Sie- wie würde sich das für Sie ANFÜHLEN? (...)"*	Fragende/r ist der Coach. Die Frage ist affektiv angelegt, das heißt, sie fragt explizit nach Gefühlen oder einer subjektiven Bewertung, oder sie verstärkt den Ausdruck oder die Intensität einer Emotion.
	K	*„Also so wirklich klar NEIN zu sagen, ich glaub, da hätte ich Angst. Ich glaub, dann hätte ich Angst, dass ähm, ja, dass äh- dass äh ja, dass er ein Bauer ist und mich nicht mehr- nicht- ja, weiß ich nicht."*	Antwortende/r ist die Klientin/der Klient. Die Frage muss als Frage nach Emotionen verstanden werden, Emotionen beziehungsweise Bewertungen müssen beim Antwortgebenden abrufbar sein und die Bereitschaft der Verbalisierung muss vorhanden sein.

MUSTER B: EMOTIONSFOKUSSIERENDE INTERAKTION

Sequenzen		Dialogbeispiele	Bedingungen
Sequenz *Frage–Antwort*	C	*„Und jetzt würde ich Sie mal bitten, dass Sie mal reinspüren, wie Sie auf der Seite- wie's Ihnen da GEHT (...)."*	Fragende/r ist der Coach. Die Frage ist affektiv angelegt, das heißt, sie fragt explizit nach Gefühlen oder einer subjektiven Bewertung, oder sie verstärkt den Ausdruck oder die Intensität einer Emotion.
	K	*„Ähm. Ich hab das Gefühl, dass ich ähm mich selbst zurückstelle, mich selbst zurückstelle und meine eigenen Ziele und ähm Dinge, die mir wichtig sind, einfach zurückstelle und verliere. Und dadurch verliere ich mich auch sehr- gar nicht mehr wie ich selbst. Also ich fühle mich dadurch eher KLEIN und ähm ja."*	Antwortende/r ist die Klientin/der Klient. Die Frage muss als Frage nach Emotionen verstanden werden, Emotionen beziehungsweise Bewertungen müssen beim Antwortgebenden abrufbar sein und die Bereitschaft der Verbalisierung muss vorhanden sein.
Sequenz *Paraphrase–Antwort*	C	*„Also hier ist eigentlich so: Ich stelle mich zurück. Und ich fühle mich klein?"*	Der Gesprächsschritt der Paraphrase erfolgt spontan durch den Coach. Der Inhalt der Antwort wird paraphrasiert. Der emotionale Gehalt wird dadurch verstärkt und initiiert eine Antwort.
	K	*„Genau."*	Die Klientin/der Klient gibt in der Paarsequenz die direkt folgende Antwort auf die Paraphrase. Mit der Antwort wird die Aussage bejaht. Gegebenenfalls wird sie durch weitere Ausführungen verstärkt.

MUSTER C: EMOTIONEN VERSTÄRKENDES NACHFRAGEN

Sequenz		Dialogbeispiele	Bedingungen
Sequenz ***Aussage–Nachfrage***	K	*„Und deswegen kommt irgendwas. Und dann ist die Gefühlsebene wieder äh verwirrt und durcheinander und-“*	Die Klientin/der Klient trifft eine Aussage. Die Aussage schließt subjektive Bewertungen ein, die die Sicht des Subjekts unter Beschreibung von subjektiven Konsequenzen darstellen.
	C	*„Mhm, okay. Was- was BRÄUCHTE Ihr Bauch also sozusagen (...)“*	Der Coach stellt die Nachfrage. Die Nachfrage ist affektiv angelegt, das heißt, sie fragt explizit nach Gefühlen oder einer subjektiven Bewertung, und sie verstärkt den Ausdruck oder die Intensität einer Emotion.

MUSTER D: SUBJEKTIVES EMOTIONSSPIEGELN

Sequenz/en		Dialogbeispiele	Bedingungen
Sequenz ***Subjektive Aussage–subjektiv-objektive Reaktion auf Aussage***	K	*„(...) Und jedes Mal, wo ich das sagen muss, das wird diese eine Stimme dann mächtiger, >Ja, ich hab dir das schon gesagt, dass du das nicht.< (lacht) Ich fühlte mich schon so wie eine Versagerin.“*	Die Klientin/der Klient trifft eine Aussage. Die Aussage schließt subjektive Bewertungen ein, die die Sicht des Subjekts unter Beschreibung von subjektiven Konsequenzen darstellen. Die Aussagen haben die Tendenz, plakativ zu sein.
Sequenz ***Subjektiv-objektive Aussage–bestätigende Reaktion auf Aussage***	C	*„Mhm. Also obwohl Sie sozusagen GESCHAFFT haben, die- in nem- ja, in nem Ausland, in ner fremden Sprache zu ARBEITEN, Ihre Dissertation zu schreiben und abzuschließen, ja, ne STELLE zu bekommen und- ne Qualifizierungsstelle, wo Sie sich habilitieren, ja, gibt's trotzdem irgendwas in Ihnen, was Ihnen sagt, so eigentlich-, eigentlich schaffst du das nicht, ja, ja?“*	Der Coach reagiert auf den bewertenden Kern der Aussage entweder mit einer kontrastiven Darstellung seiner/ihrer (subjektiv-) objektiven Sicht auf dasselbe Phänomen, oder mit dem Verbalisieren des emotionalen Gesprächsinhalts. Es geht hierbei um die Darstellung der Außenperspektive.
	K	*„Ja. (lacht trocken)“*	Die Klientin/der Klient reagiert bejahend auf die Spiegelung des Coach.

MUSTER E: POSITIVE EMOTIONSVERSTÄRKUNG

Sequenz		Dialogbeispiele	Bedingungen
Sequenz *Aussage-- Emotionen verstärkende Reaktion*	K	*(...) Und das war für mich ein sehr sehr starkes Meeting, fand ich, glaube ich, auch von den Anderen, aber auch durchaus- also ich hab da ne Führungsrolle, glaube ich, übernommen, hab sogar meine Chef da- Chefs da also über- einfach dann auch mal abgewürgt und gesagt, „So, das gehört jetzt hier wirklich nicht hierher." Wir- lasst uns jetzt mal - Lasst uns jetzt hier mal äh in der Struktur bleiben und nicht immer abweichen von den Themen so."*	Die Klientin/der Klient trifft eine Aussage. Die Aussage schließt positive Selbstbewertungen ein.
	C	*„Wie haben Sie das geschafft, Mensch? Das ist doch gut."*	Der Coach bewertet die Klientensicht mit einer Aussage in lobender Weise. Die Aussage ist positiv verstärkend angelegt, das heißt, sie bekräftigt die positiven Gefühle oder subjektiven Bewertungen.

MUSTER F: INTERAKTIONALE EMOTIONSVERSCHIEBUNG

Sequenzen		Dialogbeispiele	Bedingungen
Sequenz *negativ selbst-bewertende Aussage-- Emotionen lenkende Frage*	K	*„Ja, das Projekt ist noch nicht abgeschlossen. Und ich sage mal, das wird ein schwarzer Fleck sein, der bei mir auf der Weste klebt. Da wird's heißen, ja dieses [redacted]Ding, das hat der doch ja gemacht, ja. Das wird bei mir hängen bleiben. Das- dieser Misserfolg, der wird nen Namen tragen, ja. Das ist unfair. Und aber okay, das- so ist das halt, ja, Chefs-Chefs haben immer recht."*	Die Klientin/der Klient trifft eine Aussage. Die Aussage schließt subjektive Bewertungen ein und hat die Tendenz, plakativ zu sein.
	C	*„Aber das Andere, also wo Sie- wo Sie eigentlich schon übernommen haben und äh dem [redacted] gesagt, also so- so und so geht's- Was hat denn der [redacted] dazu gesagt?"*	Der Coach reagiert auf die Aussage mit einer Frage. Die Frage bezieht sich nicht auf die vorherige Aussage des Klienten, sondern lenkt von deren Inhalt und Bewertung weg auf einen „Nebenschauplatz". Das neu Thematisierte ist positiv assoziiert.
Sequenz *positiv selbst-bewertende Aussage-- Emotionen verstärkende Nachfrage*	K	*„Ja, das war beim [redacted] so. Ich hab den [redacted] unterbrochen, was dann auch erstaunliche (C: Ach so), was ihn sogar noch wortloser gemacht hat also, ja, das war gut. (stolz) Nee, das war- das war gut, das-"*	Der Klient/die Klientin reagiert auf die Positiv-Assoziation mit positiven Aussagen.
	C	*„Wie ist es Ihnen dabei gegangen?"*	Der Coach stellt eine Nachfrage. Die Frage verstärkt die positive Emotion.
	(K	*„Gut.")*	

MUSTER G: SYSTEMISCHES EMOTIONSSPIEGELN

Sequenz		Dialogbeispiele	Bedingungen
Sequenz *Hypothese formulierende Aussage-- Hypothese bestätigende Aussage*	C	*„Gut, ja. Kann das sein, dass Sie damals natürlich auch jetzt als allein erziehende Mutter natürlich da ein ganz hohes Maß an Disziplin aufbringen mussten (...)"*	Der Coach trifft eine Aussage. Mit der Aussage wird eine Annahme, eine Hypothese formuliert, die neben faktischen Zusammenhängen emotionale Bezüge des Klienten spiegelt.
	K	*„Ja/ (C: Also) ich bin ja auch Mutterseelen ALLEIN da, ja"*	Die Klientin/der Klient beantwortet die Aussage in bestätigender Weise. Die Aussage ist bejahend oder positiv verstärkend angelegt, das heißt, sie bekräftigt die aufgestellte Hypothese und das damit verbundene eigene Emotionserleben.

MUSTER H: METAPHORISCHES VERBALISIEREN

	Sequenzen		Dialogbeispiele	Bedingungen*
Schritt 1: Metapher ausdeuten: Bild mit Assoziationen belegen	**Sequenz** *metaphorische Frage-- Metapher bestätigende Antwort*	C	*„Was würdest du mit so ner Blume machen?"*	Coach stellt eine metaphorische Frage.
		K	*„Sie pflegen, hegen, gießen."*	Klient/in beantwortet die Frage und bestätigt damit die Metapher.
	Sequenz *Aussage-- Metapher bestätigende Aussage*	C	*„Düngen."*	Coach ergänzt die metaphorischen Aussagen und verstärkt die Metapher damit ebenfalls.
Schritt 2: Metapher übertragen: Emotionale Bedeutung übertragen	**Sequenz** *Metapher verstärkende Aussage-- Emotionen Übertragende Aussage*	K	*„Genau, dass sie raus gucken kann, Sonne bekommt."*	Klient/in ergänzt die metaphorische Aussage ein weiteres Mal und stellt dabei bereits Bezüge zu eigenen Situation her.
	Sequenz *Emotionen übertragende Aussage-- Emotionen konservierende Aussage*	K	*„Sich wohlfühlt, Zuspruch bekommt (C: lacht), wächst und gedeiht."*	Klient/in überträgt mit der erweiterten Aussage innerhalb der Metapher ihre eigenen Emotionen.
		C	*„Ich finde das schön, dass du die eben gewählt hast, weil all das, was du jetzt gesagt hast, die Blume und deinem Ziel gegenüber ist genau das, was du vorhin auch schon geäußert hast, was dir eigentlich auch noch im jetzigen Job (FEHLT), [...]"*	Coach greift diesen Bezug über ein Feedback auf und veranschaulicht das Gleichnis. Die durch die Klientin ausgedrückten Emotionen werden dadurch verbalisiert und konserviert.

* Die Vorbedingung für die oben beschriebene Abfolge des Musters H ist, dass ein Bild beziehungsweise Objekt bereits visuell verankert ist, die Metapher muss zuvor im Handlungsverlauf erzeugt worden sein.

Anhang 9: Statistische Auswertung der Sitzungsevaluation

Befragungsergebnisse der Diagnostik mit dem „Fragebogen vor dem Coaching" und dem „Fragebogen nach jedem Coaching"

Tabelle 1–5: Ergebnisse der Vorher-Befragung mit dem „Fragebogen vor dem Coaching" nach Items

Tabelle 1

	Item											
Versuchsperson	*1*	*2*	*3*	*4*	*5*	*6*	*7*	*8*	*9*	*10*	*11*	*12*
1	4	4	4	2	3	4	3	1	1	3	5	k.A.
2	5	3	5	2	3	4	2	1	1	1	5	2
3	5	5	4	5	4	4	5	2	1	3	4	2
4	4	3	5	5	5	5	5	3	3	5	5	1
5	2	5	3	5	5	5	4	2	1	3	4	1
6	4	4	3	5	4	4	4	2	2	3	4	1
Mittelwert	4,00	4,00	4,00	4,00	4,00	4,33	3,83	1,83	1,50	3,00	4,50	1,40
Standardabweichung	1,10	0,89	0,89	1,55	0,89	0,52	1,17	0,75	0,84	1,26	0,55	0,55
Median	4	4	4	5	4	4	4	2	1	3	4,5	1

Tabelle 2

	Item											
Versuchsperson	*13*	*14*	*15*	*16*	*17*	*18*	*19*	*20*	*21*	*22*	*23*	*24*
1	1	4	2	3	4	5	2	3	2	4	2	1
2	1	4	3	4	3	4	2	5	3	4	1	1
3	3	4	4	3	3	3	1	2	2	4	3	1
4	1	4	4	5	4	4	2	2	1	5	1	1
5	1	4	2	3	5	3	1	2	1	5	1	1
6	1	4	2	4	5	3	1	1	1	5	1	1
Mittelwert	1,33	4,00	2,83	3,67	4,00	3,67	1,50	2,50	1,67	4,50	1,50	1,00
Standardabweichung	0,82	0,00	0,98	0,82	0,89	0,82	0,55	1,38	0,82	0,55	0,84	0,00
Median	1	4	2,5	3,5	4	3,5	1,5	2	1,5	4,5	1	1

Tabelle 3

	Item											
Versuchsperson	*25*	*26*	*27*	*28*	*29*	*30*	*31*	*32*	*33*	*34*	*35*	*36*
1	5	4	2	4	4	3	3	3	3	3	5	4
2	5	4	3	4	4	3	4	3	1	3	4	3
3	4	4	2	4	2	4	4	3	3	4	3	5
4	5	4	k A.	1	4	4	3	4	3	4	1	4
5	5	5	1	5	4	4	1	4	4	5	2	5
6	5	4	2	5	3	4	2	3	2	4	4	4
Mittelwert	4,83	4,17	2,00	4,33	3,50	3,67	2,83	3,33	2,67	3,83	3,17	4,17
Standardabweichung	0,41	0,41	0,71	0,52	0,84	0,52	1,17	0,52	1,03	0,75	1,47	0,75
Median	5	4	2	4	4	4	3	3	3	4	3,5	4

Tabelle 4

	Item									
Versuchsperson	*49*	*50*	*51*	*52*	*53*	*54*	*55*	*55*	*56*	*57*
1	3	4	3	3	2	3	3	k.A.	3	3
2	3	2	2	3	4	2	2	1	3	1
3	3	4	2	3	2	2	2	3	2	2
4	4	4	3	5	4	4	4	5	4	5
5	5	4	2	5	4	4	4	4	5	4
6	3	5	3	5	3	3	4	4	3	4
Mittelwert	3,50	3,83	2,50	4,00	3,17	3,00	3,17	3,40	3,33	3,17
Standardabweichung	0,84	0,98	0,55	1,10	0,98	0,89	0,98	1,52	1,03	1,47
Median	3	4	2,5	4	3,5	3	3,5	4	3	3,5

Tabelle 5

	Item									
Versuchsperson	*49*	*50*	*51*	*52*	*53*	*54*	*55*	*56*	*57*	*58*
1	3	4	3	3	2	3	3	k.A.	3	3
2	3	2	2	3	4	2	2	1	3	1
3	3	4	2	3	2	2	2	3	2	2
4	4	4	3	5	4	4	4	5	4	5
5	5	4	2	5	4	4	4	4	5	4
6	3	5	3	5	3	3	4	4	3	4
Mittelwert	3,50	3,83	2,50	4,00	3,17	3,00	3,17	3,40	3,33	3,17
Standardabweichung	0,84	0,98	0,55	1,10	0,98	0,89	0,98	1,52	1,03	1,47
Median	3	4	2,5	4	3,5	3	3,5	4	3	3,5

Hinweis: Items 49-58 in der Vorher-Befragung entsprechen Items 1-10 in der Nachher-Befragung.

Tabelle 6 – 11: Ergebnisse der Nachher-Befragung mit dem „Fragebogen nach jedem Coaching“ nach Items

Tabelle 6

	Item											
Versuchsperson	*1*	*2*	*3*	*4*	*5*	*6*	*7*	*8*	*9*	*10*	*11*	*12*
1	3	5	4	3	3	3	4	4	3	4	5	5
2	4	3	3	3	4	2	2	4	4	4	5	5
3	3	4	3	3	2	3	4	4	3	3	4	5
4	4	4	4	5	2	4	5	5	4	5	5	5
5	5	4	4	4	4	4	4	5	5	4	4	4
6	4	4	4	4	3	4	2	3	4	4	5	5
Mittelwert	3,83	4,00	3,67	3,67	3,00	3,33	3,50	4,17	3,83	4,00	4,67	4,83
Standardabweichung	0,75	0,63	0,52	0,82	0,89	0,82	1,22	0,75	0,75	0,63	0,52	0,41
Median	4	4	4	4	3	4	4	4	4	4	5	5

Hinweis: Items 1-10 in der Nachher-Befragung entsprechen Items 49-58 in der Vorher-Befragung.

Tabelle 7

	Item											
Versuchsperson	*13*	*14*	*15*	*16*	*17*	*18*	*19*	*20*	*21*	*22*	*23*	*24*
1	5	5	5	k.A.	4	5	5	1	1	5	5	5
2	4	5	5	4	4	3	5	1	1	5	5	5
3	4	4	5	3	4	4	5	1	2	k.A.	4	5
4	5	5	5	5	4	5	5	1	1	5	5	5
5	4	4	3	3	4	4	5	1	1	4	4	5
6	3	4	4	2	2	4	5	1	1	4	4	5
Mittelwert	4,17	4,50	4,50	3,40	3,67	4,17	5,00	1,00	1,17	4,60	4,50	5,00
Standardabweichung	0,75	0,55	0,84	1,14	0,82	0,75	0,00	0,00	0,41	0,55	0,55	0,00
Median	4	5	5	3,5	4	4	5	1	1	5	5	5

Tabelle 8

	Item											
Versuchsperson	*25*	*26*	*27*	*28*	*29*	*30*	*31*	*32*	*33*	*34*	*35*	*36*
1	5	5	5	5	5	5	3	5	5	5	5	5
2	5	4	4	4	3	2	2	2	5	5	5	5
3	5	5	3	4	3	3	3	4	4	3	5	5
4	5	5	5	5	5	5	5	5	5	5	5	5
5	5	5	5	5	5	5	3	4	1	4	5	5
6	5	5	4	4	5	5	5	4	4	3	5	5
Mittelwert	5,00	4,83	4,33	4,50	4,33	4,17	3,50	4,00	4,00	4,17	5,00	5,00
Standardabweichung	0,00	0,41	0,82	0,55	1,03	1,33	1,22	1,10	1,55	0,98	0,00	0,00
Median	5	5	5	5	5	5	3	4	5	5	5	5

Tabelle 9

	Item											
Versuchsperson	*37*	*38*	*39*	*40*	*41*	*42*	*43*	*44*	*45*	*46*	*47*	*48*
1	5	5	5	5	5	5	5	5	5	5	5	5
2	5	5	4	5	5	5	5	4	5	4	5	5
3	5	5	5	5	4	4	4	4	4	4	5	4
4	5	5	4	5	5	5	5	5	5	5	5	5
5	5	5	5	5	5	4	5	4	5	5	5	5
6	5	5	4	5	5	5	3	2	2	3	4	5
Mittelwert	5,00	5,00	4,50	5,00	4,83	4,67	4,50	4,00	4,33	4,33	4,83	4,83
Standardabweichung	0,00	0,00	0,55	0,00	0,41	0,52	0,84	1,10	1,21	0,82	0,41	0,41
Median	5	5	5	5	5	5	5	4	5	5	5	5

Tabelle 10

	Item											
Versuchsperson	*49*	*50*	*51*	*52*	*53*	*54*	*55*	*56*	*57*	*58*	*59*	*60*
1	5	3	3	4	5	5	5	5	5	5	5	5
2	4	4	5	4	5	3	5	5	5	5	5	5
3	4	4	4	4	5	3	5	5	5	4	5	4
4	4	5	4	4	5	5	5	5	5	5	5	5
5	4	4	4	4	4	4	5	5	5	5	5	5
6	5	4	4	3	4	3	5	5	5	4	4	4
Mittelwert	4,33	4,00	4,00	3,83	4,67	3,83	5,00	5,00	5,00	4,67	4,83	4,67
Standardabweichung	0,52	0,63	0,63	0,41	0,52	0,98	0,00	0,00	0,00	0,52	0,41	0,52
Median	4	4	4	4	5	4	5	5	5	5	5	5

Tabelle 11

Versuchsperson	*61*	*62*	*63*	*64*	*65*	*Bewertung*
1	5	1	5	5	5	1
2	5	1	4	4	5	1
3	4	2	4	5	4	1,5
4	5	1	5	5	5	1
5	5	1	4	5	5	1
6	5	4	5	4	4	2
Mittelwert	4,83	1,67	4,50	4,67	4,67	1,25
Standardabweichung	0,41	1,21	0,55	0,52	0,52	0,42
Median	5	1	5	5	5	1

Tabelle 12: Antworten zur offenen Frage Nr. 22

Versuchsperson	Offene Frage 22:
1	Durchsetzung gegenüber Chef und Mitarbeitern
2	Eine Weise zu finden, um "private" und "berufliche" Aspekte in meinem Leben zu integrieren. Den nächsten Schritt meiner Arbeit vorzubereiten, Struktur und Motivation dafür einzuplanen.
3	Stärkung der Führungsfähigkeit. Reflexion von starken/schwachen Phasen der letzten Wochen.
4	Konfliktsituationen im Umgang mit Angestellten zu verstehen und neue Perspektiven zu erkennen und Handlungsoptionen zu erschließen.
5	Work-Life-Balance stärken. Autorität/Abgrenzung im Beruflichen stärken.
6	Jobwechsel; Work-Life-Balance; Prioritäten setzen.

FSC
www.fsc.org
MIX
Papier | Fördert
gute Waldnutzung
FSC® C083411

Kolibri 360 GmbH
Ferdinand-Jühlke-Straße 7
99095 Erfurt, Deutschland
produktsicherheit@kolibri360.de